Rüdiger Voigt

Denken in Widersprüchen

Carl Schmitt wider den Zeitgeist

 Nomos

Die Deutsche Nationalbibliothek verzeichnet diese Publikation in
der Deutschen Nationalbibliografie; detaillierte bibliografische
Daten sind im Internet über http://dnb.d-nb.de abrufbar.

ISBN 978-3-8487-1875-7 (Print)
ISBN 978-3-8452-5940-6 (ePDF)

1. Auflage 2015

Carl Schmitt (1888-1985)
zu seinem 30. Todestag
am 7. April 2015

Vorwort

„Opportunisten von heute schreiben über Opportunisten von gestern und sind fest davon überzeugt, dass sie keine Opportunisten gewesen wären, wenn sie gestern gelebt hätten".[1]

„Die Philosophie ist ein Aufstand des Denkens", hat Alain Badiou das Begehren der Philosophie genannt.[2] Während es die Politik mit subjektiven Meinungen zu tun hat, geht es der Philosophie um die objektive Wahrheit. Dazu gehört es, auch dann zu widersprechen, wenn man sich mit seinem Widerspruch unbeliebt macht. „Zeitgenosse sein, heißt seine Zeit schaffen und nicht sie spiegeln".[3] Wider den Zeitgeist zu argumentieren wird umgangssprachlich als „wider den Stachel löcken" bezeichnet.[4] Das Sprichwort besagt, dass dieses Unternehmen außerordentlich schwierig, manchmal riskant und oft genug erfolglos ist. Carl Schmitt dachte und schrieb in Widersprüchen.[5] War er zu seiner Zeit womöglich ein „Stachel im Fleisch" der Mächtigen? Probte er den Aufstand des Denkens? Oder war er – wie manche Interpreten meinen – lediglich ein, wenn auch sprachgewaltiger Opportunist?[6] Mehr noch; war er ein „gefährlicher Geist",[7] wie Jan-Werner Müller meint? In dem ungeheuer turbulenten 20. Jahrhundert hat Carl Schmitt fünf politische Systeme erlebt, das Kaiserreich, die Weimarer Republik, das Dritte Reich, das Besatzungsregime und die Bonner Republik. Auch die Systemwechsel verliefen meist ebenso wenig friedlich wie bestimmte Phasen der Systeme selbst. Auf die Niederlage im Ersten Weltkrieg folgte zunächst eine revolutionäre Umbruchphase, die Carl Schmitt hautnah in München erlebt hat. Auf der Schwelle zwischen der Weimarer Republik und der Machtübernahme der Nationalsozialisten stand der „permanente Ausnahmezustand" der Präsidialregime Brüning, Papen und Schleicher. Der bedingungslosen Kapitulation der Wehrmacht[8] – nach dem Ende des NS-Regimes – folgte eine mehrjährige Besatzung durch die vier Allliierten in Deutschland. Diese hatten die oberste Regierungsgewalt in Deutschland übernommen.[9] Für Carl Schmitt war damit nicht nur

---

1 *Blasius* 2014, S. 1.
2 *Badiou* 2014, S. 7.
3 *Zwetajewa* 1989, S. 65; siehe hierzu auch: *Agamben* 2010, S. 21-35.
4 Aus der Bibel, Apostelgeschichte 9, 5 (Paulus), als Metapher für das – oft vergebliche –Aufbegehren gegen Widerstand.
5 *Noack* 1996, S. 11.
6 *Schwab* 1975, S. 334-337; Carl Schmitt selbst hat von seiner „Immunisierungsstrategie" gesprochen, die in der NS-Diktatur lebensnotwendig gewesen sei.
7 *Müller* 2011.
8 Die Kapitulation gegenüber den Westalliierten wurde am 7. Mai 1945 in Reims unterzeichnet und am 8./9. Mai 1945 in Karlshorst gegenüber der Sowjetunion wiederholt.
9 Erkärung in Anbetracht der Niederlage Deutschlands und der Übernahme der obersten Regierungsgewalt hinsichtlich Deutschlands durch die Regierungen des Vereinigten Königreichs, der Vereinigten Staaten von Amerika und der Union der Sozialistischen Sowjet-Republiken und durch die Provisorische Regierung der Französischen Republik vom 5. Mai 1945 („Berliner Erklärung").

die berufliche Karriere zu Ende, vielmehr zweifelte er – wie viele Zeitgenossen – auch daran, dass Deutschland jemals wieder auferstehen könnte.

Carl Schmitt beherrschte „wie kein zweiter Staatsrechtler die Kunst, Situationen, Konfliktlagen und Entwicklungen zum Begriff zu bringen".[10] In seinem lebenslangen Kampf gegen die „seelenlose" Moderne war Carl Schmitt zwar ebenso wenig allein wie bei seiner Ablehnung des Versailler Vertrags und des Genfer Völkerbundes. Aber kaum ein Anderer formulierte seine Ablehnung so pointiert wie er. Sein Freund Ernst Jünger schrieb dazu im Oktober 1930 in einem Brief an ihn: „Ich schätze das Wort zu sehr, um nicht die vollkommene Sicherheit, Kaltblütigkeit und Bösartigkeit Ihres Hiebes zu würdigen, der durch alle Paraden geht".[11] Jünger und Schmitt verband eine lebenslange Freundschaft, die alle Krisen überdauerte. Mitstreiter fand Schmitt in der Weimarer Republik im Übrigen auch bei seiner Aversion gegen den Liberalismus und die politischen Parteien. Zu dieser Zeit war es noch nicht selbstverständlich, von (Neo-) Liberalismus, Marktwirtschaft (Kapitalismus) und Parteiendemokratie als unhinterfragbaren Grundkategorien jeder politischen Diskussion auszugehen. Der Zeitgeist war nicht so klar und eindeutig definiert. Vielmehr entwickelte sich – z.B. unter den deutschen Staatsrechtslehrern – auf höchstem Niveau eine lebhafte Diskussion über die Grundfragen von Staat, Souveränität und Nation.[12]

Tatsächlich hat Carl Schmitt seit Beginn seiner wissenschaftlichen Arbeit mit seinen teilweise äußerst provokanten Thesen stets die Aufmerksamkeit der Fachwelt – und oft auch darüber hinaus – auf sich gezogen. In seiner Münchener Zeit neigt er der künstlerischen Avantgarde zu und verfasst auch selbst literarische Texte.[13] Vor und nach dieser Zeit konzentriert er sich auf seine wissenschaftliche Arbeit. Seine Gedankenschärfe und sein geschliffener Stil machten und machen seine Schriften lesenswert. Ein innerer Abstand zu der Gedankenwelt der Altvordern, eine gewisse „Widerborstigkeit" gegenüber dem sog. „Mainstream" bewegt ihn aber sein ganzes Leben lang. Für Carl Schmitt passen viele Etiketten: Katholik, Nationalist, Etatist, Dezisionist. Er war und blieb jedoch ein Ästhet und in mancher Hinsicht ein Außenseiter. Das hindert ihn freilich nicht daran, Karriere zu machen. Seine exzellenten Publikationen lassen ihn schnell bekannt werden, so dass er zunächst in Greifswald und später in Bonn und Berlin Professor wird. In der Weimarer Republik gilt er als besonders origineller Geist und spitzzüngiger Debattenredner. Freunde macht er sich damit freilich nicht.

---

10 *Hofmann* 2010, S. 1.
11 *Kiesel* (Hrsg.) 1999.
12 Vgl. *Gangl* (Hrsg.) 2011.
13 Vgl. *Großheim* 2002.

In der Endphase der Weimarer Republik berät er die Reichswehr. Während des NS-Regimes gehört er für kurze Zeit zu den Spitzenjuristen, wenn auch das Etikett „Kronjurist" ein wenig übertrieben zu sein scheint.[14] Er steht zunächst unter dem Schutz Hermann Görings, der ihn zum Staatsrat macht, fällt aber schon bald in „Ungnade". Nach Kriegsende macht Schmitt seine Verstrickung in den Nationalsozialismus zur „persona non grata" der offiziellen Rechtswissenschaft. Er darf weder Mitglied der Vereinigung der deutschen Staatsrechtslehrer werden, zu deren Renommee er in der Weimarer Republik maßgeblich beigetragen hat, noch darf er lehren oder publizieren. Pikanterweise trifft ihn nun selbst das „Berufsverbot", das so viele Wissenschaftler – mit seiner Hilfe, zumindest aber mit seiner Zustimmung, – in der NS-Zeit geknebelt hat. Dessen ungeachtet bildet sich freilich ein Kreis von „Schülern" („Academia moralia"[15]) um ihn, dem prominente Wissenschaftler, Publizisten etc. angehören. Aber auch dort, wo er nicht persönlich anwesend sein kann, sitzt Schmitt bei vielen Diskussionen über Staat, Verfassung und Recht gewissermaßen als unsichtbarer („virtueller") Gesprächspartner mit am Tisch. Erbitterten Gegnern des Schmittschen Denkens standen und stehen zahlreiche Freunde, Schüler und Bewunderer gegenüber. An dieser Situation hat sich auch nach seinem Tod (1985) kaum etwas geändert. Allerdings ist die Diskussion über das Schmittsche Denken noch internationaler geworden. Dabei rückt Carl Schmitt nun allmählich auch in den Vereinigten Staaten von Amerika in den Fokus der Politischen Theorie.

In den folgenden Kapiteln werden einige Beiträge in überarbeiteter Form vorgestellt, die ich in einem Zeitraum von fast anderthalb Jahrzehnten zu Teilaspekten des Schmittschen Staatsdenkens geschrieben habe. Es ist natürlich kein Zufall, dass dabei so zentrale Probleme wie das Freund-Feind-Verhältnis, die Legitimität politischer Entscheidungen, das Großraum-Denken und nicht zuletzt Staatsräson und Ausnahmezustand eine besondere Rolle spielen. In ihnen trifft sich nämlich das spezifische Denken Schmitts mit aktuellen Problemen unserer spät- oder postdemokratischen Lage. Carl Schmitt kann man – lange vor Lyotard – durchaus als Vordenker der Postmoderne ansehen, der politische Begriffe dekonstruiert hat, um sie neu zusammenzusetzen. Die Frage ist also nicht fernliegend, inwieweit das Staatsdenken Carl Schmitts zum besseren Verständnis unserer heutigen Situation beitragen kann. Die folgenden Analysen behandeln aktuelle Probleme mit dem Intrumentarium des Schmittschen Denkens. Dabei stehen sie stets unter der Fragestellung, was sich daraus für ein zeitgemäßes Verständnis des Staates entnehmen lässt.

---

14 Diesen „Titel" hatte ihm 1935 sein einstiger Schüler Waldemar Gurian (1902-1954) „verliehen"; siehe auch: *Ule* 1993, S. 77-82; *Koenen* 1995.

15 Träger war der Verein der Freunde Academia moralis e.V., zur Geschichte: *Schmitz* 1994, S. 119-156.

Carl Schmitt dachte in Widersprüchen. War das bereits ein „Aufstand des Denkens" im Sinne Badious? Auf den ersten Blick erscheint die Antwort nur „Nein" lauten zu können. Hat sich Schmitt nicht geradezu als Verkörperung des Opportunismus erwiesen, als er sich den Nationalsozialisten angedient hat? Und wie stellt sich die Situation heute dar? Dem intellektuellen Deutschland scheint – mit wenigen Ausnahmen – revolutionäres Denken ganz fern zu liegen. Im Gegenteil: Die akkreditierten Eliten haben sich offenbar auf etwas eingelassen, was man eigentlich nur in totalitären Systemen vermuten würde – eine geradezu bedingungslose Rechtfertigung des Bestehenden. Für Staatsrechtler und Historiker könnte dies vielleicht zum Selbstverständnis ihrer Disziplin gehören. Umso schmerzlicher ist es jedoch festzustellen, dass das auch für die einst so stolze „Oppositionswissenschaft", die Wissenschaft von der Politik im Allgemeinen und die Politische Theorie im Besonderen, gilt. Denn sie verfehlt damit ihre eigentliche Aufgabe, das stetige Hinterfragen des scheinbar Selbstverständlichen. Man muss kein Prophet sein, um vorauszusagen, dass sich die Politikwissenschaft mit dieser Haltung selbst überflüssig macht.

Carl Schmitt ist am 7. April 1985 in Plettenberg gestorben. Dreißig Jahre später soll dieses Buch an diesen brillantesten, aber auch umstrittensten Staatsdenker des 20. Jahrhunderts erinnern.

Inhalt

V. Wahlverwandtschaften

VI. Diskurse

Literatur

Nachweise

Abkürzungsverzeichnis

AfD	Alternative für Deutschland
AFP	Agence France-Presse
BGBl.	Bundesgesetzblatt
BND	Bundesnachrichtendienst
BVerfGE	Entscheidungen des Bundesverfassungsgerichts
DDR	Deutsche Demokratische Republik
DGSE	Direction Générale de la Sécurité Extérieure (Generaldirektion für äußere Sicherheit, französischer Auslandsnachrichtendienst
EG	Europäische Gemeinschaften)
EU	Europäische Union
EuGH	Europäischer Gerichtshof
EVP	Europäische Volkspartei (Partei auf europäischer Ebene)
FAZ	Frankfurter Allgemeine Zeitung
GG	Grundgesetz
ggf.	gegebenenfalls
IS	Islamischer Staat
ISGH	Internationaler Strafgerichtshof
ISIS	Islamischer Staat im Irak und in Syrien
i.S.v.	im Sinne von
i.V.m.	in Verbindung mit
LS	Leitsatz
Mercosur	Mercado Común del Sur (Gemeinsamer Markt des Südens)
NAFTA	North American Free Trade Agreement
NATO	North Atlantic Treaty Organization, Nordatlantische Verteidigungsorganisation
NPD	Nationaldemokratische Partei Deutschlands
NSA	National Security Agency, Auslandsgeheimdienst der USA
NSDAP	Nationalsozialistische Deutsche Arbeiterpartei
OECD	Organisation for Economic Co-Operation and Development, Organisation für wirtschaftliche Zusammenarbeit und Entwicklung
PASOK	Panellinio Sosialistiko Kinima, Panhellistische Sozialistische Bewegung.
PDS	Partei des Demokratischen Sozialismus, vorher SED
PR	Public Relations (Öffentlichkeitsarbeit)
PVS	Politische Vierteljahresschrift

PVV	Partij voor de Vrijheid, Partei für die Freiheit (Niederlande)
RAF	Rote Armee Fraktion
SA	Sturm-Abteilung
SED	Sozialistische Einheitspartei Deutschlands
SRP	Sozialistische Reichspartei
Stamokap	Staatsmonopolistischer Kapitalismus
UCAV	Unmanned combat air vehicle (sog. Drohnen)
UKIP	UK Independence Party, Partei für die Unabhängigkeit des Vereinigten Königreichs (Großbritannien)
UNO	United Nations Organization, Vereinte Nationen
USPD	Unabhängige Sozialdemokratische Partei
u.U.	unter Umständen
VO	Verordnung
ZDF	Zweites Deutsches Fernsehen
ZfParl	Zeitschrift für Parlamentsfragen

Einleitung

Denken in Widersprüchen

Carl Schmitt wider den Zeitgeist

„Die Philosophie ist ein Aufstand des Denkens, das dennoch seinen Grundsatz der Kohärenz zu bewahren sucht".[1]

„Man könnte ohne große Übertreibung sagen, dass kein Denker des zwanzigsten Jahrhunderts eine ideologisch so vielfältige Leserschaft gefunden hat – zu Lebzeiten und postum" (wie Carl Schmitt).[2]

Ein Autor verfasst seine Werke nicht nur in einem persönlichen, sondern auch in einem auf eine bestimmte Zeit bezogenen intellektuellen Umfeld. Ob er sich stärker oder weniger stark von diesem zeitbedingten Umfeld beeinflussen lässt oder sich davon frei machen kann, entscheidet schließlich über den Grad der Eigenständigkeit eines Denkers. Die Frage nach dem „Geist der Zeit" haben Voltaire, Herder und Hegel – jeder auf seine Weise – zu beantworten versucht.[3] Ein großer Teil der Aussagen eines Autors ist regelmäßig auf dieses geistige Umfeld bezogen bzw. von ihm abhängig und damit zeitbedingt. Dabei geht es aber nicht so sehr um die objektiv messbare Zeit, sondern um die subjektiv erfahrbare Zeit, in der man lebt. Sie ist von nicht zu unterschätzender Bedeutung für die Grenzen und Möglichkeiten der Wahrnehmung, Beurteilung und Beschreibung der ihn umgebenden Welt durch den Autor,[4] aber auch für den Leser. Jeder Text spricht aus seiner Zeit heraus für seine Zeit; manche Texte leiten eine Zeitenwende ein; es gibt aber auch Texte, die „zugleich zu allen Zeiten und für alle Zeiten" sprechen.[5] Das Werk als solches weist dann – auch jenseits aller Zeitumstände und biografischen Besonderheiten – einen immanenten Gehalt auf. Kann man als Einzelner erfolgreich gegen den herrschenden Zeitgeist angehen und „für die Ewigkeit" schreiben? Oder ist jeder ein Kind seiner Zeit, der sich in seinem Denken gar nicht außerhalb seiner Zeit stellen kann?

Für den Künstler hat Schiller 1793 in seinem neunten Brief *Über die ästhetische Erziehung des Menschen* konstatiert, dass er zwar „Sohn seiner Zeit" sei,

---

1   *Badiou* 2014, S.7.
2   *Müller* 2011, S. 15.
3   Vgl. *Schischkoff* (Hrsg.) 1991, S. 798.
4   *Böhlke* 1999, S. 17.
5   *Adam* 1999, S. 10.

„aber schlimm für ihn, wenn er zugleich ihr Zögling oder gar noch ihr Günstling ist. [...] Wie verwahrt sich aber der Künstler von den Verderbnissen seiner Zeit, die ihn von allen Seiten umfangen? Wenn er ihr Urteil verachtet. Er blicke aufwärts nach seiner Würde und dem Gesetz, nicht niederwärts nach dem Glück und nach dem Bedürfnis".[6]

Schillers Urteil zählt umso mehr, als er nicht nur ein begnadeter Dichter, sondern auch ein begabter Philosoph war.[7] Was für den Künstler gilt, muss auch für den Philosophen gelten. Auch der Philosoph untersteht dem „mysteriösen Imperativ" der Dichtung, eine „logische Revolte" durchzuführen.[8] Das ist nicht nur eine Erkenntnis, die für das 19. Jahrhundert Gültigkeit beanspruchen kann, sondern sie gilt im Grunde für jede Epoche, also auch für das 21. Jahrhundert. Freilich ist diese Erkenntnis bei den heutigen Philosophen, Politikwissenschaftlern und Soziologen weitgehend in Vergessenheit geraten. Carl Schmitt hat dazu bereits 1914 bemerkt: „Aber der Geist der Zeit ist von dem, was einzelne Geister über ihre Zeit denken und schreiben, zu unterscheiden [...]".[9]

1. Zeitgeist

Für Hegel ist Philosophie stets bezogen auf einen vorherrschenden Geist der jeweiligen Epoche, den Zeitgeist.[10] Das dient ihm nicht nur als Rechtfertigung für seine eigene Philosophie: vielmehr ist der Zeitgeist für ihn selbstverständliche Realität. Hegel schuf

„ein geschichtliches Zeitbewusstsein, in dem ein noch nie so gedachter Reichtum historischen Gehalts in der unerhört anschmiegsamen und ausdruckskräftigen Methode der *Dialektik*, zum Sprechen gebracht und mit dem Pathos einer einzigartigen Bedeutung der Gegenwart vereinigt wurde".[11]

Dabei steht im Hintergrund des Hegelschen Denkens die Weltgeschichte. Hegel zufolge ist der gesamte Weltprozess die Selbstentfaltung des objektiven Geistes.[12] Dass ein Individuum über seine eigene Ära hinausgreifen könnte, hält er daher für unrealistisch. Hegel selbst ist freilich das Gegenbeispiel. Sein Denken hat nicht nur Marx inspiriert, sondern ist nach wie vor – z.B. im Neu-Hegelianismus – präsent. Diese Sichtweise (Hegels) erlaubt es dann auch, eine historische Periode mit ihrem wesentlichen Inhalt, ihrer „Signatur", zu assoziieren und entsprechend – etwa als Industriezeitalter oder als digitales Zeitalter – zu bezeichnen.[13] Das Zuordnen von Phänomen zu bestimmten Kategorien

---

6   *Schiller* 1997 (Band V), S. 592ff.
7   Vgl. *Schiller* 1996.
8   *Badiou* 2014, S.7.
9   *Schmitt* Wert, S. 11.
10 *Rotenstreich* 1973, S. 535-537 [535].
11 *Jaspers* 1955, S. 10 (Hervorhebung im Original).
12 Vgl. *Schmidt* 2009, S. 199-218.
13 Vgl. *Kosellek* 1973.

birgt aber auch Gefahren in sich, wenn es zugleich eine Verengung des Blickwinkels („Tunnelblick") zur Folge hat. Es werden dann womöglich wichtige Aspekte des Lebens übersehen, weil sie nicht in das Schema passen.

In seinen *Briefen zur Beförderung der Humanität* hat Herder, der als der Schöpfer des Begriffs „Zeitgeist" gilt, 1793 davon gesprochen, das die Macht des Zeitgeistes groß ist. Auf die selbst gestellte Frage „Muß der Geist der Zeit herrschen oder dienen?", antwortet der Philosoph:

> „Er muß beides an Stelle und Ort. Der Weise gibt ihm nach, um zu rechter Zeit ihn zu lenken; wozu aber eine sehr behutsame, sichre Hand gehört. Indessen wird er offenbar gelenkt, nicht von der Menge, sondern von wenigen, tiefer als andre blickenden, standhaften und glücklichen Geistern. Oft leben und wirken diese in größter Stille; aber einer *ihrer* Gedanken, den der Geist der Zeiten auffaßt, bringt ein ganzes Chaos der Dinge zur Wohlgestalt und Ordnung. Glücklich sind *die*, denen die Vorsehung solch einen erhabenen Platz gab, in welchem Stande sie auch leben; selten wird dieser Platz durch Mühe erstrebt, selten durch lautes Geräusch angekündigt, meistens nur in Folgen bemerkt; oft müssen die großen Lenker auch viel wagen, viel leiden".[14]

Zeitgeist ist „eine Art kollektiven Hintergrundbewußtseins, das die tieferen Schichten individuellen Denkens und Handelns prägt".[15] Bourdieu verwendet zur Erklärung solcher Beharrungskräfte in einer Gesellschaft den Begriff „Doxa".[16] Es ist dies die „gewohnheitsmäßige Verwurzelung mit der alltäglichen Ordnung des Ungefragten und Selbstverständlichen".[17] Die herrschende Ordnung wird auf diese Weise als selbstverständlich internalisiert. Es liegt auf der Hand, dass es für die Herrschenden von größtem Interesse ist, den Zeitgeist in ihrem Sinne zu beeinflussen. Alles, was geschieht, ist dem vorgeblich unabhängigen Zeitgeist zuzuschreiben. Regierungshandeln kann dann umso leichter als „alternativlos" ausgegeben werden.[18] Es braucht nicht mehr gesondert begründet zu werden, vielmehr ist es nunmehr die Gegenmeinung, von der eine überzeugende Begründung eingefordert wird. Die Protagonisten eines neuen Zeitgeistes, die gegen den alten Zeitgeist opponieren, haben es dann besonders schwer. Goethe hat diese Dimension des Phänomens so hervorgehoben:

> „Wenn eine Seite besonders hervortritt, sich der Menge bemächtigt und in dem Grade triumphiert, dass die entgegengesetzte sich in ihre Ecke zurückzieht und für den Augenblick im Stillen verbergen muß, so nennt man dieses Übergewicht den Zeitgeist, der dann eine Zeitlang sein Wesen treibt".[19]

---

14 *Herder* 2013, S. 55 (Hervorhebungen im Original).
15 *Württenberger* 1987, S. 20f.
16 Vgl. *Bourdieu* 2014.
17 *Bourdieu* 1987, S. 668.
18 Vgl. *Voigt* (Hrsg.) 2013.
19 *Goethe 1964, S. 705.*

2. Anstöße für den Zeitgeist

Der Neoliberalismus hat diesem Vorgang eine neue, gewissermaßen „effizientere" Stoßrichtung gegeben, indem er mit der Durchschlagskraft der herrschenden Ideologie ökonomische Eigeninteressen als gesellschaftliche Allgemeininteressen ausgegeben und
durchgesetzt hat.[20] Die Politik folgt den ökonomischen Imperativen in aller Regel wi-
derspruchslos. Gramsci hat diesen Typus von Herrschaft als „Hegemonie" bezeichnet,[21]
gegen die nur schwer anzukommen ist. Kant, Fichte, Marx, Heidegger und Jaspers[22] haben sich ebenfalls intensiv mit der Abhängigkeit führender Ideen vom Geist der Zeit beschäftigt. Und Habermas hat darauf hingewiesen, dass der Zeitgeist von zwei Denkwei-
sen Anstöße erhält, vom erfahrungsgesättigten historischen Denken und vom über-
schwänglichen utopischen Denken: „Der Zeitgeist wird zum Medium, in dem sich fortan das politische Denken und die politische Auseinandersetzung bewegen".[23] Der Zeitgeist ist aber nicht nur durch das charakterisiert, was über bestimmte Vorgänge gedacht,
gesagt oder geschrieben wird, vielmehr gehört dazu auch, dass Manches so selbstverständlich und unstrittig ist, dass es gar nicht mehr bewusst wird und daher auch nicht
diskussionswürdig oder -bedürftig ist. Umgekehrt sind weniger die permanenten – und
nach Art tibetanischer Gebetsmühlen ständig wiederholten – Selbstvergewisserungen
mit Hilfe ausgesuchter historischer Ereignisse[24] für die Frage nach dem Selbstverständnis eines Staates entscheidend, als vielmehr gerade das Nicht-Sagbare, das Nicht-
Machbare, das Nicht-Denkbare.[25]

3. Doppelte Zeitbedingtheit

Es empfiehlt sich, bei der Auseinandersetzung mit den großen Staatstheoretikern und
ihren Werken[26] von einer mehrfachen Zeitbedingtheit auszugehen.[27] Nicht nur der Autor entstammt einer bestimmten Kultur in seiner Epoche, sondern auch sein Werk lässt
sich theorie-, ideen- und kulturgeschichtlich verorten. Interpretation und Kritik sind
zeitgeistabhängig. Und schließlich entstammt auch der Leser einer bestimmten Zeit. Die
sozio-ökonomische Gesamtlage spielt ebenfalls eine erhebliche Rolle. Es geht also nicht

---

20 Vgl. *Laclau/Mouffe* 2000; zu Konsequenzen und Kritik: *Streeck* 2013; *Deppe* 2013.
21 *Gramsci* 1995ff.; vgl. *Buckel/Fischer-Lescano* (Hrsg.) 2007.
22 Vgl. *Jaspers* 1955.
23 *Habermas* 1985b, S. 141-163 [141].
24 Man könnte geradezu von einem „Kalender der Rituale" sprechen.
25 *Lundgreen* 2014, S. 16; dazu gehört auch, dass bestimmte Aussagen oder das Zeigen bestimmter
    Symbole unter Strafe gestellt wird.
26 Vgl. hierzu: *Stammen/Riescher/Hofmann* (Hrsg.) 1997.
27 *Fetscher* 1992, S. X; *Voigt* 2014, S. 161ff.

zuletzt (auch) darum, politisches Denken als „Resultat und Ausdruck je bestimmter Konstellationen gesellschaftlicher Interessen",[28] also gewissermaßen als sozial-historisches Konzept zu werten.[29] Ohne diese Einbettung in den sozial- und wirtschaftshistorischen sowie intellektuellen Kontext kann man die von einem Autor aufgeworfenen Fragen und seine Antworten kaum verstehen.[30] Umgekehrt trägt eine ideologiekritische Wertung als „Geschichte des politischen Diskurses" zweifellos zum Verständnis des Autors und seiner Theorie in der konkreten historischen Situation sowie ihrer Einordnung in die Entstehungsgeschichte des heutigen Staatsverständnisses bei.[31] Dementsprechend wird der „(Groß-)Theorien generierenden Kraft realhistorischer Krisen- und Umbruchsituationen"[32] hier besondere Bedeutung beigemessen.

Bei dem Werk eines „großen" Autors ist das allerdings noch nicht Alles. Darüber hinaus verselbständigt sich das Werk nämlich und ist ständigen Neuinterpretationen und Umdeutungen ausgesetzt. Der Autor ist selbst dann, wenn er noch lebt, nur selten in der Lage, die „Eigendynamik der Wahrnehmung" zu steuern.[33] Das gilt umso mehr, wenn der Autor schon lange tot ist. Die Rezeption der Werke Machiavellis und Hobbes' bieten hierfür seit einem halben Jahrtausend reiches Anschauungsmaterial.[34] Carl Schmitts Werke sind zwar nicht einmal hundert Jahre alt, dennoch sind sie immer wieder kommentiert und interpretiert worden. Dabei sind über die Jahre deutliche Unterschiede in der Interpretation festzustellen. Aktuelle Probleme der Gegenwart bestimmen den zeitgenössischen Blick auf jeden Autor. Der Autor selbst und sein Werk werden dann oft für die Absicherung der eigenen Ansichten „instrumentalisiert". Vor den Folgen warnt Quentin Skinner, wenn er schreibt:

„In einer anderen Form der Anverwandlung, die die Ideengeschichte nachhaltig geprägt hat, setzt der Beobachter seinen modernen Blickwinkel fälschlicherweise ein, wenn er den *Sinn* eines Werks beschreibt. Es besteht hier immer die Gefahr, dass der Historiker eine Argumentation in Begriffe fasst, die die fremden Elemente hinter einer vordergründigen, irreführenden Vertrautheit verschwinden lassen".[35]

Deutungen sind also keineswegs zufällig, sondern „ihrerseits bedingt durch die Umstände, die auf den Rezipienten einwirken"[36] sowie die Zwecke, die er mit der Rezeption verfolgt. Das Erscheinungsbild jedes Denkers ändert sich von Epoche zu Epoche;

---

28 *Meyers* 1992, S. 77-118 [77].
29 *Bermbach* 1984, S. 9-31 [21].
30 *Elias* 1982, S. 101-150.
31 Vgl. *Zippelius* 1971; *Mohr* 1997a, S. 143-235 [199ff.]; *Skinner* 2012.
32 *Meyers* 1992, S. 77.
33 *Llanque* 2009, S. 7.
34 Vgl. *Reinhardt/Saracino/Voigt* (Hrsg.) 2015.
35 *Skinner* 2010, S. 21-87 [52](Hervorhebung im Original).
36 *Llanque* (Hrsg.) 2010.

diese Veränderungen wiederum werden in verschiedenen Zeiten und in verschiedenen Lagern unterschiedlich wahrgenommen.[37] Auch die Schlussfolgerungen, die daraus für die Gegenwart gezogen werden, ändern sich – mit den sich wandelnden Rahmenbedingungen – oft ganz erheblich.[38]

4. Wandlungen des Zeitgeistes

Wandlungen des Zeitgeistes werden durch historische Schlüsselereignisse hervorgerufen, beschleunigt oder zumindest beeinflusst.[39] Die Französische Revolution von 1789 mit ihrer Erklärung der Menschen- und Bürgerrechte – aber auch der Terrorherrschaft der Jakobiner – ist ein solches Schlüsselereignis. Für den Autor gewinnen aber vor allem solche Ereignisse eine zentrale Bedeutung, die er am eigenen Leibe erfährt. Für Ernst Jünger (1895-1998) war das Fronterlebnis im Ersten Weltkrieg von so entscheidender Bedeutung, dass er sein gesamtes Werk darauf ausgerichtet bzw. davon abgeleitet hat.[40] Carl Schmitt hingegen hat den Ersten Weltkrieg als Kriegsfreiwilliger beim I. bayerischen Armee-Korps in München in der Militärverwaltung verbracht. Viel wichtiger war für ihn der Arbeiter- und Soldatenaufstand, der sich in München in der Bayerischen Räterepublik („Freier Volksstaat Bayern") mit ihrem Ministerpräsidenten Kurt Eisner manifestierte (7.11.1918-21.2.1919). Ein zweites Schlüsselereignis war für ihn die Staatskrise des Jahres 1932 und die Regierungsübernahme durch die Nationalsozialisten 1933. In beiden Fällen wechselte er von der Theorie zur Praxis und erlitt dabei kläglich Schiffbruch.[41] Und ebenso waren für Carl Schmitt – wie für fast alle Deutsche – die bedingungslose Kapitulation der Wehrmacht und das (zeitweilige) Ende Deutschlands durch die Machtübernahme der Alliierten (1945-1949) entscheidende historische Ereignisse („Zäsuren").

Neben Kirche, Staat, Gesellschaft, Kunst, Kultur und Subkulturen sowie politischen Ideen kann der Zeitgeist sich auch auf Grund der Werke eines Autors wandeln. Oft ist es ein spezifisches Werk, das als „Schlüsselwerk" angesehen wird, für Machiavelli war es der *Principe*, für Hobbes der *Leviathan* und für Schmitt *Der Begriff des Politischen*.[42] Massenmedien vermitteln darüber hinaus Deutungsmuster, die u.U. von den Zuschauern, Hörern und Lesern übernommen werden und bewusstseinsändernd (oder stabilisie-

---

37 Vgl. zu Machiavelli: *Kondylis* 2007, S. 145.
38 Die deutsche Wiedervereinigung ist dafür ein anschauliches Beispiel, weil nach dem 3. Oktober 1990 die Nischenexistenz der zweigeteilten Nation zugunsten einer stärkeren Außenwirkung – einschließlich eines weltweiten militärischen Engagements – aufgegeben werden musste.
39 *Württenberger* 1987, S. 29.
40 Z.B. *Jünger* 1920.
41 Dieses Fazit kann man allerdings erst im Nachhinein ziehen.
42 Siehe Kapitel „Der Begriff des Politischen" in diesem Band.

rend) wirken können.[43] Gezielte Einflussnahmen der Herrschenden auf den Zeitgeist – z.T. vermittelt über die Massenmedien – sind nicht nur für autoritäre Systeme charakteristisch, wie man meinen könnte, sondern sie gehören auch in pluralistischen Demokratien zum politischen Alltag. Dabei spielen teils selbsternannte, teils durch die Politik bestimmte geistige Eliten vor allem dann eine zentrale Rolle, wenn es ihnen gelingt, die Hegemonie („Interpretationsherrschaft") über die Wert-, Gerechtigkeits- und Geschichtsvorstellungen der Menschen zu erlangen. Dazu wird mit Vorliebe auch die Sprache benutzt, indem bis dahin mehrdeutige Begriffe, die politisch bedeutsam sind, „besetzt", d.h. mit einem spezifischen Inhalt versehen werden. Eine abweichende Deutung des bezeichneten Sachverhalts gerät dann leicht ins Abseits. Sie brandmarkt den Außenseiter und ist extrem begründungs- und rechtfertigungspflichtig.

5. Auf der Höhe der Zeit?

Für den Staatsrechtler Carl Schmitt war – so hat es Hasso Hofmann formuliert – nichts wichtiger „als stets ‚auf der Höhe der Zeit' zu sein, in immer neuen Analysen den geistigen ‚Ort der Gegenwart' im Prozess der Geschichte zu bestimmen und sich geschichtlich und politisch mit ganzem Einsatz selbst zu ‚verorten'".[44] Der Terminus „Nomos" ist daher für ihn zeitlebens ein Schlüsselbegriff.[45] Im Vorwort zu dem Band *Positionen und Begriffe* bekennt sich Schmitt dazu, dass seine Reden und Aufsätze „in einem bestimmten Augenblick in den Fluss der Zeit" eingegangen sind.[46] Und im Vorwort zur Neuausgabe (1963) seiner Schrift *Der Begriff des Politischen* von 1932 nimmt Schmitt zu seinem – berühmt gewordenen – ersten Satz „Der Begriff des Staates setzt den Begriff des Politischen voraus" kritisch Stellung und bekennt freimütig:

> „Wer soll eine so abstrakt formulierte These verstehen? Es ist mir heute noch zweifelhaft, ob es sinnvoll war, eine Darlegung in dieser, auf den ersten Blick undurchsichtigen Abstraktheit zu beginnen, weil oft schon der erste Satz über das Schicksal einer Veröffentlichung entscheidet. Dennoch ist die fast esoterisch begriffliche Aussage gerade an dieser Stelle nicht fehl am Ort. Sie bringt durch ihre provozierende Thesenhaftigkeit zum Ausdruck, an welche Adressaten sie sich in erster Linie wendet, nämlich an Kenner des Jus Publicum Europaeum, Kenner seiner Geschichte und seiner gegenwärtigen Problematik".[47]

Tatsächlich hat gerade dieser Anfangssatz Generationen von Wissenschaftlern des In- und Auslandes beschäftigt, die herausfinden wollten, was Schmitt damit gemeint hat.[48]

---

43 *Württenberger* 1987, S. 30f.
44 *Hofmann* 2010, S. 82.
45 Siehe Kapitel „Ein neuer Nomos?" in diesem Band.
46 *Schmitt* Positionen, Vorwort.
47 *Schmitt* BdP, S. 13.
48 Statt Vieler: *Mehring* (Hrsg.) 2003, insbesondere S. 21-44.

Die Literatur über den Begriff des Politischen ist inzwischen schier unüberschaubar, zumal sich Wissenschaftler des In- und Auslandes intensiv mit dieser Frage beschäftigt haben. Die eher schmale Schrift *Der Begriff des Politischen* – insofern ebenfalls Machiavellis *Il Pricipe* vergleichbar – kann geradezu als (frühe) Quintessenz des Schmittschen Denkens verstanden werden. Ihr wird daher im Folgenden besondere Aufmerksamkeit zuteil.

6. Ortsbestimmung

Für Carl Schmitt gehörten die Begriffe „Ordnung" und „Ortung" zusammen, er sah sie vereint in dem Schlüsselbegriff „Nomos". Trotzdem oder gerade deswegen ist es schwer, Schmitt in ein politisch-ideologisches Koordinatensystem – wenn dieses denn heute überhaupt noch von Bedeutung ist – einzuordnen. Wenn er für sich selbst eine Ortsbestimmung hätte vornehmen sollen, hätte er sich zunächst als Katholik definiert.[49] „Ich bin so katholisch wie der Baum, grün ist", hat er einmal formuliert. Darüber hinaus war er ein erklärter Gegner des Liberalismus („anti-liberal") wie auch des Parlamentarismus. Er argumentierte vehement gegen jede Einschränkung der nationalen Souveränität z.B. durch die Intervention raumfremder Mächte („Nationalist"). Carl Schmitt war zwar Etatist, erklärte zugleich jedoch, dass der „occidentale" Staat an sein Ende gekommen sei, womit er bereits die heutige Diskussion um die „failed states" vorweggenommen hat. Obwohl Schmitt die Gegenrevolutionäre de Bonald, de Maistre und Donoso Cortés, welche die Ideen der Französischen Revolution aufs Heftigste bekämpften, besonders schätzte, erscheint es doch als fraglich, ob er selbst ein Reaktionär war.

War er rückwärtsgewandt, oder war er zukunftsorientiert? Merkwürdigerweise lassen sich für beide Einschätzungen Argumente finden. Carl Schmitt war konservativ, heute würde man „wertkonservativ" sagen, weil er bestimmte Werte über die am eigenen Leibe erfahrene Krise hinüberretten wollte. Sein Misstrauen gegen Technisierung, Ökonomisierung, gegen die Moderne überhaupt, ließ ihn noch im zwanzigsten Jahrhundert als einen „Mann von gestern" erscheinen. Mit der Nuklearkatastrophe in Fukushima im Jahre 2011 wurde das Vertrauen der Menschen, die noch an die „sichere" Atomenergie – ein Synonym für den unaufhaltsamen Fortschritt – glaubten, jedoch nachhaltig erschüttert. Und angesichts einer grenzenlosen Überwachung der Menschen durch die Geheimdienste und ihre Helfer in den IT-Konzernen hat sich dieses Bild zu einem Horrorgemälde gewandelt. Ein naiver Fortschrittsglaube erscheint inzwischen als unzeitgemäß und daher als völlig unangebracht. Was gestern als selbstverständlich galt, wird

---

49 Vgl. *Schmitt* Katholizismus.

heute als unsicher und gefährlich erkannt. Vor diesem Hintergrund avanciert Carl Schmitt geradezu zu einem „Mann von morgen".

Es ist daher auch kein Zufall, dass er nicht nur auf der Rechten des ideologischen Spektrums Anklang gefunden hat. Allerdings werden dort zumeist andere Werke zitiert als auf der anderen Seite. Geht es den Rechten eher um Schmitts Überlegungen zum Ausnahmezustand, zu Souveränität und zum europäischen Großraum, so findet die Linke Bezugspunkte vor allem in Schmitts Partisanentheorie, aber auch in der Parlamentarismuskritik und in der Ablehnung des Liberalimus. Man könnte sogar soweit gehen zu sagen, dass sich in diesen beiden Punkten die Antipoden von rechts und von links treffen. „Carl Schmitt war ein Denker des Übergangs, und er war ein Theoretiker der Grenzziehung. Er kehrt wieder in Zeiten sich verwischender Grenzen und brüchig gewordenen Begriffe".[50] Die Welt befindet sich gegenwärtig in einer von Krisen gekennzeichneten Lage. Die Krise ist aber gewissermaßen Schmitts Lebenselexier. Es liegt auf der Hand, seine stets anregende Argumentation heranzuziehen, wenn man Auswege aus der Krise sucht, das bisher zur Verfügung stehende gedankliche Instrumentarium aber versagt.

---

50 *Müller* 2007, S. 201-216 [214].

Teil 1:

Grundlagen

Mythos Staat

Zum Staatsdenken von Carl Schmitt

„Die Kraft zum Handeln und zu einem großen Heroismus, alle große geschichtliche Aktivität, liegt in der Fähigkeit zum Mythus".[1]

„Es gibt aber bei uns auch einen Staatsmythos, und das Wort *Staat* hat ebenfalls eine außerordentliche, über eine bloß sachliche Gegenstandsbedeutung weit hinausgehende geschichtliche Kraft und Tradition".[2]

Carl Schmitt betrachtet den Staat als Status eines Volkes, der den Begriff des Politischen voraussetzt. Deshalb muss der Staat vom Wesen der Politik her neu bestimmt werden.[3] Die Frage, ob er eine eigene Staatsphilosophie entwickelt hat, ist ähnlich müßig wie die, ob es überhaupt eine originäre nationalsozialistische Staats- und Rechtsphilosophie gegeben hat.[4] Carl Schmitt ist Staatsrechtler und Staatstheoretiker, aber er ist ebenso auch Kulturkritiker und Geschichtsphilosoph mit katholischer Tradition.[5] Vor allem jedoch ist er ein klassisch gebildeter, vielsprachiger und wortmächtiger Intellektueller. Für sich selbst nimmt Schmitt in Anspruch, die Tradition des europäischen Staatsdenkens fortzuführen.[6] Tatsächlich verwendet er Fragmente vorgefundener Theorien eher als Versatzstücke eigenen Denkens, die er für seine Zwecke umformt, ohne sich vorbehaltlos der zugrunde liegenden Theorie anzuschließen. So gibt es zahlreiche Anknüpfungspunkte an frühere Staatsdenker, vor allem an Jean Bodin (1530-1596),[7] den „Erfinder" des neuzeitlichen Souveränitätsbegriffs, sowie an den von ihm hoch geschätzten Thomas Hobbes (1588-1679),[8] dessen Erkenntnis des rein politischen Sinns der Souveränität er „epochale Bedeutung" beimisst.[9] Schmitts Lehre als Ganze auch als eine Form hobbesianischer Theorie zu deuten,[10] hieße jedoch ihn kleiner zu machen als er ist. Selbstverständlich knüpft er auch an Niccolò Machiavelli (1469-1527), den Altmeister der Staatskunst, an. Von den Jüngeren steht ihm insbesondere der Theoretiker der katholisch-gegenrevolutionären Tradition, Juan Maria Donoso Cortés (1809-

---

1   *Schmitt* 1988, S. 11-21 [13]; vgl. *Cassirer* 1985; *v.d. Gablentz* 1966, S. 138-163; *Kodalle* 1973; *Speth* 2001, S. 119-140.
2   *Schmitt* Positionen, S. 217-226 [222].
3   Vgl. *Voigt* 2014a.
4   Vgl. *Rottleuthner* 1983, S. 247-265; *Rüthers* 1988, S. 20; *Stolleis* 1994, S. 126-146; sowie *Heinz/-Gretić* (Hrsg.) 2006.
5   Siehe hierzu: *Mehring* 1989.
6   *Grauhan* 1977, S. 115-140 [119].
7   Schmitt fühlte sich Bodins Denken „brüderlich verwandt", *Schmitt* Nomos, S. 64, siehe Kapitel „Johannes Bodinus" in diesem Band.
8   Vgl. *Schmitt* Leviathan; *Voigt* 2000a, S. 41-63; siehe Kapitel „Der Hobbes-Kristall" in diesem Band.
9   *Schmitt* Leviathan, S. 7.
10   *Rumpf* 1972.

1853),[11] nahe. Andererseits verdankt er einen wichtigen Teil seiner Geschichtsphilosophie der Auseinandersetzung mit dem marxistischen Theoretiker Georges Sorel (1847-
1922).[12]

1. Auf den Schultern der Klassiker

Mit Machiavelli und Hobbes verbindet Schmitt unter anderem die vermeintliche oder
tatsächliche Bürgerkriegssituation. Nach Schmitts Meinung ist ein Gemeinwesen nur
dann ein Staat, wenn es dem Bürgerkrieg ein Ende macht.[13] Insofern trifft er sich hier
tatsächlich mit den Ideen des großen Thomas Hobbes. Und mit beiden teilt er auch das
pessimistische Menschenbild („homo homini lupus").[14]

> „Demnach bleibt die merkwürdige und für viele sicher beunruhigende Feststellung, daß alle
> echten politischen Theorien den Menschen als ‚böse' voraussetzen, d.h. als keineswegs un-
> problematisches, sondern als ‚gefährliches' und dynamisches Wesen betrachten".[15]

Machiavelli schreibt seine Anleitung für das Erringen der Macht durch den Fürsten (*Il
Principe*) in der zweiten Hälfte des 15. Jahrhunderts[16] in einer Zeit der politischen Krise
nicht nur der Republik Florenz, sondern ganz Italiens, das für dreißig Jahre Objekt und
Schauplatz des französisch-spanischen Machtkampfes um die europäische Hegemonie
ist. Schmitts Schrift *Der Begriff des Politischen* ist als „deutschnationales Gegenstück"
zum *Principe* bezeichnet worden.[17] Hobbes hat seine wichtigsten Werke Mitte des sieb-
zehnten Jahrhunderts in einer Zeit permanenter Bürgerkriege geschrieben.[18] Bodin hingegen wirkt in der zweiten Hälfte des 16. Jahrhunderts als Parlamentsjurist in Paris an
der Legitimation der Macht des Königs mit. Auch er befindet sich in einer Bürgerkriegssituation, als in Frankreich Katholiken und Hugenotten einen Kampf auf Leben
und Tod austragen, der in der blutigen Bartholomäusnacht (1572) kulminiert.

---

11 Juan Maria de la Salud Donoso Cortés, Marqués de Valdegamas, *Donoso Cortés 1966; Schmitt* Posi-
    tionen, S. 131-137; *Donoso* Cortés 2007; *Maschke* 2009, S. 185-202.
12 Vgl. *Müller* 2013.
13 An diesen Gedanken knüpft heute die Forschung zu den „failing states" an.
14 „Der Mensch ist dem Menschen ein Wolf", ähnlich bereits bei dem römischen Komödiendichter
    Plautus (ca. 254-184 v.Chr.).
15 *Schmitt* BdP, S. 61; ähnlich *Schmitt* PTh, S. 61 sowie *Schmitt* Katholizismus, S. 13. Schmitt nennt in
    diesem Zusammenhang die Namen von Machiavelli, Hobbes, Bossuet, Fichte, de Maistre, Donoso
    Cortés, H. Taine und Hegel, allerdings Fichte und Hegel mit Einschränkungen.
16 Machiavelli war von 1488 bis 1512 Sekretär des Rats der Zehn in Florenz, 1512 wurde er seiner
    Ämter enthoben.
17 *Maschke* 1987, S. 132ff.; siehe Kapitel „Der Begriff des Politischen" in diesem Band.
18 1647 begann in England die Revolution, 1651 wurde *Der Leviathan* erstmals veröffentlicht.

Schmitts staatsrechtliche Hauptwerke, die *Verfassungslehre* (1928), *Der Hüter der Verfassung*[19] (1931) und *Legalität und Legitimität* (1932), aber auch seine staatstheoretischen Erörterungen, *Der Wert des Staates und die Bedeutung des Einzelnen* (1914), *Politische Theologie. Vier Kapitel zur Lehre von der Souveränität* (1922), *Römischer Katholizismus und politische Form* (1923), sind in der Zwischenkriegszeit geschrieben, die von Krisen gekennzeichnet ist und nicht von ungefähr vor allem von französischen Historikern in einen Zweiten Dreißigjährigen Krieg (1914 bis 1945) eingerechnet wird.[20] Und schließlich wird sein Buch *Der Leviathan in der Staatslehre des Thomas Hobbes* (1938) als „Schlüssel zum Gesamtwerk Carl Schmitts" gedeutet.[21] Sein Werk ist – unstreitig – ein Protokoll des Jahrhunderts.[22] Wie sieht dieses Protokoll nun im Einzelnen aus?

Henning Ottmann hat in seiner Abhandlung über Carl Schmitt fünf Phasen seines politischen Denkens unterschieden, welche die Einordnung der verschiedenen Publikationen, aber auch das Verständnis der Schriften erleichtern:[23]

Phase 1: Staatsrechtlicher Antipositivismus und radikale Kulturkritik (1910–1916);
Phase 2: Dezisionismus und staatliche Souveränität (1919–1932);
Phase 3: Konkretes Ordnungs- und Gestaltungsdenken (1933–1936);
Phase 4: Vom „Leviathan" zum Ende des Jus publicum Europaeum (1938–1950);
Phase 5: Neuer Nomos der Erde (1950–1978).

Es würde allerdings den Rahmen dieser Abhandlung sprengen, wenn man auf alle Phasen und Publikationen eingehen wollte. Die Einteilung Ottmanns wird daher als „Richtschnur" vor allem für die vertiefende Lektüre der Schmittschen Schriften empfohlen. Der Schwerpunkt der Betrachtung liegt hier jedoch auf dem Staatsverständnis Carl Schmitts, wie es sich vor allem in seinen Schriften gezeigt hat, die bis zum Ende des Zweiten Weltkriegs erschienen sind. Dieses Staatsverständnis ist freilich untrennbar mit seinem *Begriff des Politischen* verbunden.[24]

---

19 Das berühmte Wort „Hüter der Verfassung" stammt ursprünglich von Paul Laband, der damit den Kaiser bezeichnet hatte, *Huber* 1988, S. 33-50 [36f.].
20 Vgl. *Münkler* 2013.
21 Klappentext der von Günter Maschke herausgegebenen Ausgabe.
22 *Mehring* 1992, S. 33.
23 *Ottmann* 1990, S. 61-87 [61], mit eigenen Modifikationen in Phase 5.
24 Ernst-Wolfgang Böckenförde sieht hierin den Schlüssel zum staatsrechtlichen Werk Schmitts, *Böckenförde* 1988, S. 283-299; siehe hierzu auch: *Meier* 1988.

2. Carl Schmitt als Klassiker des Staatsdenkens?

„[...] vermutlich ist es das Wesen des Klassischen, daß kulturelle und menschliche Archetypen zu einer im Kulturgang bisher nicht erreichten Übereinstimmung gelangen".[25]

An diese Definition des Klassischen von Walter Wimmel (geb. 1922) anknüpfend versucht Bernard Willms (1931-1991) in einem Beitrag des Jahres 1988 die Frage zu beantworten, was eigentlich ein Klassiker politischen Denkens ist.[26] Für ihn steht die Idee im Vordergrund, aus deren inhaltlicher Bestimmung sich dann Rückschlüsse auf das politische Denken ziehen lassen. Und Hermann Lübbe verdeutlicht diesen Gedanken:

> „Klassiker ist, wer Einsichten mitzuteilen hat, die unbeschadet ihres zunehmenden Alters nicht veralten, und wer überdies, der Fülle seiner Einsichten wegen, in theoretisch wie praktisch höchst disparaten Orientierungszusammenhängen zitationsfähig ist".[27]

Ideenträchtig sei ein Text dann, wenn der Autor „aufgrund spezifischer Lebensumstände und individueller Begabung einen reflektiert-distanzierten Blick auf die Realitäten seiner Gegenwart und deren bewegende Kräfte hat, zu denen auch das gehört, was geglaubt und erstrebt wird. [...] Von dem Grad an Wirklichkeitserfassung hängt dann seine spätere Wirkung ab [...]".

> Ein Klassiker des politischen Denkens ist ein Autor dann, „wenn sein Werk einmal, und sei es nur für eine kurze Frist, im Mittelpunkt der politischen Ideen und Vorstellungen seiner Epoche stand. Wenn es repräsentativ wurde für eine Gesellschaft und wenn es [...] die Kraft geschichtlichen Weiterwirkens in sich trägt".[28]

Carl Schmitts Texte werden „immer erneut debattiert und in wechselnden Zusammenhängen gedeutet".[29] Insofern ist er zweifellos ein Klassiker,[30] auch wenn manche Kritiker dies – aus den unterschiedlichsten Motiven – bestreiten werden.

2.1 Denken in historischen Lagen

Wie sein Vorbild Machiavelli ist Schmitt ein Denker in historischen „Lagen" oder in Schmitts Terminologie „Positionen", die er als Realitäten der politischen Lage empfindet, in die er sich gestellt sieht. Diese Positionen hat Schmitt vielfach selbst kommen-

---

25 *Wimmel* 1981, S. 40.
26 *Willms* 1988, S. 577-597.
27 *Lübbe* 1988, S. 430.
28 Zitiert nach *Willms* 1988, S.583, der auf die Autoren Maier, Rausch und Denzer verweist.
29 *Stolleis* 2011, S. 7-9 [8].
30 Vgl. *Münkler* 2005a.

tiert, treffender noch ist hingegen die Charakterisierung durch seinen Schüler Ernst-Rudolf Huber (1903-1990),[31] der damit den Zusammenhang zum Zeitgeist hervorhebt:

„Die Position ist die konkrete Gebundenheit der Theorie an Ort und Zeit, zugleich auch die feste Stellung, die der Theoretiker selbst in Ort und Zeit einnimmt".[32]

Bestimmend ist für Carl Schmitt zunächst die Weimarer Republik mit ihrer innen- und außenpolitischen Lage (Phase 2) und schließlich das Dritte Reich vor (Phase 3) und im Zweiten Weltkrieg (Phase 4). Und ähnlich wie Machiavelli fragt Schmitt danach, welche Zeitumstände welche Handlungsweisen erfordern. Zugleich versucht er mit Georg Wilhelm Friedrich Hegel (1770-1831), aber auch mit Martin Heidegger[33] (1889-1976) die Wirklichkeit als die geistige Ordnung der Zeit zu erfassen und mit Hilfe von Ideen zu ordnen:

„Er gruppiert alle Lebenstatsachen [...] um die eine Grundüberzeugung, daß Ideen das Leben beherrschen; daß das Leben niemals nach seinen Bedingungen, sondern nur nach freien unbedingten, ja bedingenden Einsichten, eben nach Ideen, geordnet und aufgebaut werden kann".[34]

2.2 Formgebung durch Begriffsbildung

Carl Schmitts Profession, auf die er sich letztendlich immer zurückziehen kann, ist die Rechtswissenschaft,[35] die er als einen Teil der geistigen Bewegung des 20. Jahrhunderts versteht.[36] Damit unterscheidet er sich von allen anderen Juristen seiner Zeit. Seine radikale Kritik wendet sich gegen die Moderne, die er als „Welt von Materialismus und Kapital, von Technik und Ökonomie" empfindet.[37] Zu den Positionen gehören bei Schmitt die Begriffe,[38] die für ihn eine so außerordentlich große Bedeutung haben, dass man positiv von einer „Leidenschaft der Definition" bei Schmitt, negativ gewendet hingehen von „Begriffsmanie" sprechen kann.[39] Schmitt ist seit den frühen Jahren, als er

---

31 Zum Briefwechsel Schmitt – Huber jetzt: *Grothe* (Hrsg.) 2014.
32 *Huber* 1941, S. 1-44 [4].
33 *Zwischen* Carl Schmitt und Martin Heidegger finden sich erstaunliche Übereinstimmungen.
34 *Ball* 1983, S. 100-115 [100]; dieser Auffassung widerspricht jedoch Quentin Skinner nachdrücklich, *Mulsow/Mahler* (Hrsg.) 2010.
35 Siehe *Preuß* 2001, S.141-167.
36 *Kennedy* 1988, S. 233-252 [234].
37 *Ottmann* 1990, S. 63; diese Einschätzung teilt Schmitt auch mit seinem Freund Ernst Jünger.
38 Ein nicht unbedeutender Teil seiner Werke enthält bereits im Titel den Bezug zum Begriff, stellvertretend für viele: Der Begriff des Politischen, *Schmitt* BdP.
39 Vgl. *Huber* 1941, S. 2.

sich der künstlerischen Avantgarde zuwandte,[40] zugleich Ästhet, er betreibt ästhetische „Formgebung durch Begriffsbildung".[41] Und er hat einen stark entwickelten Sinn für die Macht von Bildern und Mythen.[42]

In seiner Schrift *Politische Theologie* schlägt Carl Schmitt eine Soziologie von Begriffen vor, unter der er eine „bis zum Metaphysischen und Theologischen weitergetriebene" radikale Begrifflichkeit versteht.[43] Als besonders prägnantes Beispiel hierfür nennt er die Soziologie des Souveränitätsbegriffes. Für Schmitt ist jeder politische Begriff ein polemischer Begriff. War er deshalb ein „Kriegstechniker des Begriffs", wie Reinhard Mehring meint?[44]

> „[...] alle politischen Begriffe, Vorstellungen und Worte [haben] einen polemischen Sinn; sie haben eine konkrete Gegensätzlichkeit im Auge, sind an eine konkrete Situation gebunden, deren letzte Konsequenz eine (in Krieg oder Revolution sich äußernde) Freund-Feind-Gruppierung ist, und werden zu leeren und gespenstischen Abstraktionen, wenn diese Situation entfällt. Worte wie Staat, Republik, Gesellschaft, Klasse, ferner: Souveränität, Rechtsstaat, Absolutismus, Diktatur, Plan, neutraler oder totaler Staat usw. sind unverständlich, wenn man nicht weiß, wer in concreto durch ein solches Wort betroffen, bekämpft, negiert oder widerlegt werden soll".[45]

Diese Sicht jedes politischen Begriffs als „Kampfbegriff" ist erstaunlich aktuell, wenn man bedenkt, dass ein wichtiges Feld der ideologischen und der parteipolitischen Auseinandersetzung auch heute ein „Kampf um Worte" ist.[46]

Irritierend ist freilich der Umstand, dass bei Schmitt die dahinter stehende politische Option oft unklar bleibt, sie liegt vielmehr im Assoziativen, Atmosphärischen, Ästhetisierenden.[47] Methodische Fragestellungen vernachlässigt er bzw. lehnt es ab, sich auf solche Fragen überhaupt einzulassen.[48] Man könnte seinen Ansatz – mit Volker Neumann – als „phänomenologisches Denken" bezeichnen. Das bedeutet, dass historisch-geistesgeschichtliche Stoffe zu einem einheitlichen Bild verarbeitet werden, für das der Autor in Anspruch nimmt, es sei für die geistige Eigenart der jeweiligen Epoche charakteristisch.[49] Carl Schmitt selbst benutzt diesen aus dem 18. Jahrhundert stam-

---

40 Er hat nicht nur rechts- und staatswissenschaftliche Abhandlungen verfasst, sondern auch Literarisches („Nordlicht") und Satirisches („Schattenrisse") einschließlich einer Interpretation von Wagners „Meistersingern".
41 *Neumann* 1980, S. 262.
42 *Ottmann* 1990, S. 61-87 [62].
43 *Schmitt* PTh S. 50.
44 *Mehrung* 2014.
45 *Schmitt* BdP, S. 31.
46 *Schmitt* Positionen, S. 217-226 [218]; vgl. *Bergsdorf* (Hrsg.) 1979.
47 *Maschke* 1982, S. 197-244 [230].
48 *Neumann* 1980, S. 9ff.
49 *Neumann* 1980, S. 11.

menden Begriff nicht. Er hat dafür einen plastischeren Begriff gefunden, der zugleich neugierig macht, nämlich den der „Ikonographie".[50] Damit sind verschiedene Weltbilder gemeint, die sich aus Sagen, Mythen, Legenden, Religionen, Symbolen, Tabus, sozialen Organisationen, Abbreviaturen und Signalen des Fühlens, Denkens und Sprechens zusammensetzen. Es geht dabei darum, aus der erfahrbaren Wirklichkeit ein Modell der sichtbaren Welt zu schaffen.

2.3 Theologie und Jurisprudenz

In seiner *Politischen Theologie* benennt Schmitt 1922 als Grund für diese Art der Begriffsbildung die „Parallele" von Theologie und Jurisprudenz[51]. „Alle prägnanten Begriffe der modernen Staatslehre sind theologische Begriffe".[52] Man möchte hinzufügen, dass die in Frage stehenden theologischen Begriffe ihrerseits wiederum zu einem großen Teil aus dem römischen Rechtsdenken abgeleitet sind.[53] Agamben möchte diesen Ansatz dahin gehend präzisieren, dass „säkularisierte Konzepte wesentlich eschatologische Konzepte" sind. Dabei verweist er auf den engen Sinnzusammenhang zwischen dem heutigen Begriff „Krise" und dem eschatologischen Begriff des Jüngsten Gerichts.[54] Schmitt ist in seiner *Politische Theologie* darum bemüht, diese Begriffe zu resäkularisieren.[55] In einer Rezension zu Friedrich Meineckes *Idee der Staatsräson in der neueren Geschichte* schreibt Schmitt 1926: „Der Verzicht auf einen Begriff enthält [...] einen Verzicht auf eine Architektur überhaupt".[56] Vor allem im „Kampf gegen Weimar, Genf und Versailles"[57] verwendet Schmitt Begriffe als „Instrumente des Kampfes". Ernst-Rudolf Huber führt dazu im Jahre 1941 aus:[58]

> „Die Methode dieses Kampfes besteht darin, daß mit dem Mittel der Definition der echte Begriff einer politischen Institution bestimmt und eben dadurch der Abfall der faktischen Einrichtungen von ihrem eigenen Wesen bewußt gemacht wird. So tritt die Entartung der politischen Institutionen sichtbar hervor; durch die Definition des ursprünglichen Sinnes wird die Dekadenz verdeutlicht".[59]

---

50   *Schmitt* Ost und West, S. 135ff.
51   Vgl. *Motschenbacher* 2000.
52   *Schmitt* Parlamentarismus, S. 49.
53   Man denke nur an die Stellung des Papstes als „Pontifex Maximus", eine Position, die der Römische Kaiser selbstverständlich für sich in Anspruch nahm; vgl. *Schmitt* Katholiszismus, S. 31.
54   *Agamben* 2014, S. 57.
55   *Assmann* 1992, S. 35ff.; zur Säkularisierung: *Villas Bôas* 2012.
56   Zitiert nach *Quaritsch* 1989, S. 21.
57   *Schmitt* Positionen.
58   Ernst-Rudolf Huber hatte 1926 bei Carl Schmitt promoviert und wurde 1933 an die Universität Kiel berufen.
59   *Huber* 1941, S. 12.

2.4 Ende der Staatlichkeit?

In seinem 1938 erschienenen Buch[60] *Der Leviathan in der Staatslehre des Thomas Hobbes* konstatiert Schmitt, dass Hobbes die „große Erkenntnis, daß Begriffe und Distinktionen politische Waffen, und zwar spezifisch Waffen ‚indirekter' Gewalten sind [...] gleich auf der ersten Seite des Buches anschaulich gemacht" habe.[61] Ein entsprechender Hinweis findet sich auch im Frontispiz des *Leviathan*.[62] An die Stelle der Begriffsgegenüberstellungen wie „Freund./.Feind" oder „Normativismus./.Dezisionismus" tritt nun in Schmitts Werk ein Denken in Drei-Gliederungen wie z.B. Staat – Bewegung – Volk,[63] obgleich nach eigenem Bekunden der „Dreigliedrigkeit [...] die polemische Schlagkraft der zweigliedrigen Antithese" fehlt.[64] Schmitt beklagt die Technisierung und Maschinisierung des Staates durch die Absorption seiner Persönlichkeit durch den Apparat.[65] An die Stelle des souveränen Nationalstaates treten in seinen Schriften ab 1939 (Phase 4) das Reich und später der „Großraum".[66]

Und in seinen Spätschriften seit 1941 behauptet Schmitt schließlich sogar: „Die Epoche der Staatlichkeit geht jetzt zu Ende. Darüber ist kein Wort mehr zu verlieren".[67] Die alteuropäische Staatenordnung ist nach seinem Verständnis am Ende.[68] Mit dem Niedergang Europas und dem Aufstieg Amerikas kündigt sich eine neue Weltordnung an. In einem Aufsatz aus dem Jahre 1941 hat Schmitt den Staat als einen „konkreten, an eine geschichtliche Epoche gebundenen Begriff" charakterisiert.[69] In Wirklichkeit meint er also nicht, dass das Ende des Staates schlechthin gekommen sei. Vielmehr geht es ihm um den rationalen Staat der Neuzeit[70] und dessen selbstverständliches Recht, grundsätzliche Verfassungsentscheidungen zu treffen. Die Erkenntnis, dass dieses Recht an unüberwindliche Grenzen stößt, mutet wiederum erstaunlich aktuell an.[71] Im Zeitalter der Globalisierung spricht man nicht zufällig von einer Staatlichkeit „jenseits von Staat und

---

60 *Schmitt* Leviathan.
61 *Schmitt* Leviathan, S. 26, 130.
62 *Bredekamp* 2003.
63 *Ottmann* 1990, S. 73.
64 *Schmitt* BdP, S.73.
65 *Schmitt* Leviathan, S. 102, 105; *Schmitt* Mechanismus.
66 Den systematischen Abschluss dieser Theorie bildet das 1950 erschienene Buch *Der Nomos der Erde*, *Ottmann* 1990, S. 76.
67 *Schmitt* VGO, S. 10.
68 *Ottmann* 1990, S. 75.
69 *Schmitt* Lage, S. 375-385.
70 Vgl. *Vesting* 1995, S. 191-202.
71 Ernst Forsthoff (*Forsthoff* 1971) hat diesen Gedanken auf die (alte) Bundesrepublik übertragen, vgl. *Firsching* 1995, S. 203-218; heute stehen auch Verfassungsentscheidungen unter dem Vorbehalt ihrer Kompatibilität mit universalen Werten.

Nation".[72] Carl Schmitts Analysen könnten für diese Diskussion durchaus von Nutzen sein.

3. Staat versus Politik?

Während der Staatsbegriff auf die Herrschaftsordnung von Schutz und Gehorsam bezogen ist, ist der Politikbegriff an der gesellschaftlichen Ordnung der Freien und Gleichen orientiert.[73] Aristoteles meint mit der *polis* noch die Gesellschaft als Ganzes, nicht nur den Staat als Inbegriff verselbständigter, spezialisierter politischer Herrschaft.[74] Machiavelli hingegen hat deutlich gemacht, dass der Staat der Zustand (*status*) gesicherter politischer Herrschaft ist, der es erst möglich macht, allgemeinverbindliche Gesetze zu erlassen.[75] Die Forderung nach Selbsterhaltung des Staates wird zur unbedingten politischen Leitlinie, der sich auch die Moral unterzuordnen hat. Dieser Selbsterhaltungsanspruch findet sich später auch in den systemtheoretischen Schriften Niklas Luhmanns (1927-1998). Eine Konstante in Schmitts Werk ist die Aversion gegen den liberalen Parlamentarismus,[76] oder noch pointierter gesagt: dessen Dekonstruktion.[77] In zahlreichen Publikationen kritisiert er nicht nur Parteien, Parlamente und Wahlen, sondern er konstatiert einen grundsätzlichen Gegensatz zwischen Parlamentarismus und Demokratie. Sein Negativbefund ist freilich noch auf die nationale Ebene beschränkt:

„Der Staat ist nur noch Vermittlungsausschuss, Kompromissfindungsorgan für die ihn zersetzenden Interessen der Wirtschaft, der Gewerkschaften und der organisierten Gruppen".[78]

Die Verschränkung von Staat und Gesellschaft („Gemeinwesen"), die lange selbstverständlich schien und heute wieder Gegenstand der Diskussion ist, erscheint Schmitt als katastrophengeladen.[79] Dabei hebt er bereits im Jahre 1931 den neuralgischen Punkt deutlich hervor:

„Organisiert sich die Gesellschaft selbst zum Staat [...], so werden alle sozialen und wirtschaftlichen Probleme unmittelbar *staatliche* Probleme und man kann nicht mehr zwischen staatlich-politischen und gesellschaftlich-unpolitischen Sachgebieten unterscheiden".[80]

---

72   *Zürn* 2005.
73   *Grauhan* 1977, S. 126.
74   Vgl. *Zehnpfennig* (Hrsg.) 2014; allerdings ist in den griechischen Stadtstaaten immer nur eine kleine Oberschicht so frei (auch von materiellen Sorgen), dass sie sich politisch betätigen kann.
75   *Grauhan* 1977, S. 123; *Voigt* (Hrsg.) 2013.
76   *Maschke* 1980, S. 214; *von Waldstein* 1989, insbes. 174ff.
77   *Mehring* 1992, S. 72ff.
78   *Maschke* 1980, S. 218.
79   *Maschke* 1980, S. 220.
80   *Schmitt* HdV, S. 82.

Damit übernimmt der Staat die Verantwortung auch für solche Probleme, die er selbst nicht lösen kann. Als Antwort bietet sich dann aus dieser Perspektive an, dass der Staat die Freiheit des Einzelnen dadurch sichert, dass er sich gegen die organisierten Interessengruppen durchsetzt.[81] Ob er dies tut, hängt freilich davon ab, ob sich sein Personal aus der Abhängigkeit von diesen Interessen befreien will und kann. Letztlich handelt es sich also um eine Machtfrage.

3.1 Der Wert des Staates

Carl Schmitt ist vor allem auch Etatist. Das hat er bereits mit seiner im Jahre 1914 erschienenen Monografie *Der Wert des Staates und die Bedeutung des Einzelnen* gezeigt[82] und in späteren Veröffentlichungen vielfach bestätigt. Allein der Staat ist in der Lage, eine Verbindung zwischen „der ideellen Welt des Rechts und der empirischen Wirklichkeit, der das Individuum angehört", herzustellen.[83]

Schon früh ist für Carl Schmitt klar, dass es ausschließlich um den „in seiner Idee erfaßten Staat" geht. Ohne einen dahinter stehenden Sinn würde

> „der konkrete Staat nur eine gewalttätige Macht sein [...], unberechtigt und irrational, von der sich nur sagen ließe, daß sie ein ‚Wille' sei, ein Terrorismus, an den wir uns gewöhnt haben und von dem einige zu profitieren wissen [...].[84]

Schmitt betrachtet den Staat als eine Herrschaftsordnung, die souverän, also aus eigener, nicht abgeleiteter Legitimation den inneren Frieden durchsetzt und garantiert. Für diesen Staat ist sein Monopol des Politischen existenzbegründend,[85] verliert er es, dann zerbricht sein „klassisches Profil".[86] Die Verfassung definiert Schmitt als „Gesamt-Entscheidung über Art und Form der politischen Einheit eines Volkes",[87] hingegen nicht als Vertrag.[88] Dabei unterscheidet er allerdings zwischen Verfassung und Verfassungsgesetz.[89] Während die erstere als Entscheidung (des *pouvoir constituant*), deren

---

81 *Forsthoff* 1971; *Böckenförde 1976*; beide waren Schmitt-Schüler, wenn auch aus verschiedenen Generationen.

82 *Schmitt* Wert; diese Schrift wurde 1916 von der Straßburger Fakultät als Habilitationsschrift akzeptiert; vgl. *Villas Bôas* 2013.

83 *Villas Bôas* 2013, S. 81.

84 *Schmitt* Wert, S. 45.

85 *Böckenförde* 1988, S. 293; insofern kann es sich kein Staat leisten, den „mächtigen psychotechnischen Apparat" der neuen Massenmedien ohne Kontrolle zu lassen; er muß sie vielmehr „in den Dienst der bestehenden Ordnung" (mit anderen Worten: des Staates) stellen, *Schmitt* VL, S. 168.

86 *Schmitt* Complexio, S. *271*.

87 *Schmitt* VL, S. 23f.

88 *Böckenförde* 1988, S. 289.

89 *Schmitt* VL, S. 20; siehe Kapitel „Verfassungslehre" in diesem Band.

Wesen nicht in einem Gesetz oder in einer Norm liege, absolut gesetzt wird, erscheint das jeweilige Verfassungsgesetz als relativ. Die Frage, ob der Staat der tatsächlich bestehende Zustand politischer Ordnung ist oder ihm die Verfassung vorgeht,[90] beantwortet der Etatist so:

> „Über die Verfassung des Staates kann erst entschieden werden und die Staatsform erst dann praktiziert werden, wenn und solange der Staat als solcher existiert".[91]

Staat und Verfassung sind auch nicht identisch, scheitert die Verfassung, muss sie durch eine neue ersetzt werden, ohne dass der Staat aufhört zu existieren.[92] Für den Etatisten stellt sich also die Frage nicht, ob die „Verfassungsordnung" eine historische Alternative zur „Staatsordnung" ist. Vielmehr ist es vornehmste Aufgabe der Verfassungsvorschriften, den tatsächlichen Bestand der Staatsordnung zu sichern und die Freiheit des Einzelnen durch den Staat zu gewährleisten.

3.2 Die „souveräne Diktatur" des Volkes

Schmitt ist allerdings auch Nationalist. Nation bedeutet für ihn „gegenüber dem allgemeinen Begriff Volk ein durch politisches Sonderbewußtsein individualisiertes Volk".[93] Das heißt, dass der Staat als Nationalstaat auf der „souveränen Diktatur" des politischen Volkes und der Selbstbestimmung der Nation beruht.[94] Ist diese Selbstbestimmung in Gefahr, muss die Nation aus ihrem Existenzwillen heraus den Staat mit allen Mitteln verteidigen. Gegebenenfalls muss sie durch souveräne Entscheidung einen neuen Staat begründen. Dieser Punkt ist für Schmitt im Jahre 1932 offenbar noch nicht erreicht, als er das Reichswehrministerium bei dessen „Notstandsspielen" juristisch berät.[95] Denn hier wird bereits der Staatsnotstand mit allen Konsequenzen durchgespielt, in dem das Parlament aufgelöst und die Neuwahlen trotz Art. 25 Abs. 2 WRV (Neuwahlen innerhalb von 60 Tagen) aufgeschoben werden sollen.[96] Seit der Wahl vom 31. Juli 1932 verfügen Nationalsozialisten und Kommunisten zwar zusammen über eine „destruktive"

---

90 *Grauhan* 1977, S. 115-140 [117].
91 *Quaritsch* 1989, S. 36; das Beispiel der 30 Millionen Kurden, die auf verschiedene Staaten (Irak, Iran, Syrien, Türkei) aufgeteilt sind, kann hier als Anschauungsmaterial dienen.
92 Die (fortlaufend bezifferten) Französischen Republiken sind ein gutes Beispiel für diese Auffassung.
93 *Schmitt* VL, S. 231.
94 *Mehring* 1992, S. 83.
95 Ein anschaulicher Bericht hierzu findet sich bei *Huber* 1988, S. 33-50 [40f.].
96 Dies alles geschieht offenbar mit ausdrücklicher Billigung des Reichspräsidenten von Hindenburg; vgl. Kapitel „Ausnahmezustand" in diesem Band.

absolute Mehrheit im Reichstag,[97] mit der sie jede Reichsregierung stürzen können,[98] für eine konstruktive Entscheidung, nämlich die Bildung einer neuen Regierung, findet sich jedoch keine Mehrheit. Dennoch sieht Schmitt zu diesem Zeitpunkt die Notwendigkeit zur Begründung eines neuen Staates (noch) nicht.

3.3 Staat – Bewegung – Verfassung

Das ändert sich jedoch mit der Ernennung Adolf Hitlers zum Reichskanzler am 30. Januar 1933.[99] Zuvor hat sich allerdings in der kurzen Zeitspanne vom Sommer bis zum Herbst 1933 die Stimmungslage in Deutschland drastisch verändert. Die letzten beiden Präsidialkabinette unter den Reichskanzlern von Papen und von Schleicher[100] scheitern. Die Republik ist an ihr Ende gekommen.[101] Zwar hält Schmitt das Ermächtigungsgesetz zunächst für unvereinbar mit der Weimarer Verfassung,[102] durch die revolutionäre nationalsozialistische „Bewegung" ist aus seiner Sicht jedoch – auf dem Wege einer politischen Entscheidung über die Existenzform der politischen Einheit „Staat" – eine neue Verfassung begründet worden.[103] Carl Schmitt votiert nunmehr offen für das Dritte Reich, ein Schritt, der auch von seinen Zeitgenossen bereits als hochsymbolischer Akt verstanden worden ist.[104] Der Vorwurf hingegen, er habe sich nicht ausreichend um eine Rückkehr zur parlamentarischen Regierungsform bemüht, erscheint angesichts der Wahlergebnisse des Jahres 1932 als weltfremd. Denn für die Rückkehr zum Parlamentarismus, die ja regierungsfähige Mehrheiten vorausgesetzt hätte, ist zu diesem Zeitpunkt im Reichstag offensichtlich keine Basis mehr vorhanden.[105] Mit der Machtübernahme Hitlers gerät der Staat jedoch sogleich auch in einen bedrohlichen Konflikt mit der nationalsozialistischen Bewegung, ein Konflikt, der im Zuge der Niederschlagung des sog.

97 Die NSDAP erhält 37,3% der Stimmen und stellt mit 230 Abgeordneten die größte Fraktion im Reichstag, die KPD erringt 14,4% (89 Abgeordnete), das sind zusammen 319 von 608 Sitzen, vgl. *Schulze* 1982, S, 382ff.

98 Das konstruktive Misstrauensvotum (der Kanzler kann nur gestürzt werden, wenn der Bundestag einen Nachfolger wählt, Art. 69 GG) des Grundgesetzes ist eine „Antwort" auf diese Problemlage.

99 Auch wenn Carl Schmitt diesen Schritt des Reichspräsidenten Paul von Hindenburg (1847-1934) zunächst als Riesendummheit einschätzt und seinem Ärger freien Lauf lässt.

100 General von Schleicher war zuvor als Reichswehrminister der „starke Mann" im Kabinett von Papen gewesen.

101 Zu dem Notstandsplan des Kabinetts von Schleicher vom Januar 1933 gehörte offenbar auch die Überlegung, vom Reichspräsidenten durch Notverordnung eine Zwangsvertagung des Reichstages verfügen zu lassen, *Huber* 1988, S. 48.

102 *Mußgnug* 1988, S. 517-528 [520].

103 *Schmitt* Not, Sp. 455ff.; später beruft sich Schmitt – nicht ganz zu Unrecht – darauf, dass dieser Vorgang „innerstaatlich vom deutschen Volk", zwischenstaatlich von allen ausländischen Regierungen als legal hingenommen" worden ist, *Schmitt* Complexio, S. 269-273 [271].

104 *Van Laak* 1993, S. 29.

105 So aber *Rüthers* 1988, S. 105.

Röhm-Putsches nur scheinbar zugunsten des Staates gelöst wird. Ernst Forsthoff (1902-1974) sieht dieses Problem bereits 1933, als er in seiner Schrift *Der totale Staat* – sehr zum Verdruss der Nationalsozialisten – ausführt:

> „Staat und Bewegung sind nicht miteinander identifizierbar. Die Bewegung kann aufgehen in der Person ihres Führers. Der Staat kann es nicht. Er ist [...] mehr als ein persönlicher Führungszusammenhang [...] Der Staat darf nicht erlöschen; er ist die Form der politischen Existenz des Volkes, und das Volk darf nicht politisch untergehen. Der Staat ist gebunden an Tradition, Gesetz und Ordnung".[106]

Es liegt auf der Hand, dass die Nationalsozialisten damals, aber auch weite Teile der Staatsrechtslehre heute – wenn auch aus unterschiedlichen Gründen –, dieses Staatsverständnis ablehnen.

4. Einheit und Homogenität

Carl Schmitts Staatsbegriff setzt den Mythos voraus.[107] Zentrales Problem seines Staatsdenkens ist die politische Einheit[108], die er vor allem mit Rückbezug auf Thomas Hobbes beschwört.[109] Unter dieser Einheit versteht er eine „bis zur Identität gesteigerte Homogenität".[110]

> „Grundsätzlich beruht jede Demokratie, auch die parlamentarische, auf der vorausgesetzten durchgehenden, unteilbaren Homogenität. Jede Abstimmung hat, wie gesagt, nur den Sinn, Übereinstimmung, nicht eine majorisierende, vergewaltigende Übereinstimmung herbeizuführen, als ein Modus, die Einmütigkeit festzustellen, die in einer tieferen Schicht immer vorhanden sein mus, wenn nicht Demokratie aufhören soll".[111]

Das schließt nötigenfalls auch „die Ausscheidung oder Vernichtung des Heterogenen ein".[112] Um das Heterogene erkennen zu können, bedarf es der Unterscheidung von Freund und Feind.[113] „*Innerhalb* des Staates als einer organisierten politischen Einheit, die als ganzes die Freund-Feindunterscheidung trifft", umgreift die auf relativer Homogenität beruhende Zusammengehörigkeit alle Gegensätze, Konflikte und Auseinandersetzungen dieser Unterscheidung.[114] In seiner Schrift des Jahres 1933[115] *Staat, Bewe-*

---

106 *Forsthoff* 1933, S. 31.
107 *Mehring* 1992, S. 8.
108 Vgl. *Hofmann* 1964, insbes. 131ff.
109 *Pasquino* 1984, S. 367-380; siehe Kapitel „Der Hobbes-Kristall" in diesem Band.
110 „Substantielle Homogenität", *Schmitt* Lage, S. 19f.; 34f.; *Schmitt* PTh, S. 62.
111 *Schmitt* LuL, S. 40.
112 *Schmitt* Lage, S. 14.
113 Siehe Kapitel „Freund-Feind-Denken" in diesem Band.
114 *Schmitt* BdP, S. 30; *Böckenförde* 1988, S. 285, 288.
115 *Schmitt* Dreigliederung.

gung, Volk konstruiert Schmitt eine „Dreigliederung der politischen Einheit", die an die christliche Dreifaltigkeit erinnert. Sie lässt sich aber vor dem Hintergrund seiner im Jahr darauf erschienenen Schrift[116] *Über die drei Arten des rechtswissenschaftlichen Denkens* auch anders interpretieren. Danach assoziiert Schmitt den Normativismus mit dem Staat, den Dezisionismus mit der politischen Bewegung und den Institutionalismus mit dem Volk.[117]

4.1 Unterdrückung des Bürgerkriegs

Aufgabe und Leistung des Staates ist für Schmitt – wie für Hobbes – vor allem die Unterdrückung des Bürgerkrieges. Dazu gehört es als „zentrale Aufgabe, das Proletariat, eine nicht besitzende und nicht gebildete Masse, in eine politische Einheit zu integrieren".[118] In dem Verlust der Einheit sieht Schmitt den Todeskeim des heutigen Staates. Moderne Gesellschaften widersetzen sich allerdings vehement und erfolgreich jedem Versuch einer Vereinheitlichung auf Dauer.[119] Das gilt besonders für die Weimarer Republik, wo die Klassengegensätze in Gesellschaft und Staat unvermittelt aufeinander treffen, ohne dass das politische Personal oder das Verwaltungspersonal darauf hinreichend vorbereitet gewesen wären. Was für die Kommunisten der gewaltsame Klassenkampf gegen die Kräfte der Bourgeoisie ist, wird für sozialdemokratische Autoren zum „sozialen Klassenkampf" (Hermann Heller) bzw. zur „sozialen Demokratie" (Ernst Fraenkel). Es fehlt in diesem Staat jedoch allenthalben an einem Grundkonsens über das, was über alle Parteien und Interessengegensätze hinweg Allen gemeinsam als verteidigungswert gelten soll. Auch die Weimarer Verfassung kann diese Lücke nicht füllen. Dabei spielt die fehlende Homogenität für Carl Schmitt wie für andere Staatsrechtslehrer seiner Zeit eine Schlüsselrolle.

4.2 Mythos des Nationalen versus Klassenkampf

Für Hermann Heller (1891-1933) ist die soziale Homogenität eine der wichtigsten Voraussetzungen für das reibungslose Funktionieren einer politischen Demokratie. Nur sie könne „ungeheure Spannungsgegensätze in sich verarbeiten, ungeheure religiöse, politische, ökonomische und sonstige Antagonismen verdauen".[120] Soziale Disparität hinge-

---

116 *Schmitt* Drei Arten.
117 *Mehring* 1992, S. 61.
118 Eine Aussage Carl Schmitts aus dem Jahre 1918, zitiert nach *Quaritsch* 1989, S. 68.
119 Vgl. *Balke* 1995, S. 254f.
120 „Das höchste Recht wird zur höchsten Ungerechtigkeit"; *Heller* 1970, S. 13; *Voigt* 1993, S. 118ff.

gen macht nach seiner Ansicht „summum jus zur summa injuria".[121] Um sie zu überwinden, plädiert Heller für den „sozialen Klassenkampf".

> Hierzu muss die „Selbsthilfe der durch die gegebene Gesellschaftsform in ihren vitalsten Interessen verletzten Arbeiterschaft hinzukommen (und) zur organisierten Macht werden, die der organisierten Macht der Kapitalinteressen ebenbürtig entgegenzutreten vermag".[122]

Auch Hans Kelsen (1881-1973)[123] sieht als eine wesentliche Bedingung der Demokratie eine „kulturell relativ homogene Gesellschaft" an. Carl Schmitt versteht unter Homogenität hingegen weit mehr als den Abbau sozialer Disparitäten, ohne jedoch den Begriff inhaltlich zu präzisieren. Angesichts der Machtübernahme Mussolinis bezieht er dies nunmehr auf den „Mythus des Nationalen", dessen größere Energie er dem Klassenkampfmythos gegenüberstellt.[124]

> „Aber wo es zu einem offenen Gegensatz der beiden Mythen gekommen ist, in Italien, hat bis heute der nationale Mythus gesiegt. Seinen kommunistischen Feind malte der italienische Faschismus mit einem grausigen Bild, dem mongolischen Gesicht des Bolschewismus; es hat größeren Eindruck gemacht als das sozialistische Bild vom Bourgeois".[125]

Carl Schmitt ist Nationalist,[126] wie besonders in seinem Kampf gegen „Weimar" (Weimarer Republik), „Genf" (Völkerbund) und „Versailles" (Versailler Friedensvertrag) deutlich wird.[127] Ähnlich wie Max Weber (1964-1920) empfindet er die deutsche Niederlage als Schmach, die Gebietsabtrennung als unerträglich und den Versailler Vertrag als ungerechtes „Diktat der Siegermächte".[128]

5. Eine legale Revolution?

Für die NSDAP besteht der Sinn ihrer Beteiligung am parlamentarischen System im Reichstag („Schwatzbude") in der Chance zur Übernahme der Macht im Wege einer „legalen Revolution". Gerade dagegen wendet sich Carl Schmitt jedoch in den letzten Jahren der Weimarer Republik mit aller Kraft, ohne freilich aus den Reihen der Staatsrechtslehrer nennenswerte Unterstützung zu erhalten. Schmitt geht sogar soweit, selbst in diesem Moment (1932) noch für ein Verbot von NSDAP und KPD zu plädieren. Er nimmt damit etwas vorweg, was uns heute als selbstverständlich erscheint, nämlich den

---

121 *Heller* 1970, S. 421ff.
122 *Heller* 1970, S. 468.
123 *Kelsen* 1929, S. 66.
124 *Schmitt* Lage, S. 88; zum „Mythos" der unmittelbaren Demokratie: *Schmitt* Volksentscheid.
125 *Schmitt* Lage, S. 88f.
126 Nationalismus und Katholizismus waren für Schmitt keine Widersprüche.
127 *Quaritsch* 1989, S. 56.
128 *Schmitt* Positionen, S. 71; siehe Kapitel „Freund-Feind-Denken" in diesem Band.

Kampf der „streitbaren Demokratie"[129] gegen ihre Feinde. Anders als der im Grundgesetz postulierte materiale Rechtsstaat, der auf einer Wertordnung basiert, bleibt der Rechtsstaat der Weimarer Verfassung jedoch auch in der Stunde höchster Gefahr für den eigenen Bestand im rein Formalen stecken. Demgegenüber hat der Parlamentarische Rat die Konsequenzen aus der Wertneutralität der Weimarer Verfassung gezogen und das Grundgesetz unter eine Ordnung der Werte gestellt,[130] über deren Einhaltung letztlich das Bundesverfassungsgericht zu wachen hat.[131] Dementsprechend gering ist allerdings auch der Änderungsspielraum, den Art. 79 GG lässt. Wichtige Grundentscheidungen – wie die Gliederung des Bundes in Länder,[132] die grundsätzliche Mitwirkung der Länder bei der Gesetzgebung oder die in den Art. 1 und 20 niedergelegten Grundsätze – sind der Änderung durch den Gesetzgeber ganz entzogen. Ganz anders Art. 76 WRV, wonach „die Verfassung im Wege der Gesetzgebung geändert werden kann".

Gegen die herrschende Meinung – repräsentiert etwa durch Gerhard Anschütz (1867-1948)[133] oder Hans Kelsen – hat Carl Schmitt stets dafür plädiert, dass Grundentscheidungen der Verfassung der Änderung durch den Verfassungsgesetzgeber entzogen sein müssten. Das führt ihn zu der grundsätzlichen Absage:

> „Wenn eine Verfassung die Möglichkeit von Verfassungsrevisionen vorsieht, so will sie damit nicht etwa eine legale Methode zur Beseitigung ihrer eigenen Legalität, noch weniger das legitime Mittel zur Zerstörung ihrer Legitimität liefern".[134]

Nach Schmitts Vorstellung schließt das Mandat der gewählten Repräsentanten des souveränen Volkes zwar verfassungsmodifizierende Änderung, aber keine Verfassungsdurchbrechung ein. Das Recht auf Verabschiedung einer von Grund auf neuen Verfassung hat danach nur das Volk, aber nicht der Gesetzgeber.[135] Hellsichtig hat Schmitt erkannt, dass die Wertneutralität „eines nur noch funktionalistischen Legalitätssystems bis zur absoluten Neutralität gegen sich selbst [...] bis zum Selbstmord" ginge.[136] Eine „le-

---

129 Ob Schmitt deshalb allerdings als „Vater der streitbaren Demokratie" bezeichnet werden kann, erscheint zumindest als fraglich.
130 Dazu gehört auch die Möglichkeit, verfassungswidrige Parteien durch das Bundesverfassungsgericht verbieten zu lassen (Art. 21 Abs. 2 GG) sowie der Verfassungsschutz in Bund und Ländern. Das Gegenbild zur „hilflosen Demokratie" von Weimar ist die „streitbare Demokratie" von Bonn. Zur Kritik: *Schmitt* Werte.
131 Vgl. *van Ooyen/Möllers* (Hrsg.) 2014.
132 Dies ist einer der wesentlichen Bestandteile der Weimarer Verfassung, die Schmitt für nicht änderbar hält.
133 *Anschütz* 1968, S. 405.
134 *Schmitt* LuL, S. 61.
135 *Mußgnug* 1988, S. 517-528 [518f.].
136 *Schmitt* Aufsätze, S. 301f.

gale Revolution" auch mit „revolutionären, reaktionären, umstürzlerischen, staatsfeindlichen, deutschfeindlichen oder gottlosen Zielen" schien ihm politisch möglich, verfassungsrechtlich jedoch als unzulässig. Das Schlimmste aber ist für ihn, dass die neuen Machthaber nach erfolgreich verlaufener Revolution die Tür der Legalität schließen und jeden Gegner als Verfassungsfeind behandeln können.[137]

6. „Souverän ist, wer über den Ausnahmezustand entscheidet"[138]

In den *Discorsi* hatte Machiavelli bereits Anfang des 16. Jahrhunderts seiner Meinung Ausdruck gegeben, „daß Republiken, die in äußerster Gefahr nicht zur diktatorischen oder einer ähnlichen Gewalt Zuflucht nehmen, bei schweren Erschütterungen zugrunde gehen werden".[139] Im „Ernstfall" ist also jeder im Recht, der sich faktisch durchsetzt.[140] Dieser Gedanke würde – zumindest in Notzeiten – auch eine Diktatur rechtfertigen. Donoso Cortés hat 1851 diesen Schluss aus seiner Kritik an der Zivilisation, welche die alte Lebensart zerstört, gezogen.[141] In seinem 1921 erschienenen ersten Hauptwerk *Die Diktatur. Von den Anfängen des modernen Souveränitätsgedankens bis zum proletarischen Klassenkampf* geht es Carl Schmitt um die Beantwortung genau dieser Kernfrage. In dieser Studie, die den Zeitraum von Machiavelli bis zur Weimarer Verfassung umfasst, bezieht sich Schmitt vor allem auf Jean Bodin, den Begründer des Souveränitätsbegriffs des modernen Staates.

6.1 Kommissarische und souveräne Diktatur

Im Mittelpunkt der Schmittschen Überlegungen steht die für ihn wesentliche Unterscheidung von kommissarischer und souveräner Diktatur.[142] Während der kommissarischen Diktatur bestimmte Ausnahmebefugnisse zur Wiederherstellung einer gestörten Ordnung zugestanden werden, charakterisiert Schmitt die verfassungsgebende Gewalt des Volkes als „souveräne Diktatur". Das schwierige Verhältnis von Recht und Macht bringt er so auf den Punkt:

> „Der Inhalt der Tätigkeit des Legislators ist Recht, aber ohne rechtliche Macht, machtloses Recht; die Diktatur ist Allmacht ohne Gesetz, rechtlose Macht".[143]

---

137 Siehe Kapitel „Legalität ohne Legitimität? in diesem Band.
138 *Schmitt* PTh, S. 11.
139 *Machiavelli* 1990, S. 185.
140 *Grauhan* 1977, S. 120.
141 *Donoso Cortés* 1966; *Donoso Cortés* 2007.
142 Siehe Kapitel „Ausnahmezustand" in diesem Band.
143 *Schmitt* Diktatur.

In der 1922 erschienenen Schrift *Politische Theologie. Vier Kapitel zur Lehre von der Souveränität* beruft er sich nicht nur auf Jean Bodin, sondern auch auf Thomas Hobbes als den Vertreter des dezisionistischen Entscheidungsmodells des Souveräns.[144] Daraus leitet Schmitt seinen berühmten Satz ab: „Auctoritas, non veritas facit legem".[145] Nicht aufgrund eines Wahrheitsbezuges gelten Gesetze, sondern kraft der Anerkennung rechtsetzender Instanzen.

6.2 Die souveräne Entscheidung

Carl Schmitt hält die Souveränität für rechtlich nicht einschränkbar. Dies ist der Grundsatz des Schmittschen Dezisionismus. Im Gegensatz zu Donoso Cortés, der eine autoritäre Staatsverfassung nach dem Vorbild der katholischen Kirche erstrebt, drängt sich bei Schmitt die Entscheidung an sich in den Vordergrund.[146] Sie ist eine Entscheidung existentieller, ja geradezu religiöser Art und bedeutet in letzter Konsequenz die Entscheidung über politisches Sein oder Nichtsein eines Volkes.[147] Die Frage, ob die getroffene Entscheidung ihren Zweck erfüllt und den Frieden bringt, gerät damit notwendigerweise in den Hintergrund.[148] Eine Entscheidung ist besser als eine Nicht-Entscheidung.[149] Carl Schmitt hat sich bei seiner Definition der Souveränität stets Bodin verbunden gefühlt, der darunter die „summa potestas" verstanden hat, die dauernde und absolute Gewalt des Staates über seine Untertanen.[150] Im Jahre 1941 sagt und schreibt Schmitt dazu:

> „Aus den konfessionellen Bürgerkriegen entsteht in Frankreich der Gedanke der souveränen *politischen* Entscheidung [...]. In dieser Lage haben die Begriffe *Staat* und *Souveränität* in Frankreich ihre erste maßgebende juristische Ausprägung gefunden. Damit tritt die spezifische Organisationsform ‚souveräner Staat' in das Bewusstsein der europäischen Völker".[151]

Schmitt zieht daraus für die Weimarer Verfassung ab 1924 die Konsequenz, das Notverordnungsrecht des Reichspräsidenten gemäß Art. 48 WRV extensiv auszulegen. Der

---

144 *Schmitt* PTh, S. 42; einen Vergleich der Souveränitätslehren von Hans Kelsen, Carl Schmitt und Hermann Heller bietet: *Hebeisen* 1995.

145 „Autorität und nicht Wahrheit macht das Gesetz"; diesem Satz liegt die Hobbessche Gleichsetzung von „auctoritas" und „potestas" zugrunde.

146 Vgl. *von Krockow 1958; Hernández-Arias 1998; Maschke* 2009, S. 185-202.

147 *Ottmann* 1990, S. 63.

148 *Maschke* 1980, S. 215.

149 Die Bedeutung von Nicht-Entscheidungen (non decisions) wurde in der deutschen Politikwissenschaft erst Ende der neunzehnhundertsiebziger Jahre aufgrund US-amerikanischer Vorarbeiten erkannt, *Bachratz/Baratz* 1977.

150 *Bodin* 1981/1986; siehe Kapitel „Johannes Bodinus" in diesem Band.

151 „Staatliche Souveränität und freies Meer – Über den Gegensatz von Land und See im Völkerrecht der Neuzeit", Vortrag auf dem Historikertag in Nürnberg am 8. Februar 1941; *Schmitt* Aufsätze, S. 375ff.

Reichspräsident wird für ihn als „neutrale Gewalt" zum Hüter der Verfassung.[152] Interessanterweise beruft sich Schmitt dabei auf Äußerungen von Hugo Preuß (1880-1925) und Friedrich Naumann (1860-1919) im Verfassungsausschuss.[153]

7. Faszination der Mehrdeutigkeit

Vieles von dem, was Carl Schmitt im Laufe seines langen Lebens geschrieben hat, bleibt im Unklaren und ist mehrdeutig.[154] Das liegt nicht zuletzt an der Themenfülle und thematischen Breite seiner Veröffentlichungen. Sein rechtswissenschaftliches Spektrum reicht immerhin vom Staats- und Verfassungsrecht über Rechtstheorie und Rechtsphilosophie bis hin zum Völkerrecht.[155] Darüber hinaus behandelt er theologische, soziologische und politikwissenschaftliche Themen.[156] Schmitt ist nicht nur Staatsrechtler, sondern ebenso Kulturkritiker und Geschichtsphilosoph.

> „Den Systemgrenzen der Universität und Wissenschaft suchte er schon durch seine starke politische Adressierung und Funktionaliisierung seiner Wissenschaft zu entkommen".[157]

Helmut Quaritsch (1930-2011) spricht – zu Recht – von dem „Vexierbild" seiner wissenschaftlichen Arbeit. Hinzu komme allerdings auch noch ein „geistiges Doppelleben", das er geführt habe.[158] Einerseits redet und schreibt Schmitt als in der Fachwelt anerkannter Wissenschaftler, andererseits tritt er als politischer Denker ins Rampenlicht, an dessen messerscharfen, nicht selten polemisch zugespitzten Analysen sich Zustimmung und Widerspruch entzünden. Christoph Schönberger beschreibt diese Zuspitzung in seinem Kommentar zu der Schrift *Tyrannei der Werte* so:

> „Zu seiner eigentlichen literarischen Form fand er in dem, was die Franzosen einen *brûlot* nennen: ein entflammbarer Text, ein Boot mit hochentzündlicher Fracht, dazu bestimmt, das Schiff des Gegners in Brand zu setzen".[159]

So glasklar Schmitts Begrifflichkeit auch häufig ist, so sehr bleiben seine Ergebnisse doch oft im Dunkeln. Er selbst hat das nach dem Kriege als „Immunisierungsstrategie"

---

152 *Schmitt* HdV.
153 *Schmitt* HdV, S. 138.
154 Vgl. *Maschke* 1988, S. 193-221 [193].
155 *Schmitt* VGO; dabei ist sein früher Ausflug in das Strafrecht (*Schmitt* Urteil) noch gar nicht berücksichtigt.
156 Vor allem in seinen völkerrechtlichen Studien kommt die politikwissenschaftliche Sichtweise zum Ausdruck, und in Italien ist Schmitt in erster Linie als Politikwissenschaftler rezipiert worden.
157 *Mehring* 2014, S. 3.
158 *Quaritsch* 1989, S. 9, 12.
159 *Schönberger* 2011, S. 57-91 [57].

bezeichnet, die in gefährlichen Zeiten ein Mittel der Selbstverteidigung und des Überlebens sei.[160]

7.1 Zwang zur gedanklichen Gefolgschaft

Problematisch ist jedoch Schmitts Methode, eine bestimmtes Phänomen – häufig in einer ideengeschichtlichen Ableitung – in einem Begriff so zuzuspitzen, dass die Realität den damit verbundenen Anforderungen unmöglich genügen kann. Auf diese Weise gelingt es ihm, verstärkt durch seine ungeheure Wortgewalt, den Leser bei seiner negativen Einschätzung bestehender Einrichtungen zur gedanklichen Gefolgschaft quasi zu zwingen. Ernst-Rudolf Huber berichtet von Schmitts „Kunst, den anderen durch die unerwartete, fast überfallartige Art des Fragens zum Mitdenken zu nötigen". [161] Tatsächlich besteht auch heute wieder die Gefahr, dass der real existierende parlamentarische Rechts- und Verfassungsstaat aus der Sicht seiner Fundamentalkritiker als die schlechtere Staatsform und folglich als nicht verteidigenswert angesehen wird. Schmitt hat auf diese Weise Demokratie und Parlamentarismus zu Gegensätzen erklärt, indem er den tatsächlichen Verhältnissen ein unerreichbares Idealbild gegenübergestellt hat. Darin stimmten ihm zahlreiche seiner Berufskollegen zu, die parlamentarische Demokratie hatte – jedenfalls in diesem Bereich – zumindest in der Endphase der Weimarer Republik nicht mehr viele Freunde. Als „gebrannte Kinder" sind wir Heutigen zwar vorsichtiger geworden, was das Experimentieren mit autoritären Staatsformen betrifft. Dennoch ist nicht nur bei uns Deutschen die Sehnsucht nach dem starken Mann (oder einer starken Frau) zumindest latent vorhanden.[162] Der Wunsch nach einem nicht von Dissonanzen getrübten Gleichklang der Meinungen, der nach wie vor stark ausgeprägt ist, kann freilich auch auf andere Weise erfüllt werden.[163]

7.2 Widersprüche und Missverständnisse

Schmitt selbst hat sich rückblickend mit dem „Benito Cereno" von Herman Melville (1819-1891) verglichen,[164] der von einem Besucher noch immer für den Kapitän gehalten wird, obgleich auf seinem Schiff längst die Sklaven das Kommando übernommen

---

160 *Quaritsch* 1989, S. 18f.
161 *Huber* 1988, S. 33-50 [34].
162 Ähnliches gilt für viele europäische Gesellschaften, erwähnt sei hier – pars pro toto – nur die französische Gesellschaft.
163 *Saage* 1983.
164 Herman Melvilles Roman *Benito Cereno* ist abgedruckt in: *The Piazza Tales* (1856).

haben.[165] Emile M. Ciorans (1911-1995) Charakteristik des französischen Staatsphilo-sophen und Ideologen der Konterrevolution Joseph Marie de Maistre (1753–1821) passt auf Carl Schmitt, als wäre sie für ihn geschrieben:

> „Manche Kommentatoren haben nicht ohne Bedauern seine Aufrichtigkeit in Zweifel gezo-gen, dabei hätten sie sich eher über das Unbehagen freuen sollen, das er bei ihnen auslöste: ohne seine Widersprüche, ohne die Mißverständnisse über ihn selber, die er instinktiv oder berechnend verursacht hat, wäre sein Fall längst erledigt, und er hätte das Pech, verstanden zu werden – kein ärgeres Geschick kann einen Autor treffen".[166]

Carl Schmitt hat in der Tat oft „in Rätseln" gesprochen, manche seiner Gedanken sind auch nach intensiver Forschung im In- und Ausland immer noch nicht verstanden. Viele Missverständnisse warten noch auf eine Auflösung. Eines lässt sich aber mit Gewissheit sagen: Die Lektüre seiner Schriften ist alles Andere, nur nicht langweilig.

---

165 *Schmitt* ECS, S. 75; die Parallele zu heutigen Regierungen, die wie Marionetten an den „Drähten" der globalen Finanzakteure hängen, drängt sich geradezu auf.
166 *Cioran* 1980.

Freund-Feind-Denken.

Das Politische im 21. Jahrhundert

„Die spezifisch politische Unterscheidung, auf welche sich die politischen Handlungen und Motive zurückführen lassen, ist die Unterscheidung von *Freund* und *Feind*".[167]

Alle politischen Begriffe, Vorstellungen und Worte haben – nach Carl Schmitt – eine „konkrete Gegensätzlichkeit" im Auge und sind an eine konkrete Situation gebunden, deren letzte Konsequenz eine „Freund-Feind-Gruppierung" ist.[168] Das gelte sowohl für den äußeren wie für den inneren Feind. Dieser These wird von verschiedenen Seiten, vor allem von den Vertretern des Kosmopolitismus, z.T. heftig widersprochen.[169] Allenfalls gehe es um Konkurrenten, Gegner oder Widersacher, aber niemals um Feinde. Kann man also das Politische auch ohne einen Feind im Schmittschen Sinne verstehen? Ist ohne ihn die Welt nicht sogar viel harmonischer, viel friedlicher und schöner? Chantal Mouffe (geb. 1943) hat den Versuch unternommen, den im Freund-Feind-Verhältnis enthaltenen Antagonismus in einem neuen Begriff zu verarbeiten. Sie spricht von „Agonismus" und meint damit eine Wir-Sie-Beziehung. Die Hauptaufgabe der Demokratie sieht sie in der Umwandlung des Antagonismus in Agonismus.

„Im agonistischen Kampf [..] steht die Konfiguration der Machtverhältnisse selbst auf dem Spiel, um welche herum die Gesellschaft strukturiert ist".[170]

Mouffes Schlussfolgerung, die konfligierenden Parteien seien nunmehr „Gegner", keine „Feinde" mehr, leuchtet freilich nicht ohne Weiteres ein. Denn der Kampf um die Figuration der Machtverhältnisse ist nicht nur ein politischer Wettkampf mit friedlichen Mitteln, sondern auch eine im wahrsten Sinne des Wortes „todernste Sache". Er gehört zum unverzichtbaren Kernbestand der Politikwissenschaft.

Offensichtlich hängt die Beantwortung der Frage nach Feindschaft oder bloßer Konkurrenz nicht zuletzt von der Einstellung zum Menschen ab. Thomas Hobbes war – wie viele andere Philosophen – davon ausgegangen, dass der Mensch dem Menschen ein „Wolf" sei,[171] legte also seinen Überlegungen eine negative Anthropologie zugrunde:

„Und wenn daher zwei Menschen das gleiche verlangen, in dessen Genuß sie dennoch nicht kommen können, werden sie Feinde; und auf dem Weg zu ihrem Ziel (das hauptsächlich in

---

167 *Schmitt* BdP, S. 26 (Hervorhebungen im Original).
168 *Schmitt* BdP, S. 31, Vgl. dazu: *Tietz* 2003, S. 123-138.
169 Statt Vieler: *Beck/Grande* 2004; siehe – von einer anderen Warte aus – auch *Sternberger* 1961.
170 *Mouffe* 2007, S. 31.
171 Vgl. *Vogl/Matala de Mazza* 2002, S. 207-217.

ihrer Selbsterhaltung und zuweilen nur in ihrem Vergnügen besteht) bemühen sie sich, einander zu vernichten oder zu unterwerfen".[172]

Vor allem die Kriege in den fast vier Jahrhunderten seit dem Erscheinen des *Leviathan* (1651) sprechen für diese Einschätzung.[173] Sie waren von Grausamkeiten an Menschen geprägt, und diese Tendenz ist keinesfalls überwunden. Ganz im Gegenteil: Die „Verfeindung" in der Folge des 11. Septembers 2001 und der Krieg in Afghanistan zeigen ganz deutlich, wie sehr sich die Kriegsgegner als Feinde ansehen. Anders wäre kaum zu erklären, dass beide Seiten des Konflikts den Tod von unschuldigen Kindern, Frauen, alten und gebrechlichen Menschen zumindest billigend in Kauf nehmen (Stichwort: „Drohnen"), wenn nicht sogar – so etwa die Strategie der Taliban – bewusst dazu einsetzen, den Hass der afghanischen Bevölkerung auf die fremden Okkupatoren zu schüren.[174]

Ausgehend von dem Ende des Sowjetimperiums, mit dem der westlichen Welt das „klassische" Feindbild abhanden gekommen zu sein scheint, wird zunächst über neue Feinde gesprochen. Ausdruck dieser neuen Feindschaft ist der von George W. Bush ausgerufene „War on terror". Sodann geht es um die Bedeutung des Freund-Feind-Gegensatzes vor allem für die westlichen Demokratien. Ist der Mensch dem Menschen ein Wolf (Hobbes), oder ist er ein friedliches Lamm, das seinen Platz in der Herde sucht, ohne kämpfen zu wollen bzw. zu müssen? Das kosmopolitische Denken zielt genau in diese Richtung; dabei treten jedoch Wunschvorstellungen an die Stelle der nüchternen Realitätsbeobachtung. Wenn eine „natürliche" Feindschaft ausgeschlossen wird, dann muss sich die zugrunde liegende Problematik offenbar ein anderes Feld suchen. Dies zeigt sich z.B. darin, dass das Politische im Gewand der Moral einher kommt. Es geht dabei um die zunehmende Tendenz zu einer Moralisierung politischer Konflikte, bei denen rationale Argumente ihre Durchschlagskraft mehr und mehr verlieren. Im Krieg erreicht die Feindschaft ihren Höhepunkt. Es kommt aber darauf an, dem Gegner nicht die Menschenwürde abzuerkennen, wie dies offenbar im US-Gefangenenlager Guantánamo geschehen ist und noch immer geschieht. Carl Schmitt sieht in der selbstbestimmten Unterscheidung von Freund und Feind das Wesen der politischen Existenz des Staates. Ob Deutschland dieses Kriterium in vollem Umfang erfüllt, ist allerdings fraglich. Als Fazit dieses Kapitels bleibt festzuhalten, dass Feindschaft aus dem Leben der Menschen nicht wegzudenken ist.

---

172 *Hobbes* 1992, Kap. XIII.
173 Vgl. *Voigt* 2008.
174 Das ist freilich keine neue Strategie, vielmehr haben die Partisanen im Zweiten Weltkrieg bereits ähnlich agiert.

1. Verlust des Feindes

„Mit dem Ende des Kalten Krieges ist die klar bipolare Inklusions- und Exklusionssemantik der asymmetrischen Gegenbegriffe (Koselleck 1989) nicht mehr verfügbar, mit dem man jede außen- und innenpolitische ‚Feindlage' mühelos codieren konnte".[175]

Durch den Untergang des Sowjetimperiums und das Ende der bipolaren Weltordnung schien der westlichen Welt endgültig der Feind abhanden gekommen zu sein. Über fast ein halbes Jahrhundert hatten Sowjetunion und Ostblock ein scharf konturiertes Feindbild abgegeben, das nicht nur den Politikern, sondern auch den in der NATO organisierten Armeen des Westens als Orientierungsmaßstab diente.[176] Alle militärischen Planspiele des Westens gingen dieser Zeit wie selbstverständlich von einem Angriff aus dem Osten aus. Zur Überraschung der Beteiligten blieb dieser Angriff jedoch aus. Der „Terrorfrieden" (Raymond Aron) des Kalten Krieges hatte verhindert, dass innereuropäische Konflikte in Formen zwischenstaatlicher Gewalt zum Ausbruch kamen.[177] Staatenkriege und Bürgerkriege fanden – mit wenigen Ausnahmen – auf anderen Kontinenten statt.[178] Nach der großen Zäsur zeigte sich jedoch schon bald, dass mit dem Zusammenbruch des Sowjetimperiums keinesfalls „Das Ende der Geschichte" angebrochen war.[179] Vielmehr wurde den Politikern bald klar, dass ohne die Existenz eines glaubwürdigen Feindbildes viele politische und militärische Entscheidungen nur schwer zu legitimieren waren.

1.1 Al Qaida: Der unsichtbare Feind

Ein neuer Feind musste her, und er fand sich alsbald in Gestalt des islamistischen Selbstmordattentäters und der ihn „steuernden" Terrororganisation Al Qaida. Freilich handelt es sich dabei um ein unsichtbares Netzwerk, das aus voneinander unabhängigen Zellen besteht und die ganze Welt umfasst. Dieser unsichtbare Feind musste nun jedoch sichtbar gemacht werden, um ihn bekämpfen zu können. Hier kam der saudische Milliardärssohn und zeitweilige Verbündete der USA Osama Bin Laden (1957-2011) ins Spiel.[180] Er war den Amerikanern wohl bekannt, war er doch im Kampf gegen die sowjetische Okkupation Afghanistans (1979-1989) ihr Verbündeter gewesen, den sie mit

---

175 *Knobloch* 2002, S. 233-247 [236].
176 Dieses Feindbild beruhte freilich auf Gegenseitigkeit.
177 *Liebsch* o.J.
178 Vgl. *Voigt* 2008.
179 *Fukuyama* 1992.
180 Osama Bin Laden ist vermutlich 1957 als einer von 54 Nachkommen der Großfamilie des Scheichs Mohammed Bin Laden in Saudi Arabien geboren. Er wurde am 2. Mai 2011 von Spezialeinheiten der US-amerikanischen Navy Seals in Abbottabad/Pakistan erschossen. Nach Angaben der US-Regierung war er unbewaffnet.

Waffenlieferungen unterstützt hatten. Binnen kürzester Zeit wurde er nun vom gleichgesinnten Freund zum fundamentalistischen Feind „umgeschminkt".[181] Als oberster Führer der Qaida wurde Bin Laden zur meistgesuchten Person und zum Staatsfeind (*public enemy*) Nr. 1 in Amerika, der überall auf der Welt zur Fahndung ausgeschrieben war. Tatsächlich scheint sein Erscheinungsbild für einen Steckbrief (*Wanted! Dead or alive!*) wie geschaffen zu sein. Mit Bin Laden, der in den Augen der Amerikaner das schlechthin Böse verkörperte, hatte der Feind ein Gesicht erhalten.

> „Der Feind, ein dünner Mann mit langem Bart, Turban auf dem Kopf und einer Kalaschnikov in der Hand. Er hat eine konkrete Physiognomie, die einer Karikatur gleicht [...]".[182]

Kopfgeld für Bin Laden

Der US-Senat hatte am 13. Juli 2007 das Kopfgeld für Bin Laden für Hinweise, die zu seiner Ergreifung oder zu seinem Tod führen, auf 50 Mill. Dollar verdoppelt.[183] Im Winter 2001 hatten die Amerikaner die 50 km von Dschalalabad entfernte Bergfestung Tora Bora im Grenzgebiet zu Pakistan, die afghanische Guerillas im ersten Afghanistankrieg zum Schutz gegen die Rote Armee angelegt hatten, mit bunkerbrechenden Waffen (*Bunker Buster*) bombardiert, um den obersten Terroristen – zusammen mit ca. 2000 arabischen Kämpfern – in dem verborgenen Tunnelsystem zu vernichten. Auch nach dieser Aktion war Bin Laden freilich immer noch auf freiem Fuß und versetzte die westliche Welt in Aufregung, wenn er – meist im arabischen Fernsehsender *Al-Dschasira* – wieder einmal seine Botschaft verkündete.[184] Der damalige US-Präsident George W. Bush rief – als Antwort auf die Terroranschläge des 11. September 2001 – den weltweiten „War on Terrorism" aus. „Die ‚verwundete' Weltmacht inszenierte sich als stark und geeint im Kampf ‚gegen das Böse', den Feind".[185] Einen Tag nach dem Anschlag wurde – erstmalig – der Bündnisfall gemäß Art. 5 der NATO-Charta ausgerufen. Allerdings wurden daraus nicht die vertraglich vereinbarten Konsequenzen gezogen, nämlich die NATO als geeintes Verteidigungsbündnis gegen den Feind ins Feld zu führen. Vielmehr wurden nur „handverlesene" Staaten an der Intervention beteiligt.

---

181 *Knobloch* 2002, S. 236.
182 *Heiden* 2002, S. 183-205 [183].
183 http://www.spiegel.de/politik/ausland/0,1518,494365,00html, Zugriff am 16.8.2010.
184 Bin Laden hatte bereits unmittelbar nach dem Anschlag vom 11. September seine „Botschaft" über Al Dschasira verkündet.
185 *Heiden* 2002, S. 184.

Seither sind von den USA und ihren Verbündeten ungeheure politische und militärische (ISAF) Anstrengungen unternommen worden, um Al Qaida zu besiegen, allerdings ohne nachhaltigen Erfolg. Auf diese Weise ließen sich andererseits jedoch – auch in den europäischen Staaten – zahlreiche Eingriffe in die Freiheitsrechte der Bürger rechtfertigen, auch wenn deren Wirksamkeit bei der Abwehr von terroristischen Anschlägen oft zweifelhaft war und ist.[186] Die Frage liegt auf der Hand, ob die Sicherheit der Bürger stets mit einer Einschränkung der bürgerlichen Freiheiten „bezahlt" werden muss.[187] Seitdem die Kämpfer des Islamischen Staats (IS) weite Teile Syriens und des Iraks in der Hand und in ihrem „Kalifat" ein Schreckensregime errichtet haben, tritt Al Qaida als Feind in den Hintergrund. Ein neues Feindbild ist entstanden, das eine Abkehr von allen bisher geltenden Grundsätzen einer restriktiven Handhabung von Kriegswaffenexporten bis hin zum Einsatz von eigenen Soldaten zu rechtfertigen scheint.

1.2 Guantánamo: Der rechtlose Feind

In seiner Schrift *Theorie des Partisanen* von 1963 hat Carl Schmitt dieses Phänomen des allmählichen Zerbrechens des „Gehäuse(s) aus Schutz und Gehorsam", d.h. der Letztbegründung des modernen Staates, vorausgesehen und auf die katastrophalen Folgen hingewiesen.[188] Im Kampf um Werte wird der Gegner zum Feind, dem jedes Recht abgesprochen wird.

Die Kategorie der Rechtlosen

> „Jede Rücksicht auf den Gegner entfällt, ja sie wird zum Unwert, wenn der Kampf gegen diesen Gegner ein Kampf für die höchsten Werte ist. Der Unwert hat kein Recht gegenüber dem Wert, und für die Durchsetzung des höchsten Wertes ist kein Preis zu hoch. Hier gibt es dann infolgedessen nur noch Vernichter und Vernichtete".[189]

Mit der neu geschaffenen, völkerrechtlich nicht vorgesehenen Kategorie des „ungesetzlichen Kombattanten" (*unlawful combatant*) umgingen die USA unter George W. Bush die Haager Konventionen, die sie selbst unterschrieben hatten, und internierten ihre Gefangenen aus dem Krieg in Afghanistan als Feinde der Vereinigten Staaten in dem Lager Guantánamo (*Camp Delta*) auf Kuba. Auf diese Weise wurden diese Gefangenen der Zuständigkeit der (zivilen) Justiz der Vereinigten Staaten entzogen und damit rechtlos gemacht. Seither ist – auch in den USA, vor allem seit der Wahl Barack Obamas

---

186 Vgl. *Voigt* (Hrsg.) 2012a.
187 *Voigt* (Hrsg.) 2012a.
188 *Schmitt* Partisan, S. 92.
189 *Schmitt* Werte, S. 51f.

zum US-Präsidenten (2009), der eine umgehende Schließung des Lagers versprochen hatte, – ein erbitterter Streit um Verfahren, Verhörmethoden und Ergebnisse entbrannt. Dazu gehört auch der substantiierte Foltervorwurf gegenüber dem US-Militär, das eingestandenermaßen zumindest die Methode „water boarding" angewandt hat, wobei der Delinquent beinahe ertränkt wird und nicht sicher sein kann zu überleben. Auf diese Weise werden wohlfeile „Geständnisse" erpresst. Gegen die verbliebenen Häftlinge in *Camp Delta* wird inzwischen vor Militärtribunalen verhandelt. Dass es sich dabei um exterritoriale und von keiner zivilen Öffentlichkeit kontrollierte sog. Militärkommissionen handelt, scheint in den Vereinigten Staaten kaum noch ein Thema zu sein.

Sondertribunale und „harsche Verhörmethoden"

Bush hatte nach einer Niederlage vor dem Supreme Court mit dem *Military Commissions Act* im Oktober 2006 die gesetzliche Grundlage für die Aburteilung von „unrechtmäßigen feindlichen Kämpfern" durch Militärtribunale geschaffen. Die Einrichtung der Sondertribunale wurde im Februar 2007 von Präsident Bush per Dekret veranlasst. Obama hatte zwar im Wahlkampf versprochen, Camp Delta aufzulösen und gegen die Häftlinge vor zivilen Gerichten in den USA verhandeln zu lassen. Erwiesenermaßen Unschuldige sollten frei gelassen werden. Dieses Versprechen ließ sich jedoch offensichtlich nicht einhalten, zumal die meisten Einzelstaaten der USA – ebenso wie viele europäische Staaten – die Aufnahme entlassener Guantánamo-Häftlinge ablehnten.[190] Strittig ist in den USA allerdings nach wie vor die Frage, ob auch Geständnisse als Beweismittel in den Prozessen verwendet werden dürfen, die unter Folter erpresst worden sind. Die Ankläger in dem Militärprozess gegen den „Kindersoldaten" Omar Khadr,[191] der zur Zeit seiner Festnahme erst 15 Jahre alt war, räumen ein, dass der Gefangene mehrfach geschlagen wurde und Schlafentzug angeordnet worden sei. Doch diese gezielt herbeigeführten „Stresssituationen" hätten mit Folter oder folterähnlichen Verhörmethoden nichts zu tun.[192] Tatsächlich hat der (damals) zuständige Militärrichter Patrick Parrish entschieden, eine Reihe von Schuldgeständnissen Khadrs zuzulassen, die er bei Verhören abgegeben habe, in denen er „gut behandelt worden" sei und die er „eindeutig freiwillig" gemacht habe.[193]

---

190 Auch die Verbündeten, u.a. Deutschland, taten sich schwer mit der Aufnahme von solchen Terrorverdächtigen.
191 Zuvor hatte der US-Supreme Court den Antrag Khadrs abgelehnt, seinen Prozess vor einem Militärtribunal auszusetzen.
192 http://www.tagesschau.de/ausland/guantanamo394.html, Zugriff am 12.8.2010.
193 http://www.n-tv.de/politik/Kindersoldat-vor-gericht-article253111.html, Zugriff am 12.8.20; und dies, obgleich Khadr seine Geständnisse inzwischen widerrufen hat.

1.3 Kinder als Feinde?

Die Frage, ob überhaupt gegen „Kindersoldaten", d.h. Kriegsteilnehmer unter 15 Jahren, vorgegangen werden soll und darf, ist in den USA ebenfalls strittig. Auch heute noch werden weltweit etwa 250.000 Kinder als Soldaten eingesetzt, allein in Burma ca. 77.000.[194] Die zum Kriegsdienst gepressten Kinder in Sierra Leone und auf anderen afrikanischen Kriegsschauplätzen wurden vomn den UN als Opfer angesehen, ihnen wurde daher – trotz z.T. massiver Verbrechen – nicht der Prozess gemacht. Bei der Neufassung von Artikel 68 Zusatzprotokoll I zu den Genfer Abkommen von 1977, der sich mit dem Schutz von Kindern in bewaffneten Konflikten beschäftigt, wurde die Aufnahme einer Regelung, Kinder unter 18 Jahren generell von einer strafrechtlichen Verantwortlichkeit für von ihnen während des Konflikts begangene Verbrechen auszunehmen, zwar diskutiert, scheiterte aber letztlich an den unterschiedlichen Auffassungen der Vertragsparteien.[195]

Bei der Suche nach geeigneten Präzedenzfällen für das Verfahren gegen Khadr stießen die US-Juristen lediglich auf zwei Fälle, bei denen – in unmittelbarer zeitlicher Nähe zum Zweiten Weltkrieg – sowohl in Frankreich wie in Deutschland gegen minderjährige Angehörige der Deutschen Wehrmacht gerichtlich vorgegangen worden war. Diese Verfahren lassen sich aber wohl eher aus der allgemeinen Hysterie, den überbordenden Hassgefühlen und dem ungehemmten Rachedurst der Zeit nach dem Kriegsende erklären. Ob sie dem damals geltenden Völkerrecht entsprachen, ist zudem keineswegs erwiesen. Sie eignen sich also kaum dazu, als Beispiel und Anknüpfungspunkt oder gar als Nachweis für die Rechtstaatlichkeit heutiger Verfahren zu dienen.

2. Bedeutung des Freund-Feind-Gegensatzes

> „Keine Politik ohne Kampf – diese Überzeugung steht gerade demokratischen Rechtsstaaten auf die Stirn geschrieben. Ihre Institutionen sehen öffentlichen Streit ausdrücklich vor, bereiten ihm den Boden und stellen ihn auf Dauer".[196]

Sind „Kampf" und „Streit" gleichbedeutend mit Feindschaft, oder hat die Demokratie die Feindschaft durch den „edlen Wettstreit" der Ideen, Konzepte und Meinungen ersetzt? Das zu glauben, wäre sicher ein fataler Irrtum, zumindest aber politisch naiv. Nicht zufällig steht der Begriff „Parteifreund" als Synonym für den (möglicherweise) perfidesten Feind, den man als Politiker haben kann. Die menschliche Koexistenz lässt

---

194 http://www.tdh.de/content/themen/weitere/kindersoldaten/daten_und_fakten.htm, Zugriff am 15.8. 2010.
195 *Suárez* 2009, S. 101f.
196 *Lefort* 1990, S. 281ff.

sich nicht ohne Feindschaft denken, denn sie ist im Menschen angelegt. Zum Beleg braucht man nur einen typischen Nachbarschaftsstreit zu beobachten, der sich allzu leicht aus dem Streit um eine Lappalie zu einer dauerhaften Feindschaft entwickeln kann. Auch als „Dimension menschlicher Sozialität" ist die Feindschaft nicht abschaffbar,[197] es sei denn, man wollte – wie Hobbes empfiehlt[198] – eine Zwangsherrschaft errichten, um den Menschen vor den Menschen zu schützen. Selbst der SED gelang es mit ihrer die gesamte Gesellschaft umfassenden Meinungsdiktatur freilich nicht, den Menschen der DDR auf Dauer einzubläuen (sie zwangsweise umzuerziehen), dass die Bürger der angrenzenden Ostblockländer sozialistische „Freunde" und „Brüder" und eben keine Feinde wären.

Bei der Freund-Feind-Problematik spielen Werte eine zentrale Rolle, sobald diese absolut gesetzt werden. Der evangelikalische Fundamentalismus in den USA tendiert dazu ebenso wie der islamische Fundamentalismus in der arabischen Welt.[199] „Immer sind es Werte, die den Kampf schüren und die Feindschaft wachhalten".[200] Trotz dieser anscheinend unabänderlichen Grundstruktur menschlicher Gemeinschaft verfügen wir immer noch nicht über eine aktuelle politikwissenschaftliche Theorie der Feindschaft. Klassische philosophische Theorien der Feindschaft reichen hingegen von Thomas Hobbes bis zu Carl Schmitt. Will man sich nicht auf die Psychologie verlassen, die sich intensiv mit diesem Thema befasst hat, dann wird man geradezu zwangsläufig auf die Klassiker zurückgreifen müssen, um die heutige Bedeutung von Feindschaft für Staat und Politik verstehen zu können.[201]

2.1 Die antagonistische Dimension

Thomas Hobbes „verdanken" wir das Bild vom Menschen als Wolf: „homo homini lupus!".[202] Carl Schmitt hat in seiner Schrift *Der Begriff des Politischen* von 1932 die entscheidende Bedeutung des Freund-Feind-Gegensatzes für das Politische hervorgehoben[203] und dabei den – Schmitt zufolge – engen Zusammenhang zwischen Fremden und Feinden klargestellt:

> „Der politische Feind braucht nicht moralisch böse, er braucht nicht ästhetisch häßlich zu sein [...]. Er ist eben der andere, der Fremde, und es genügt zu seinem Wesen, daß er in ei-

197 *Geulen/Heiden/Liebsch* 2002a, S. 7-15 [7, 10].
198 *Hobbes* 1992.
199 Vgl. *Meyer* 1994.
200 *Schmitt* Werte, S. 39f.
201 Vgl. *Portinaro* 2011, S. 35-54.
202 „Der Mensch ist dem Menschen ein Wolf!", *Hobbes* 1994, S. 69 (De Cive); vgl. hierzu *Vogl/Mazza* 2002, S. 207-217.
203 Siehe: *Ladwig* 2003, S. 45-60.

nem besonders intensiven Sinne existenziell etwas anderes und Fremdes ist, so daß im extremen Fall Konflikte mit ihm möglich sind, die weder durch eine im voraus getroffene generelle Normierung, noch durch den Spruch eines ‚unbeteiligten‘ und daher ‚unparteiischen‘ Dritten entschieden werden können".[204]

Gerade diese Kategorie des Feindes ist auf den erbitterten Widerstand vieler Kommentatoren gestoßen. Dabei wird häufig mit der Gefährlichkeit des Feind-Begriffs argumentiert, den man – nicht zu Unrecht – mit dem ebenfalls in Deutschland diskreditierten Kriegsbegriff assoziiert.[205] Während Carl Schmitt eine Relativierung der Feindschaft in der Hegung und Begrenzung des Krieges sieht, stoßen sich viele Autoren am Feindbegriff selbst. Sie sehen den Ausweg darin, den Feindbegriff durch den moralisch weniger anstößigen Begriff des Gegners zu ersetzen. Dahinter steckt die idealistische Vorstellung, dass, wer allen Menschen und Völkern Frieden, Freundschaft und Fairness anbietet, vor der Existenz (und den Angriffen) von Feinden geschützt ist. Carl Schmitt hat diesen Gedanken stets als „naiv" und überdies gefährlich von sich gewiesen, da man damit den Feind zum Angriff geradezu „einlade".[206]

„Es wäre ferner ein Irrtum zu glauben, ein einzelnes Volk könne durch eine Freundschaftserklärung an alle Welt oder dadurch, daß es sich freiwillig entwaffnet, die Unterscheidung von Freund und Feind beseitigen. Auf diese Weise wird die Welt nicht entpolitisiert und nicht in einen Zustand reiner Moralität, reiner Rechtlichkeit oder reiner Wirtschaftlichkeit versetzt".[207]

2.2 Mit Schmitt gegen Schmitt

Im Zusammenhang mit Schmitts Feindbegriff wird diesem vorgeworfen, er sei nicht nur gegen den Liberalismus, sondern auch gegen die (parlamentarische) Demokratie.[208] In ihrer Schrift *Über das Politische*[209] plädiert nun die belgische Politikwissenschaftlerin Chantal Mouffe für die „Anerkennung des ‚Politischen‘ in seiner antagonistischen Dimension" Zugleich wendet sie Carl Schmitts Kategorie ins Demokratische.[210] Für sie bildet

---

204 *Schmitt* BdP, S. 27.
205 Vgl. *Nippel* 2003, S. 61-70.
206 *Schmitt* BdP, S. 52f.
207 *Schmitt* BdP S. 52f.
208 *Rüthers* 1989, S. 43.
209 *Mouffe* 2007.
210 Siehe hierzu auch *Salzborn* 2011, S. 111-130.

„Schmitts nachdrücklicher Hinweis auf die immer gegebene Möglichkeit der Freund-Feind-Unterscheidung und den konflikthaften Charakter der Politik den notwendigen Ausgangspunkt [...], um Ziele demokratischer Politik anzuvisieren".[211]

Sie schlägt vor, mit Schmitt gegen Schmitt zu denken.[212] Den Schmittschen Antagonismus will sie durch einen demokratischen Agonismus überwinden.[213] Auch in der Auseinandersetzung um Schmitts Kriterium des Politischen kann freilich auf Polarisierung offenbar nicht verzichtet werden.[214] Nach Schmitt selbst haben alle politischen Begriffe, Vorstellungen und Worte einen polemischen Sinn.

2.3 Die Bedeutung von Feindbildern

Die abstrakte Kategorie „Feind" wird erst durch ein Feindbild lebendig, das einen Konzentrationspunkt für den Hass liefert. Sam Keen hat in seinem Buch *Gesichter des Bösen* die „Archetypen des Feindes" analysiert: Fremder, Barbar, Angreifer, Vergewaltiger, Folterer und Bestie: „Was fremd oder unbekannt ist, ist gefährlich und will uns übel. Das Unbekannte ist nicht vertrauenswürdig".[215] Feindbilder haben unbestreitbar einen erheblichen Anteil an der ‚Konstruktion' des Anderen als Feind.[216]

„Visuelle Medien eignen sich besonders gut dazu, Feindbilder zu präsentieren und sie für Propagandazwecke zu verwenden. [...] Dafür eignen sich besondere Formen der Vermittlung, der Präsentation: die ständige Wiederholung des immer Gleichen, ein festes ikonographisches Repertoire, die Reduzierung von Komplexität auf ‚repräsentative Anekdoten'".[217]

Im Fall des 11. Septembers 2001 zeigte sich dies besonders, als sich über das Moment der Fremdheit in rasanter Geschwindigkeit ein konkretes Feindbild formierte. Plötzlich war jeder arabisch aussehende Mann mit schwarzem Vollbart ein potenzieller Attentäter, der zumindest misstrauisch beobachtet, wenn nicht durchsucht oder gar festgenommen werden musste. Dazu diente auch das unablässige Wiederabspielen der Szenen vom Aufschlag der gekaperten Passiermaschinen auf das World Trade Center und ihrer Explosion in einer „Endlosschleife" auf allen Fernsehkanälen der Welt.

---

211 *Mouffe* 2007, S. 21.
212 Vgl. *Mueller* 2007, S. 201-216.
213 *Mouffe* 2014.
214 *Ladwig* 2003, S. 45-60 [47].
215 *Keen* 1993, S. 13.
216 *Geulen/Heiden/Liebsch* 2002a, S. 11.
217 *Heiden* 2002, S. 189.

3. Das kosmopolitische Denken

„Kosmopolitismus ist [...] die nächste große Idee, die nach den historisch verschlissenen Ideen des Nationalismus, Kommunismus, Sozialismus, Neoliberalismus kommt, und diese Idee *könnte* das Unwahrscheinliche möglich machen, daß die Menschheit ohne Rückfall in die Barbarei das 21. Jahrhundert überlebt".[218]

Glaubt man den Protagonisten des Kosmopolitismus, dann scheint mit dem Zusammenbruch des Sowjetimperiums die Unterscheidung zwischen Freund und Feind obsolet geworden zu sein. War der Feind in der bipolaren Welt der Nachkriegsära noch als Agent eines aggressiven Kommunismus (Stichwort: „Weltrevolution") buchstäblich „greifbar", so ist er seither – zumindest scheinbar – abhanden gekommen. Erst die Okkupation der Krim durch Wladimir Putin im Jahre 2014 und die russische Unterstützung für die Separatisten in der Ukraine lassen allmählich wieder im Westen die Konturen eines Feindbildes sichtbar werden. Für die Terroristen des „Islamischen Staates" gilt das ohnehin, denn hier lässt sich leichter an das bereits „etablierte" Feindbild der Qaida anknüpfen.

3.1 „Von Freunden umgeben"

Für das wiedervereinigte Deutschland heißt es hingegen – in völliger Verkennung der tatsächlichen Gegebenheiten – es sei nunmehr „von Freunden umgeben". Offenbar ist auch das Verständnis für Freundschaft abhanden gekommen.[219] Denn hierbei handelt es sich um „Freunde", die zwar bei jeder Gelegenheit den Grundsatz der Selbstbestimmung der Völker betonen, bei den Deutschen jedoch Alles daran setzten, deren nationale Einheit zu verhindern. Bei Franzosen, Italienern und Anderen galt noch immer das alte Motto „Ich liebe Deutschland so sehr, dass ich am liebsten zwei davon hätte". Diese Einstellung zeigte sich besonders schmerzlich im Vorfeld der Wiedervereinigung, als nicht nur Großbritannien, sondern auch Frankreich (und Italien) die deutsche Einheit zu hintertreiben versuchten. Ausschließlich den USA und ihrem geostrategischen Ziel, die Grenzen ihres Einflussbereichs (NATO) nach Osten auszudehnen, war es zu danken, dass die beiden deutschen Staaten sich zusammenschließen durften. Frankreich versuchte erfolgreich, sich gegen das wirtschaftliche Übergewicht des deutschen „Freundes" abzusichern, indem es die Abschaffung der D-Mark und die Einführung des Euro zur Bedingung seiner Zustimmung zur Wiedervereinigung machte.

---

218 *Beck* 2002, S. 16 (Hervorhebung im Original).
219 Nicht zufällig hat man bei sozialen Netzwerken wie Facebook unzählige „Freunde", auch wenn man diese oft persönlich nie kennen gelernt hat.

Nach dem Ende des Ost-West-Konflikts zeigte es sich schon bald, dass man ohne einen erkennbaren Feind nicht auskommen konnte. Womit sonst sollten teure Rüstungsaufwendungen und engmaschige Überwachungsmaßnahmen den Bürgern gegenüber begründet werden? Gerade von deutschen Wissenschaftlern wird immer wieder darauf hingewiesen, dass mit der Überwindung des Nationalismus auch die Notwendigkeit der Freund-Feind-Unterscheidung entfallen sei. Der Kosmopolitismus hebe vielmehr die „Duale" von national und international gerade auf.[220] Das Prinzip des Kosmopolitismus sei überdies nicht räumlich festgelegt, sondern lasse sich überall praktizieren. Sein harter normativer Kern bestehe aus drei Prinzipien: Toleranz, demokratische Legitimität und Effektivität.[221] Nimmt man den scheinbar feststehenden Grundsatz hinzu „Demokratien führen keine Kriege gegeneinander", dann ist die heile Welt des freundschaftlichen Miteinander vollständig. Die häufig gebrauchten Euphemismen „Internationale Staatengemeinschaft" oder „Völkergemeinschaft" machen deutlich, was damit gemeint bzw. verschleiert wird. Charles de Gaulle hatte das auf den Punkt gebracht: Zwischen Staaten gibt es keine Freundschaft, sondern nur Allianzen. Eine echte Gemeinschaft gibt es unter den Staaten selbstverständlich auch heute nicht, die Staaten sind vielmehr erbitterte Konkurrenten auf den Weltmärkten, vor allem bei der Sicherung von Ressourcen, Absatzmärkten und politisch-militärischem Einfluss.

3.2 Das kosmopolitische Europa

Vertreter des kosmopolitischen Denkens, wie z.B. Ulrich Beck, illustrieren ihre Vorstellungen gern am Beispiel eines „kosmopolitischen Europa".[222] Ihre Beispiele lassen sich freilich fast ausnahmslos auch ganz anders interpretieren. Lässt man sich auf die Figur eines „kosmopolitischen Europas" ein, dann fragt man sich natürlich, worin dessen Merkmale bestehen. Gefordert wird ein Bruch mit der „Entweder-Oder Logik" der Europäisierung. Die Frage, entweder Europa oder die Nationalstaaten, sei falsch gestellt, postuliert wird stattdessen „das Dritte" als gesellschaftliches Konstrukt, das der Logik der Nebenfolgen gefolgt sei.[223] Ein interessantes Beispiel für die Kosmopolitismusthese ist das Wirken des Europäischen Gerichtshofs (EuGH). Der EuGH wird als „kosmopolitischer Unternehmer" apostrophiert, der mit der Macht des Rechts ein „Stück kosmopolitisches Europa" und zugleich einen „verbindlichen Konstitutionalismus ohne Verfassung" durchsetze. Der EuGH hat als rechtsprechende Institution in der Tat den normati-

---

220 *Beck/Grande* 2004, S. 25.
221 *Archibugi* 2003, S. 1-15 [11].
222 *Beck/Grande* 2004, S. 14ff.
223 *Beck/Grande* 2004, S. 17.

ven Supranationalismus in der EU vorangetrieben[224] und sich darüber hinaus zum „Hüter der Grundrechte" aufgeschwungen. Aber wie macht er das, und wem nützt es?

Die noch wichtigere Frage ist also, in wessen Interesse das geschehen ist und weiter geschieht. Richten wir dazu den Blick auf die Europa-Richter. Während der juristisch-normative Ansatz – etwas naiv – in den Richtern des EuGH lediglich die „Hüter der Verträge" sieht, die allenfalls als „Lückenschließer" wirkten,[225] interpretieren politikwissenschaftliche Ansätze dies ganz anders.[226] So schreibt der neofunktionalistische Ansatz den Richtern die Rolle der „Agenten mitgliedstaatlicher Interessen" zu.[227] Das trifft sicher für den Teil der Richter zu, die sich nationalen Interessen besonders verpflichtet fühlen, das sind freilich traditionell nicht die deutschen Richter. Aus neorealistischer Sicht sind die Richter hingegen in erster Linie auf Prestige bedachte politische Akteure, die hinter der Maske des Rechts an der Stärkung ihrer Machtbasis arbeiten.[228] Beide Sichtweisen haben einen wahren Kern, aber die neorealistische Interpretation zeigt die dominierende Motivation: Die durch das Gericht vorangetriebene Erweiterung der Kompetenzen harmoniert aufs Beste mit den persönlichen Motiven der Richter. Je stärker und mächtiger das Gericht, desto höher das Ansehen und die Gestaltungsmacht seiner Richter.

3.3 Die kosmopolitische Wunschvorstellung

Kosmopolitismus stehe zudem für die Auflösung der Unterschiede gesellschaftlicher Andersartigkeit, die vor allem vormoderne Gesellschaften geprägt habe.[229] Weder der Universalismus (universelle Gleichheit), noch gar der Nationalismus (hierarchische Verschiedenheit) gingen angemessen mit dem Phänomen der Andersartigkeit um. Im Kosmopolitismus würden Unterschiede hingegen positiv bewertet, Anerkennung von Andersartigkeit werde damit geradezu zur Maxime im Denken, Zusammenleben und Handeln.[230] Ein kosmopolitisches Europa stehe für Differenz und Integration. Bei dieser Differenz handelt es sich allerdings – folgt man Ulrich Beck – um eine akzeptierte, anerkannte Vielfalt der Sprachen, Lebensstile, Wirtschaftsordnungen, Staats- und Demokratieformen. In diesem Sinne wird die Andersartigkeit auch nicht als Integrationshindernis verstanden, sondern – gerade umgekehrt – als Chance begriffen.[231] Freilich kann

---

224 *Weiler* 1981, S. 157-306.
225 Siehe vor allem *Constantinesco* 1977.
226 *Höreth* 2008, S. 18ff.
227 *Alter* 1998, S. 121-147.
228 *Garrett* 1995, S. 171-181.
229 *Beck/Grande* 2004, S. 26f.; vgl. *Broszies/Hahn* (Hrsg.) 2010.
230 *Beck/Grande* 2004, S. 27.
231 *Beck/Grande* 2004, S. 29.

eine solche weltoffene Einstellung gegenüber den Fremden nur auf der Basis der gesicherten eigenen Identität entstehen.

Spätestens hier offenbart sich der Charakter dieser Vorstellung als Utopie, allerdings nicht, wie die Autoren meinen, als „zumindest partiell wirksame reale Utopie",[232] sondern als bloße Wunschvorstellung, die zudem – gerade auch für die Demokratie – nicht ungefährlich ist.[233] Dabei kann man nämlich durchaus von einer „antipolitischen Vision" sprechen, die sich weigert, die für das ‚Politische' konstitutive antagonistische Dimension anzuerkennen.[234] Und das hat unter Umständen schwerwiegende Folgen im Machtpoker auf europäischer Ebene. Wer behauptet, zwischen der deutschen Position und den Positionen anderer EU-Mitgliedstaaten gäbe es keine (z.T. krassen) Interessenunterschiede, setzt sich dem Verdacht aus, entweder naiv oder aber böswillig zu sein. Während z.B. die sog. PIIGS-Staaten (Portugal, Irland, Italien, Griechenland, Spanien) größtes Interesse daran haben, dass ihre finanziellen Probleme im Wege einer Transferunion von den stabilen Ländern der Eurozone übernommen werden, wollen die potenziellen Geberländer die Höhe des Transfers für ihr eigenes Land möglichst gering halten.[235] Die Europäer sind freilich nicht allein, sondern sie werden von der anderen Seite des Atlantiks von ihren amerikanischen „Freunden" mit Argusaugen beobachtet. Dabei steht die Frage im Vordergrund: Ist ein starker oder ein schwacher Euro für die USA vorteilhafter? Und was bedeutet es für die amerikanische Exportwirtschaft, wenn sich die stärksten europäischen Konkurrenten auf dem Weltmarkt finanziell zugrunde richten? Das transatlantische Freihandelsabkommen wird hier neue Maßstäbe setzen, wenn künftig globale Konzerne Staaten vor Schiedsgerichten auf riesige Schadensersatzzahlungen verklagen können, falls deren (z.B. Umwelt-) Gesetze sich für sie als Handelshemmnisse erweisen.[236]

4. Das Politische im Gewand der Moral

„[…], dass wir es bei der Moralisierung von Konflikten mit einer diskursiven Ressource zu tun haben, die nicht von vornherein eindeutig auf *Konfliktverschärfung* spezialisiert ist, sondern eher auf die Steuerung der *Wahrnehmung* von Konflikten, auf ihre fallweise *Konturierung* und *Akzentuierung* […]".[237]

---

232 *Beck/Grande* 2004, S. 32.
233 Vgl. *Benhabib* 2008.
234 *Mouffe* 2009, S. 8.
235 Vgl. *Voigt* 2010.
236 Transatlantic Trade and Investment Partnership (TTIP), es handelt sich um einen (geplanten) völkerrechtlichen Vertrag zwischen der EU und den USA (das Europäische Parlament ist nicht beteiligt), der vor allem den Interessen der globalen Konzerne und Hedgefonds dienen wird.
237 *Knobloch* 2002, S. 235f. (Hervorhebungen im Original).

Die zunehmende Moralisierung von politischen Konflikten scheint – nicht nur in Deutschland – außer Frage zu stehen. Chantal Mouffe geht aber noch einen Schritt weiter. Sie hat einen fundamentalen Perspektivenwechsel vom Politischen zum Moralischen beobachtet, der nachhaltige Folgen für die Demokratie hat. In ihrem Buch *Über das Politische* formuliert sie ihre Kernthese dazu:

> „Sie lautet, daß wir gegenwärtig keineswegs das Verschwinden des Politischen in der Dimension der Gegnerschaft erleben, sondern daß heute das Politische vielmehr im moralischen Register ausgetragen wird".[238]

Das heißt, dass wir es im 21. Jahrhundert zwar nicht mehr mit einem Kampf zwischen ‚links' und ‚rechts' zu tun haben. An die Stelle dieser offensichtlich veralteten Dichotomie ist hingegen der Kampf zwischen ‚richtig' und ‚falsch' getreten. Dies wird besonders an dem meinungssteuernden Instrumentarium der sog. *political correctness* deutlich.[239] Was nicht politisch korrekt ist, darf in der Diskussion auch nicht gesagt werden, es zählt nicht als ernst zu nehmendes Argument, sondern diskreditiert nur den Diskursteilnehmer, der es verwendet.

4.1 Gemeinschaft der Rechtgläubigen

Dabei geht es freilich nicht um rationale Argumente, sondern um moralische Kriterien. Während die rationale Auseinandersetzung auch dem politisch Andersdenkenden die Möglichkeit einräumt, den Wahrheitsbeweis für seine Ansichten anzutreten, gilt dies nicht für den moralischen Diskurs. Der politisch Andersgläubige ist nicht einfach nur ein Mensch mit einer anderen Anschauung, er ist vielmehr potenziell ein „gefährlicher Feind". Daher muss er durch „(Um-) Erziehung", Überwachung und ggf. Bestrafung auf den „rechten Weg" zurückgeführt, und wenn das Alles nicht hilft, schlimmstenfalls ausgegrenzt werden. Durch eine ihm zugeschriebene Gesinnung wird er moralisch diskreditiert und damit vom bloß Unwissenden zum Feind der Gemeinschaft der Rechtgläubigen.[240] Ohne Rücksicht auf die Folgen wird das Strafrecht zu diesem Zwecke politisiert, indem „passende" Straftatbestände in das Strafgesetz aufgenommen werden.[241] Ergänzt wird dies durch die Annahme der allgemeinen und ubiquitären Geltung des politisch Richtigen. Dass schon in den USA, von anderen Ländern ganz zu schweigen, ganz andere politische Maßstäbe („Werte") gelten als etwa in Deutschland,[242] wird nicht zur

---

238 *Mouffe* 2009, S. 11.
239 Vgl. *Charlton* 2014.
240 Vgl. *Lübbe* 1987.
241 Vgl. *Brunhöber* (Hrsg.) 2014.
242 Erinnert sei hier nur an dien Todesstrafe, die in den meisten Bundesstaaten der USA praktiziert wird,

Kenntnis genommen. Die Strafverfolgungsbehörden müssen dafür sorgen, dass abweichendes Verhalten möglichst lückenlos, umfassend und überall bestraft wird.

4.2 Verfassungsfeinde

Carl Schmitt hatte schon in der Endphase der Weimarer Republik, als sich Kommunisten und Nationalsozialisten blutige Straßenschlachten lieferten, darauf hingewiesen, dass sich die „wehrhafte Demokratie" gegen die Feinde ihrer Verfassung schützen müsse. Einer innerstaatlichen Feinderklärung müsse mit aller Macht entgegengetreten werden. Bei einem Angriff auf die Verfassung, die Schmitt unter Bezugnahme auf Lorenz von Stein (1815-1890)[243] als gleichbedeutend mit der „Existenz der staatsbürgerlichen Gesellschaft" beschrieb, müsse sich der Kampf „außerhalb der Verfassung und des Rechts, *also mit der Gewalt der Waffen* entscheiden".[244] Damit rekurriert Schmitt auf den Ausnahmezustand und seinen berühmten Satz: „Souverän ist, wer über den Ausnahmezustand entscheidet".[245] Nach dem Zweiten Weltkrieg blieb Deutschland eine solche prekäre Lage für viele Jahre erspart, weil die Alliierten in ihren Besatzungszonen die Souveränität übernommen hatten. Die Gründung von Parteien wurde im Westen zunächst einem Lizenzierungsverfahren unterworfen und später durch das Parteiengesetz strikt geregelt. Dieser Zustand blieb letztlich bis zur Verabschiedung der Notstandsgesetze (30. Mai 1968) und in mancher Hinsicht sogar bis zur Wiedervereinigung (3. Oktober 1990) erhalten.

In der Bundesrepublik ist der Gedanke der „wehrhaften Demokratie" von den unterschiedlichen Bundesregierungen stets weiter verfolgt und vom Bundesverfassungsgericht „wohlwollend" begleitet worden. Während Vereine, die gegen die Verfassung gerichtet sind, je nach ihrem Wirkungskreis durch den Bundes- oder Landesinnenminister verboten werden können, kann über das Verbot politischer Parteien nur das Bundesverfassungsgericht befinden. Parteien, die sich gegen den Bestand der demokratischen Ordnung oder die Existenz der Bundesrepublik richten, sind gemäß Art. 21 Abs. 2 Grungesetz verfassungswidrig. Mit dieser Begründung hatte das BVerfG in einer Entscheidung am 23. Oktober 1952 zunächst die Sozialistische Reichspartei Deutschlands (SRP) verboten, sowie einige Jahre später (1956) die Kommunistische Partei Deutschlands (KPD) und damit einen „Korridor" für die erlaubte politische Betätigung aufgezeigt.[246] Im SRP-Urteil formulierte das BVerfG erstmals aus, was das Gericht für den

---

243 Vgl. *Koslowski* (Hrsg.) 2014.
244 *Schmitt* BdP, S. 47 (Hervorhebung im Original).
245 *Schmitt* PTh, S. 11; vgl. *Voigt* (Hrsg.) 2013; siehe Kapitel „Ausnahmezustand" in diesem Band.
246 BVerfGE 5, 85.

Kernbestand der Verfassung hält,[247] die sog. „freiheitliche demokratische Grundordnung". Zu dieser wertgebundenen Ordnung gehören vor allem die folgenden Grundprinzipien: Achtung vor den im Grundgesetz konkretisierten Menschenrechten, vor allem vor dem Recht der Persönlichkeit auf Leben und freie Entfaltung, Volkssouveränität, Gewaltenteilung, Verantwortlichkeit der Regierung, Gesetzmäßigkeit der Verwaltung, Unabhängigkeit der Gerichte, Mehrparteienprinzip und Chancengleichheit für alle politischen Parteien mit dem Recht auf verfassungsmäßige Bildung und Ausübung einer Opposition.

4.3 Verfassungsschutz

Auf diese Grundprinzipien müssen sich alle Parteien verpflichten, andernfalls droht ihnen ein Verbot durch das Bundesverfassungsgericht. Diese strikten und rechtlich (relativ) klar definierten Voraussetzungen für ein Verbotsurteil erweisen sich jedoch in der politischen Praxis als ein zweischneidiges Schwert. Zum einen muss stets damit gerechnet werden, dass zumindest die Funktionäre der nunmehr verbotenen Partei ihre politische Arbeit im „Untergrund" fortsetzen und dort schwerer vom Inlandsgeheimdienst (Verfassungsschutz) zu beobachten sind. Zum anderen hätten die Bundesregierungen gern die eine oder andere Partei – vor allem am rechten Rand – verbieten lassen. Die hohen Hürden erwiesen sich aber als Handicap, so dass ein von Bundeskanzler Gerhard Schröder im Jahre 2001 initiiertes Verbotsverfahren gegen die NPD am 18. März 2003 vom BVerfG aus Verfahrensgründen eingestellt wurde. V-Leute des Verfassungsschutzes des Bundes und der Länder waren nicht nur in den Reihen der NPD tätig, sondern hatten sogar z.T. Vorstandsposten inne; sie hatten womöglich selbst zu Straftaten aufgerufen (Stichwort: Agents Provocateur). Zum Schutz der freiheitlichen demokratischen Grundordnung gibt es in Deutschland neben dem Bundesamt für Verfassungsschutz (BfV) 16 Landesbehörden für Verfassungsschutz, welche die Aufgaben eines Inlandsgeheimdienstes wahrnehmen. Sie beobachten u.a. extremistische Organisationen und Parteien, über die Ergebnisse dieser Beobachtung gibt der Verfassungsschutzbericht des Bundes Auskunft, den das Bundesinnenministerium auf der Basis einer Vorlage des BfV erstellt. Dabei geraten nicht nur Scientology oder NPD ins Visier der Geheimdienstler, sondern gelegentlich auch die Partei DIE LINKE.[248]

---

247 BVerfGE 2, 1.
248 Spitzenfunktionäre dieser Partei konnten jedoch vor dem Bundesverfassungsgericht erstreiten, dass sie nicht länger überwacht werden dürfen, Beschluss des BVerfG (2. Senat) vom 17.09.2013.

Feindschaft zwischen Krieg und Frieden

„Die Hegung und klare Begrenzung des Krieges enthält eine Relativierung der Feindschaft. Jede solche Relativierung ist ein großer Fortschritt der Humanität. Freilich ist es nicht leicht, ihn zu bewirken, denn es fällt den Menschen schwer, ihren Feind nicht für einen Verbrecher zu halten".[249]

Fast ein halbes Jahrhundert lang beherrschte der Gegensatz von Ost und West die Welt. Für die westliche Welt unter Führung der USA galt der Sowjetkommunismus als Feind, so wie umgekehrt für den Ostblock die USA und ihre Verbündeten Feinde waren. Dabei handelte es sich nicht nur um Kontrahenten, sondern um Gegner auf Leben und Tod, vor denen man sich mit allen Mitteln schützen musste und die notfalls zu vernichten waren. Der Krieg hätte jederzeit ausbrechen können, nur die Gewissheit, dass der Feind in jedem Fall noch zurückschlagen konnte, verhinderte den heißen Krieg. Im Kalten Krieg übernahmen die Geheimdienste beider Seiten das schmutzige Geschäft des Tötens, indem sie Personen, die ihrer Führung als allzu „gefährliche Feinde" erschienen, liquidierten. Während die sowjetischen Aktionen meist im Dunkeln blieben, wurde die westliche Welt gelegentlich durch Nachrichten aufgeschreckt, die sie zunächst für böswillige Verleumdung („Feindpropaganda") hielten. So wurde etwa ruchbar, dass die CIA Anfang der 1960er Jahre vergeblich versucht hatte, den kubanischen Staatschef Fidel Castro mit einer vergifteten Zigarre zu ermorden.[250] Solche Aktionen schienen sich mit dem Ende der Ost-West-Teilung jedoch überlebt zu haben.

5.1 Hass als Triebfeder

„Gemeinsam mit unseren afghanischen Partnern rammt eure Zähne in das Fleisch der Aufständischen und lasst nicht mehr los. [...]"[251]

Mit dem Terroranschlag von Al Qaida auf das World Trade Center in New York sowie auf das Pentagon hat sich diese Situation aber grundlegend geändert. Dieser Gebäudekomplex (*Twin Towers*) war nicht nur Inbegriff der scheinbar unerschütterlichen Dominanz der USA über die Weltökonomie, sondern auch Symbol der Unverwundbarkeit der amerikanischen Gesellschaft. Der Angriff vom 11. September 2001 war eine Manifestation exzessiver Feindschaft, der den lähmenden Minderwertigkeitskomplex der muslimischen Welt – zumindest für einen Moment – durch ein unbändiges Triumphgefühl ersetzte. Carl Schmitt hatte diesen Zusammenhang bereits 1963 auf den Begriff gebracht:

---

249 *Schmitt* BdP, Vorwort (1963), S. 11.
250 www.spiegel.de/spiegel/print/d-41406248.html; Zugriff am 21.10.2014.
251 US-General David Petraeus, damaliger Kommandeur der ausländischen Truppen in Afghanistan in einer vierseitigen Leitlinie, die am 15. August 2010 verbreitet wurde, vgl. http://www.zeit.de/politik/ausland/2010-08/petraeus-taliban-afghanistan-obama, Zugriff am 19.8.2010.

„In der Feinschaft sucht der rechtlos Gemachte sein Recht. In ihr findet er den Sinn der Sache und den Sinn des Rechts, wenn das Gehäuse von Schutz und Gehorsam zerbricht, das er bisher bewohnte, oder das Normengewebe der Legalität zerreißt, von dem er bisher Recht und Rechtsschutz erwarten konnte. Dann hört das konventionelle Spiel auf".[252]

So neu und einmalig war dieser Ausbruch von Feindschaft also nicht. Denn die menschliche Koexistenz lässt sich „von Anfang an nicht ohne die Dimension der Feindschaft denken, die die Möglichkeit des Exzesses grundsätzlich einschließt".[253] Dennoch ist es verständlich, dass die Amerikaner fortan die Attentäter von 9/11 und ihre Hintermänner als Feinde ansahen, die bekämpft werden mussten, wo immer man ihrer habhaft wurde. Als „finstere" und „barbarische" Hintermänner boten sich die (bärtigen) Taliban geradezu an: Auf der Grundlage einer fremden, unverständlichen und unheimlichen Religionsauffassung zerstören sie historische Monumente (Buddhastatuen), unterdrücken Frauen (Stichwort: Burka), handeln mit Drogen (Mohnanbau), bieten Terroristen Unterschlupf und sind bereit, Selbstmordattentate in Auftrag zu geben oder sogar selbst zu verüben.

Da der damalige Führer von Al Qaida, Osama Bin Laden, in Afghanistan bei den dortigen Taliban-Machthabern Zuflucht gefunden hatte, war die Stoßrichtung des amerikanischen Gegenschlags voraussehbar. US-Präsident George W. Bush stellte dem Talibanführer Mullah Omar ein Ultimatum, die Verdächtigen (u.a Bin Laden) unverzüglich auszuliefern. In seiner Rede vor dem Kongress der Vereinigten Staaten bezog sich Bush auf das klassische Motiv für Feindschaft, den Hass, den er allerdings als einseitig von den Taliban ausgehend, darstellte:[254]

„Die Amerikaner fragen: Warum hassen sie uns? Sie hassen, was wir hier in eben diesem Hause sehen können – eine demokratisch gewählte Regierung. Ihre Führung ist eine selbst ernannte Führung. Sie hassen unsere Freiheiten – unsere Religionsfreiheit, unser Recht auf freie Meinungsäußerung, unser freies Wahlrecht und Versammlungsrecht und die Freiheit, kontroverse Meinungen zu vertreten".[255]

5.2 Deine Feinde sind meine Feinde

Die Talibanführung wies das Ultimatum am 22. September erwartungsgemäß zurück. Sie ließ das Ultimatum verstreichen und riskierte damit den amerikanischen Angriff. Damit nahm der „Krieg gegen den Terror" konkrete Gestalt an, er wurde jetzt vor allem auf afghanischem Territorium, aber auch im pakistanischen Grenzgebiet, ausgetragen. Wer sich im bewaffneten Kampf den amerikanischen Soldaten oder ihren Verbündeten

---

252 *Schmitt* Partisan, S. 92.
253 *Geulen/Heilen/Liebsch* 2002a, S. 7.
254 Bush kündigt in seiner Rede am 20.9.2001 den Beginn eines „Krieges gegen den Terror" an.
255 http://usa.usembassy.de/etexts/docs/gal-092001d.htm, Zugriff am 11.8.2010.

in den Weg stellte, wurde von den USA nicht einmal als Kombattant anerkannt. Nicht ein militärischer Gegner wurde bekämpft, sondern ein unrechtmäßig kämpfender Feind, der als „Terrorist" gewissermaßen vogelfrei, nach Agamben also ein „homo sacer", war.[256] Dabei gerät freilich leicht aus dem Blick, dass sich Terror und Gegenterror (Stichwort: Guantánamo) zumeist gegenseitig hochschaukeln.

Seit Januar 2002 stehen Soldaten der Bundeswehr im Rahmen der vom UN-Sicherheitsrat autorisierten ISAF-Truppe[257] in Afghanistan, seit einiger Zeit kämpfen sie verstärkt gegen die Taliban. Dabei sind auf deutscher Seite gefallene, verwundete und traumatisierte Soldaten zu beklagen. Spätestens, seitdem die Illusion verflogen ist, die deutschen Soldaten wären als „bewaffnete Entwicklungshelfer" dort, fragt es sich natürlich, wofür die Bundeswehr eigentlich am Hindukusch kämpft. Dabei ist allzu offensichtlich, dass dort nicht Deutschlands Sicherheit verteidigt wird (so aber der frühere Bundesverteidigungsminister Peter Struck). Diese wäre viel besser zu schützen, wenn sich die Deutschen auf ihre (früher) guten Beziehungen zu allen Afghanen verlassen und sich neutral verhalten würden. Es drängt sich vielmehr der Gedanke auf, dass die Soldaten der Bundeswehr lediglich zur Entlastung der US-Streitkräfte benötigt wurden. Zu diesem Zweck müssen sie – notgedrungen – die Taliban als „Feinde" ansehen, die mit allen Mitteln militärisch zu bekämpfen sind. Unter Präsident Obama beginnen die USA jedoch, die Aussichtslosigkeit ihres militärischen Abenteuers einsehen, Sie ziehen ihre Truppen ab und nehmen Verhandlungen mit den Taliban auf, um diese schließlich an der Regierung in Kabul zu beteiligen. Der „Feind" von gestern könnte dann zum „Freund" von heute werden. Deutschland, das an dieser wichtigen Entscheidung nicht beteiligt wird, hat dann eine „Kehrtwendung" zu vollziehen.[258] Es ist absehbar, dass die USA bald darauf von der Bundesregierung verlangen werden, dass sie die neue Regierung (einschließlich ihrer Taliban-Minister) massiv mit Geld und geldwerten Leistungen unterstützt.

---

256 *Agamben* 2002.
257 ISAF = International Security Assistance Force. Die ISAF wurde 2001 als Sicherheits- und Wiederaufbaumission unter NATO-Führung mit Genehmigung durch den Sicherheitsrat (Resolution 1386) ins Leben gerufen.
258 Seit dem (abrupten) Ausstieg aus der Atomenergie ist Bundeskanzlerin Merkel freilich für ihr Talent zur politischen „Kehrtwende" bekannt.

5.3 Feindesliste im Afghanistankrieg

„Die Männer der Task Force 373, eine Truppe von Elitesoldaten verschiedener Teilstreit-kräfte, darunter Navy Seals und Delta Forces, agieren wie ein Rudel Wölfe".[259]

Die berühmte Formel „dead or alive" ist aus den Westernfilmen bekannt und gilt dort in aller Regel für Personen, die zu Staatsfeinden erklärt werden. Dass dies auch in einem von demokratischen Staaten geführten Krieg eine wichtige Rolle spielen könnte, hätte man bis vor Kurzem nicht glauben mögen. Allenfalls waren spärliche Informationen über das „Ausschalten" von Top-Terroristen mit Hilfe von Drohnen und Hellfire-Rake-ten – z.B. im Jemen – durchgesickert. Im Juli 2010 veröffentlichte jedoch die Internet-plattform wikileaks.org Dokumente über den Afghanistankrieg, die offenbaren, dass es eine sog. *Joint Prioritized Effects List* (JPEL), also eine Abschussliste der Amerikaner gibt.[260] Die Spezialeinheit *Task Force 373* (später Task Force 3-10) hatte und hat den Auftrag, Talibanführer zu ergreifen und wenn nötig zu töten (*capture or kill*).[261] Auf der Feindesliste sollen sich bis zu 3.000 Taliban, Qaida-Kämpfer und Drogendealer befun-den haben. Auf dieser Liste sind die auszuschaltenden Zielpersonen nach Vorgangs-nummern und Prioritätsstufen geordnet. Zu den Gejagten erster Priorität (*high value targets*) gehörten Top-Kommandeure der Taliban und Sprengstoffexperten der Qaida, die niemand lebend fangen möchte. 130 Verdächtige sollen in fünf Monaten entspre-chenden Befehlen zum Opfer gefallen sein.[262] US-amerikanische Völkerrechtsexperten halten das *target killing* offenbar für zulässig.[263]

Der Spiegel veröffentlichte dazu auch die Namen derjenigen Personen, die seit 2008 von der Bundeswehr zur Fahndung auf diese Abschussliste (allerdings nur zur Gefan-gennahme) gesetzt worden sind.[264] Im Januar 2011 hat der Richter am Oberlandesge-richt Karlsruhe, Thomas Schulte-Kellinghaus, wegen des Verdachts auf Beihilfe zum Mord gegen den Präsidenten des Bundeskriminalamtes, Jörg Ziercke, Strafanzeige ge-stellt. Am 4. Oktober 2010 wurde der deutsche Islamist Bunyamin E. bei einem Droh-nenangriff der USA in Pakistan getötet. Es besteht der Verdacht, dass „deutsche Stel-len" geheimdienstliche Informationen an die amerikanische Seite weitergegeben und

---

259 Die geheimen Akten des Afghanistan-Kriegs, in: *Der Spiegel*, Nr. 30 vom 26.7.2010, S. 70-81 [74].
260 WikiLeaks hatte die fast 92.000 Datensätze der New York Times, dem Londoner Guardian und dem Spiegel zur Prüfung und Auswertung übergeben, alle drei Redaktionen kamen übereinstimmend zu dem Ergebnis, dass die Berichte authentisch sind.
261 *Der Spiegel*, Nr. 30 vom 26.7.2010, S. 70-81.
262 http://www.zeit.de/politik/ausland/2010-08/afghanistan-krieg-wikileaks-bundeswehr, Zugriff am 19. 8.2010.
263 Vgl. *Kleinschmidt* 2012, S. 107-119.
264 Abschusslisten made in Germany, in: *Der Spiegel*, Nr. 31 vom 2.8.2010, S. 28-32 [29].

somit Beihilfe zur illegalen Hinrichtung im Ausland geleistet haben.[265] Die jüngste Ab-
höraffäre hat eine so enge Zusammenarbeit zwischen BND und NSA offenbart, so dass
diese Annahme keineswegs als unrealistisch erscheint. Die Drohgebärden der Bundesregierung gegenüber dem NSA-Untersuchungsausschuss des Bundestages lassen eine
Einflussnahme von US-Behörden zumindest als möglich erscheinen.

5. Carl Schmitts Feindbegriff

„Das Begriffspaar Freund und Feind zeichnet sich durch seine politische Formalität aus, er
liefert ein Raster möglicher Antithesen, ohne diese selbst zu benennen. [...] Wie auch immer Carl Schmitt mit seiner eigenen Parteinahme diesen Gegensatz konkretisiert hat, er hat
zunächst eine Formel geprägt, die als Bedingung möglicher Politik nicht überholbar ist.
Denn es handelt sich um einen Begriff des Politischen, nicht der Politik".[266]

Carl Schmitt hat den – oft missverstandenen – Begriff des Feindes in seiner Schrift *Begriff des Politischen* näher erläutert.[267] Dass die Unterscheidung von Freund und Feind
zu den Kernelementen der Souveränität gehört, hat Schmitt wiederholt deutlich gemacht. In der gegenwärtigen Situation erscheint vor allem eine Besonderheit der Unterscheidung von Bedeutung zu sein. Es geht dabei um die Frage, wer letztlich festlegt,
wer Freund und wer Feind ist. Die Antwort auf diese Frage ist für Schmitt der Maßstab
des Politischen, für ihn geht es dabei um die politische Existenz eines Volkes.

„Solange ein Volk in der Sphäre des Politischen existiert, muß es, wenn auch nur für den
extremen Fall – über dessen Vorliegen es aber selbst entscheidet – die Unterscheidung von
Freund und Feind selber bestimmen. Darin liegt das Wesen seiner politischen Existenz. Hat
es nicht mehr die Fähigkeit oder den Willen zu dieser Unterscheidung, so hört es auf, politisch zu existieren. Läßt es sich von einem Fremden vorschreiben, wer sein Feind ist und
gegen wen es kämpfen darf oder nicht, so ist es kein politisch freies Volk mehr und einem
anderen politischen System ein- oder untergeordnet".[268]

Diese Feststellung ist deshalb so brisant, weil gerade dies momentan zu geschehen
scheint. Freilich müsste man noch ergänzen „und gegen wen es kämpfen muss". An
zwei aktuellen Fällen lassen sich die Konsequenzen des von Schmitt geschilderten
„worst case" illustrieren. Der eine Fall betrifft die deutsche Teilnahme am Afghanistankrieg, der andere Fall die Beteiligung an dem Wirtschaftskrieg gegen den Iran und an
den Sanktionen gegen Russland.

Deutschland und Afghanistan hatten bereits zur Zeit des Kaiserreichs freundschaftliche
Beziehungen zueinander. Die Deutschen hatten – im Gegensatz etwa zu den Briten –

---

265 *Der Spiegel*, Nr. 2 vom 10.1.2011, S. 13.
266 *Koselleck* 1989, S. 211-259 [258f.].
267 *Schmitt* BdP, S. 27.
268 *Schmitt* BdP, S. 50.

niemals versucht, die stolzen Afghanen zu einem Kolonialvolk zu degradieren. Die Beteiligung der Bundeswehr an dem von den USA initiierten Afghanistankrieg zeigt aber schon jetzt, dass auch die deutschen Soldaten dort nicht mehr als Freunde, sondern immer stärker als Okkupatoren wahrgenommen werden. Dieser Kriegseinsatz ist allenfalls geeignet, die dringend erforderliche Umstrukturierung der Bundeswehr zu beschleunigen,[269] er liegt aber nicht im nationalen Interesse, sondern schadet vielmehr nachhaltig den deutschen Interessen. Es werden zudem Kräfte absorbiert, die bei einer möglicherweise notwendig werdenden Verteidigung Deutschlands fehlen würden.

Auch mit dem Iran unterhält Deutschland traditionell so gute Beziehungen, dass auch revolutionäre Umbrüche daran nichts zu ändern vermochten. Die guten Beziehungen blieben auch nach Beendigung des Schah-Regimes und der Übernahme der Macht durch die Ayatollahs im Jahre 1979 erhalten. Dies zeigte sich nicht zuletzt in einem hohen deutschen Exportvolumen. Seitdem der Iran sich jedoch – nicht zuletzt mit seinem Atomprogramm – den Zorn der USA zugezogen hat, werden Sanktionen gegen den Iran verhängt, die jedoch wirkungslos bleiben würden, wenn sich Deutschland daran nicht beteiligen würde. Die deutsche Wirtschaft muss ihren Handel mit dem Iran also gezwungenermaßen signifikant reduzieren.[270] Als „Belohnung" darf Deutschland mit am Tisch der „großen Drei" sitzen, den ständigen Mitgliedern des UN-Sicherheitsrates: USA, Großbritannien und Frankreich, wenn über Sanktionen gegen den Iran beraten wird. Auch die Sanktionen, die wegen seiner Rolle in der Ukraine gegen Russland verhängt werden, treffen vor allem die deutsche Exportwirtschaft.

Die im UN-Sicherheitsrat vertretenen Vetomächte legen unter der Führung der USA ein bestimmtes Verhalten – z.B. in der Frage des Atomwaffenbesitzes – fest,[271] nach dem sich dann alle anderen Staaten wohl oder übel zu richten haben. Wer nicht gehorcht, wie der Iran oder Nordkorea, wird zum potenziellen Feind erklärt und abgestraft.[272] Das gilt freilich nur für die Kleinen, große „Übeltäter", wie z.B. China und Indien, werden zwar offiziell kritisiert, insgeheim aber hofiert, da sie über militärische (atomare Bewaffnung) und wirtschaftliche Stärke sowie über Bodenschätze verfügen. Dass Atommächte die einzig souveränen Staaten der Erde sind,[273] zeigt etwa das Beispiel Indiens, dessen öko-

---

269 Allerdings ist im Herbst 2014 offenbar geworden, dass die Bundeswehr wegen nicht einsatzbereiter Waffensysteme allenfalls „bedingt einsatzbereit" ist.

270 Vgl. *Voigt* 2008, S. 112.

271 Dazu dient der Treaty on the Non-Proliferation Treaty; der von den Atommächten USA, UdSSR und Großbritannien initiierte Vertrag trat am 5. März 1970 in Kraft; 188 Staaten haben den Vertrag unterzeichnet, 1995 wurde er auf unbestimmte Zeit verlängert.

272 So sieht sich die Bundesregierung z.B. – trotz erheblicher juristischer Bedenken – dazu genötigt, die Personalausweise von aus Deutschland kommenden IS-Terroristen zu kennzeichnen („Stigmatisierung") bzw. Ersatzausweise auszustellen.

273 *Voigt* 2010.

nomisches und militärisches Potenzial nicht besonders groß ist, das aber von den USA als souveräne Atommacht anerkannt wird, obwohl es dem Nichtweiterverbreitungsvertrag nicht beigetreten ist. Von einem Verzicht Indiens (und dann auch Pakistans) auf Atomwaffen ist selbstverständlich nicht die Rede, sie würde von den Betroffenen nur mit Hohnlachen zurückgewiesen. Dort, wo wirtschaftliche Sanktionen in Form von Exportverboten gegen „unbotmäßige" Staaten verhängt werden, treten alsbald neue Lieferanten auf den Plan.

6. Fazit

Feindschaft ist aus dem Leben der Menschen – so sehr man das bedauern mag – nicht wegzudenken. Die Rede von den Kontrahenten, Gegnern oder Konkurrenten ist möglicherweise als Maßnahme zur Volkserziehung nützlich, sie kann aber die Realitäten nicht verändern. Es gibt anerkanntermaßen innere Feinde in Gestalt von Verfassungsfeinden,[274] die aufmerksam vom Verfassungsschutz beobachtet und von den Innenministern des Bundes und der Länder ggf. verboten werden können. Soweit es sich um politische Parteien nach dem Parteiengesetz handelt, ist für ein Verbot allerdings ausschließlich das Bundesverfassungsgericht zuständig.

Äußere Feinde gab es für die Deutschen in der alten Bundesrepublik bis zu Gorbatschows Reformbemühungen vor allem in Gestalt der Sowjets und ihrer Vasallen im Ostblock. Alle anderen Feindschaften, die zuletzt im Zweiten Weltkrieg ihren Ausdruck gefunden hatten, wurden zielgerichtet in „Freundschaften" umgemünzt. Deutschland scheint nunmehr von „Freunden" umgeben zu sein. Aber auch die mit dem deutsch-französischen Jugendwerk und dem gemeinsamen Fernsehsender ARTE wohl am besten gelungene Aussöhnung mit dem französischen „Erbfeind" hält größeren Belastungen kaum stand. Zu unterschiedlich sind die Interessen der beiden Völker und ihrer Regierungen, wie sich zuletzt bei den Beratungen über das Euro-„Rettungspaket",[275] bei der Bankenunion oder bei den Stabilitätskriterien gezeigt hat.[276] Charles de Gaulle, der als „Partner" der Deutschen von großer Bedeutung war, hat das mit seiner Aussage auf den Punkt gebracht: „Zwischen Völkern gibt es keine Freundschaft nur Allianzen". Diese Allianzen können eng sein, aber sie können niemals an die Stelle einer eigenständigen Politik treten. Eine solche Politik ist auch für Deutschland möglich, aber nur dann, wenn es selbst darüber zu bestimmen lernt, wer seine Freunde und wer seine Feinde sind.

---

274 Vgl. *Niehaus* 2002, S. 153-166.
275 Vgl. *Voigt* 2010.
276 Frankreichs Staatsverschuldung steigt unablässig und liegt jetzt bei ca. 2 Billionen Euro.

Oder haben wir gar keine Feinde? Wie erklärt es sich dann, dass wir panische Angst vor terroristischen Anschlägen haben? Der islamistische Selbstmordattentäter scheint geradezu der Prototyp des Feindes zu sein, ihn „Gegner" oder „Kontrahent" zu nennen, wäre eine unzulässige Verharmlosung. Zum einen sind es solche Attentäter, die mitleidlos auch Frauen und Kinder in die Luft sprengen. Zum anderen lassen sich Ausmaß und Intensität der Abwehrmaßnahmen gegen die terroristische Bedrohung nur damit erklären, dass es sich um unsere „Todfeinde" handelt.

Carl Schmitts Verfassungslehre: Das Volk als Souverän

„Der verfassungsgebende Wille des Volkes ist ein unmittelbarer Wille. Er steht vor und über jedem verfassungsgesetzlichen Verfahren. Kein Verfassungsgesetz, auch keine Verfassung, kann eine verfassungsgebende Gewalt verleihen und die Form ihrer Betätigung vorschreiben".[277]

In einem Verfassungsstaat ist die Staatsgewalt an die Verfassung gebunden und durch sie beschränkt. Üblicherweise sorgt ein Verfassungsgericht für die Wahrung der Grundrechte. Das Grundgesetz legt in Artikel 1 Abs. 3 unmissverständlich fest, dass die Grundrechte nicht nur die vollziehende Gewalt und die Rechtsprechung, sondern auch die Gesetzgebung als „unmittelbar geltendes Recht" binden. Nach Artikel 20 Abs. 2 Satz 1 Grundgesetz geht alle Staatsgewalt vom Volke aus und – so könnte man fortfahren – wird sodann von den drei genannten Gewalten in ihrem besonderen Aufgabenbereich ausgeübt. Da die Gesetzgebung Aufgabe vor allem des Bundestags (sowie des Bundesrates) ist, dessen Abgeordnete als Repräsentanten des Volkes angesehen werden, ergibt sich damit ein Widerspruch zu der Volkssouveränität. Von einer unmittelbaren Demokratie ist im Grundgesetz freilich nicht die Rede,[278] vielmehr handelt es sich um eine sog. repräsentative Demokratie, bei der – zumindest in der Theorie – das Volk durch die von ihm gewählten Abgeordneten repräsentiert wird. Idealtypisch ist jeder Gesetzgebungsbeschluss des Parlaments eine Willensäußerung des Volkes.

1. Paradigmenwandel in der Staatsrechtslehre

Diesen Widerspruch hat Carl Schmitt zugunsten der Volkssouveränität aufzulösen versucht.[279] Mit seiner *Verfassungslehre*, die 1928 – also noch in der Weimarer Republik – entstand,[280] hat Carl Schmitt die Verfassungsdiskussion nachhaltig beeinflusst, nicht nur die der damaligen Zeit, sondern auch die der Gegenwart. Schmitts *Verfassungslehre* ist auch im deutschen Diskurs der Nachkriegszeit über „Staat", „Volk" und „Verfassung" wirkmächtig geblieben. Dies gilt vor allem – wenn auch in einer liberal „eingehegten" Weise – für die juristisch geprägte Staatstheorie. Daraus ergibt sich eine Reihe von Fragen, denen im Folgenden nachzugehen sein wird:

(1) Woran liegt es, dass dieses Buch so einflussreich war, dass es – trotz der generellen Ablehnung Carl Schmitts durch die deutschen Staatsrechtslehrer nach 1945 – von

---

277 *Schmitt* VL, S. 84; ähnlich Art. 28 der französischen Verfassung vom 24. Juni 1793.
278 Vgl. *Schmitt* Volksentscheid.
279 Siehe: *Preuß* 2015, S. 141-168.
280 *Schmitt* VL.

diesen viel häufiger zitiert wurde als z.B. die *Staatslehre* Hermann Hellers von 1934?[281]

(2) Welche Positionen Schmitts waren es, die eine solche Anziehungskraft auf die – allgemein als nüchtern geltenden – deutschen Staatsrechtslehrer, aber auch auf Juristen und Politikwissenschaftler des Auslands, ausgeübt haben?

(3) Welche Aspekte des Schmittschen Denkens, insbesondere im Hinblick auf die Verfassung, sind heute noch aktuell und in Europa, Asien oder Amerika anschlussfähig?

Carl Schmitt zielte mit seiner *Verfassungslehre* auf nichts Geringeres als auf einen Paradigmenwechsel. Solche wissenschaftlichen Umbrüche finden zumeist in Zeiten der Krise statt; und die Weimarer Zeit war eine solche Epoche der geistigen, ökonomischen, politischen und sozialen Krise. Zumindest darin sind sich alle zeitgenössischen Beobachter einig.

> „Der Anlass für jede Reflexion ist der problematisch gewordene Umgang mit alltäglichen Selbstverständlichkeiten. Oft setzt gerade der ungewohnte Blick auf bekannte Gegenstände neue Erkenntnispotenziale frei".[282]

Das galt im Jahre 1928, das gilt aber auch heute. Dabei zeigt sich allerdings stets auch, dass etablierte Erkenntnisse ein gewisses Beharrungsvermögen haben. Neue „Wahrheiten", die den bisherigen Wissensstand in Frage stellen, haben es demgegenüber schwer. Ihre Verbreitung in einem Wissenschaftssystem ist an günstige Voraussetzungen geknüpft, und es ist keineswegs selbstverständlich, dass sie sich schließlich auch durchsetzen.[283] Das gilt umso mehr für das politische System, dessen Führer kein Interesse an Veränderungen haben, die ihre „angestammten" Herrschaftspositionen gefährden könnten.

1.1 Überwindung des Positivismus

Im Vorwort der *Verfassungslehre* beschreibt Carl Schmitt den für das Öffentliche Recht charakteristischen geistesgeschichtlichen Hintergrund im damaligen Deutschland:

> „Eine bestimmte Auffassung von ‚Positivismus' diente dazu, verfassungstheoretische Grundfragen aus dem Staatsrecht in die allgemeine Staatslehre zu verdrängen, wo sie zwischen Staatstheorien im allgemeinen und philosophischen, historischen und soziologischen Angelegenheiten eine unklare Stelle fanden".[284]

---

281 *Voigt/Luthardt* 1986, S. 135-155.
282 *Voigt* 2014, S. 51ff.
283 *Voigt* 2009, S. 51ff.
284 *Schmitt* VL, S. XI.

Damit knüpft Carl Schmitt natürlich vor allem an Paul Laband (1838-1918), Carl Friedrich von Gerber (1823-1891) aber auch an Richard Thoma (1874-1957) an, die den Staatsrechtspositivismus in Deutschland – zumindest zeitweilig – zur herrschendenden Lehre im Öffentlichen Recht gemacht haben.[285] Diese positivistische Sicht gilt es zu überwinden. Carl Schmitt geht aber noch einen Schritt weiter, indem er auf etwas verweist, was wir heute nur noch vom Hörensagen kennen, nämlich ein „politisches und soziales Sicherheitsgefühl", das noch in der Vorkriegszeit geherrscht habe, jetzt (1928) aber verloren gegangen sei. Die Geschichte hat uns vielmehr gelehrt, dass eine absolute Sicherheit nicht geben kann.

Tatsächlich haben die Weltkriege mit ihren Gasangriffen an der Front und den Luftangriffen auf die Zivilbevölkerung das Sicherheitsgefühl vor allem der Europäer nachhaltig verändert.[286] Holocaust, Gulag[287] und atomare Massenvernichtungswaffen haben den Menschen weltweit das Gefühl gegeben, dass nichts und niemand mehr sicher ist.[288] Aber erst der Angriff der Qaida auf das World Trade Center am 11. September 2001 hat auch den US-Amerikanern, die sich immer für unangreifbar gehalten hatten, gezeigt, dass sie im eigenen Lande verwundbar sind. Darüber hinaus haben Protagonisten der „Postmoderne", wie Jean-François Lyotard (1924-1998) oder Jean Baudrillard (1929-2007), diese Unsicherheit ins Philosophische überhöht.[289] Sie haben uns gezeigt, dass man sich auf gar nichts mehr verlassen kann, weder in der Kunst noch in der Wissenschaft, weder in der Politik noch in der Geschichte. Insofern kann Carl Schmitt durchaus als Vordenker der Postmoderne, ja als „postmoderner Philosoph", verstanden werden.

1.2 Innovation in der Staatsrechtslehre

Aber was war so neu und grundlegend an Carl Schmitts Verfassungslehre, dass sie gewissermaßen einschlug wie eine Bombe? Immerhin hatten berühmte „Staatslehren" nicht minder berühmter Staatsrechtslehrer – angefangen von Georg Jellinek (1851-1911) über Hans Kelsen (1851-1911) bis später dann zu Hermann Heller (1891-1933)[290] – das Terrain zur Zeit von Schmitts Arbeiten an der *Verfassungslehre* doch scheinbar bereits abgesteckt. Schon gegen Ende der Kaiserzeit hatte Jellinek mit seiner Zwei-

---

285 Vgl. zur Weimarer Staatsrechtsdebatte: *Gangl* (Hrsg.) 2011; *Schmidt* (Hrsg.) 2014.
286 Vgl. *Voigt* 2008; *Staack/Voigt* (Hrsg.) 2004.
287 Akronym für Hauptverwaltung der Besserungslager, Synonym für ein umfassendes Repressionssystem in der Sowjetunion.
288 Für die Deutschen kommt besonders die Inflationsangst hinzu.
289 *Baudrillard* 1987; *Lyotard* 1987.
290 *Heller* 1934.

Seiten-Lehre dafür gesorgt, dass neben der staatsrechtlichen Seite auch die soziologisch-politikwissenschaftliche Seite des Staates beleuchtet wurde.[291]

Die Verfassung spielte dabei jedoch noch keine prominente Rolle, sie wurde, wie Schmitt sagt, „verdrängt". Vielleicht lag es daran, dass die Reichsverfassung von 1871 noch keinen Grundrechtsteil enthielt, Schmitt spricht von „komplizierter Unfertigkeit". Gemessen an heutigen Maßstäben wirkt diese Verfassungsurkunde eher wie ein „Rahmenvertrag" für die Reichsgründung. Die Parallele zum Lissabon-Vertrag, der an die Stelle der eigentlich geplanten Verfassung der Europäischen Union getreten ist, drängt sich geradezu auf.

2. Carl Schmitts Verfassungslehre

Neu war Schmitts Versuch, den systematischen Aufbau einer Verfassungstheorie voranzutreiben und das Gebiet der Verfassungslehre als „besonderen Zweig des öffentlichen Rechts" in Deutschland zu etablieren. Dafür sieht er Ende der 1920er Jahre die Zeit für gekommen: Immerhin ist die Weimarer Verfassung bereits seit fast einem Jahrzehnt in Kraft.

Schmitt unterscheidet drei Bedeutungen der – wie er es nennt – „absoluten Verfassung":

(1) *Form der Formen*: Verfassung ist der „konkrete Gesamtzusammenhang politischer Einheit und sozialer Ordnung eines bestimmten Staates".[292] Das geht natürlich auf Aristoteles zurück, der den Staat (genauer: die polis) als eine Ordnung des natürlich gegebenen Zusammenlebens von Menschen einer Stadt oder eines Gebietes definiert hat.[293] Die Verfassung ist hier die „Form der Formen" oder wie der von Schmitt zitierte Isokrates sagt:[294] „Die Verfassung ist die Seele der Polis".

(2) *Herrschaftsform*: Verfassung als eine „besondere Art politischer und sozialer Ordnung".[295] Hier geht es um Verfassung als Form der Herrschaft. Nach der klassischen Einteilung ist der Staat also entweder eine Monarchie, eine Aristokratie oder eine Demokratie (Republik). Vorerst nur für die Weimarer Republik ist wichtig an diesem Aspekt: Durch eine erfolgreiche Revolution (1918) kann eine neue Verfassung als neue Ordnung etabliert werden. Für die Bundesrepublik Deutschland sind die

---

291 *Jellinek* 1914; vgl. *Anter (Hrsg.)* 2004.
292 *Schmitt* VL, S. 4.
293 Vgl. *Zehnpfennig* (Hrsg.) 2014.
294 Der Platon-Kritiker Isokrates lebte von 436 bis 338 v.Chr.
295 *Schmitt* VL, S. 4f.

Verhältnisse hingegen viel komplizierter. Am Ende der NS-Herrschaft steht keine Revolution, sondern bedingungslose Kapitulation und militärische Besetzung.[296]

(3) *Politische Einheitsbildung*: Carl Schmitt sieht die Verfassung als „Prinzip des *dynamischen Werdens* der politischen Einheit, des Vorgangs stets erneuerter *Bildung und Entstehung dieser Einheit* aus einer zugrundeliegenden oder im Grunde wirkenden *Kraft* und *Energie*".[297] Die politische Einheit muss sich täglich bilden, oder – um mit Rudolf Smend (1882-1975) zu sprechen – der Staat muss sich als geistige Wirklichkeit integrieren und als eine solche anschaulich und erlebbar werden.[298] Herman Heller nennt das eine „täglich aufs Neue stattfindende Volksabstimmung".[299]

Dieser letzte Aspekt, bei dem Smend auch die Bedeutung staatlicher Symbolik für die Demokratie erkannt hat, wird heute im Zeichen der unbewältigten Integrationsprobleme immer wichtiger. Es ist schließlich im höchsten Maße alarmierend,

(1) Wenn zum einen viele Menschen mit Migrationshintergrund trotz ihrer Geburt bzw. Sozialisation in Deutschland signifikant geringere Bildungs- und Aufstiegschancen haben als andere Bevölkerungsgruppen.

(2) Wenn sich zugleich ein großer Teil dieser in Deutschland lebenden Menschen nicht gesellschaftlich integriert, sondern sich – ganz im Gegenteil – sprachlich, religiös und kulturell isoliert.

(3) Wenn drittens schließlich ein immer größer werdender Teil der wahlberechtigten Menschen in Deutschland nicht zur Wahl geht, weil er den etablierten Parteien die Lösung der Probleme nicht mehr zutraut.[300]

Sollte die der politischen Einheit zugrunde liegende Kraft und Energie – fünfundzwanzig Jahre nach der Wiedervereinigung – erschöpft sein? Rosa Luxemburg (1871-1919) war es, die von dem „Fußtritt der Geschichte" gesprochen hat, der erst der Verfassung den nötigen Schwung verleihe.[301] Der Kernsatz der Leipziger Montagsdemonstrationen „Wir sind das Volk!" findet offenbar in Deutschland kein Echo mehr. Der beschwörende Appell von Angela Merkel im Wahlkampf „Wir haben die Kraft" – geschmückt mit

---

296 Deshalb war es unmittelbar nach dem Krieg durchaus strittig, ob Deutschland als Staat womöglich untergegangen sei. Später setzte sich jedoch die Kontinuitätstheorie durch, wonach die Bundesrepublik Deutschland (alt) teilidentisch mit dem Deutschen Reich war.
297 *Schmitt* VL, S. 5f. (Hervorhebungen im Original).
298 *Smend* 1994.
299 *Heller* 1992, S. 430ff. (Hervorhebungen im Original).
300 Der AfD ist es im Jahre 2014 allerdings gelungen, bei einigen Landtagswahlen bisherige Nichtwähler an die Urnen zurückzuholen.
301 *Luxemburg* 2006; vgl. *Brie/Haug* (Hrsg.) 2011.

dem Porträt der Bundeskanzlerin – ist gerade umgekehrt sichtbarer Ausdruck der Kraftlosigkeit der Regierenden. Die Zeiten, in denen wenigstens über Grundsatzprogramme der Parteien gestritten wurde, scheinen schon solange vergangen zu sein, dass mancher sich kaum noch daran erinnern kann. Der Wahlspruch der Deutschen „Einigkeit und Recht und Freiheit", der den Rand der Fünf-Mark-Stücke zierte, ist mit der Umstellung auf den Euro gleich mit verloren gegangen. Auch der Text der dritten Strophe des Deutschlandliedes scheint allmählich in Vergessenheit zu geraten.

2.1 Verfassung als geschlossenes Normensystem

Verfassung im absoluten Sinne kann – nach Schmitt – auch ein „einheitliches, geschlossenes *System* höchster und letzter Normen", eine „grundgesetzliche Regelung" sein.[302] Damit nimmt er das vorweg, was heute zu den juristischen Selbstverständlichkeiten gehört, nämlich:

> „Alle anderen Gesetze und Normen müssen auf diese *eine* Norm zurückgeführt werden können".

Es verwundert daher nicht, dass besonders in den ersten Jahrzehnten der alten Bundesrepublik gerade dieser Teil der Schmittschen *Verfassungslehre* von den deutschen Staatsrechtslehrern fast ausnahmslos positiv bewertet und rezipiert wurde.[303] Bereits an dieser Stelle weist Schmitt aber die Antwort der „Liberalen des bürgerlichen Rechtsstaats", wie er sie nennt, zurück, nämlich dass weder der Monarch, noch das Volk, sondern die Verfassung souverän sei. Diese Ansicht vermag Schmitt nicht zu teilen. Heute könnte freilich die Befugnis des Bundesverfassungsgerichts zur alleinigen Letztinterpretation des Grundgesetzes durchaus in diese Richtung deuten. Und ein nicht geringer Teil der deutschen Staatsrechtslehrer neigt ohnehin dieser Ansicht zu.

Carl Schmitt kommt jedoch sogleich zur Sache:

> „In Wahrheit gilt eine Verfassung, weil sie von einer verfassungsgebenden Gewalt (d.h. Macht oder Autorität) ausgeht und durch deren Willen gesetzt ist".[304]

Damit wird freilich ein (versteckter) Dissens zu einem großen Teil der heutigen Staatsrechtslehrer sichtbar. Zwar akzeptieren diese selbstverständlich Art. 20 Grundgesetz: „Alle Staatsgewalt geht vom Volke aus", aber doch wohl eher als eine Art „Lippenbekenntnis". Die zentrale Frage ist vielmehr heute: Wer verfügt gegenwärtig über die Verfassung gebende Gewalt in Deutschland: Volk, Parlament oder Verfassungsgericht? Art.

---

302 *Schmitt* VL, S. 7.
303 *Voigt/Luthardt* 1986, S. 135-155.
304 *Schmitt* VL, S. 9.

79 Grundgesetz wird dahin gehend interpretiert, dass das Parlament (in diesem Fall Bundestag und Bundesrat) mit Zweidrittelmehrheit das Grundgesetz nahezu beliebig weitgehend ändern kann, ohne dass das Volk auch nur gehört, geschweige denn gefragt werden müsste. Es bedurfte erst eines Hinweises des Präsidenten des Bundesverfassungsgerichts, Andreas Voßkuhle, dass bei einer noch weiter reichenden Übertragung der deutschen Souveränität an die Europäische Union das Volk gefragt werden müsse.

2.2 Verfassung als existentielle Entscheidung

Carl Schmitt legt größten Wert darauf, dass die Verfassung gebende Versammlung und das Parlament „qualitativ verschieden" sind, denn andernfalls könnte ein Parlament ja alle folgenden Parlamente binden. Das jedoch hält Schmitt für „widersinnig" und ungerecht".[305] Es muss eine grundlegende Entscheidung von einer Verfassungsversammlung getroffen werden, die direkt vom Volk legitimiert ist. Das Volk als Souverän verfügt über das Monopol der Letztentscheidung, darin liegt das Wesen der Souveränität des Staates. Die Souveränität des Staates besteht nicht im Monopol des Zwangs oder der Beherrschung, sondern – Carl Schmitt zufolge – in der Entscheidung. Gerade dieser Ausspruch zeigt Schmitt bereits als Dezisionisten, ein Etikett, das er sich später freilich noch deutlicher und nachhaltiger „verdienen" wird.[306]

Pouvoir constituant

Die Weimarer Verfassung gilt, weil das deutsche Volk „sich diese Verfassung gegeben" hat.[307] Carl Schmitt bekennt sich damit – implizit – zu der Volkssouveränität im Sinne des Abbé Emmanuel Joseph de Sieyès (1748-1836).[308] Ernst-Wolfgang Böckenförde zieht daraus für das Grundgesetz denselben Schluss, nämlich dass als Träger der Verfassung gebenden Gewalt nur das Volk in Betracht kommt.

> „Als pouvoir constituant, der der rechtlichen Voraussetzung *vorausliegt*, ist die Verfassung gebende Gewalt des Volkes nicht durch die Verfassung selbst rechtlich normierbar und in ihren Äußerungsformen festlegbar". Ihr originärer Charakter ermöglicht es ihr, „sich – gerade als politische Größe – Äußerungsformen selbst zu suchen und zu schaffen".[309]

Es bedarf immer eines handlungsfähigen Subjekts – in der Demokratie natürlich des Volkes –, das seinen Willen zum Ausdruck bringt:

305 *Schmitt* VL, S. 10f.
306 *Voigt* (Hrsg.) 2007.
307 *Schmitt* VL, S. 10.
308 *Sieyès* 1981; vgl. *Thiele* (Hrsg.) 2010.
309 *Böckenförde* 1991 (Hervorhebung im Original).

„Eine solche Verfassung ist eine bewußte Entscheidung, welche die politische Einheit durch den Träger der verfassunggebenden Gewalt *für sich selber* trifft und *sich selber gibt*".[310]

Die Tragweite einer solchen existentiellen Entscheidung wird bei der Gründung neuer Staaten wie bei fundamentalen politischen Umwälzungen (Revolutionen, Kriege etc.) besonders deutlich, beschränkt sich aber keinesfalls auf diese.

Bedeutung der Präambel

Schmitt greift damit einer späteren Entscheidung des Bundesverfassungsgerichts vor, nämlich der vom 31. Juli 1973 zum Grundlagenvertrag zwischen der Bundesrepublik Deutschland und der Deutschen Demokratischen Republik, wenn er – gegen die damals herrschende Meinung – die Bedeutung der Präambel hervorhebt:

> „Der Vorspruch der Weimarer Verfassung enthält die authentische Erklärung des deutschen Volkes, daß es mit vollem Bewußtsein als Träger der verfassunggebenden Gewalt entscheiden will".[311]

Im politischen Streit um den sog. Grundlagenvertrag vom Jahre 1972, der die Beziehungen zwischen der Bundesrepublik und der DDR auf eine neue rechtliche Grundlage stellen sollte, standen sich die sozial-liberale Regierungskoalition aus SPD und FDP auf der einen und die CDU/CSU-Opposition auf der anderen Seite unversöhnlich gegenüber. In dem Organstreitverfahren vor dem Bundesverfassungsgericht kam – sehr zum Ärger der Regierung – nun plötzlich die Präambel des Grundgesetzes zum Tragen. Diese war aber von der Staatsrechtslehre stets als „unverbindliche Erklärung" gewertet worden, die lediglich den „Geist des Verfassungswerkes" kennzeichnen solle.

Das Bundesverfassungsgericht argumentierte jedoch:

> „Dem Vorspruch des Grundgesetzes kommt nicht nur politische Bedeutung zu, es hat auch rechtlichen Gehalt. Das für die Politik bindende Fazit heißt: Die Wiedervereinigung ist ein verfassungsrechtliches Gebot".[312]

Wie lautete diese Präambel in der Fassung von 1949, und legte sie wirklich die „existentiellen Werte" im Sinne Carl Schmitts fest? Es erscheint daher als wichtig, sich zunächst den Text noch einmal vor Augen zu führen:

> „Im Bewußtsein seiner Verantwortung vor Gott und den Menschen, von dem Willen beseelt, seine nationale und staatliche Einheit zu wahren und als gleichberechtigtes Glied in einem vereinten Europa dem Frieden der Welt zu dienen, hat das Deutsche Volk in den

---

310 *Schmitt* VL, S. 21 (Hervorhebungen im Original).
311 *Schmitt* VL, S. 25.
312 BVerfGE 36, 1.

Ländern Baden usw. [es folgt eine Aufzählung der westdeutschen Länder], um dem staatlichen Leben für eine Übergangszeit eine neue Ordnung zu geben, kraft seiner verfassungsgebenden Gewalt dieses Grundgesetz der Bundesrepublik beschlossen".

3. Existentielle Werte

Drei „existentielle Werte" – im Sinne Schmitts – sind es, die mit der Verabschiedung des Grundgesetzes festgelegt wurden: deutsche Einheit, europäische Integration und Weltfrieden.

3.1 Der Wiedervereinigungsauftrag des Grundgesetzes

Jede politische Einheit sucht sich vor allem in ihrer Existenz zu erhalten, sie schützt „ihre Existenz, ihre Integrität, ihre Sicherheit und ihre Verfassung", wie es bereits Baruch de Spinoza (1632-1677) formuliert hat. Die Bewahrung der nationalen und staatlichen Einheit gilt also zunächst der Existenzsicherung und – in der besonderen Situation der Teilung – auch dem Wunsch nach Wiedervereinigung Deutschlands:

> „Das gesamte Deutsche Volk bleibt aufgefordert, in freier Selbstbestimmung die Einheit und Freiheit Deutschlands zu vollenden" (Präambel von 1949).

Deutsche Vereinigung

Damit wird jede Bundesregierung unmittelbar an das Ziel der Wiedervereinigung gebunden. Zudem postuliert das Bundesverfassungsgericht die Teilidentität der Bundesrepublik mit dem Deutschen Reich,[313] eine Entscheidung, die – 16 Jahre später – bei der Wiedervereinigung noch eine große Rolle spielen wird. Die deutsche Vereinigung findet dann tatsächlich 45 Jahre nach Kriegsende und 41 Jahre nach der Gründung der Bundesrepublik Deutschland statt. Sie gliedert das „Beitrittsgebiet" (die DDR) gemäß Art. 23 Grundgesetz (alte Fassung) in die Bundesrepublik ein. Im Zwei-Plus-Vier-Vertrag werden die alten alliierten Souveränitätsvorbehalte abgelöst,[314] freilich nicht ohne den Deutschen bindende Verpflichtungen aufzuerlegen.

---

313 BVerfGE 36, 1.
314 Vertrag über die abschließende Regelung in Bezug auf Deutschland vom 12. September 1990, dabei handelt es sich um einen Staatsvertrag zwischen der Deutschen Demokratischen Republik und der Bundesrepublik Deutschland sowie der Französischen Republik, den Vereinigten Staaten von Amerika, dem Vereinigten Königreich von Großbritannien und Nordirland und der Union der Sozialistischen Sowjetrepubliken (Zwei-plus-Vier-Vertrag).

„Das vereinte Deutschland hat keinerlei Gebietsansprüche gegen andere Staaten und wird solche auch in Zukunft nicht erheben".[315]

Zu den gravierenden Verpflichtungen gehört der völkerrechtlich wirksame Verzicht auf die Ostgebiete, die (drastische) Reduzierung der deutschen Streitkräfte und die Zustimmung zu einer europäischen Währungsunion, mit der die so außerordentlich erfolgreiche (und in Europa dominante) D-Mark verschwinden und dem Euro Platz machen soll. Die daraus resultierenden gravierenden Probleme werden erst jetzt – mehr als ein Jahrzehnt nach Einführung des Euro – sichtbar. Ob es über die bekannten Verträge hinaus noch Geheimverträge – z.b. zwischen den USA und Deutschland – gibt, ist unbekannt.[316]

Befugnis zum Verfassungswechsel

Die entscheidende Frage ist dabei, wieweit die Befugnis von Bundestag und Bundesrat bei der Änderung des Grundgesetzes geht. Carl Schmitt hat dazu in seiner *Verfassungslehre* Eindeutiges formuliert:

> „Die grundlegenden politischen Entscheidungen der Verfassung sind Angelegenheiten der verfassungsgebenden Gewalt des deutschen Volkes und gehören nicht zur Zuständigkeit der für verfassungsgesetzliche Änderungen und Revisionen zuständigen Instanzen. Solche Änderungen bewirken einen Verfassungswechsel, nicht eine Verfassungsrevision".[317]

Im Hinblick darauf fragt es sich natürlich, ob die Änderung des Grundgesetzes, mit der in den Jahren 1955/1956 die Wiederbewaffnung ermöglicht wurde, nicht eine der grundlegenden politischen Entscheidungen des Verfassungsgebers, nämlich die pazifistische Orientierung des Grundgesetzes, betraf. Sollte das zutreffen, dann hätte in der Tat damals – in den fünfziger Jahren – eine nicht zuständige Instanz einen (verbotenen) Verfassungswechsel und eben nicht eine (erlaubte) Verfassungsrevision vorgenommen.

3.2 Der Integrationsauftrag des Grundgesetzes

Die zweite Zielbestimmung ist nicht so selbstverständlich wie der Einheitsgedanke. Denn die Integration in ein vereintes Europa kann in letzter Konsequenz zur Selbstaufgabe Deutschlands als souveräner Nationalstaat führen. Jeder Staat aber ist in erster Linie um die Wahrung seiner Souveränität bemüht, wie gerade das Verhalten der Neumitglieder der Europäischen Union Polen und Tschechien zeigt. Sie haben in der Zeit der

---

315 Artikel 1, Abs. 3 des Zwei-plus-Vier-Vertrages.
316 Angesichts des Verhaltens der Bundesregierung in Sachen NSA-Untersuchungsausschuss liegt dieser Gedanke allerdings nahe.
317 *Schmitt* VL, S. 105.

bipolaren Ordnung solange auf ihre nationale Souveränität verzichten müssen, dass es ihnen jetzt besonders schwer fällt, zugunsten der EU auf Teile dieser erst vor wenigen Jahrzehnten wiedergewonnenen Souveränität zu verzichten. Aber auch die „Altmitglieder" Frankreich – und noch deutlicher: Großbritannien – haben starke Vorbehalte gegen eine Souveränitätsübertragung auf europäische Einrichtungen. Nach der Europawahl von 2014, die für die Konservative Partei Großbritanniens katastrophal schlecht ausgefallen ist, bemüht sich der britische Premierminister David Cameron darüber hinaus, nationalstaatliche Kompetenzen zurück zu holen.[318]

Für die Bundesrepublik Deutschland stellte sich das Problem – zumindest bis zur Wiedervereinigung – anders dar. Sie konnte nur im Rahmen einer Einbindung in eine westeuropäische Gemeinschaft (Montanunion, Europäische Wirtschaftsgemeinschaft, Europäische Gemeinschaft) und in die transatlantische NATO ihren Platz im Konzert der Nationen wiederzugewinnen hoffen. Souveränitätsverluste auf Dauer schienen dabei unvermeidlich zu sein. Jedes Mal, wenn die Bundesrepublik ihre Souveränität aus der Hand der alliierten Besatzungsmächte auch nur stückweise wiedererhalten hatte, wurde dies zwar gefeiert, im selben Moment jedoch weitgehend auf übernationale Instanzen übertragen. Heute definiert das Bundesverfassungsgericht das Souveränitätsverständnis des Grundgesetzes – in Abkehr von überkommenen Souveränitätsvorstellungen – ganz anders, nämlich als „völkerrechtlich geordnete und gebundene Freiheit". Hermann Heller hätte übrigens einer solchen Einengung des Souveränitätsbegriffs vehement widersprochen, es entspricht eher dem Souveränitätsverständnis Hans Kelsens.

3.3 Der Friedensauftrag des Grundgesetzes

Die europäische Integration war eine der Konsequenzen aus dem Armageddon des Zweiten Weltkriegs. Die andere Schlussfolgerung war ein klares Bekenntnis zum Frieden in der Welt, das dem tief empfundenen Friedensbedürfnis der Deutschen – übrigens in West und Ost – entsprach. Konsequenterweise war das Grundgesetz daher ganz und gar pazifistisch orientiert. Freilich fehlte ein dem Art. 9 der japanischen Verfassung entsprechender endgültiger Verzicht auf eigenes Militär. Dort heißt es, dass sich das japanische Volk für immer von der „Kriegführung als einem Ausdruck souveränen Handelns" lossagt.[319] Bis zur Aufnahme in die NATO, die dem Wunsch der Amerikaner entsprach, verzichtete die Bundesrepublik allerdings auf jede Form von Streitkräften. Bis 1949 standen die Deutschen ohnehin unter Kuratel der Besatzungsmächte. Erst durch eine heiß umkämpfte Grundgesetzänderung wurde am 19. März 1956 der Weg

---

318 Cameron wird „getrieben" durch den Wahlsieg der UKIP (28%) bei der Europawahl 2014.
319 Japan hat daher ausschließlich für seine Verteidigung bestimmte sog. Selbstverteidigungsstreitkräfte, die allerdings – gemessen an ihren Haushaltsmitteln – die sechstgrößten Streitkräfte der Erde sind.

frei gemacht für eine eigene Bundeswehr, deren Auftrag freilich weniger das Austragen eines Krieges, als vielmehr dessen Verhinderung war.

Die Formel von der „völkerrechtlich geordneten und gebundenen Freiheit" ist freilich nicht nur so dahingesagt, sie hat vielmehr weitreichende Konsequenzen. Zwar hat Deutschland seit der Wiedervereinigung wieder die Kommandogewalt über die eigenen Streitkräfte. In seinem Urteil zum Lissabon-Vertrag verwirft das Bundesverfassungsgericht aber ausdrücklich das noch zu Beginn des 20. Jahrhunderts uneingeschränkt geltende Recht zur Kriegsführung. Demgegenüber stellt die UN-Charta in Art. 51 das Recht jeder Nation jedenfalls zum Verteidigungskrieg fest. Und Carl Schmitt hat das *Jus ad bellum* stets als selbstverständliche und unverzichtbare Ingredienz der Souveränität bezeichnet. Der Dissens mit Schmitt wird vollends deutlich, wenn das Gericht fortfährt:

> „Das Grundgesetz schreibt demgegenüber die Friedenswahrung und die Überwindung des selbstzerstörerischen europäischen Staatenantagonismus als überragende politische Ziele der Bundesrepublik fest. Souveräne Staatlichkeit steht danach für einen befriedeten Raum und die darin gewährleistete Ordnung auf der Grundlage individueller Freiheit und kollektiver Selbstbestimmung".[320]

Das Gebot der Friedenswahrung gilt jedoch bei Auslandseinsätzen (Beispiel: Afghanistan) zumindest nicht im wörtlichen Sinne. Hier darf und (u.U.) muss die Bundeswehr an einem Krieg teilnehmen, wenn die sog. Staatengemeinschaft, vorrangig also die USA und ihre Alliierten, dies verlangen.

4. Anwendung der Schmittschen Kategorien

An zwei Bereichen lässt sich – noch konkreter – zeigen, in wieweit Schmittsche Kategorien zum Verständnis von aktuellen Verfassungsproblemen beitragen können, nämlich einerseits an dem Problemfeld Europa und andererseits an dem Problemfeld Sicherheit. In beiden Bereichen besteht ein mehr oder weniger starker Dissens zwischen dem Bundesverfassungsgericht auf der einen und den Fraktionen der etablierten Parteien im Deutschen Bundestag auf der anderen Seite.[321] Wieder einmal wird dem Bundesverfassungsgericht vorgeworfen, politisch (im Sinne von „parteiisch") zu urteilen. Auch hier kann eine Erkenntnis Carl Schmitts aus der *Verfassungslehre* weiterhelfen. Obgleich es 1928 noch gar kein deutsches Verfassungsgericht gab, schreibt er:

---

320 BVerfGE 123, 267.
321 Die LINKE hat dabei eine deutlich andere Position, sie ist europakritisch und pazifistisch, wenn auch in einer internationalistischen Variante, orientiert.

84

„Aber ein derartiger, alle verfassungsgesetzlichen Auslegungsstreitigkeiten entscheidender Gerichtshof wäre in Wahrheit eine hochpolitische Instanz, weil er auch – und vor allem – diejenigen Zweifel und Meinungsverschiedenheiten zu entscheiden hätte, die sich aus den Besonderheiten der dilatorischen Formelkompromisse ergeben und in Wahrheit die durch den Kompromiß hinausgeschobene sachliche Entscheidung treffen würde".[322]

In der Tat: Klarer könnte man es auch heute nicht ausdrücken. Viele Gesetze beruhen auf Kompromissen der beteiligten Fraktionen. Oft wird darin eine notwendige Entscheidung lediglich auf eine Formel gebracht und anschließend sogleich auf einen späteren Zeitpunkt vertagt („dilatorischer Formelkompromiss").[323] Die sog. Gesundheitsreform des Jahres 2010 ist geradezu ein Lehrstück für diese Art der Gesetzgebung. Unter diesem Blickwinkel sind zwei Urteile des Bundesverfassungsgerichts von besonderem Interesse, einerseits das Urteil des Zweiten Senats zum Lissabon-Vertrag, andererseits die Entscheidung des Ersten Senats zum Telekommunikationsgesetz und zur EU-Richtlinie vom 21. Dezember 2007.

4.1 Das Problemfeld Europa

Am Anfang steht ein großer Plan, nämlich eine Verfassung für Europa. Ein Konvent, dem kein Geringerer als der ehemalige französische Staatspräsident Valéry Giscard d'Estaing vorsteht, erarbeitet einen – durchaus passablen – Entwurf einer europäischen Verfassung, der jedoch beim Volk (soweit es gefragt wird) „mit Pauken und Trompeten" durchfällt. Am 29. Mai 2005 scheitert eine Volksabstimmung über die EU-Verfassung in Frankreich und am 1. Juni desselben Jahres in den Niederlanden.[324] Damit ist die Idee einer Verfassung für Europa „gestorben". Es gibt allerdings auch kein „europäisches Volk" (meist „demos" genannt), das – nach Carl Schmitt – als „politische Einheit vorhanden sein und vorausgesetzt werden [muss], wenn es Subjekt einer verfassungsgebenden Gewalt sein soll".[325]

Ein fauler Kompromiss

Als letzte (Auffang-) Lösung erscheint ein Kompromiss, der Lissabon-Vertrag, der lediglich die bislang getrennten Verträge über Europäische Gemeinschaft und Europäische Union zusammenführen soll. Wichtigste Aufgabe des Vertragswerks ist es jedoch, die Handlungsfähigkeit der EU wieder herzustellen. Es müssen Mechanismen gefunden

---

322 *Schmitt* VL, S. 118.
323 *Schmitt* VL, S. 32.
324 Im Jahre 2008 stimmten auch die Iren mehrheitlich mit „Nein", wurden dafür allerdings von allen Seiten scharf kritisiert, vgl. *Brown* 2012, S. 55-71.
325 *Schmitt* VL, S. 51.

werden, damit die Union der 27 Mitglieder politisch nicht zum absoluten Stillstand ver-urteilt ist. Es liegt auf der Hand, dass mit der Einführung von Mehrheitsentscheidungen und dem Verlust wichtiger Posten politischer Zündstoff von hoher Brisanz verbunden ist. Wo immer das Volk über den Lissabon-Vertrag abzustimmen hat, ist das – aus „eu-ropäischer", d.h. zentralistischer Sicht – mit einer „Zitterpartie" verbunden. Die Iren stimmen erst beim zweiten Anlauf in diesem Jahr mit „Ja", die Präsidenten Polens und Tschechiens haben ihre Unterschrift verzögert, um weitere Vorteile für ihre Länder her-auszuschlagen.

In Deutschland ist eine Volksabstimmung nicht vorgesehen,[326] obgleich es sich durch-aus um eine der grundlegenden politischen Entscheidungen des Verfassungsgebers han-delt. Im Wege der Verfassungsbeschwerde bringt der CSU-Bundestagsabgeordnete Pe-ter Gauweiler daher – zusammen mit Anderen – den Lissabon-Vertrag, genauer gesagt: das deutsche Zustimmungsgesetz zu dem Vertrag, vor das Bundesverfassungsgericht. Gauweiler bezieht sich nicht auf Carl Schmitt, vielmehr wird von den Antragstellern ei-ne Verletzung des Art. 38 Grundgesetz gerügt, der ihnen

> „als wahlberechtigten Deutschen das subjektive Recht gewähre, an der Wahl des Deutschen Bundestages teilzunehmen, dadurch an der Legitimation der Staatsgewalt auf Bundesebene mitzuwirken und ihre Ausübung zu beeinflussen".[327]

Verletzung des Demokratieprinzips

Gerügt wird also die Verletzung des Demokratieprinzips, es fehle die demokratische Legitimation. Damit wird ein besonders schweres „Geschütz" aufgefahren, weil das an die Substanz des sich als demokratisch verstehenden Systems geht. Ein konsequenter Kritiker der unreflektierten Übertragung von Hoheitsrechten auf die europäische Ebene ist Udo di Fabio, der von 1999 bis 2011 Richter am Bundesverfassungsgericht (Zweiter Senat) war. Nach seinem Ausscheiden aus dem Gericht hat er in einem Gutachten für die Stiftung Familienunternehmen die rechtlichen Grenzen der Wirtschafts- und Wäh-rungsunion untersucht. Das Fazit seiner Untersuchung wurde in der *Frankfurter Allge-meinen Zeitung* veröffentlicht:

> „Wenn die Europäische Zentralbank (EZB) das Verbot der Staatsfinanzierung verletzt, muss das Bundesverfassungsgericht im äußersten Fall Bundesregierung und Bundestag zum Austritt aus der Währungsunion verpflichten. [...] Das Karlsruher Gericht besitze zwar ‚keinen prozessualen Hebel', um der EZB Vorgaben zu machen [...]. Daher müsse es den Fall aber auch nicht dem Europäischen Gerichtshof vorlegen, sondern dürfe bei ersichtli-

---

326 Vgl. hierzu für die Weimarer Verfassung: *Schmitt* Volksentscheid.
327 BVerfGE 123, 267,

chen Kompetenzüberschreitungen selbst entscheiden. Dann könnten die Karlsruher Richter den Verstoß immerhin ‚deklaratorisch feststellen‘“.[328]

Bereits mehrfach hatte das Bundesverfassungsgericht – vor allem in der Person des Verfassungsrichters di Fabio[329] – den Abgeordneten die „Leviten gelesen“, weil sie EU-Verordnungen ohne genauere Prüfung hatten passieren lassen. Streitpunkt war damals der Europäische Haftbefehl.[330] Sie hätten damit ihr Recht (und ihre Pflicht) nicht wahrgenommen, an der Legitimation der Staatsgewalt mitzuwirken. Jetzt geht es allerdings um die in Art. 23 Grundgesetz (neue Fassung) enthaltene Ermächtigung des Bundes, „durch Gesetz mit Zustimmung des Bundesrates Hoheitsrechte“ auf die Europäische Union zu übertragen. Durch das neue (Begleit-) Gesetz sollten für diesen Fall die Rechte des Parlaments – zumindest vorgeblich – gestärkt werden.

Identität der Verfassung

Das Bundesverfassungsgericht hat dieses Gesetz für teilweise verfassungswidrig befunden. In seiner Begründung argumentiert es hier mit der „Identität der Verfassung“, die es aus Art. 79 Abs. 3 Grundgesetz ableitet. Diese Entscheidung wird allerdings erst verständlich, wenn man die Schmittsche Trennung von Verfassung als „die grundlegenden politischen Entscheidungen über die Existenzform eines Volkes“ und Verfassungsgesetz als „die zu ihrer Ausführung ergangenen generellen verfassungsgesetzlichen Normierungen“, zugrundlegt. Zu Art. 76 Weimarer Verfassung („Die Verfassung kann im Wege der Gesetzgebung geändert werden“) schreibt Schmitt:

> „Daß ‚die Verfassung‘ geändert werden kann, soll nicht besagen, daß die grundlegenden politischen Entscheidungen, welche die Substanz der Verfassung ausmachen, vom Parlament jederzeit beseitigt und durch irgendwelche anderen ersetzt werden können“.[331]

Recht des Volkes

Kann also niemand die Verfassung grundlegend ändern? Für Carl Schmitt ist Träger der Souveränität nicht die Verfassung, sondern das Volk, dieses gibt sich eine Verfassung. Das heißt für ihn, dass das Volk (aber auch nur dieses) sich als *pouvoir constituant* jederzeit eine neue Verfassung geben oder diese – auch in wesentlichen Punkten – ändern kann. Denn auch der Erlass einer Verfassung kann – Schmitt zufolge – die Verfassung gebende Gewalt des Volkes nicht „erschöpfen, absorbieren oder konsumieren“. Bereits

---

328 *FAZ* vom 2.6.2013: „Notfalls ist Deutschland zum Euro-Austritt verpflichtet“.
329 Udo di Fabio ist Ordinarius für Staatsrecht an der Universität Bonn.
330 Vgl. *Der Spiegel*, Nr. 16 vom 18.4.2005.
331 *Schmitt* VL, S. 26.

die französische Verfassung vom 24. Juni 1793 stellt das in ihrem Art. 28 deutlich heraus:

> „Ein Volk hat immer das Recht, seine Verfassung zu revidieren, zu reformieren und zu ändern".

Dass dieser (eigentlich selbstverständliche) Grundsatz auch für die Zeit nach der Wiedervereinigung gelten sollte, war unter den Abgeordneten des Bundestages allerdings keineswegs unumstritten. Art. 146 Grundgesetz bringt das Wesentliche jedoch schließlich klar zum Ausdruck, er hat allerdings – folgt man Schmitt – lediglich deklamatorische, allenfalls symbolische Bedeutung. Das Recht des Volkes zur Verfassungsgebung besteht unabhängig von geschriebenem Verfassungsrecht. In Art. 146 heißt es jetzt:

> „Dieses Grundgesetz, das nach Vollendung der Einheit und Freiheit Deutschlands für das gesamte deutsche Volk gilt, verliert seine Gültigkeit an dem Tage, an dem eine Verfassung in Kraft tritt, die von dem deutschen Volke in freier Entscheidung beschlossen worden ist".

4.2 Das Problemfeld Sicherheit

Ganz in der Tradition der (französischen) Erklärung der Menschen- und Bürgerrechte vom Jahre 1789 gewährleistet das Grundgesetz Grundrechte, die – zumindest in ihrem Wesensgehalt – nicht eingeschränkt werden dürfen. Es sind in erster Linie Abwehrrechte gegenüber dem Staat, welche die Freiheit des Einzelnen schützen und bewahren sollen. Der Terrorismus – erst der interne der RAF, dann der globale der Qaida – verändert diese Sicht jedoch nachhaltig. Ein schier unüberbrückbarer Widerspruch zwischen Freiheit und Sicherheit tritt zutage.[332] Vor allem im Kampf gegen den Terrorismus werden die Freiheitsrechte der Bürgerinnen und Bürger auch in Deutschland immer stärker eingeschränkt. Der globale *Krieg gegen den Terrorismus* bildet die Grundlage, auf der immer neue Bedrohungsszenarien entworfen und Gegenmaßnahmen ersonnen werden.[333] Etwas überpointert könnte man sagen:

> „Der präventive Sicherheitsstaat [...] verschafft sich über immer neu geschürte Kriminalitäts- und Terrorpaniken eine halbwegs stabile politische Legitimation".[334]

„Salamitaktik" der Politik

Tatsächlich wird die Privatsphäre der Bürgerinnen und Bürger in einer Weise eingeschränkt, die den Beobachter zumindest in Staunen versetzt. Selbst der private Rechner

---

332 Vgl. *Voigt* (Hrsg.) 2013a.
333 *Kleinschmidt/Schmid/Schreyer/Walkenhaus* (Hrsg.) 2012.
334 *Hartmann/Geppert* 2008, S. 16.

(PC) mit seinen persönlichen Daten und dem privaten Email-Verkehr stellt dabei kein Tabu mehr da. Rechtsstaatliche Schranken beim Einsatz sog. Trojaner erscheinen aus der Sicht der Betroffenen als äußerst fragil. Die dabei gern von Seiten der Politik angewandte Methode könnte man umgangssprachlich mit „Salamitaktik" beschreiben. Zuerst wird eine weitreichende Forderung, wie z.b. die anlasslose Online-Durchsuchung oder die verdachtslose Vorratsspeicherung, erhoben, die zumeist auf den Widerstand der Öffentlichkeit stößt. Dann wird eine etwas weniger weitreichende Formulierung gesetzlich festgeschrieben, nur, um dann – in einem dritten Schritt – bei nächster Gelegenheit eine weitere und meist auch weitergehende Forderung zu erheben.

Das Bundesverfassungsgericht hat die „heimliche Infiltration eines informationstechnischen Systems", also z.B. das Eindringen staatlicher Behörden in einen privaten PC, nur dann als verfassungsrechtlich zulässig befunden, wenn „tatsächliche Anhaltspunkte einer konkreten Gefahr für ein überragend wichtiges Rechtsgut bestehen".[335] Neben Leib, Leben und Freiheit der Person werden als überragend wichtig definiert: „[...] solche Güter der Allgemeinheit, deren Bedrohung die Grundlagen oder den Bestand des Staates oder die Grundlagen der Existenz der Menschen berührt". Zugleich wird jede Maßnahme dieser Art unter den „Vorbehalt richterlicher Anordnung" gestellt. In der Konkretisierung bedeutet das, dass diese Anordnung nur von einem Bundesrichter getroffen werden kann.

Kernbestand an unveräußerlichen Rechten

Das klingt sehr gut, ist aber möglicherweise noch nicht das Ende der Geschichte. Denn wenn das Bundesverfassungsgericht die Regelung verwirft, dann wird zwar „nachgebessert". Die politische Intention bleibt hingegen unverändert. Der Rechtsstaat wird damit einer „Auszehrungsstrategie" ausgesetzt, die mittel- bis langfristig darüber entscheiden wird, ob den Menschen zumindest in den Demokratien nach westlichem Muster ein Kernbestand an unveräußerlichen Freiheitsrechten erhalten bleibt, oder ob sämtliche Rechte der Abwehr wirklicher, eingebildeter oder behaupteter Gefahren geopfert werden. Befinden sich damit die westlichen Gesellschaften bereits in einem „permanenten Ausnahmezustand", wie der italienische Rechtsphilosoph Giorgio Agamben (geb. 1942) – im Anschluss an Carl Schmitt – meint?[336] Schmitt selbst hat diese Situation, die er in der Weimarer Republik aus eigener Anschauung kannte, als Ausnahmezustand definiert und postuliert, dass dieser sich jeder rechtlichen Regelung entziehe.[337] Sein Charakteristikum sei es ja gerade, dass er gewissermaßen „außerhalb der Rechtsordnung"

335 BVerfG, 15.2.2006, 1 BvR 357/05.
336 *Agamben* 2002.
337 Siehe Kapitel „Ausnahmezustand" in diesem Band.

stattfinde. Es sei daher auch nur wenig sinnvoll, diesen Fall in der Verfassung regeln zu wollen.

> „Die Verfassung ist *unantastbar*, schreibt Schmitt, die *Verfassungsgesetze* dagegen können während des Ausnahmezustands suspendiert und durch Maßnahmen des Ausnahmezustandes durchbrochen werden".[338]

Und er fährt fort:

> „Das alles berührt die grundlegenden politischen Entscheidungen und die Substanz der Verfassung nicht, sondern steht gerade im Dienste der Aufrechterhaltung und der Herstellung dieser Verfassung".[339]

An diesem Punkt trifft sich Carl Schmitt übrigens mit dem großen Verteidiger der römischen Republik Marcus Tullius Cicero (436-338 v.Chr.), der eine (zeitweilige) Diktatur zur Wiederherstellung der republikanischen Ordnung für gerechtfertigt hält.[340] Carl Schmitt bezieht sich in seiner Schrift *Die Diktatur* auch tatsächlich auf Cicero.

5. Staat, Volk und Verfassung

Der zentrale Dissens zwischen Carl Schmitt einerseits sowie der etablierten Staatsrechtslehre und der heutigen Politikwissenschaft andererseits ist die Frage der Souveränität. Für Schmitt kommen nur Monarch oder Volk als Träger der Souveränität in Betracht, seit der Französischen Revolution ist es nur noch das Volk. Nur der Nation, also einem Volk mit dem bewussten Willen zur politischen Existenz, kommen Souveränität und verfassungsgebende Gewalt zu. Schmitt schreibt: Die „okkulte Vorstellung" einer verfassungsgebenden Gewalt der Verfassung „verschleiert" demgegenüber die eigentlich entscheidende Frage nur. Heutige Staatsrechtslehrer und Politologen stört dabei der antiplurale und parteienfeindliche Zug des Schmittschen Gedankenguts.[341] Zudem macht es eine solche Definition der Souveränität schwerer (wenn nicht sogar unmöglich), durch bloßen Parlamentsbeschluss – und sei es vielleicht auch mit Zweidrittelmehrheit in Bundestag und Bundesrat – große Teile deutscher Entscheidungshoheit auf demokratisch nur unzureichend legitimierte Institutionen zu übertragen. Das erscheint jedoch Vielen als ein so erstrebenswertes Ziel, dass demgegenüber das Souveränitätsproblem verblasst.

---

338 *Schmitt* VL, S. 26 (Hervorhebung im Original).
339 *Schmitt* VL, S. 27 (Hervorhebung im Original).
340 *Cicero* 2001; vgl. *Richter/Voigt/König* (Hrsg.) 2007.
341 *Van Ooyen* 2009.

5.1 Status politischer Einheit

Wichtigste Aufgaben des demokratischen Staates sind nach heutigem Verständnis die Gewährleistung der Bürger- und Menschenrechte sowie die Sicherung der physischen Existenz des Volkes. Es ist das „Volk", das sich durch die Entscheidung überhaupt erst als kollektive Einheit und damit als politisch existente Nation konstituiert. Der Staat ist nicht nur der „streng kontrollierte Diener der Gesellschaft".[342] Er ist auch nicht bloß die Summe der Institutionen und Rechtsregeln, sondern „ein bestimmter Status eines Volkes, und zwar der Status politischer Einheit". Denn das „Volk" ist – nach Schmitt – unabhängig von der konkreten Form immer als vorgegebene Ganzheit existent, es wird nur nach dem jeweils verschiedenen „politischen Formprinzip" der „Identität" und der „Repräsentation" unterschiedlich realisiert. Von hieraus erschließt sich sein Begriff der Verfassung und der (Volks-) Souveränität. Die Verfassung regelt bei Schmitt bloß die konkrete Existenzform der politischen Einheit und hat ihren Geltungsgrund in deren souveränem Willen zur Dezision. Und vor diesem Hintergrund wird auch deutlich, als wie gravierend der Lissabon-Vertrag denjenigen erscheinen muss, die darin – mit Schmitt – eine „existentielle Grundentscheidung" sehen, die ohne direkte Mitwirkung des Volkes als *pouvoir constituant* keine Legitimität erlangen kann.

5.2 Das Verfassungsgericht als „permanente gesetzgebende Versammlung"?

Die verfassungspolitische Realität sieht in vielen Ländern der Welt jedoch ganz anders aus. Oft stehen dem Volk als Verfassungsgeber nur äußerst eingeschränkte Möglichkeiten zur Verfügung, die von der herrschenden Verfassungslehre zudem oft genug „gegen Null" gerechnet werden. Die Rolle von permanenten gesetzgebenden Versammlungen haben in vielen Staaten westlichen Typs die Verfassungsgerichte übernommen. Allerdings sollte auch dabei nicht verkannt werden, dass jede Verfassungsgerichtsentscheidung der Anerkennung der der Verfassung „Unterworfenen" bedarf, „sonst kann die Verfassung ihren Geltungsanspruch im Konfliktfall nicht einlösen".[343] Natürlich ist im pluralen Staat westlichen Typs eine identitäre Einheitsbildung kaum noch möglich, so dass sich die Frage stellt, für wen der Staat durch seine Organe eigentlich handelt bzw. zu handeln befugt ist, d.h. letztlich, über welche Legitimationsbasis er verfügt.[344] Muss man daraus – resignierend – den Schluss ziehen, dass der Gedanke der Souveränität mit dem modernen Verfassungsstaat unvereinbar ist: „Kann es im Verfassungsstaat keinen

---

342 *Schmitt* VL, S. 125.
343 *Böckenförde* 1976.
344 Siehe Kapitel „Legalität ohne Legitimität?" in diesem Band.

Souverän geben?", wie Martin Kriele in seinem bekannten Lehrbuch fragt.[345] Und gilt das auch dann, wenn es sich um die Souveränität des Volkes handelt?

5.3 Volkssouveränität

Um diese Frage zu beantworten, muss man zwischen der Volkssouveränität als politischem Begriff und als Rechtsbegriff unterscheiden. Als politischer Begriff meint sie zunächst nur die einfache – etwa von Hannah Arendt (1906-1975) in ihrer *Vita activa* herausgestellte – Tatsache, dass Menschen die revolutionäre Macht haben, sich zu verbünden, Staaten zu stürzen und sich eine Verfassung zu geben.[346] Als Rechtsbegriff meint Volkssouveränität das Legitimationsmodell der Rückführung staatlicher Herrschaft auf das staatsbürgerlich erfasste, rechtlich formierte Volk.

> „Die Wahrnehmung staatlicher Aufgaben und die Ausübung staatlicher Befugnisse bedarf einer Legitimation, die auf das Volk selbst zurückführt bzw. von ihm ausgeht (sog. ‚ununterbrochene Legitimationskette')[...].[347]

Souveränität ist deshalb – wie Böckenförde ausführt – ein „Grenzbegriff" des Verfassungsrechts: der Umschlag von Macht in Recht.[348] Schmitt formuliert dazu in der *Verfassungslehre*: „Was als politische Größe existiert, ist, juristisch betrachtet, wert, dass es existiert".[349] Nicht der „Mythos" revolutionärer Volkssouveränität kennzeichnet demnach Carl Schmitts Verfassungstheorie, sondern die aus der juristischen Teilnehmerperspektive entworfene Suche nach den politischen Bedingungen und Gründen von Verfassungen und nach virulenten politischen Subjekten.

5.4 Dilatorischer Formelkompromiss

Manchen gilt Carl Schmitt als Staatsdenker, der im 20. Jahrhundert eine ähnlich große Bedeutung hat wie Thomas Hobbes im 17. Jahrhundert. Tatsächlich hat er sich selbst gern in der Rolle eines modernen Hobbes und als dessen „Erben" gesehen.[350] Schmitts Werk überspannt einen großen Zeitraum von der Endphase des Kaiserreichs über die Weimarer Republik und den Nationalsozialismus bis zu den Anfängen der alten Bundesrepublik. Gerade diese Epoche deutscher Geschichte ist von gewaltigen Zäsuren cha-

---

345 *Kriele* 2003.
346 *Arendt* 2007.
347 *Böckenförde* 1991, S. 299.
348 *Böckenförde* 1976.
349 *Schmitt* VL, S. 76.
350 *Voigt* (Hrsg.) 2009b; siehe Kapitel „Der Hobbes-Kristall" in diesem Band; Schmitt sieht Hobbes vor allem mit seinem *Leviathan* in der Rolle des Sündenbocks, *Schmitt* Dreihundert Jahre, S. 152.

rakterisiert, die sich in Systemumbrüchen manifestiert haben. In seinen Schriften hat Schmitt die verschiedensten Themen behandelt, mal als Geschichtsphilosoph, mal als Politikwissenschaftler, mal als Staatsrechtslehrer. Als Rechtswissenschaftler hat er den Bogen gespannt vom Strafrecht über das Staats- und Verfassungsrecht bis hin zum Völkerrecht. Quasi nebenbei hat er dabei die Philosophie der romanischen Länder für die deutsche Staatswissenschaft erschlossen.[351] Die plastische Kraft vieler Begriffe Schmitts („dilatorischer Formelkompromiss") erklärt ihre Übernahme in die (gehobene) Alltagssprache. Zum Teil kommt die Rezeption auch aus dem faszinierenden Kontrast zwischen den scharfsinnigen dezisionistischen Thesen und der liberalen, manchmal allzu individualistischen politischen Kultur in den westlichen Industriegesellschaften.

Immer wieder gab es in Deutschland und anderswo auf der Welt „Wellen" einer Carl-Schmitt-Renaissance. Zunächst wurde er weniger intensiv in den USA,[352] umso mehr aber in Lateinamerika, Südeuropa und Südostasien rezipiert. Das lag nicht zuletzt auch an seinen Arbeiten zu Ausnahmezustand und Diktatur, die besonders zu der politischen Entwicklung in den Jahrzehnten nach dem Zweiten Weltkrieg passte.[353] Seine Schriften zum Großraum hatten hingegen vor allem in der Bush-Ära „Konjunktur", denn der Großraum erschien vielen Intellektuellen – gerade auch in Lateinamerika – als Gegengewicht gegen das US-amerikanische Imperium.[354] Mit einem Sonderheft der Zeitschrift *Telos* sowie mit *The Oxford Handbook of Carl Schmitt*[355] wird nun jedoch deutlich, wie intensiv sich insbesondere linke Autoren und Autorinnen auch in den USA mit Carl Schmitt auseinander setzen.[356]

5.5 Verfassung als politischer Kompromiss

Von aktueller, aber auch von überzeitlicher Bedeutung ist nicht zuletzt Carl Schmitts Auffassung, dass Verfassungskompromisse funktional nicht stabil sind, sondern alternative Auslegungen und Konsequenzen entzünden. Er zeigt dies in der Weimarer Zeit beispielhaft an dem Verfassungskompromiss zwischen den politischen Ideenkreisen des Liberalismus und der Demokratie. In *Legalität und Legitimität* vertritt Schmitt 1932 die These, dass die Weimarer Verfassung als Kompromissbildung die verfassungsgeschichtliche Tendenz in sich trägt, das liberalistische Legalitätssystem des „parlamentarischen Gesetzgebungsstaates" dadurch abzubauen, dass sie „außerordentliche" demo-

---

351 Vgl. *Neumann* 2014, S. 356-369.
352 Vgl. *Richter* 2001, S. 215-266.
353 *Voigt* (Hrsg.) 2007.
354 *Voigt* (Hrsg.) 2008a.
355 *Meierhenrich/Simons* (Hrsg.) 2014.
356 Sonderheft der Fachzeitschrift *Telos*; vgl. auch *Müller* 2011.

kratische Gesetzgeber installiert.[357] Das ist sicher bedenkenswert. Schmitt ist es aber auch, der darauf aufmerksam macht, dass Verfassungskompromisse „Einbruchstellen" markieren, die eine eigene geschichtliche Dynamik entfalten. Schon in der Schrift *Die geistesgeschichtliche Lage des heutigen Parlamentarismus* von 1923 gibt er dafür auch eine geschichtsphilosophische Begründung.[358] Der Zug der Zeit führt vom Liberalismus zur Demokratie.[359] Schmitt diagnostiziert dies am politischen Zwang des Liberalismus zum Verfassungskompromiss, er prognostiziert aber auch dessen Abbau in Richtung auf einen neuen, plebiszitär legitimierten Caesarismus. Diese Vorhersage hat sich mit dem Abgang von Silvio Berlusconi und Nicolas Sarkozy nur scheinbar erledigt. Die neuen Cäsaren sind weniger auffällig, sie stolzieren nicht wie Gockel durch die Politik, und das nicht nur deshalb, weil sie Frauen sind. Dass sich zudem der „demokratische Kapitalismus" in einer tiefen Krise befindet,[360] die auf die Dauer die Demokratie zerstören könnte, scheint offensichtlich zu sein.

---

357 *Schmitt* L&L, siehe Kapitel „Legalität ohne Legitimität" in diesem Band.
358 *Schmitt* Parlamentarismus.
359 Der Niedergang der FDP bedeutet allerdings lediglich das Ende des politisch organisierten Liberalismus.
360 *Streeck* 2013; hierzu: *Habermas* 2013, insbes. S. 138-157; *Deppe* 2013.

Teil II:

Legalität versus Legitimität?

Legalität ohne Legitimität?

Carl Schmitts Kategorie der Legitimität

„Es wird eine der großen Aufgaben der Politischen Wissenschaft sein, der Natur der Legitimitätsprinzipien, dieser unsichtbaren Geister des Gemeinwesens' – um Ferreros[1] schöne Wendung zu gebrauchen –, von neuem nachzuforschen".[2]

Legalität und Legitimität gehören zusammen, die Legitimität umfasst allerdings weit mehr als nur die Legalität. Gerade für autoritäre Regime scheint es nicht untypisch zu sein, dass es auch legale Aktionen gibt, die nicht legitim sind.[3] Spätestens mit den Nürnberger Rassegesetzen wurde unübersehbar, dass die fehlende Legitimität von Gesetzen nicht nur ein theoretisches Problem ist. Am 15. September 1935 nahm der Reichstag auf seiner Sitzung in Nürnberg einstimmig das Gesetz zum Schutz des deutschen Blutes und der deutschen Ehre („Blutschutzgesetz") an,[4] mit dem die Eheschließung sowie der außereheliche Geschlechtsverkehr zwischen Juden und Nichtjuden verboten und diese sog. „Rassenschande" mit Gefängnis oder Zuchthaus bedroht wurde.[5] Damit wurde u.a. Art. 109 Abs. 1 Weimarer Reichsverfassung verletzt, der unmissverständlich feststellte: „Alle Deutschen sind vor dem Gesetz gleich". Gegen dieses Grundrecht verstieß das „Blutschutzgesetz", war es damit verfassungswidrig oder sogar nichtig? Eine Rückbindung des „formalen Rechtsstaats" von Weimar an die in der Verfassung genannten Grundrechte gab es allerdings nicht. Im Gegensatz zur Bundesrepublik Deutschland war die Weimarer Republik kein „materialer Rechtsstaat". Die Verfassung konnte jederzeit durch ein Gesetz mit Zweidrittelmehrheit geändert werden (Art. 76 WRV).[6] Diese Zweidrittelmehrheit kam in einem Parlament, dessen Mitglieder alle nur einer Partei angehörten[7] und zudem nach dem „Führerprinzip" organisiert waren, ohne Weiteres zustande. Die Nürnberger Rassegesetze wurden damals freilich auch von vielen Juristen als „legal" angesehen. Ein derartiger Verstoß gegen die Menschenrechte der

---

1   *Ferrero* 1944.
2   *Sternberger* 1961, S. 31.
3   Der Streit um die Frage, ob die DDR ein „Unrechtsstaat" war, bewegt die Gemüter bis heute.
4   Das Gesetz wurde im Reichsgesetzblatt (RGBl. I S. 1146) veröffentlicht und erst durch das alliierte Kontrollratsgesetz vom 20.0.1945 aufgehoben.
5   Die Definition, wer als „Jude" einzustufen war, enthielt das gleichzeitig verabschiedete Reichsbürgergesetz bzw. die erste Verordnung zu diesem Gesetz.
6   Bei Anschütz heißt es zu Art. 76 WRV: „Die Verfassung steht nicht über der Legislative, sondern zur Disposition derselben", *Anschütz* 1933, S. 401.
7   „In Deutschland besteht als einzige politische Partei die Nationalsozialistische Deutsche Arbeiterpartei", Gesetz gegen die Neubildung von Parteien vom 14.7.1933, RGBL I, S. 479.

Betroffenen entbehrt jedoch nach heutiger Auffassung – ungeachtet der formalen Rechtslage – jeder Legitimität.

1. Nichtlegitime Gesetze?

Das Bundesverfassungsgericht hat dazu im Jahre 1968 eindeutig, unmissverständlich und abschließend Stellung bezogen:

> „1. Nationalsozialistische ‚Rechts'vorschriften kann die Geltung als Recht abgesprochen werden, wenn sie fundamentalen Prinzipien der Gerechtigkeit so evident widersprechen, dass der Richter, der sie anwenden oder ihre Rechtsfolgen anerkennen wollte, Unrecht statt Recht sprechen würde.
> 2. In der Elften Verordnung zum Reichsbürgergesetz vom 11.11.1941 hat der Widerspruch zur Gerechtigkeit ein so unerträgliches Maß erreicht, dass sie von Anfang an als nichtig erachtet werden muss".[8]

Legitimität ist der Glaube an bzw. das Vertrauen auf die Rechtmäßigkeit politischer Herrschaft. Mit ihr verbindet sich die Anerkennungswürdigkeit von Institutionen, Normen und Personen.[9] Wenn eine gesetzliche Maßnahme offensichtlich („schreiend") ungerecht ist, tritt der Mangel an Legitimität offen zutage, und sie ist ggf. sogar nichtig. Was hier am Beispiel der nationalsozialistischen Rechtsordnung aufgezeigt wird,[10] behandelt in grundsätzlicher Weise das Verhältnis von Recht und Gerechtigkeit, kann also durchaus allgemeine Gültigkeit beanspruchen. Kann es auch in parlamentarischen Demokratien zu Gesetzen kommen, denen die Legitimität fehlt? Und wann ist das der Fall? Dabei steht die Frage der Gerechtigkeit im Vordergrund. Die Legitimität fehlt z.B. dann, wenn ein Gesetz in direktem Zusammenhang mit einer Parteispende steht, wenn also der Eindruck entsteht, das Gesetz sei „gekauft" worden. Dieses Gesetz kann nicht „gerecht" sein, auch wenn die Frage nach den Konsequenzen zunächst noch offen bleiben muss.

Eine solche „Klientelpolitik" wurde der FDP im Jahre 2010 vorgeworfen, als herauskam, dass sie eine Steuerbegünstigung für Hotelbetreiber durchgesetzt und zur gleichen Zeit eine Millionenspende des Hotelkonzerns Mövenpick angenommen hatte. Als Mitglied der CDU/CSU/FDP-Regierung hatte die FDP im Bundestag für eine Senkung des Mehrwertsteuersatzes auf Hotel-Übernachtungen von 19 auf 7 Prozent gesorgt.[11] Einen rational nachvollziehbaren Grund für diese Begünstigung gab es nicht. Die Unionsfraktion war der FDP dabei lediglich aus Gründen der „Koalitionsräson" gefolgt. Das liegt

---

8   BVerfGE 23, 98, LS 1 und 2.
9   *Voigt* 2013, S. 51.
10   Siehe hierzu: *Rüthers* 1988.
11   In Kraft getreten am 1. Januar 2010 mit dem Wachstumsbeschleunigungsgesetz.

auch durchaus in der Logik der modernen Parteiendemokratie, für die das politische Leistungsprinzip (wer hat von wem welche „Wohltaten" erhalten?) eine zentrale Rolle spielt.

> „Die Legitimation von Politik erfolgt nicht mehr über Zustimmung zu Begründungen, die mit Wahrheitsanspruch auftreten, sondern über Akzeptanz von praktischen Ergebnissen der Politik".[12]

Die Differenzierung nach objektiven Maßstäben zwischen „gerechten" und „ungerechten" Gesetzen ist oft nur schwer zu treffen. Auch „ungerechte" Gesetze sind keinesfalls „automatisch" ungültig. Viele Fälle spielen sich in der parlamentarischen Parteiendemokratie vielmehr in einer „Grauzone" ab. Bei diesen Fällen steht nicht von vornherein fest, ob es sich um eine illegitime Klientelpolitik oder um die legitime Wahrnehmung der Interessen der eigenen Wähler handelt. Die „Spielregeln" der Parteiendemokratie sind hier nicht immer klar definiert, zumal der Begriff des Gemeinwohls (Wohl der Allgemeinheit)[13] kaum noch Bindekraft entfaltet.

1.1 Verfassungswidrige Gesetze

In vielen solchen Fällen versagt auch der Maßstab der Verfassungsmäßigkeit, der bei gravierenden Verstößen gegen Grundrechte dazu führen kann, dass das Bundesverfassungsgericht angerufen wird und eine abschließende Entscheidung trifft. Der „materiale Rechtsstaat" der Bundesrepublik Deutschland sieht ausdrücklich vor, dass das Verfassungsgericht vor dem Hintergrund einer aus der Verfassung abgeleiteten Werteordnung über die Vereinbarkeit von Gesetzen mit dem Grundgesetz entscheidet (Art. 93 Abs. 1 Ziff. 2 GG). Verfassungswidrige Gesetze sind nichtig.[14] Das setzt die Feststellung voraus, dass durchaus der Fall eintreten kann, dass das Parlament „illegitime", in diesem Fall also nicht mit der Verfassung vereinbare, Gesetze verabschiedet.[15] Damit die Regierung mit ihrer Mehrheit im Parlament nicht die Verfassung, insbesondere die Grundrechte, verletzt, können Gesetze auf Antrag von Antragsberechtigten – zumeist einer

---

12 *Vobruba* 2012, S. 51.
13 Art. 14 Abs. 2 GG: „Eigentum verpflichtet. Sein Gebrauch soll zugleich dem Wohle der Allgemeinheit dienen"; Art. 56 (Eid des Bundespräsidenten, des Bundeskanzlers und der Bundesminister [Art. 64 Abs. 2]): „Ich schwöre, dass ich meine ganze Kraft dem Wohle des deutschen Volkes widmen, seinen Nutzen mehren, Schaden von ihm wenden [...] werde".
14 Vgl. § 78 Gesetz über das Bundesverfassungsgericht i.d.F. der Bekanntmachung vom 11. August 1993 (BGBl. I S. 1473).
15 Die britische Parlamentssouveränität erlaubt eine gerichtliche Nachprüfung von Parlamentsentscheidungen hingegen nicht, ein Verfassungsgericht wäre systemfremd.

gewissen Anzahl von Parlamentsabgeordneten (Quorum) – durch das Verfassungsgericht überprüft und ggf. für verfassungswidrig erklärt werden.[16]

1.2 Checks and balances

Nach der klassischen Lehre hat die Minderheitsfraktion bzw. haben die Minderheitsfraktionen als Opposition die Aufgabe, die Regierungspolitik zu kritisieren, zu kontrollieren, ihre Voraussetzungen und Folgen zu hinterfragen und Gegenvorschläge zu unterbreiten. Das schließt auch die wachsame Kontrolle der Gesetzgebung ein, um illegitime Gesetze zu verhindern. Nur in Ausnahmefällen (Stichwort: nationaler Konsens) wird die Opposition mit den Regierungsfraktionen stimmen.[17] Gerade in Deutschland stößt das politische System bei der Realisierung dieses Modells jedoch vor allem deshalb an seine Grenzen, weil es seit einiger Zeit keine parlamentarische Opposition mehr gibt, die diesen Namen verdienen würde.[18] Darüber hinaus werden aber auch in den Regierungsfraktionen Gegenmeinungen oder gar „falsches" Abstimmungsverhalten kaum noch geduldet.

Noch gefährlicher ist es jedoch, wenn die Aufgaben der Opposition (Kritik, Kontrolle, Alternativen) von den Nichtregierungs-Fraktionen nicht mehr wahrgenommen werden (können). Dies ist regelmäßig in einer Großen Koalition der Fall, da die Oppositionsparteien dann i.d.R. nicht das Quorum für eine abstrakte Normenkontrolle erreichen. Bis zum 1. Dezember 2009 betrug dieses Quorum ein Drittel, nunmehr ein Viertel der Mitglieder des Bundestages. Da Grüne (63) und Linke (64) im 18. Deutschen Bundestag zusammen jedoch nur 127 Abgeordnete haben, erreichen sie nicht ein Viertel (158), vielmehr müsste das bestehende Quorum auf ein Fünftel (127) gesenkt werden, wenn der Opposition einigermaßen faire Chancen eingeräumt werden sollten. Carl Schmitt hat bereits darauf hingewiesen, dass es die herrschende Partei ist, die von sich aus bestimmt, „was sie dem innerpolitischen Gegner an Aktionsmöglichkeiten erlaubt".[19]

In diesem Fall fehlt also das Gegengewicht zur Regierung, und das System der *checks and balances*, das in der parlamentarischen Demokratie wegen der engen Verbindung

---

16 In bestimmten Fällen sind weitere Überprüfungen durch den Europäischen Gerichtshof (Europäische Union) sowie durch den Europäischen Gerichtshof für Menschenrechte (Europarat) möglich.

17 Wenn die Oppositionsparteien *Bündnis 90/Die Grünen* und *Die Linke* (sowie die FDP) Bundeskanzlerin Merkel bei ihrer Warnung der Bürger vor der PEGIDA-Bewegung in ihrer Neujahrsansprache 2014/15 Beifall zollen, spricht das allerdings weniger für einen nationalen Konsens als für eine grundsätzliche Übereinstimmung der etablierten Parteien bei der Abwehr eines lästigen Konkurrenten.

18 Das gilt natürlich besonders, aber nicht nur für sog. Große Koalitionen, die aus den größten Parlamentsfraktionen bestehen und den kleineren Fraktionen kaum Spielraum lassen.

19 *Schmitt* LuL, S. 34.

von Regierung und Regierungsfraktion ohnehin nur schwach ausgeprägt ist, gerät gänzlich aus dem Gleichgewicht. Denn mit einem offenen Aufbegehren gegen die Regierung würde die Regierungsfraktion bzw. -koalition den Sturz „ihrer" Regierung riskieren.[20] Der Handlungs- und Entscheidungsspielraum der Regierung wächst damit erheblich. Die machtbegrenzende Gewaltenteilung entwickelt sich so zur machtverstärkenden Gewaltenverschränkung. Es kommt hinzu, dass nur die Regierung Zugang zu den Entscheidungsgremien der EU hat. Dort getroffene Entscheidungen werden dann auf nationaler Ebene als unumstößlich und unabänderbar („alternativlos") in das Parlament eingebracht. Im schlimmsten Fall nehmen die exekutivischen Tendenzen[21] in einem solchen Maße zu, dass sich die parlamentarische Parteiendemokratie damit selbst ad absurdum führt.

2. Carl Schmitts Verständnis von Legalität und Legitimität

Für Carl Schmitt war das Verhältnis von Legalität und Legitimität zeitlebens ein zentrales Thema, zu dem er in verschiedenen seiner Publikationen Stellung genommen hat. In seiner Schrift *Legalität und Legitimität* (1932) hat Carl Schmitt vier Legalitätssysteme bei unterschiedlichen Staatstypen herausgearbeitet, die in der heutigen Staatspraxis allerdings eher als Mischformen denn als reine Typen vorkommen: Gesetzgebungsstaat, Jurisdiktionsstaat, Regierungsstaat und Verwaltungsstaat. Im *Gesetzgebungsstaat* soll „alles staatliche Leben von einem geschlossenen, tatbestandsmäßige Subsumierungen ermöglichenden Legalitätssystem erfaßt werden".[22] Da er vom fürstlichen Absolutismus[23] die Beseitigung des Widerstandsrechts und das „große Recht" auf unbedingten Gehorsam übernommen habe, schaffe der Gesetzgebungsstaat durch seine generellen, vorher bestimmten Normierungen die „Weihe der Legalität".[24] Allerdings hängt – Carl Schmitt zufolge – alle „Würde und Hoheit des Gesetzes" an dem „Vertrauen auf die Gerechtigkeit und Vernunft des Gesetzgebers selbst und aller am Gesetzgebungsverfahren beteiligten Instanzen".[25] Daraus ergibt sich im Umkehrschluss: Besteht dieses Vertrauen nicht oder nicht mehr, dann fehlt dem Gesetzgeber und den von ihm beschlossenen Gesetzen auch die „Weihe der Legalität" und damit zugleich auch die Legitimität.

---

20 Bei SPD-geführten Regierungen ist das allerdings bereits mehrfach vorgekommen.
21 *Agamben 2002; Agamben 2004.*
22 *Schmitt* LuL, S. 9.
23 „Der Staat der konstitutionellen Monarchie des 19. Jahrhunderts war ein Gesetzgebungsstaat",
    Schmitt LuL, S. 19.
24 *Schmitt* LuL, S. 14.
25 *Schmitt* LuL, S. 23.

2.1 Das Recht zur Letztentscheidung

Typisch für den *Jurisdiktionsstaat* ist hingegen die *„konkrete Fall-Entscheidung"*. Richtiges Recht, Gerechtigkeit und Vernunft „offenbaren" sich unmittelbar.[26] Dem Richter werden dabei keine Normierungen dieser Gerechtigkeit von anderen, nichtrichterlichen, politischen Gewalten auferlegt. Darin liege das *Ethos* des Jurisdiktionsstaates.[27] Carl Schmitt nimmt Anfang der 1930er Jahre die Rolle des Bundesverfassungsgerichts vorweg, wenn er schreibt:

> „In Zeiten stabiler Rechtsanschauungen und konsolidierten Besitzes wird der Jurisdiktionsstaat vorherrschen und eine vom Staat getrennte Justiz als Hüter und Bewahrer des vom Staat unterschiedenen, ihm vorausgehenden und ihm übergeordneten Rechts die letzten Entscheidungen treffen".[28]

Tatsächlich hat das Bundesverfassungsgericht in zahlreichen Entscheidungen, z.B. zum Grundlagenvertrag mit der DDR oder zum Lissabon-Vertrag der Europäischen Union, der Regierung das Letztentscheidungsrecht mit Erfolg streitig gemacht. Im ersteren Fall wurde der Regierung vorgegeben, dass die Wiedervereinigung nach wie vor ein vorrangiges Ziel der Regierungspolitik bleibe.[29] Im anderen Fall wurden der Regierung die Grenzen bei der ständigen Übertragung von Hoheitsrechten auf die Europäische Union aufgezeigt.[30] Als „Hüter der Verfassung" hat sich das Gericht bei den Deutschen zudem ein überdurchschnittlich hohes Ansehen erworben. Damit sind der Regierungsmehrheit die „Hände gebunden", wenn sie – unabhängig von ihrer Couleur – danach trachtet, den Einfluss des Bundesverfassungsgerichts mit Hilfe ihrer Parlamentsmehrheit zu reduzieren.

2.2 Gefahr für die staatliche Einheit?

Der *Regierungsstaat* findet seinen charakteristischen Ausdruck „im *hoheitlichen persönlichen Willen* und *autoritären Befehl* eines regierenden Staatsoberhauptes".[31] Hier dachte Carl Schmitt offenbar an den Reichspräsidenten der Weimarer Republik. Assozi-

---

26 Die geistige Verwandtschaft zu dem angelsächsischen Common Law-System ist offensichtlich.
27 *Schmitt* LuL, S. 12 (Hervorhebungen im Original).
28 *Schmitt* LuL, S. 11.
29 BVerfGE 36, 1: „Kein Verfassungsorgan der Bundesrepublik Deutschland darf die Wiederherstellung der staatlichen Einheit als politisches Ziel aufgeben" (LS 4).
30 BVerfGE 123, 267: „Die europäische Vereinigung auf der Grundlage einer Vertragsunion souveräner Staaten darf nicht so verwirklicht werden, dass in den Mitgliedstaaten kein ausreichender Raum zur politischen Gestaltung der wirtschaftlichen, kulturellen und sozialen Lebensverhältnisse mehr bleibt" (LS 3).
31 *Schmitt* LuL, S. 9.

ationen zu dem US-Präsidenten, zu dem russischen Präsidenten oder zu dem französischen Präsidenten der Republik drängen sich hier jedoch geradezu auf.

Charakteristikum des *Verwaltungsstaates* ist demgegenüber die *Maßnahme*, die „ganz von Gesichtspunkten sachlich praktischer Zweckmäßigkeit" geleitet ist.[32] Carl Schmitt lehnt diese unterschiedlichen Legalitätssysteme jedoch bereits vom Grundsatz her ab, weil er die staatliche Einheit in Gefahr sieht. „Grundsätzlich beruht jede Demokratie, auch die parlamentarische, auf der vorausgesetzten durchgehenden, unteilbaren Homogenität".[33] Der Souverän ist zugleich höchster Gesetzgeber, höchster Richter und höchster Befehlshaber, er ist „letzte Legalitätsquelle und letzte Legitimitätsgrundlage".[34] Schmitt zitiert Otto Kirchheimer – zustimmend – mit der Feststellung, dass die Legitimität der parlamentarischen Demokratie „nur noch in ihrer Legalität besteht".[35] Wenn mit dem Souverän das Volk gemeint ist, was seit der Französischen Revolution als selbstverständlich gilt, dann erinnert diese Aussage zunächst an Jean-Jacques Rousseaus *volonté générale*, wonach der Wille des Parlaments „unmittelbar der Wille des souveränen Volkes" ist.[36] Carl Schmitt lehnt jedoch diese Idee und damit eine der wichtigsten Grundlagen der Rousseauschen Staatstheorie, ab. Der Gedanke liegt daher nahe, dass Carl Schmitt hier den volksgewählten Reichspräsidenten im Blick hat, der als *pouvoir neutre* über den anderen Gewalten steht und der für Carl Schmitt der „Hüter der Verfassung" ist.[37] Er allein könne den Willen des Volkes in einer Weise vollstrecken, welche die erforderliche Legitimität erzeugt.[38]

„Gesetz ist im parlamentarischen Gesetzgebungsstaat der jeweilige Beschluß der jeweiligen Parlamentsmehrheit".[39] In seiner Antwort auf Rudolfs Smends Schrift *Verfassung und Verfassungsrecht* (1928) schreibt Schmitt über die Legalität im parlamentarischen Gesetzgebungsstaat:

---

32 *Schmitt* LuL, S. 9.
33 *Schmitt* LuL, S. 40. In diesem Punkt trifft sich Carl Schmitt gedanklich mit Hermann Heller, der die soziale Homogenität auch als Voraussetzung für das Funktionieren der Demokratie ansah (*Heller* 1928).
34 *Schmitt* LuL, S. 10.
35 *Kirchheimer* 1932, S. 8ff. Kirchheimer antwortet ein Jahr später mit einer ausführlichen Replik, in der er insbesondere Schmitts Demokratieverständnis kritisiert (*Kirchheimer* 1933, S. 457-487).
36 *Hidalgo* (Hrsg.) 2013.
37 *Schmitt* 1931. Für den Bundespräsidenten hat das BVerfG festgestellt (2 BvE 4/13): „Der Bundespräsident hat neben der Wahrnehmung der ihm durch die Verfassung ausdrücklich zugewiesenen Befugnisse kraft seines Amtes insbesondere die Aufgabe, im Sinne der Integration des Gemeinwesens zu wirken. [...] 1. Der Bundespräsident repräsentiert Staat und Volk der Bundesrepublik Deutschland nach außen und innen und soll die Einheit des Staates verkörpern".
38 In der Vorrede des Verfassungsgerichtspräsidenten Andreas Voßkuhle zu dem Urteil (2 BvE 4/13) heißt es, in der Wahl des Bundespräsidenten offenbare sich „ein eigentümlicher, demokratisch veredelter Rückgriff auf das Erbe der konstitutionellen Monarchie" (*spiegel-online*).
39 *Schmitt* LuL, S. 38.

„,Legalität' hat hier gerade den Sinn und die Aufgabe, sowohl die *Legitimität* (des Monarchen wie des plebiszitären Volkswillens) als auch jede auf sich selbst beruhende oder höhere *Autorität* und *Obrigkeit* überflüssig zu machen und zu verneinen. Wenn in diesem System Worte wie ,legitim' oder ,Autorität' überhaupt noch gebraucht werden, so nur als Ausdruck der Legalität und nur aus ihr abgeleitet."

Mit dieser Aussage macht Carl Schmitt zugleich deutlich, dass er den Parlamentarismus, den er als eine „Erfindung" des Liberalismus ansieht,[40] zutiefst verabscheut.

2.3 Das Legalitätsmonopol der Regierung

Carl Schmitt hat auf die großen Gefahren aufmerksam gemacht, die aus dem „Legalitätsmonopol" der Regierungsmehrheit erwachsen können. Es lohnt sich also, Schmitts Legalitätsdenken einmal näher zu betrachten, um es mit dem von Max Weber zu konfrontieren. Dabei ist besonderes Augenmerk auf das Problem der Repräsentation zu richten,[41] die als Grundpfeiler der parlamentarischen Demokratie angesehen werden kann.[42] Zudem geht es um die unverzichtbare Voraussetzung der Legitimität jeder politischen Entscheidung, die unabhängige, unparteiische (ohne Ansehen der Person) und rückhaltlose Durchsetzung des geltenden Rechts, die zu den Wesensmerkmalen des Rechtsstaats gehört. Längst hat sich jedoch bei den Herrschenden der Gedanke verfestigt, dass für sie andere Gesetze gelten als für die von ihnen Beherrschten.[43] Da die Staatsanwaltschaften an die Weisungen der Regierenden gebunden sind, lassen sich Ermittlungen und Verfahren gegen Mitglieder der politischen Klasse oft schon im Vorfeld vermeiden. Gibt es hiergegen ein unveräußerliches Recht auf Widerstand, und wenn ja, wem steht es unter welchen Voraussetzungen zu? Das Grundgesetz nennt in Art. 20 Abs. 4 hierfür nur den Extremfall und begrenzt die Ausübung des Widerstandsrechts so, dass wiederum die Regierungsmehrheit – und im Extremfall das Bundesverfassungsgericht – über die Auslegung eines unbestimmten Rechtsbegriffs („wenn andere Abhilfe nicht möglich ist") entscheidet:

„Gegen jeden, der es unternimmt diese Ordnung zu beseitigen, haben alle Deutschen das Recht zum Widerstand, wenn andere Abhilfe nicht möglich ist".

In einem parlamentarischen Regierungssystem ist es die Regierung mit ihrer Mehrheit im Parlament, die ihren politischen Willen in Gesetze umsetzt. Sie bestimmt, was legal

---

40 *Schmitt* 1926.
41 Siehe: *Hofmann* 1974; *Pitkin* 1972.
42 Siehe hierzu: *Michelsen/Walter* 2013, S. 290ff.; *Diehl* 2015.
43 Jüngstes Beispiel ist der ehemalige französische Staatspräsident Nicolas Sarkozy, der das gegen ihn wegen des Verdachts der Korruption eingeleitete formelle Ermittlungsverfahren als „politische Instrumentalisierung" der Justiz bezeichnet hat und sich als Opfer der Justiz sieht (tagesschau.de).

und was illegal ist und nimmt Einfluss darauf, was in der Öffentlichkeit diskutiert wird. Der Regierung wächst damit eine geradezu beängstigende Machtfülle zu, wenn es ihr gelingt, zumindest die wichtigsten Meinungsmacher auf ihre Seite zu bringen.[44] Sie beherrscht dann den gesellschaftlichen Diskurs, kann also (weitgehend) bestimmen, worüber mit welcher Tendenz öffentlich gesprochen wird.

2.4 Erlangung der gesellschaftlichen Hegemonie?

Antonio Gramsci (1891-1937) hat dies als gesellschaftliche „Hegemonie" bezeichnet, die zu erlangen die Voraussetzung für eine Veränderung der Machtverhältnisse sei.[45] Warum kommt es auch in Zeiten der Krise[46] nicht zu dieser Veränderung? Pierre Bourdieu (1930-2002) verwendet zur Erklärung der Beharrungskräfte in einer Gesellschaft den Begriff „Doxa". Es ist dies die „gewohnheitsmäßige Verwurzelung mit der alltäglichen Ordnung des Ungefragten und Selbstverständlichen".[47] Die herrschende Ordnung gilt auf unmittelbare Weise als selbstverständlich und legitim. Sich gegen sie aufzulehnen, gegen sie anzugehen oder auch nur gegen sie zu verstoßen, ist nicht nur unbequem, sondern auch im höchsten Maße riskant. Der Dissident verfällt dem öffentlichen Unwerturteil, hat er einen vom Wohlwollen der Politik abhängigen Posten, wird er diesen in aller Regel alsbald verlieren. Mit der moralischen Aufladung der politischen Diskussion,[48] in der die verwendeten Argumente in „gute" und „böse" unterteilt und bestimmte Begriffe tabuisiert werden, können darüber hinaus abweichende, nicht genehme Meinungen für „unmoralisch" und im Extremfall sogar für „illegal" erklärt werden.

> „Kann die Mehrheit über Legalität und Illegalität nach Willkür verfügen, so kann sie vor allem ihren innerpolitischen Konkurrenten für illegal, d.h. *hors-la-loi* erklären und damit von der demokratischen Homogenität des Volkes ausschließen".[49]

2.5 Gegen den Staatsrechtspositivismus

Carl Schmitt fragt nach der Legitimation der legitimierenden Autorität und wendet sich damit bewusst „gegen den staatsrechtlichen Positivismus seiner Zeit".[50] Vor allem Carl

---

44 Dramatisch wird die Situation, wenn ein Medienunternehmer wie Silvio Berlusconi als Ministerpräsident zu der Kontrolle über seine privaten, nunmehr auch die über die staatlichen Fernsehsender erlangt.
45 *Gramsci* 1995ff.
46 *Voigt* 2010.
47 *Bourdieu* 1987, S. 668.
48 *Mouffe* 2007.
49 *Schmitt* LuL, S. 31. Schmitt hatte noch 1932 Kommunisten und Nationalsozialisten als „Feinde der Verfassung" bezeichnet, die sich der parlamentarischen Legalität als Waffe im Bürgerkrieg bedienten, *Hofmann* 2010, S. 82.

Friedrich Wilhelm von Gerber und Paul Laband sind die „Väter" dieses Staatsrechtspositivismus, der in der Kaiserzeit zur herrschenden Lehre wurde.[51] Gerhard Anschütz hat das in seinem Kommentar zur Weimarer Reichsverfassung für die Zeit danach festgehalten. Die wichtigste Aussage des Rechtspositivismus lautet:

> „Jedwedes formal korrekt gesetztes Recht vom dafür legitimierten Gesetzgeber muss als Recht gelten, möge es auch noch so sehr den moralischen Anschauungen der Bürger widersprechen".[52]

Diese Form des Rechtspositivismus hatte jedoch mit dem Untergang des Kaiserreichs seine verfassungspolitische Basis verloren. Eine Gegenbewegung, in die – neben Carl Schmitt – auch Rudolf Smend und Hermann Heller involviert waren, gewann zunehmend an Boden. Wichtigster Gegenspieler dieser neuen Bewegung war der „Positivist" Hans Kelsen.[53] Die außerordentlich engagierten und kompetenten Debatten der Staatsrechtslehrer in der Weimarer Republik legen davon Zeugnis ab.[54] Carl Schmitt geht noch einen Schritt weiter, in dem er die Gesetzgebung an die Voraussetzung der Homogenität des Volkes, einer „unteilbaren nationalen Gleichartigkeit" knüpft.[55] Andernfalls werde die überstimmte Minderheit unterdrückt, und die rein mathematisch-statistische Mehrheitsfeststellung sei nicht mehr als ein inhaltsloser Funktionalismus.

2.6 Die Prämie auf den legalen Machtbesitz

Wer die Mehrheit hat, kann Alles, was er tut, in Recht und Legalität verwandeln. Der bloße Besitz der staatlichen Machtmittel bewirkt einen zusätzlichen „politischen Mehrwert, eine über-legale Prämie auf den legalen Besitz der legalen Macht und auf die Gewinnung der Mehrheit".

Diese politische Prämie ist – Carl Schmitt zufolge – dreifacher Art:[56]

(1) *Auslegungshoheit*: Diese Prämie entsteht aus der konkreten Auslegung von unbestimmten Begriffen und Ermessensbegriffen.

(2) *Legalitätsvermutung*: Der legale Inhaber der Staatsmacht hat für den Zweifelsfall die Vermutung der Legalität auf seiner Seite.

(3) *Vollziehbarkeit*: Diese Anordnungen sind auch bei zweifelhafter Legalität zunächst einmal sofort vollziehbar.

---

50 *Hofmann* 2010, S. 17.
51 *Schmidt* 2014a, S.63ff.
52 *Anschütz* 1933.
53 *Schulz* 2014, S. 137ff.; anders: *Schönberger* 2003, S. 21-44.
54 *Gangl* (Hrsg) 2011.
55 *Schmitt* LuL, S. 29.
56 *Schmitt* LuL, S. 33.

Vor allem in außergewöhnlichen („abnormen") Situationen verleiht diese Prämie der politischen Mehrheit eine nahezu uneingeschränkte politische Macht.[57] Sie entfaltet ihre Hauptwirkung bei der „Handhabung der außerordentlichen Befugnisse des Ausnahmezustandes".[58] Die wichtigste Konsequenz daraus ist für Carl Schmitt: „Die Mehrheit ist jetzt plötzlich nicht mehr Partei; sie ist der Staat selbst".[59] Gegen diese „eindimensionale" Sicht hat Jacques Rancière (geb. 1940) geltend gemacht, dass Politik nicht mit der Ausübung von Macht gleichzusetzen sei.

> „Man spart auch ihr Denken aus, wenn man sie als eine Theorie der Macht oder als eine Suche nach der Grundlage ihrer Legitimität auffasst".[60]

3. Kreislauf der Legitimation

Nach Max Weber ist Staat „diejenige menschliche Gemeinschaft, welche innerhalb eines bestimmten Gebietes [...] das Monopol legitimer physischer Gewaltsamkeit für sich (mit Erfolg) beansprucht".[61] Pierre Bourdieu hat diese Definition in seiner Schrift *Praktische Vernunft* noch um die Dimension der symbolischen Gewalt erweitert.

> Staat ist danach eine Größe X, die „mit Erfolg das Monopol auf den legitimen Gebrauch der physischen und symbolischen Gewalt über ein bestimmtes Territorium und über die Gesamtheit der auf diesem Territorium lebenden Bevölkerung für sich beansprucht".[62]

Diese symbolische Gewalt kann der Staat deshalb erfolgreich ausüben, weil „er sich zugleich in der Objektivität verkörpert, [...], nämlich in Form von mentalen Strukturen, von Wahrnehmungs- und Denkschemata". Einmal eingeführt, präsentieren diese sich „mit allem Anschein der Natürlichkeit" und werden damit nahezu unangreifbar. Man könnte diese Form von Gewalt auch als „Psychomacht" bezeichnen, die mit Hilfe der digitalen Überwachung nicht nur Emails oder Telefongespräche kontrollieren kann, sondern auch – bis zu einem gewissen Grad – unsere Gedanken zu lesen imstande ist.[63] Nach Max Weber kann die Legitimität einer Ordnung durch innere bzw. äußere Faktoren garantiert sein:

---

57 Dazu gehört der Zugriff auf die bewaffnete Macht, auf Polizei, Auslands- und Inlandsgeheimdienste und – nicht zu vergessen – auf Posten und Positionen einerseits in Ministerien, Justiz (z.B. Bundesanwaltschaft), Verwaltung und öffentlich-rechtlichen Anstalten des Inlands, andererseits in internationalen Gremien und supranationalen Behörden.
58 *Schmitt* LuL, S. 36; vgl. *Voigt* (Hrsg.) 2013a; siehe Kapitel „Ausnahmezustand" in diesem Band.
59 *Schmitt* LuL, S. 32.
60 *Rancière* 2008, S. 7.
61 *Weber* 1919, S. 4.
62 *Bourdieu* 1998, S. 99.
63 *Han* 2013, S. 98.

1. Rein innerlich und zwar

   1.1 *Affektuell*: durch gefühlsmäßige Hingabe;

   1.2 *Wertrational*: durch Glauben an ihre absolute Geltung als Ausdruck letzter verpflichtender Werte;

   1.3 *Religiös*: durch den Glauben an die Abhängigkeit eines Heilsgüterbesitzes von ihrer Innehaltung;

2. Auch (oder nur) durch Erwartungen spezifischer äußerer Folgen, also: durch Interessenlage.[64]

Die Legitimität einer Herrschaft betrachtet Weber als „*Chance*, dafür in einem relevanten Maße gehalten und praktisch behandelt zu werden".[65] Max Weber ist bei seinem Legitimationsmodell – idealtypisierend – von einem geschlossenen „Kreislauf der Legitimation" ausgegangen. Die rationale Legitimität der Herrschaft gründet für ihn im inneren Glauben der Beherrschten, einem Grundvertrauen in die Legalität der Herrschaft.[66] Auch in diesem Punkt widerspricht Bourdieu jedoch. Die Anerkennung der Legitimität sei kein freier Akt des Bewusstseins.

> „Seine Wurzel liegt in der unmittelbaren Übereinstimmung zwischen den inkorporierten Strukturen, die so unbewußt geworden sind wie etwa die Strukturen, die der Organisation der zeitlichen Rhythmen zugrunde liegen [...], und den objektiven Strukturen".[67]

In Max Webers „Kreislauf der Legitimation" wählt das Volk die Parlamentsabgeordneten, das Parlament bestellt eine Regierung, die mit Hilfe ihrer Verwaltung – cum grano salis – den Volkswillen vollzieht. Der Modellcharakter dieser Annahme wird jedoch oft verkannt. Dieses Modell für eine Beschreibung der politischen Wirklichkeit zu halten, erscheint heute als geradezu naiv. In der „real existierenden Demokratie" hält das Modell keiner empirischen Überprüfung stand. Seine Glaubwürdigkeit hatte Carl Schmitt bereits für die Weimarer Republik in Zweifel gezogen. Heute ist auch die Grundlage dieser Modellannahme weggebrochen, die Herrschaft des Volkes, das als „demos" der eigentliche Herr der Demokratie ist. Vielmehr gilt jeder Politiker, der sich auf das „Volk" (und nicht auf die Bevölkerung) beruft,[68] als verdächtig und wird schnell als „Populist" verschrieen. Wenn sich Politik nicht durch den Willen des Volkes als Souverän legitimiert, dann fragt es sich natürlich, womit vor allem solche Maßnahmen, die dem Volkswillen offensichtlich zuwider laufen, legitimiert werden.

---

64 *Weber* 1976, S. 17.
65 *Weber* 1976, S. 123 (Hervorhebung im Original).
66 Vgl. *Lübbe* 1991.
67 *Bourdieu* 1998, S. 119.
68 Nach der liberalen Doktrin ist das Volk lediglich eine fiktive Versammlung von Einzelpersonen.

3.1 Unverantwortliche Schuldenpolitik

Ähnliche Probleme zeigen sich heute nicht nur auf der nationalen, sondern auch auf der europäischen sowie auf der internationalen Ebene, wenn ganze Volkswirtschaften zusammenbrechen, weil die Politiker ‚Wohltaten' als Wahlgeschenke verteilt sowie Subventionen und Ausnahmeregelungen für besondere, ihnen nahestehende Gruppen gewährt haben, die weit über die Leistungsfähigkeit der eigenen Wirtschaft hinausgingen und nur durch eine unverantwortliche Schuldenpolitik („auf Pump") finanziert werden konnten. Die globale Finanz- und Bankenkrise der Jahre ab 2007 hat die katastrophalen Folgen einer solchen Politik gezeigt. Die Politik der niedrigen Zinsen und der Aufkäufe von Staatsanleihen durch die Europäische Zentralbank (EZB) hat diesem unseriösen Treiben noch weiter Vorschub geleistet. Es fehlt ein abschreckendes Sanktionsinstrumentarium, damit die Politiker ihrer Neigung nicht freien Lauf lassen können, sich durch vermeintliche Wohltaten, die man allerdings nicht solide finanzieren kann, das Wohlwollen (und die Stimmen) der Wähler zu erkaufen.[69] Die Sparmaßnahmen, die den vor dem Bankrott stehenden Ländern von IWF, EZB und EU zur Sanierung der maroden Staatsfinanzen auferlegten wurden, werden von den Menschen als ‚Spardiktat' empfunden. Und die Politiker der betroffenen Staaten machen sich dieses Argument gern zu Eigen, um dem lästigen Sparzwang zu entgehen.

3.2 Verlust des Vertrauens – Verlust der Legitimität

Das Geld, das der eigene Staat geliehen hat (Staatsanleihen), ist längst aufgebraucht, an das „eiserne Gesetz", dass Schulden irgendwann auch zurückgezahlt werden müssen, hat niemand, weder Politiker noch Bürger, gedacht. Dass durch die Nichtbedienung von Krediten die Kreditwürdigkeit des betreffenden Staates sinkt, ist eine Binsenweisheit, die freilich durch die (negativen) Bonitätsbewertungen der Ratingagenturen sichtbar wird. Ohne das Eingreifen der EZB würden neue Staatskredite für diese Staaten praktisch unbezahlbar. Diese Misere trifft aber weniger die Reichen, die ihre Vermögen längst im Ausland in Sicherheit gebracht haben. Es sind vielmehr die „kleinen Leute"in den maroden Staaten, welche die Folgen der Staatsfinanzkrise zu spüren bekommen. Ihre Verdienstmöglichkeiten schrumpfen, vor allem die Jugendarbeitslosigkeit steigt rapide an, die Lebensbedingungen insgesamt werden härter. Diese Menschen sprechen verständlicherweise den sie belastenden Maßnahmen die Legitimität ab, die ihre Parlamen-

---

69 Griechenland ist in dieser Beziehung nur die „Spitze des Eisberges", in anderen Mitgliedstaaten der Europäischen Union (EU) zeigen sich ähnliche Entwicklungen.

te ohnehin nur widerwillig und nur auf Grund des Drucks von außen verabschieden[70] und die Regierungen möglichst langsam oder überhaupt nicht umsetzen. Der Widerstand gegen diese Politik nimmt in einigen der betroffenen Gesellschaften immer drastischere Formen, bis hin zum Beinahe-Bürgerkrieg, an.

> „Die nationalen Verfahren der demokratischen Willensbildung und Kontrolle sind viel zu schwach, um den Legitimationsbedarf zu decken, der mit den lokalen Rückwirkungen der internationalen Regelungen entsteht".[71]

Dessen ungeachtet versuchen die „Berufseuropäer", jene Gruppe von Politikern, die – unbeeindruckt von Bürgerprotesten – die Zentralisierung der Entscheidungen vorantreiben, die Belastungen auf alle Mitgliedstaaten der EU „gerecht" zu verteilen. Auf diese Weise sollen auch die Bürger der „gesunden" Staaten für das Fehlverhalten Anderer aufkommen, freilich ohne sie zu fragen, ob sie damit einverstanden sind. Die Frage der Legitimität ist also gerade heute wieder in höchstem Maße aktuell.

4. Drei Typen legitimer Herrschaft

Wie lässt sich auf einer grundsätzlicheren Ebene bestimmen, was legitim ist und was nicht? Diese Frage führt geradezu zwangsläufig zu Max Weber und seiner Typologie. Nach ihrem Legitimitätsanspruch unterscheidet Max Weber drei reine Typen legitimer Herrschaft.[72]

(1) *Die traditionale Herrschaft*: Sie beruht auf dem „Alltagsglauben an die Heiligkeit von jeher geltender Traditionen", daraus folgt die Legitimität „der durch sie zur Autorität Berufenen". Die zur Autorität berufene Person wird durch Tradition bestimmt und ist an die Tradition gebunden. Gehorcht wird dem Herrn (oder mehreren Herren) „kraft Pietät".

(2) *Die charismatische Herrschaft*:[73] Sie beruht auf der „außeralltäglichen Hingabe an die Heiligkeit oder die Heldenkraft oder die Vorbildlichkeit einer Person", daraus folgt die Legitimität der durch diese Person „offenbarten oder geschaffenen Ordnungen". Dem charismatisch qualifizierten Führer wird „kraft persönlichen Vertrau-

---

70 Die Abgeordneten fürchten – nicht zu Unrecht, wie die Wahlen des Jahres 2014 zum Europaparlament gezeigt haben, – den Unmut der Wähler und damit womöglich den Verlust ihres Mandats.
71 *Habermas* 2008, S. 112.
72 *Weber* 1976, S. 124.
73 *Weber* 1976, S. 124, 140. Charisma übersetzt Max Weber als „Gnadengabe" und verweist darauf, dass der Begriff altchristlicher Terminologie entnommen sei.

ens in Offenbarung, Heldentum oder Vorbildlichkeit" mit ganz persönlicher Hingabe gehorcht.

(3) *Die legale Herrschaft*:[74] Sie beruht auf „dem Glauben an die Legalität gesatzter Ordnungen", daraus folgt das Anweisungsrecht „der durch sie zur Ausübung der Herrschaft Berufenen". Die legal gesatzte sachliche Ordnung ist eine unpersönliche Ordnung; dem „durch sie bestimmten Vorgesetzten wird kraft formaler Legalität seiner Anordnungen" gehorcht.

Max Weber selbst weist dabei auf zwei wichtige Einschränkungen hin. Zum einen handelt es sich um idealtypische Definitionen. Es kann also durchaus Überschneidungen zwischen den Typen und somit auch Mischformen geben. In den liberalen Demokratien des Westens, die durch ihre Verfassungen auf den Typus der „legalen Herrschaft" verpflichtet sind, finden sich nämlich durchaus Anklänge auch an die traditionale (Beispiel: Großbritannien) sowie an die charismatische (Beispiel: Italien) Herrschaft. Ein Politiker, der jegliche charismatische Ausstrahlung vermissen lässt, hat es deutlich schwerer, die potenziellen Wähler zu überzeugen. Eine radikale Reformpolitik, die sich nicht auf Altbekanntes und Vertrautes, also auf traditionale Aspekte, stützen kann, steht unter größerem Begründungszwang sowie unter erheblichem Erfolgsdruck.

Zum anderen geht es Max Weber um Erklärungsmuster im Rahmen seiner „verstehenden Soziologie" und weniger um eine empirische Bestandsaufnahme.[75] Das hat u.a. zur Konsequenz, dass sich die Fügsamkeit gegenüber einer Herrschaft nicht unbedingt an ihrer tatsächlich festzustellenden Legitimität orientieren muss, ausschlaggebend ist vielmehr der Legalitätsanspruch. Die Herrschaft muss also „in einem relevanten Maß" gelten, der Legalitätsanspruch muss „den Bestand der Herrschaft" festigen und „die Art der gewählten Herrschaftsmittel" mitbestimmen.[76] Damit charakterisiert Max Weber nicht nur die politischen Verhältnisse seiner Zeit, sondern trägt auch Maßgebliches zum Verständnis unserer gegenwärtigen Situation bei. Er liefert damit eine erste Begründung dafür, dass die westlichen Demokratien trotz aller Schwächen und Defizite relativ stabil weiter existieren. Es ist ihr *Legalitätsanspruch*, den sie – nicht zuletzt mit Hilfe ihrer gesellschaftlichen Hegemonie – aufrecht erhalten können, der den Bestand ihrer Herrschaft sichert. Dies gilt allerdings auch nur solange, wie dieser Anspruch nicht massiv – z.B. durch eine lang anhaltende Wirtschaftskrise – infrage gestellt wird.[77]

---

74 Diesen Herrschaftstyp verbindet Max Weber mit den Begriffen „Behörde" und „Amtshierarchie", so dass dieser Herrschaftstyp auch „legal-bürokratische Herrschaft" genannt werden kann.
75 *Anter/Breuer* (Hrsg.) 2007.
76 *Weber* 1976, S. 123.
77 Anzeichen dafür lassen sich nicht nur in Griechenland, sondern auch in Portugal, Spanien, Italien und sogar in Frankreich erkennen.

5. Legitimität in der Postdemokratie

Mit der Volkssouveränität steht der Demokratie eine besondere Legitimitätsbasis zur Verfügung. Es hat allerdings den Anschein, als ob diese Ressource immer weniger genutzt würde. In parlamentarischen Parteiendemokratien wird unterstellt, dass die Volkssouveränität von den Wählern durch die Parlamentswahlen auf die Gewählten als ihre Repräsentanten übertragen wird. Das erinnert fatal an den Hobbesschen „Gesellschaftsvertrag", in dem die Untertanen die Macht auf den Leviathan übertragen, der selbst aber nicht Vertragspartner ist und daher auch nicht durch ihn gebunden wird. Tatsächlich haben die Bürger praktisch keinerlei Einfluss mehr auf die politischen Entscheidungen, sobald sie erst einmal ihre Macht aus der Hand gegeben haben.

Es sind nämlich nicht die Abgeordneten („Repräsentanten"), sondern die im Parlament als Fraktionen organisierten Parteien, welche die Macht unter sich aufteilen. Carl Schmitt nennt diese Konstellation einen „pluralistischen Parteienstaat".

> „Der Unterschied zwischen einem parlamentarischen Parteienstaat mit freien, d.h. nicht festorganisierten Parteien und einem pluralistischen Parteienstaat mit festorganisierten Gebilden als den Trägern der staatlichen Willensbildung kann größer sein als der von Monarchie und Republik oder irgendeiner anderen Staatsform. Die festen sozialen Verbindungen, die heute Träger des pluralistischen Staates sind, machen aus dem Parlament, wo ihre Exponenten in gestalt von Fraktionen erscheinen, ein bloßes Abbild der pluralistischen Aufteilung des Staates selbst".[78]

Konkreter: Es sind die an der Regierung beteiligten Fraktionen, die sich als eigentliche Träger der Macht gerieren. Auch das ist freilich in den liberalen Demokratien in Europa in weiten Bereichen lediglich ein „schöner Schein". Insbesondere im Rahmen der EU verfügen nur die Regierungen, und hier vor allem die Regierungschefs, über eine gewisse Entscheidungsmacht, die jedoch durch Vorentscheidungen der EU-Gremien und die „Imperative" der globalen Finanzindustrie stark eingeschränkt ist. Die „Rückkoppelung" der Regierenden an das Volk als Träger der Souveränität ist nur schwach ausgeprägt und findet ihren Ausdruck im Allgemeinen nur in der kurzen Zeitspanne vor wichtigen Wahlen.[79] Und auch das gilt nur für Demokratien, in denen es echte Alternativen zu der „bewährten" Dauerregierung gibt.[80] Neuere Untersuchungen gehen davon aus, dass die Stabilität dieser Demokratien u.U. auf „tönernen Füßen" steht und jederzeit

---

78 *Schmitt* Hüter, S. 89.
79 (Partiell) anders ist es nur in solchen Staaten, in denen es verbindlich vorgeschriebene Volksentscheide gibt.
80 Die Zusammensetzung der Regierungsmehrheit aus unterschiedlichen Parteien wird zwar von den Medien groß herausgestellt; dies dient aber im Wesentlichen nur der Selbstdarstellung („Profilierung") von Politikern.

dem Chaos Platz machen könnte. Unter dem ursprünglich von Jacques Rancière[81] ins Spiel gebrachten Begriff der „Postdemokratie" hat Colin Crouch den westlichen Demokratien den Spiegel vorgehalten:

> „Der Begriff bezeichnet ein Gemeinwesen, in dem zwar nach wie vor Wahlen abgehalten werden, Wahlen, die sogar dazu führen, daß Regierungen ihren Abschied nehmen müssen, in dem allerdings konkurrierende Teams professioneller PR-Experten die öffentliche Debatte während der Wahlkämpfe so stark kontrollieren, daß sie zu einem reinen Spektakel verkommen, bei dem man nur über eine Reihe von Problemen diskutiert, die die Experten zuvor ausgewählt haben. Die Mehrheit der Bürger spielt dabei eine passive, schweigende, ja sogar apathische Rolle, sie reagieren nur auf die Signale,[82] die man ihnen gibt. Im Schatten dieser politischen Inszenierung wird die reale Politik hinter verschlossenen Türen gemacht: von gewählten Regierungen und Eliten, die vor allem die Interessen der Wirtschaft vertreten".[83]

Dieses Szenario muss freilich durch die Erkenntnis ergänzt werden, dass der Zugriff der Herrschenden auf Auswahl, Gestaltung und Inhalt der durch die Medien verbreiteten „Öffentlichen Meinung" nicht nur während der Wahlkämpfe, sondern permanent erfolgt. Fünf Merkmale charakterisieren die postdemokratische Konstellation:[84]

(1) *Bedeutungsverlust*: Auf der formal-institutionellen Ebene bleiben demokratische Institutionen und Prozeduren erhalten, tatsächlich verliert jedoch die demokratische Entscheidung massiv an Bedeutung. Die Parlamente leiden zunehmend an politischer „Auszehrung".

(2) *Inhaltslosigkeit*: Parteipolitik und der Wettkampf der Parteien um Wählerstimmen werden zunehmend von Inhalten befreit, die später Regierungspolitik programmieren soll(t)en. An die Stelle klarer Programmatik und der Diskussion politischer Handlungsoptionen treten personalisierte Wahlkampfstrategien[85] und eine vorgeblich „alternativlose" Politik.[86]

---

81 Rancière bezieht sich in seiner Auslegung von Postdemokratie auf politisch hergestellte Konstellationen, in denen Widerspruch durch eine gouvernementale Produktion von Konsens unterminiert und eine gesellschaftlich produzierte Realität als allgemeingültig und alternativlos erklärt wird, *Mullis/Schipper* 2013, S. 79-100.

82 Bei diesem Bild denkt man unwillkürlich an Pawlowsche Reflexe, die es offenbar nicht nur bei Hunden, sondern auch bei Menschen gibt (*Science* Bd. 301, S. 1104).

83 *Crouch* 2008, S. 10.

84 *Ritzi/Schaal* 2010, S. 10ff. in Anlehnung an Crouch; die Autoren gehen davon aus, dass Postdemokratie und „leader democracy" zumindest teilweise synonym gebraucht werden. Dem liegt freilich ein Missverständnis zugrunde, es geht nicht um „demokratische Führung" zur Realisierung des Allgemeinwohls, sondern um eine als Demokratie verkleidete Herrschaft zur Realisierung der eigenen Interessen ihrer „Führer".

85 Ein Beispiel ist der Wahlkampf zur Wahl des Europäischen Parlaments (EP) 2014. Bundeskanzlerin Merkel stand nicht zur Wahl, vielmehr hatte die Europäische Volkspartei, deren Fraktion im EP die CDU angehört, Jean-Claude Juncker zu ihrem europäischen und die Union David McAllister zu

(3) *Fremdsteuerung*: Die Inhalte der Politik werden zunehmend von der „Firma" bestimmt, sie sind das Ergebnis des Zusammenwirkens politischer und ökonomischer Akteure („ökonomisch-politischer Komplex"). Die Politiker verlagern zudem die Entscheidungen immer mehr auf Experten, Kommissionen und Unternehmensberater.

(4) *Entpolitisierung*: Die Werbeindustrie und vor allem das Privatfernsehen[87] sorgen für eine Entpolitisierung der Menschen.[88] Spiele aller Art treten an die Stelle problemorientierter und womöglich kritischer Politikdarstellung. Die Kontrolle über die Medien liegt in den Händen Weniger, die eng mit der Politik kooperieren. Politische Kommunikation im Sinne eines offenen Diskurses findet nicht statt, die politische Apathie der Menschen ist Ursache und Folge zugleich.

(5) *Scheindemokratie*: Nicht das Volk ist der Souverän, der über die Politik entscheidet. Vielmehr müssen die Bürger und Bürgerinnen sich den Bedingungen des globalen Kapitalismus unterwerfen. Sie werden als Demos zwar nicht de jure, aber de facto entmachtet. Die Medien helfen dabei mit, diesen Umstand zu verschleiern. Das politische System wird zu einer Scheindemokratie im institutionellen Gehäuse einer vollwertigen Demokratie.

6. Legitimitätsdefizit der Parteiendemokratie

Die heutigen Demokratien des westlichen Typs leiden unter einem erkennbaren Legitimitätsdefizit. Zwar werden demokratische Parlamentswahlen durchgeführt, so dass ein wesentliches Element der Legitimation durch Repräsentation erfüllt zu sein scheint. Die Gesetze werden im Allgemeinen auch nach den Regeln der Verfassung – nach öffentlicher Debatte im Plenum[89] und nichtöffentlicher Beratung in den Fachausschüssen – vom Parlament mit der erforderlichen Mehrheit verabschiedet. Die formalen Regeln der Legalität werden also i.d.R. eingehalten.[90] Zwei Entwicklungen bedeuten jedoch höchs-

---

ihrem deutschen Spitzenkandidaten bestimmt. Trotzdem wurde in erster Linie Angela Merkel auf den Wahlplakaten gezeigt.

86 *Voigt* 2013. „Weder die Menschen noch die Dinge brauchen eine ‚Regierung', wenn man den Mechanismus des Ökonomischen und Technischen seiner immanenten Gesetzmäßigkeit überläßt", *Schmitt* Katholizismus, S. 60.

87 Die öffentlich-rechtlichen Rundfunkanstalten passen sich dem allerdings an.

88 *Hirsch* 2007.

89 Die Öffentlichkeit der Plenardebatte wird auch dann fingiert, wenn die Sitze der Abgeordneten weitgehend leer bleiben.

90 Nicht thematisiert werden soll an dieser Stelle die Regierungspraxis, dass Vertreter von Lobbyverbänden in die Ministerien integriert und dort mit der Ausarbeitung von Vorlagen beauftragt werden.

te Gefahr für den Legitimitätsanspruch des parlamentarischen Regierungssystems. Zum einen verliert das für den Legitimitätsanspruch unverzichtbare Prinzip der Repräsentation als notwendiger „Transmissionsriemen" zwischen Wählern und Gewählten an Glaubwürdigkeit. Zum anderen verlagern sich die für die Existenz des Volkes zentralen politischen Entscheidungen immer mehr von der Legislative auf die Exekutive und von der nationalen zur supranationalen Ebene, also von Berlin nach Brüssel. Setzt sich diese Entwicklung fort, dann lässt sich Legitimität nicht mehr durch die bloße Legalität einer Maßnahme fingieren, geschweige denn herstellen.

6.1 Legitimität durch Repräsentation?

„Repräsentation ist kein normativer Vorgang, kein Verfahren und keine Prozedur, sondern etwas Existenzielles. Repräsentieren heist, ein unsichtbares Sein durch offentlich anwesendes Sein sichtbar machen und vergegenwärtigen".[91]

Die indirekte Demokratie des Grundgesetzes sieht vor, dass das Volk bzw. Teile von ihm nicht selbst politische Entscheidungen trifft, sondern durch gewählte Repräsentanten vertreten wird.[92] Diese sind – idealtypisch – nicht auftrags- oder weisungsgebunden (Art. 38 Abs. 1 Satz 2 GG), sondern als Vertreter des gesamten Volkes nur ihrem eigenen Gewissen unterworfen (sog. „freies Mandat"). Das Grundgesetz ist hier von einer positiven Anthropologie beseelt, die davon ausgeht, dass Menschen in verantwortungsvoller Position Alles daran setzen würden, das in sie gesetzte Vertrauen zu rechtfertigen. In der rauen politischen Realität findet diese Vorstellung allerdings kaum eine Entsprechung. Denn diese Freiheit ist – wie das anfangs erwähnte Beispiel der Klientelpolitik der FDP plastisch vor Augen führt – in der politischen Praxis erheblich eingeschränkt. Der einzelne Abgeordnete befindet sich vielmehr in einem Netzwerk von Abhängigkeiten. Dabei wirken vor allem mächtige Gruppen (Investoren, Banken, Pharmaindustrie, Atomlobby etc.) zur Durchsetzung ihrer Interessen auf die (Regierungs-) Parteien sowie auf einzelne Abgeordnete ein, wobei diesen alle möglichen monetären und sonstigen Vorteile und Vergünstigungen angeboten werden. Diesen Verlockungen zu widerstehen, ist nicht leicht. Die Parlamentarier entfernen sich dabei von ihrer Aufgabe, als Repräsentanten des Volkes zu fungieren, jedoch oft so weit von den Repräsentierten, dass eine Verbindung nur schwer erkennbar ist. Ohne eine klare und eindeutige Repräsentation verliert aber die repräsentative Demokratie eine ihrer wichtigsten Legitimitätsvoraussetzungen.

---

91 *Schmitt* VL, S. 209.
92 Hier soll gar nicht davon die Rede sein, dass die Parlamentsabgeordneten in keiner Weise die Berufs- und Sozialstruktur der Bevölkerung widerspiegeln.

6.2 Inhaltliche Auszehrung

Zum anderen ist der einzelne Abgeordnete in aller Regel viel stärker von seiner Partei abhängig, als dies die „Väter" des Grundgesetzes vorausgesehen haben, als sie den Parteien in Art. 21 Grundgesetz eine privilegierte Rolle im politischen System zugewiesen haben. In einem Wahlsystem, in dem der Platz auf der Landesliste von entscheidender Bedeutung für Erfolg oder Misserfolg eines Abgeordneten ist, haben die Parteien, die allein über die Listenplatzierung entscheiden, immer dann Macht über den Abgeordneten, wenn es diesem nicht gelingt, aus eigener Kraft ein Direktmandat zu erringen. Dass dies in vielen Fällen kaum möglich ist, zeigt als Ausnahme der Fall Ströbele.[93] Die zentrale Machtstellung der politischen Parteien auch bei der Aufstellung der Kandidaten für die Parlamentswahlen führt vielmehr dazu, dass sich die Abgeordneten in erster Linie ihrer Partei und ihrer Fraktion, nicht jedoch ihren Wählern oder gar dem Volk verpflichtet fühlen. Wer hingegen dem Volk allzu nahe kommt, wird schnell als „Populist" abgestempelt. Und schließlich kommt drittens hinzu, dass die Parlamente selbst an inhaltlicher Auszehrung leiden. Die Regierenden neigen immer mehr dazu, ihre Politik auch gegenüber ihrer eigenen Fraktion als „alternativlos" hinzustellen, der die Abgeordneten nur noch vorbehaltlos zustimmen sollen, ohne auf den Inhalt nachhaltig Einfluss nehmen zu können.

6.3 Realitätsferne und Distanz

Allgemeine, freie und gleiche Wahlen zum Parlament werden zum Kernbestand einer repräsentativen Demokratie gerechnet. Durch diese Wahlen soll eine lückenlose Repräsentationskette zwischen Wählenden und Gewählten zustande kommen. In der Praxis der Parlamente spiegeln sich jedoch Realitätsferne und wachsende Distanz der Repräsentanten zu den Repräsentierten. Die Abgeordneten haben sich selbst eine geradezu fürstliche,[94] weit über die Möglichkeiten ihrer Wähler hinausgehende Vergütung und Versorgung zugestanden, was viele Parlamentarier aber nicht daran hindert, als Lobbyisten bestimmter Interessenverbände ihre Bezüge zusätzlich noch deutlich aufzubessern. Langen Plenardebatten über ethische Fragen (Beispiel: Präimplantationsdiagnostik), die das Leben der meisten Menschen kaum berühren, stehen äußerst kurze Entscheidungsvorgänge in Fragen von unüberschaubarer Tragweite für das gesamte Volk, wie z.B. die milliardenschwere Bankenrettung, gegenüber.

93 Hans-Christian Ströbele ist Mitglied der Partei Bündnis 90/Die Grünen; seit 2002 hat er das Direktmandat im Berliner Bundestagswahlkreis 84 (Berlin-Friedrichshain, Kreuzberg, Prenzlauer Berg Ost). Für die Bundestagswahl 2005 verzichtete Ströbele bewusst auf einen Listenplatz. Er errang auch 2005 und 2013 das Direktmandat in seinem Wahlkreis.
94 Vgl. *Zolo* 1997.

Sobald es um vorgeblich „nicht hinterfragbare" Probleme, wie z.B. die Übertragung von Souveränität auf die Europäische Union oder die „Rettung" der Europäischen Währungsunion durch die Übernahme von Verlusten der Banken und anderen Investoren geht, findet eine Debatte darüber im Parlament kaum noch statt. Dazu gehört die Bereitstellung riesiger Summen für sog. Rettungsschirme, die formal den notleidenden Staaten, tatsächlich jedoch eher den Investoren zugutekommen, die sich verspekuliert haben. Langfristig müssen die Bürger der maroden Länder, aber auch die Steuerzahler der besser gestellten Staaten auf die eine oder andere Weise die damit verbundenen Lasten tragen.[95] Mit der Bankenunion wird ein Schritt in diese Richtung unternommen, der nicht das Ende, sondern eher der Anfang einer Vergemeinschaftung der Schulden und finanziellen Risiken sein dürfte. Schon wird über eine gemeinschaftliche Arbeitslosenversicherung für alle EU-Arbeitnehmer nachgedacht, die vor allem dazu geeignet wäre, die Risiken der Arbeitslosigkeit auf die Arbeitnehmer in den ökonomisch erfolgreicheren Mitgliedsstaaten zu verlagern. In der repräsentativen Demokratie ist eine Mitbestimmung der Bürger auch bei sie belastende Entscheidungen i.d.R. nicht vorgesehen. Im (nationalen) Parlament wird auch kaum jemals über die demokratische Legitimation der europäischen Instanzen diskutiert, denen teils mit expliziter Einwilligung der nationalen Parlamente, teils ohne diese, staatliche Zuständigkeiten übertragen werden. Der Europäische Gerichtshof spielt hierbei eine den Zentralismus verstärkende Rolle, während das Bundesverfassungsgericht mit seinen den Zentralismus begrenzenden Entscheidungen ins Abseits zu geraten droht.

6.4 Legitimitätskrise des Kapitalismus

„Die hinter den Kulissen ausgeübte Herrschaft des ‚Kapitals' ist noch keine Form, sie kann wohl eine bestehende politische Form aushöhlen und zur leeren Fassade machen. Gelingt ihr das, so hat sie den Staat restlos ‚entpolitisiert' […]".[96]

Max Weber hat bereits Anfang des 20. Jahrhunderts konstatiert, dass aus dem „notgedrungenen Bündnis des nationalen Staates mit dem Kapital […] der nationale Bürgerstaat" hervorgegangen ist.[97] Dieses Bündnis hat das Kapital einseitig aufgekündigt und damit auch den nationalen Bürgerstaat zum „Abschuss frei gegeben". Die globale Finanz- und Bankenkrise, die zahllose Menschen ins Unglück gerissen hat, führt Jürgen Habermas daher zu Recht auf die „Systemimperative des verwilderten Finanzkapitalis-

---

95 Ganz besonders raffiniert ist die schleichende Enteignung der Sparer durch Senkung der Sparzinsen auf ein Niveau unterhalb der Inflation.
96 *Schmitt* Katholizismus, S. 42.
97 *Weber* 1976, S. 815.

mus" zurück.[98] Dieser Finanzkapitalismus gefährdet nicht nur die Demokratie, sondern er verletzt damit auch die Würde der Menschen. Wolfgang Streeck schlägt in seinem Buch *Gekaufte Zeit* einen erweiterten Begriff der Legitimitätskrise vor, „der nicht nur zwei Akteure, den Staat und seine Bürger, kennt, sondern drei: den Staat, das Kapital und die ‚Lohnabhängigen'".[99] Streeck knüpft damit an eine Debatte an, die zu Beginn der 1970er Jahre unter dem Stichwort „Spätkapitalismus" besonders von Jürgen Habermas und Claus Offe vorangetrieben worden ist. *Strukturprobleme des kapitalistischen Staates*[100] und – noch klarer und pointierter – *Legitimationsprobleme im Spätkapitalismus*[101] waren die einschlägigen Schriften zum Thema. Habermas spricht bereits 1973 von „formaler Demokratie", sein Fazit:

> „Der Zuschnitt formaldemokratischer Einrichtungen und Prozeduren sorgt dafür, daß die Entscheidungen der Administration weitgehend unabhängig von bestimmten Motiven der Staatsbürger gefällt werden können. Dies geschieht durch einen Legitimationsprozeß, der generalisierte Motive, d.h. inhaltlich diffuse Massenloyalität beschafft, aber Partizipation vermeidet".[102]

Eine nachhaltige ökonomische Krise würde hingegen zu einer Desorganisation des Staatsapparates und – als Folge davon – zum Legitimationsentzug führen.[103] Mit anderen Worten: Der fortgesetzte Bestand des existierenden politischen Systems ist an eine ökonomische „Schönwetterlage" geknüpft. Wehe, wenn es wirtschaftlich einmal bergab geht!

Unter der Herrschaft des Neoliberalismus ist die an Karl Marx angelehnte Theoriebildung in den liberalen Demokratien, vor allem in Deutschland, deutlich schwächer geworden. Sie hat im akademischen Betrieb signifikant an Boden verloren. Allerdings haben in letzter Zeit Autoren aus verschiedenen Ländern versucht, diese Lücke zu füllen.[104] Besonders einflussreich sind Antonio Negri und Michael Hardt mit ihrem dreibändigen Werk geworden, die an die Stelle der Arbeiterklasse eine globale „Multitude" setzen, die in einer neuen Weltordnung agiert, welche die Autoren „Empire" nennen.[105] Ihr (utopischer) Schlusspunkt ist *Das Ende des Eigentums*.[106] Die wesentlichen Anstöße zu dieser Debatte kommen allerdings von Jacques Rancière,[107] die von anderen Autoren

---

98 *Habermas* 2011, S. 31.
99 *Streeck* 2013, S. 46.
100 *Offe* 1972.
101 *Habermas* 1973.
102 *Habermas* 1973, S. 55.
103 *Habermas* 1973, S. 68.
104 Vgl. *Deppe* 2013; *Streeck* 2013; *Piketty* 2014.
105 *Hardt/Negri* 2003; *Hardt/Negri* 2004.
106 *Hardt/Negri* 2010.
107 *Rancière* 1997.

aufgegriffen werden. In seinem Buch *Die Tücke des Subjekts* knüpft Slovoj Žižek an Rancières Begriff der Ausgeschlossenen an, die mit ihrer „Subversion" die Hegemonie durchbrechen und damit zu neuen Machtverhältnissen führen könnten:

> „Wenn die ‚Ausgeschlossenen' vom griechischen *demos* bis hin zu den polnischen Arbeitern, gegen die regierende Elite [...] protestieren, so geht es ihnen dabei nicht nur um ihre ausdrücklichen Forderungen [...], sondern in Wahrheit vor allem darum, sich für ihr fundamentales Recht, als gleichberechtigte Partner in der Debatte gehört und anerkannt zu werden, einzusetzen".[108]

Colin Crouch geht noch einen Schritt weiter als Streeck, indem er für das Eingreifen einer vierten Kraft plädiert, nämlich einer „engagierten, kampflustigen, vielstimmigen Zivilgesellschaft, die die Nutznießer des neoliberalen Arrangements mit ihren Forderungen unter Druck setzt und ihre Verfehlungen anprangert".[109] Diese Zivilgesellschaft, die sich – wie die Erfahrung zeigt – allzu leicht von den Herrschenden instrumentalisieren lässt, wird allerdings kaum das allseits zu beobachtende Legitimitätsdefizit beheben können. Aber auch die von Hardt und Negri favorisierte „Multitude" ist wenig mehr als eine Schimäre.

7. Schlussbemerkung

Auch wenn das Bewegungsgesetz der Politik Macht ist, so zeigt sich diese doch kaum jemals in ihrer wahren Gestalt. Vielmehr ist das Gorgonenhaupt der Macht für diejenigen verhüllt, die nicht der nackten Gewalt ausgesetzt sind. Zudem gibt es vielfache Abstufungen und Zwischentöne im Gebrauch der Macht. Dazu gehört die Erkenntnis, dass sich legitime Macht besser ausüben und erhalten lässt als Macht, die nicht glaubhaft für sich den Legitimitätsanspruch erheben kann. Für gewaltsame Herrscher gilt dagegen, dass es sich auf den Spitzen von Bajonetten nur schwer bequem und langfristig regieren lässt.[110]

„Kein politisches System kann mit bloßer Technik der Machtbehauptung auch nur eine Generation überdauern. Zum Politischen gehört die Idee, weil es keine Politik gibt ohne Autorität und keine Autorität ohne ein Ethos der Überzeugung".[111]

---

108 *Žižek* 2010, S. 256f. (Hervorhebung im Original).
109 *Crouch* 2011, S. 14.
110 „Der Stärkste ist nie stark genug, um immerdar Herr zu bleiben, wenn er seine Starke nicht in Recht und den Gehorsam nicht in Pflicht verwandelt" (*Rousseau* 1973, S. 31).
111 *Schmitt* Katholizismus, S. 28; der Zusammenbruch der DDR hat den Beweis für diese These erbracht.

Wer die Macht hat, hat daher in der Regel ein Interesse daran, sie zumindest mit dem Schein der Legitimität zu umgeben. In parlamentarischen Demokratien gehört dazu die Legalität, die eine Legitimitätsvermutung umfasst. Mit Hilfe einer professionellen Öffentlichkeitsarbeit wird den Menschen zu diesem Zweck die „Alternativlosigkeit" der bestehenden Machtverhältnisse vor Augen geführt. Zur Herstellung von Legalität dienen klar definierte Verfahren zur Parlamentswahl, zur Bestellung der Regierung, zur Gesetzgebung und zum Vollzug der Gesetze. Allerdings werden die Herrschenden, also diejenigen, die die Macht innehaben, stets darauf achten, dass die Verfahren sich nicht zu gravierenden rechtsstaatlichen Fesseln für den Machtgebrauch auswachsen. Missliebige Parteien werden wenn möglich verboten, ihre Abgeordneten zumindest überwacht. Nicht genehme „Wahrheiten" werden ausgeblendet, ihre Verkünder marginalisiert. Bedrohungen durch Terroristen der verschiedensten Art helfen dabei, immer wieder Ausnahmen von den rechtsstaatlichen Verfahren zu rechtfertigen.

Ob die Legitimitätsvermutung der (formalen) Legalität auch in Zeiten einer sich verschärfenden Krise noch „trägt", ist freilich nicht so sicher. Wir sind längst nicht mehr *Auf dem Weg in den Parteienstaat,* wie Wilhelm Hennis meinte,[112] vielmehr befinden wir uns längst in einem etablierten Parteienstaat.[113] Wir leben freilich (noch) nicht in einer „Postdemokratie", sondern in spätdemokratischen Verhältnissen. Die Demokratie ist noch nicht an ihr Ende gekommen. Ihr Ende ist aber vorhersehbar, und was danach kommt, ist schwer vorauszusagen. Wenn man den engen Zusammenhang von Demokratie und Legitimation in Rechnung stellt, dann könnte das Fazit lauten:

> „Vielmehr werden auch wir, wie die Revolutionäre der beginnenden Moderne, den Begriff Demokratie noch einmal neu erfinden und neue institutionelle Formen und Praktiken schaffen müssen, die unserem globalen Zeitalter angemessen sind.[114]

---

112 *Hennis* 1998.
113 *Walther* 2010.
114 *Hardt/Negri* 2004, S. 265.

Die legale Weltrevolution

Siegt die Legalität über die Legitimität?

Unter den prominentesten Staatsrechtslehrern der Weimarer Zeit (Hermann Heller, Hans Kelsen, Rudolf Smend u.a.)[115] ist Carl Schmitt ohne Zweifel der bedeutendste Kopf. Helmut Schelsky (1912-1984) hat Schmitt daher nicht zufällig den „deutschen Hobbes des 20. Jahrhunderts" genannt,[116] und es ist wohl nicht zu hoch gegriffen, ihn als einen „Klassiker" des Staatsdenkens zu bezeichnen.[117] Sein Werk hat mehrfach im Mittelpunkt der politischen Ideen und Vorstellungen seiner Epoche gestanden, und es trägt die „Kraft geschichtlichen Weiterwirkens in sich".[118] Die schier endlose und nicht nachlassende Anzahl von Publikationen über Carl Schmitt und sein Werk in fast allen Sprachen der Welt legt dafür ein beredtes Zeugnis ab.

Im Folgenden geht es um einen Zusammenhang, der Carl Schmitt lebenslang beschäftigt hat, nämlich das Verhältnis von Legalität und Legitimität, hier jedoch nicht mehr innenpolitisch gewendet, sondern mit Blick auf die internationale Szenerie. Schmitt hat in einer großen Zahl von Publikationen unterschiedlichster Art ein breites Themenspektrum bearbeitet, das weit über das Öffentliche Recht hinausweist. Umso wichtiger ist die Einordnung der Schriften dieses zugleich genialen, aber auch äußerst umstrittenen Wissenschaftlers, der sich – wenn auch nur für einen relativ kurzen Zeitraum (1933-1936) – außerordentlich heftig für den Nationalsozialismus engagiert hat. Dabei sollen hier die fünf Phasen im politischen Denken zugrunde gelegt werden, die Henning Ottmann herausgearbeitet hat.[119] Der Aufsatz *Die legale Weltrevolution* gehört zur letzten Phase, er ist einem französischen Ökonomen, nämlich Professor François Perroux vom Collège de France, gewidmet. Das zeigt nicht zuletzt Schmitts Affinität zu romanischen Denktraditionen.[120] Spielt in den 1930er Jahren für Schmitt die Legitimität eine herausragende Rolle,[121] so ist es nun (1978) in erster Linie die Legalität, um die es ihm in der Frage der Weltrevolution geht. Dabei entwickelt er die Legalität zur Superlegalität weiter. Damit meint Schmitt Normen mit einer verstärkten Geltung, z.B. Verfahrensnormen, welche die Abänderbarkeit bestimmter Normen durch das Erfordernis qualifizier-

---

115 Vgl. *Gangl* (Hrsg.) 2012.
116 *Schelsky* 1981, S. 5.
117 *Voigt* 2014, S. 367-372; vgl. *Stolleis* 2011, S. 8.
118 *Willms* 1988, S. 577-597 [583].
119 *Ottmann* 1990, S. 61-87.
120 Vgl. *Neumann* 2014, S. 356-369.
121 Siehe Kapitel „Legalität ohne Legitimität?" in diesem Band.

ter Mehrheiten erschweren.[122] Trotz seines hohen Alters beschäftigt Schmitt die internationale Lage sehr, wovon z.b. sein Buch *Theorie des Partisanen* (1963) Zeugnis ablegt. Früher als Andere sieht er den Aufstieg Chinas zur Supermacht und den Abschied von der Bipolarität voraus. Seine Arbeiten – z.b. zur Großraum-Theorie[123] – werden erst heute allmählich stärker rezipiert. Für Carl Schmitt spielt dabei die Frage nach einem neuen Nomos der Erde eine tragende Rolle.

1. Themenspektrum und Begriffsbildung

Im Laufe seines langen Lebens (er ist 97 Jahre alt geworden) hat Carl Schmitt eine große Zahl von Publikationen verfasst, die oft bereits unmittelbar nach ihrem Erscheinen für Aufsehen sorgten. Das Themenspektrum seiner Arbeiten reicht weit über das Staats- und Verfassungsrecht und über das Völkerrecht hinaus. Der französische Philosoph und Publizist Alain des Benoist hat in seiner Schmitt-Bibliographie mehr als 50 Bücher und nahezu 300 Aufsätze, Rezensionen und kleinere Texte gezählt.[124] Schmitt hat nüchterne begriffliche Analysen, idealtypisch argumentierende Schriften, hermeneutische Texte, gelehrte Begriffsgeschichten, ausgreifende historische Spekulationen, glänzend geschriebene Essays ebenso wie politische Pamphlete verfasst.[125] Als seine eigentliche Profession sieht er jedoch stets die Rechtswissenschaft an, auf die er sich in kritischen Situationen gern zurückzieht.

Carl Schmitt ist ein außerordentlich „scharfzüngiger" Beobachter seiner Zeit, der mit „geschliffener Feder" – oft auch in polemischer Weise – auf Missstände in Staat, Politik und Verfassung aufmerksam macht. Gelegentlich hat er auch Künstlerisches oder Märchenhaftes verfasst.[126] Fast neidlos erkennen die meisten Kenner seiner Werke inzwischen an, dass er ein brillanter Stilist war, wie er im deutschen Sprachraum selten anzutreffen ist. Viele der von ihm geprägten Begriffe, wie etwa der „dilatorische Formelkompromiss", der darauf hinweist, dass sich die politischen Kontrahenten fast immer nur auf eine Kompromissformel in der Hoffnung einigen, die Entscheidung damit vertagt zu haben, um später ein günstigeres Ergebnis für sich selbst zu erzielen („man sieht sich immer zweimal im Leben"), sind heute noch üblich, ohne dass dabei die Autorenschaft bewusst wäre. Carl Schmitts Grundorientierungen – ästhetischer Formsinn, Etatismus, Nationalismus und Katholizismus – erschweren allerdings das Verständnis sei-

---

122 *Schmitt* Weltrevolution, S. 324; *Neumann* 2014, S. 35-51 [47].
123 Siehe Kapitel „Großraum-Denken" in diesem Band; *Maschke* (Hrsg.) 1995.
124 *Benoist* 2003; Alain de Benoist gilt als Spiritus Rector der Neuen Rechten.
125 *Mehring* 2003a, S. 188-204 [188].
126 Z.B. Land und Meer, *Schmitt* LuL.

ner Werke, nicht zuletzt deshalb, weil sie nicht immer klar zu erkennen sind oder sich oft sogar widersprechen.[127]

2. Rezeption und Einordnung

Die meisten Arbeiten Carl Schmitts sind in fast alle Sprachen übersetzt und in der ganzen Welt rezipiert worden.[128] Diese inzwischen fast unüberschaubare Literatur wurde zunächst über lange Zeit von dem belgischen Soziologen und Ökonomen Piet Tommissen (1925-2011) gesammelt und in den *Schmittiana* veröffentlicht.[129] Nach dem Tode Tommissens werden die *Schmittiana* nun in neuer Folge von der Carl-Schmitt-Gesellschaft in Plettenberg weitergeführt.[130] Zwischen dem Werk selbst und der Rezeption dieses Werkes – oder Teilen desselben – muss freilich sorgfältig unterschieden werden. Denn es gelingt nur selten, ein Werk neutral oder gar wertfrei zu rezipieren. Vielmehr kommen bei der Rezeption nicht nur zeitbedingte Interpretationen („Zeitgeist") ins Spiel,[131] sondern auch ideologische Komponenten. In der Zwischenkriegszeit sowie in den ersten beiden Jahrzehnten nach dem Zweiten Weltkrieg werden Schmitts Werke – insbesondere sein Buch über die Diktatur[132] – vor allem in den damals autoritären Staaten Europas, Asiens und Lateinamerikas mit großer Zustimmung rezipiert.[133] Inzwischen greift die Schmitt-Rezeption jedoch weit darüber hinaus und schließt auch bis dahin eher skeptische politische Kulturen, wie z.B. die angelsächsische,[134] ein. Eine neue „Blüte" erlebt Schmitts Theorie vom Ausnahmezustand durch die Arbeiten des italienischen Rechtsphilosophen Giorgio Agamben.[135] Aber auch das französische politische Denken ist an vielen Stellen von Schmitt beeinflusst, wie sich z.B. bei Jacques Derrida nachweisen lässt.[136]

Carl Schmitts Verstrickungen in den Nationalsozialismus sind immer wieder als Begründung dafür herangezogen worden, einzelne seiner Schriften oder sogar sein gesamtes Werk zu verdammen.[137] Das bedeutete freilich nie, dass man Schmitts beachtliches Werk einfach hätte ignorieren können. Die Frage, warum sich Schmitt 1933 – nachdem

---

127 *Voigt* 2010, S. 367-372.
128 Vgl. *Voigt* (Hrsg.) 2007.
129 *Tommissen* (Hrsg.) 1989-2001.
130 *Carl-Schmitt-Gesellschaft* (Hrsg.), 2011.
131 Siehe Einleitung „Denken in Widersprüchen" in diesem Band.
132 *Schmitt* Diktatur.
133 Vgl. *Voigt* (Hrsg.) 2007.
134 Vgl. *Salter* 2012.
135 *Agamben* 2002; *Agamben* 2004.
136 *Derrida* 1991; *Derrida* 2000; vgl. *Johnson* 2010.
137 Z.B. *Fijalkowski* 1958; *Neumann* 1980.

er noch ein Jahr zuvor vor den Gefahren einer Machtübernahme durch die Nationalsozialisten gewarnt hatte – den neuen Machthabern scheinbar bedingungslos zur Verfügung gestellt hat (1933-1936), ist jedoch weiterhin ungeklärt und gibt Anlass zu vielerlei Spekulationen.[138]

2.1 Leben in der Krise

Schmitts Lebensspanne umfasst fünf unterschiedliche Staats- und Verfassungsformen und die dazu gehörenden Umbrüche in der deutschen Geschichte, die als historischer Hintergrund für seine Arbeiten von Bedeutung sind. Es wäre allerdings falsch, daraus zu schließen, dass Schmitt nur den deutschen Kontext im Blick gehabt hätte. Tatsächlich ist Carl Schmitt in der Gruppe der Weimarer Staatsrechtslehrer derjenige, dessen Verbindungen zum romanischen Sprachraum am stärksten ausgeprägt sind. Vor allem französische, spanische sowie englische Werke – und zwar sowohl Klassiker, als auch zeitgenössische Denker – bezieht er in seine Arbeit ein. Schmitt promoviert (1910) und habilitiert sich (1916) noch im Kaiserreich an der Reichsuniversität Straßburg, das seit 1871 zum Deutschen Reich gehört, und leistet seinen freiwilligen Heeresdienst während des Ersten Weltkriegs in München ab. In der Weimarer Republik macht er als Professor für Staatsrecht schnell eine beachtliche akademische Karriere, die ihn schließlich nach Berlin an die Friedrich-Wilhelms-Universität führt, wo er bis zum Kriegsende lehrt. Nach dem Ende des Zweiten Weltkriegs wird Schmitt von dem Chefankläger des Nürnberger Tribunals Robert W. Kempner (1899-1993) verhört und für einige Wochen interniert, aber nicht angeklagt.[139] Er wird allerdings aus dem Staatsdienst entlassen und bekommt zunächst auch keine Pension, weil er sich weigert, sich einem Verfahren zu unterziehen, das damals „Entnazifizierung" genannt wird und die Deutschen in den vier Besatzungszonen von allen Einflüssen des Nationalsozialismus säubern soll.[140] Die überprüften Deutschen wurden in fünf Gruppen eingeteilt: Hauptschuldige, Belastete, Minderbelastete, Mitläufer und Entlastete.[141]

---

138 Schmitts politischer Werdegang im „Dritten Reich" wird hier nicht weiter ausgeführt, siehe hierzu aber: *Noack* 1993; *Koenen* 1995; *Mehring* 2009.
139 Hier hat Schmitt seine Rechtfertigungsschrift *Ex Captivitate Salus*, ohne auf seine geliebte Bibliothek zurückgreifen zu können, verfasst, *Schmitt* ECS.
140 Gesetz Nr. 104 zur Befreiung von Nationalismus und Militarismus vom 5. März 1946. Schmitt ist der einzige maßgebliche deutsche Staatrechtslehrer, der sich diesem Verfahren verweigert.
141 Art. 4 des Gesetzes Nr. 104.

2.2 Phasen im politischen Denken

Ein so origineller Geist wie der Carl Schmitts lässt sich natürlich nur schwer in ein an Zeiträumen orientiertes Schema pressen, zumal seine Schriften nicht lediglich Reaktionen auf bestimmte Zeitphänomene sind. Dessen ungeachtet ist das Schema aber manchmal nützlich, um einzelne Arbeiten zuordnen zu können. Es liegt auf der Hand, dass die Einordnung des Aufsatzes *Die legale Weltrevolution* in die Phase, die Henning Ottmann „Das Politische in der technischen Welt" nennt, zwar sicher nicht falsch, aber auch nicht besonders aussagekräftig ist. Dieser Aufsatz weist nämlich deutlich über das Rahmenthema, das eher an die Arbeiten seines „Schülers" Ernst Forsthoff denken lässt, hinaus.[142] Er zeigt eine gewisse „Geistesverwandtschaft" mit seiner Schrift *Theorie des Partisanen*,[143] was besonders in seinem *Gespräch über den Partisanen*[144] mit dem deutschen Maoisten Joachim Schickel[145] deutlich wird. Letztlich geht es Schmitt bei diesen Aufsätzen der Nachkriegszeit um einen neuen Nomos der Erde.

3. François Perroux gewidmet

Ursprünglich hat Carl Schmitt vorgehabt, den Aufsatz *Die legale Weltrevolution*, mit dem er den Ökonomen Professor François Perroux (1903-1987) vom Collège de France ehren will, bereits im Jahre 1973 in französischer Sprache zu verfassen. Schmitt hat Perroux in Berlin kennen gelernt. Ernst-Wolfgang Böckenförde ist an Schmitt mit dem Vorschlag herangetreten, einen Beitrag für die Festschrift für François Perroux zu schreiben, weil er meint, der Umbruch von 1932/33 müsse noch einmal in den Kriterien von „Legalität und Legitimität" erörtert werden.[146] Schmitts Beitrag erscheint in der 1978 publizierten Festschrift Perroux allerdings nicht. Günter Maschke vermutet, dass es zu Intrigen im Herausgeberkreis gekommen sei. Als sich das ursprünglich geplante Vorhaben zerschlagen hat, dauert es noch mehrere Jahre, bis der Aufsatz in deutscher Sprache endlich vorliegt.[147] Es stellt sich also die Frage, warum Schmitt, dessen Schaffenskraft durch sein Alter – immerhin war er inzwischen 90 Jahre alt – notwendigerweise begrenzt war, sich noch eine solche Aufgabe zumutete.

---

142 Vgl. z.B. *Forsthoff* 1971.
143 *Schmitt* BdP.
144 *Schmitt* Gespräch, S. 619-642.
145 *Schickel* (Hrsg.) 1970; in diesem Sammelband findet sich auch bereits das Gespräch über den Partisanen auf den S. 9-29.
146 *Mehring* 2009, S. 562-566 [564].
147 Er wurde in der renommierten Fachzeitschrift *Der Staat* (XVII, Berlin 1978, S. 321-339) veröffentlicht. Erst 27 Jahre später hat ihn Günter Maschke in seinen Band *Frieden oder Pazifismus?* aufgenommen und damit einer breiteren Öffentlichkeit zugänglich gemacht, *Maschke* (Hrsg.) 2005, S. 919-968.

3.1 Affinität zu romanischen Denktraditionen

Was bedeuten ihm also der Franzose François Perroux und seine Art zu denken? Eine Erklärung für dieses Vorhaben ist in Schmitts deutlich erkennbarer Affinität zum romanischen Sprachraum und den darin wurzelnden Denktraditionen zu suchen.[148] Schmitt kennt sich nicht nur in der spanischen Literatur gut aus und hat ein wichtiges Buch über Juan Donoso Cortés geschrieben.[149] Vielmehr liegen ihm auch die französischen Denker, allen voran der „Erfinder" der Souveränität Jean Bodin [„Bodinus"],[150] aber auch der zeitgenössische Rechtswissenschaftler Maurice Hauriou (1856-1929),[151] auf dessen Institutionentheorie er sich stützt, sehr am Herzen. Er fühlt sich als „Seelenverwandter" von Bodin fast ebenso wie von dem englischen Philosophen Thomas Hobbes. In seiner tagebuchartigen Schrift *Ex Captivitate Salus* hat er – noch in der Nürnberger Haft – seiner Verbundenheit mit diesen „Heroen" Ausdruck verliehen,[152] indem er sie zu „Brüdern" erklärt, „mit denen ich über die Jahrhunderte hinweg in eine Familie hineingewachsen bin".[153]

3.2 Perroux's Theorie der Domination

Aber wer ist François Perroux, dem der Aufsatz gewidmet werden sollte? Perroux ist einer der wenigen Franzosen, denen es gelungen ist, mit ihren innovativen Ideen – zumindest zeitweilig – die englischsprachige Vorherrschaft in den Wirtschaftswissenschaften zu durchbrechen. Mit seiner Theorie der Domination hat er sich das Ziel gesetzt,[154] die Gesamtheit aller ökonomischen Machterscheinungen in den nationalen und internationalen Wirtschaftsbeziehungen zu analysieren.[155] An die Stelle einer generellen Gleichgewichtstheorie stellt er eine allgemeine Theorie des Ungleichgewichts. Dabei geht es ihm um die beabsichtigten und die unbeabsichtigten Vormachteffekte.

> „Als Vormachteffekt bezeichnet Perroux den asymmetrischen, irreversiblen Einfluß, der von einem Unternehmen bzw. einer Wirtschaftseinheit mit relativ stärkerer Machtposition

---

148 Siehe auch: *Neumann* 2014, S. 356-369.
149 *Schmitt* Nomos, S. 50; vgl. hierzu *Maschke* 2009, S. 185-202.
150 Siehe Kapitel „Johannes Bodinus" in diesem Band.
151 *Hauriou* 1906.
152 Diese Formulierung erinnert ein wenig an Niccolò Machiavelli, der nach seiner Entlassung aus dem Staatsdienst durch die Medicis auf seinem Landgut San Casciano lebte und dort abends – feierlich gekleidet – Zwiesprache mit den alten Philosophen hielt; Schmitt nannte daher sein Haus in Plettenberg-Pasel auch nicht zufällig „San Casciano".
153 *Schmitt* Nomos, S. 64.
154 *Perroux* 1964, S. 25ff.
155 *Jeck* 1968, S. 13.

ausgeht und sich bei dem Unternehmen bzw. bei der Wirtschaftseinheit mit relativ schwächerer Machtposition zeigt".[156]

Perroux's theoretische Überlegungen gehen über den Rahmen einer Wirtschaftstheorie hinaus. Seine Vorstellung von der Vormacht („Domination") relativ starker Mächte gegenüber schwächeren Mächten lässt sich vielmehr auch auf andere Bereiche, z.B. auf die internationalen Beziehungen, anwenden. Genau das hat Schmitt in seinem Aufsatz *Die legale Weltrevolution* getan.

In seiner Methodik ist Perroux von seinem großen Landsmann René Descartes (1596-1650), dem Begründer des modernen Rationalismus, inspiriert, vom Gefühl her ist Perroux hingegen Sozialist mit evolutionistischen Visionen. Dazu gehört insbesondere seine heftige Kritik an der Entwicklungspolitik der reichen Länder. Seiner Ansicht nach wird den ökonomischen, sozialen und kulturellen Besonderheiten der Länder der „Dritten Welt" zu wenig Rechnung getragen. Er appelliert daher an diese Länder, sich ihres eigenen kulturellen Wertes bewusst zu werden. Im Jahre 1952 erscheint in der *Zeitschrift für Nationalökonomie* ein Aufsatz von Perroux zu seiner Theorie in deutscher Sprache.[157] Carl Schmitt hat Perroux's Werk *L'économie du XXe siècle* jedoch zweifellos im Original gelesen. Auf diese Arbeiten des Wirtschaftstheoretikers Perroux bezieht sich Schmitt bei seinen grundsätzlichen Überlegungen zu juristischer Legalität und Superlegalität.

3.3 Leben und Denken im Kalten Krieg

Den Zusammenbruch des Sowjetimperiums und die deutsche Wiedervereinigung (1990) hat Schmitt nicht mehr erlebt. Für ihn ist der Kontext seiner Überlegungen der Kalte Krieg, der überall auf der Welt seine Folgen zeitigt. Schmitt sieht darin einen Teil des revolutionären Krieges.[158] Dazu gehört auch der ideologische Machtkampf der beiden Supermächte USA und UdSSR in Lateinamerika, Asien und Afrika. Während Amerika als Führungsmacht des Westens die Freiheit propagiert und dabei – auch mit der Unterstützung von Rebellenbewegungen – ziemlich ungeniert eigene imperiale Interessen verfolgt, kämpft der sog. Ostblock unter Führung der Sowjetunion gegen den westlichen Kapitalismus und für einen Sieg des Kommunismus, so wie ihn die sowjetischen Kommunisten verstehen, nämlich als Herrschaft Moskaus. Etwa seit 1975 beginnen jedoch die kommunistischen Parteien Westeuropas damit, nach einem eigenen Weg zum Kommunismus zu suchen.[159] In Italien strebt die kommunistische Partei sogar einen

---

156 *Jeck* 1968, S. 21.
157 *Perroux* 1952, S. 1ff.
158 *Mehring* 2006, Rdnr. 18.
159 Vgl. *Timmermann* (Hrsg.), 1982.

„historischen Kompromiss" mit der Christdemokratischen Partei an. Zu den sog. Euro-kommunisten gehört auch der Spanier Santiago Carrillo Solares (1915-2012), der für Schmitt vor allem deshalb von Interesse ist, weil gerade zu dieser Zeit Spanien aus der autoritären Franco-Ära in einen demokratischen Staat transformiert wird. Carillo ist in der Zeit von 1960 bis 1982 Generalsekretär der Kommunistischen Partei Spaniens.

4. Legalität und Legitimität

Die Unterscheidung von Legitimität und Legalität stammt erst aus dem Beginn des 19. Jahrhunderts.[160] Es ist der französische Priester und Philosoph Hugues Felicité des La-mennais (1782-1854[161]), der in seinem Werk *Des Progrès de la Révolution et de la Guerre contre l'Église* von 1828 die Augen der Weltöffentlichkeit auf die Differenz zwischen Legitimität und Legalität gelenkt hat. Carl Schmitt erkennt im Rahmen seiner Studien zu diesem Thema schon bald, welche Brisanz der Gegensatz von Legitimität und Legalität entwickeln kann, sobald es keinen Monarchen mehr gibt, auf den sich die Legitimität der Herrschaft rückbeziehen lässt. Quelle der Legitimität in demokratischen Staaten, in denen das Volk der Souverän ist, ist hingegen dessen Zustimmung. Wie soll diese – möglicherweise generalisierte – Zustimmung aber festgestellt werden? Muss im „Ernstfall" das Volk befragt werden, und wenn ja, in welcher Form? Zentrales Anliegen Schmitts in dem Aufsatz *Die legale Weltrevolution* ist nun die Legalität, die er bekanntlich in seiner viel beachteten Schrift *Legalität und Legitimität* der Legitimität gegenübergestellt hat.[162] In dieser Schrift aus dem Jahre 1932, also ein Jahr vor Hitlers Machtergreifung, spielt die Legitimität die entscheidende Rolle.

4.1 Gedankenaustausch

Jetzt stellt Schmitt – nach mehr als sieben Jahrzehnten intensiver Beschäftigung mit diesen Problemen – die für ihn wichtigsten Fragen:[163]

(1) Wie kam es zu der deutschen Überbetonung der Legalität, die – Schmitt zufolge – zu Hitler führte?

(2) Wie kann der Staat erhalten werden, den Schmitt trotz ‚Weltrevolution' noch immer als die wichtigste strukturelle Größe der Politik ansieht?

---

160 *Winckelmann* 1956, S. 164-175 [164].
161 Sein eigentlicher Namen war: Hugues Félicité Robert de la Mennais.
162 *Schmitt* LuL; siehe Kapitel „Legalität ohne Legitimität?" in diesem Band.
163 *Noack* 1996, S. 299.

(3) Welche ‚Fortschritte‘ gibt es in der Weltpolitik, die – nach Schmitt – von der Landnahme über die Industrienahme zur Weltraumnahme voranschreitet?

(4) Wie ist das nationalsozialistische Regime zu charakterisieren, das Schmitt als Ergebnis einer „legalen“, aber eben nicht legitimen Revolution sieht, die er abzuwehren versucht habe?

(5) Ist es möglich, durch Weltorganisation zum Weltfrieden zu gelangen?, eine Frage, die Schmitt übrigens kategorisch verneint hat.

Carl Schmitt steht mit vielen seiner Zeitgenossen, zu denen neben Hans Blumenberg (1920-1996) und Hans-Dietrich Sander (geb. 1928) auch Ernst Forsthoff, Ernst-Rudolf Huber,[164] Hans Barion (1899-1973), Armin Mohler (1920-2003),[165] Álvaro d'Ors (1915-2004)[166] und Ernst Jünger[167] gehören, in Briefkontakt, mit den ihn eine lebenslange Freundschaft verbindet. In Schmitts Briefwechsel mit Blumenberg, der Professor für Philosophie an der Universität Münster ist, geht es nicht nur, aber auch um Legitimität. Blumenberg hat dazu im Jahre 1966 seine berühmte Studie *Die Legitimität der Neuzeit* vorgelegt.[168] Für Schmitt ist Blumenberg vor allem wegen des anthropologischen Hintergrundes seines Denkens und seiner Interpretation von Mythen und Metaphern interessant. In seiner Schrift *Der Leviathan in der Staatslehre des Thomas Hobbes*[169] hat Schmitt selbst immer wieder auf die Bedeutung von Mythen hingewiesen, was natürlich nahe liegt, da der Leviathan selbst der bedeutendste Mythos vom Staat ist.[170] Am 25. Juli 1978 schickt Schmitt ein Exemplar seines Aufsatzes *Die legale Weltrevolution* mit einer persönlichen Widmung an Blumenberg.[171]

4.2 Von der Legalität zur Superlegalität

In seinem Aufsatz von 1978 entwickelt Schmitt nun diese Legalität zur Superlegalität weiter. Dabei nimmt er einen Begriff von dem von ihm so sehr geschätzten Maurice Hauriou auf, der die „verstärkte Geltungskraft bestimmter Normen“ betont hat. Es seien die modernen Fortschritts-Ideologien, die im Prozess der legalen Weltrevolution als treibende Kräfte der Superlegalität wirkten. Dabei gehe es letztlich um die ideologische Universalisierung bestimmter Verfassungsideale.[172] In diesem Zusammenhang kritisiert

---

164 *Grote* (Hrsg.) 2014.
165 *Mohler* (Hrsg.) 1995.
166 *Herrero* (Hrsg.) 2004.
167 Vgl. *Kiesel* (Hrsg.) 1999; *Thielke* 2007.
168 *Blumenberg* 1966.
169 *Schmitt* Leviathan.
170 *Voigt* (Hrsg.) 2009; siehe Kapitel „Der Hobbes-Kristall“ in diesem Band.
171 *Blumenberg/Schmitt* 2007, S, 158.
172 Vgl. hierzu: *Habermas* 1999, S. 386-403.

Schmitt wiederum das „Legalitäts-Monopol des Gesetzgebungsstaates". Ein solches Monopol sieht Schmitt in dem grundsätzlichen Verbot verfassungsfeindlicher Parteien, für die das Grundgesetz das „Tor zur Legalität" völlig verschlossen habe. Gerade hiermit sei der Weg der Superlegalität beschritten worden. Vor dem Hintergrund seiner berühmten Freund-Feind-Unterscheidung[173] warnt Schmitt – erneut – vor den Folgen eines überzogenen Legalitätsdenkens.

> „Der Legalitätsanspruch macht jeden Widerstand und jede Gegenwehr zum Unrecht und zur Rechtswidrigkeit, zur ‚Illegalität'. Kann die Mehrheit über Legalität und Illegalität nach Willkür verfügen, so kann sie vor allem ihren innenpolitischen Konkurrenten für illegal, d.h. hors-lo-loi, erklären und damit von der demokratischen Homogenität des Volkes ausschließen".[174]

Unter legaler Weltrevolution versteht Schmitt die revolutionäre Macht des gesetzten Rechts, das sich als alleinige Legitimationsquelle durchsetzen und behaupten kann.[175] Legalität gewinnt auf diese Weise – gewissermaßen als Prämie für den Machtgewinn – eine eigene Legitimität. Hanno Kesting (1915-1975) hat dem seine geschichtsphilosophische Theorie vom Weltbürgerkrieg hinzugefügt.[176] Danach ist der europäische Bürgerkrieg 1789 mit der Französischen Revolution offen ausgebrochen und beherrscht mit zahlreichen großen und kleinen Revolutionen seither das Geschehen, um sich mit dem Eingreifen der USA in der Ersten Weltkrieg (1917) und der Bolschewistischen Oktoberrevolution (1917) in den Weltbürgerkrieg der Gegenwart zu verwandeln.[177] Ereignisse der jüngeren Geschichte, wie z.B. der Bürgerkrieg in Nicaragua („Contra-Krieg", 1981-1990) oder die Auseinandersetzungen um die Ukraine (ab 2004) lassen sich unschwer in diesen Weltbürgerkrieg einbeziehen. Schmitt sieht das Projekt einer Europäischen Union als gescheitert an, weil es keine Systemalternative zum ökonomisch-technischen „Fortschritt" formuliert habe.[178]

4.3 Die Rolle des Staates in der Weltrevolution

Gleich zu Beginn seines Aufsatzes bezieht sich Carl Schmitt auf Santiago Carillo, der kurz zuvor sein Buch „Eurokommunismus' und Staat veröffentlicht hat.[179] Carrillo betont darin die besondere Rolle des Staates als Träger der Legalität. In diesem Staat kön-

---

173 *Schmitt* LuL, S. 26f.; vgl hierzu: *Voigt* (Hrsg.) 2011; siehe Kapitel „Freund-Feind-Denken" in diesem Band.
174 *Schmitt* 1932, in: Schmitt/Sander 2008, S. 458-460 [458].
175 *Mehring* 2009, S. 564.
176 *Kesting* 1959.
177 Siehe hierzu aus einer anderen Perspektive: *Enzensberger* 1993.
178 *Mehring* 2009, S. 565.
179 *Carrillo* 1977.

ne eine kommunistische Revolution – anders als damals die Oktoberrevolution Lenins – nur mit staatlich-legalen Mitteln durchgeführt werden. Schmitt hebt ausdrücklich hervor, dass er sich in diesem Aufsatz mit den Möglichkeiten einer legalen, nicht etwa einer legitimen Weltrevolution befasst habe. Dazu schreibt Sander in einem Brief vom 18. August 1978 an Schmitt:

> „Zum Punkte des Staates verstehe ich nicht, wie eine taktische Volte eines Eurokommunisten Sie veranlassen kann, [...] den Erkenntnisstand preiszugeben, den Sie zu diesem Thema mit dem Aufsatz ,Staat als ein konkreter, an eine geschichtliche Epoche gebundener Begriff' und der dritten Anmerkung zu dem Aufsatz ,Weiterentwicklung des totalen Staates in Deutschland' begründet haben".[180]

Sander ist ein ehemaliger Mitarbeiter der Zeitung *Welt*, der über Marxistische Ideologie und allgemeine Kunsttheorie promoviert hat,[181] in der akademischen Welt – vor allem wegen seiner politischen Einstellung (er galt als „Rechter") – trotz größter Bemühungen jedoch nicht Fuß fassen konnte. Sein Briefwechsel mit Carl Schmitt umfasst insgesamt vierzehn Jahre (1967-1981). Worauf hat sich Sander, den Schmitt nach Kräften intellektuell gefördert hat, bei seiner Kritik bezogen? Zunächst irritiert ihn vor allem, dass Schmitt von der Legalität einer Weltrevolution spricht. Er – Sander – habe hingegen den Großraum „immer als einen Gegensatz zu universellen Konzepten" wie der Weltrevolution begriffen. Dabei bezieht sich Sander insbesondere auf Schmitts Schrift *Völkerrechtliche Großraumordnung und Interventionsverbot für raumfremder Mächte*,[182] die auf einem Vortrag beruht, den Schmitt im Frühjahr 1939 am Institut für Politik und Internationales Recht an der Universität Kiel gehalten hat[183] und der in erweiterter Fassung zum ersten Mal 1941 erschienen ist.[184]

Tatsächlich hat Schmitt zum Staat – in gewisser Weise abschließend – formuliert:

> „Der Staat als das Modell der politischen Einheit, der Staat als der Träger des erstaunlichsten aller Monopole, nämlich des Monopols der politischen Entscheidung, dieses Glanzstück europäischer Form und occidentalen Rationalismus, wird entthront".[185]

4.4 Staat oder Großraum?

An die Stelle des Staates ist der Großraum getreten, der von einem Reich dominiert wird.[186] Gerade Carl Schmitts Ausgangspunkt, der wirtschaftliche Großraum, aus dem

---

180 *Schmitt/Sander* 2008. S. 440.
181 *Sander* 1975.
182 *Schmitt* RuG.
183 Kapitel V über den Reichsbegriff ist in der spanischen Zeitschrift *Revista de Estudios Políticos* (übersetzt von F.J. Conde), Madrid 1941, erschienen.
184 Vgl. *Voigt* (Hrsg.) 2008.
185 *Schmitt* BdP, S. 10.

dann ein politischer Großraum entstehen kann, bietet Anknüpfungspunkte für die aktuelle globale Situation. Überall auf der Welt bilden sich wirtschaftliche Großräume (Europäische Union, Mercosur, NAFTA etc.), die nach Kooperationsformen suchen, die von Fall zu Fall auch das Politische einschließen und ggf. bis zu einer Politischen Union (Europa) reichen können. Schmitt beschäftigt in diesem Zusammenhang immer wieder die Frage nach der Legitimität jenseits der Legalität. Gerade bei der Europäischen Union, die als Projekt (oft selbst ernannter) europäischer Eliten entstanden ist,[187] stellt sich die Frage nach der Legitimität besonders dringend. Das Demokratiedefizit dieses Staatenverbundes wird vor allem in den Zeiten der Eurokrise offensichtlich.

Europa hat überdies keine wirkliche Kraft zur alternativen Verfassungsgestaltung, wie spätestens seit dem Scheitern des Europäischen Konvents, der den Vertrag über eine *Verfassung für Europa* ausgearbeitet hat, deutlich geworden ist. In Volksabstimmungen stimmen das französische und das niederländische Volk im Jahre 2005 gegen die Verfassung. Eine ähnliche Niederlage wird der deutschen Regierung nur deshalb erspart, weil das Grundgesetz ein Referendum nicht vorsieht. An die Stelle einer europäischen Verfassung ist ein bürokratisches Vertragswerk getreten (Vertrag von Lissabon), das den Anspruch auf „alternative Verfassungsgestaltung" bei weitem verfehlt hat. Auf dieses legitimatorische Defizit der Europäischen Gemeinschaften hat Carl Schmitt immer wieder hingewiesen. Die mit dem Fiskalvertrag und der Einrichtung eines Europäischen Stabilisierungsmechanismus (ESM) verbundenen Einbußen an Souveränität beschäftigen inzwischen auch das Bundesverfassungsgericht.

5. Eigene Befindlichkeit und internationale Lage

Carl Schmitt ist im Jahre 1978 zwar körperlich – vor allem durch seine Sehbehinderung – stark eingeschränkt, geistig ist er aber noch ganz auf der Höhe.[188] Im Alter von 90 Jahren verfolgt er die Weltpolitik mit großem Interesse, wenn er auch nicht mehr so viel Wert auf die Details legt.

5.1 Eine ungewöhnliche Kommunikationsdichte

Schmitt hat nicht nur einen ungeheuren Schatz an Wissen, von dem er zehrt, sondern er beschäftigt sich auch noch mit neuen Büchern. Er liest diese Bücher nicht nur, sondern er kommentiert sie auch. Viele von diesen Kommentierungen finden sich in seinen Ta-

---

186 *Voigt* (Hrsg.) 2008; siehe Kapitel „Großraumdenken" in diesem Band.
187 *Habermas* 2008.
188 *Maschke*, Vorwort, in: Schmitt/Sander 2008, S. VIII-XI [IXf.].

gebüchern. Neben seinen größeren und kleineren Schriften, die größtenteils in fast alle Sprachen der Welt übersetzt worden sind, hat er diese Tagebücher hinterlassen, in denen er über Jahrzehnte in einer von ihm selbst entworfenen Kurzschrift alles ihm Wesentliche festgehalten hat.[189] Dazu gehört nicht nur seine Einschätzung von Büchern, die er gerade liest, sondern auch von Personen, die er getroffen hat sowie von politischen Ereignissen. Und schließlich ist Schmitt ein Briefeschreiber in einem für uns Heutige kaum noch vorstellbaren Ausmaß.[190] Er selbst schreibt lange Briefe, auf die ihm die Adressaten häufig ebenso ausführlich antworten. Diese Briefe, die zum großen Teil in Archiven zu finden und z.T. auch bereits veröffentlicht sind, zeugen von einer ungeheuren Kommunikationsdichte Schmitts.[191]

5.2 Ein Auftrag zur Weltrevolution?

Nach marxistischer Auffassung ist die Weltrevolution eine Revolution, die aus nationalen Revolutionen entsteht und von da aus alle Länder der Erde ergreift. Danach hätte die russische Oktoberrevolution, die im Herbst 1917 ausbricht und zur Gründung der Sowjetunion führt, eine Weltrevolution auslösen müssen. Aus vielfältigen Gründen geschieht das jedoch nicht. Nach dem Ende des Zweiten Weltkrieges entsteht ein zunächst labiles, im Laufe der Zeit aber immer stabileres Machtgleichgewicht zwischen den USA und der UdSSR, jeweils mit ihren Satellitenstaaten und Bündnissystemen. Diese bipolare Weltordnung sorgt zwar dafür, dass die beiden Supermächte nicht in eine – womöglich tödliche – atomare Konfrontation hineingeraten, „Stellvertreterkriege" in verschiedenen Teilen der Welt sind aber an der Tagesordnung.

Maos Revolutionsexport

Die Volksrepublik China spielt zu dieser Zeit im Mächtegleichgewicht noch keine entscheidende Rolle, sie versteht sich aber als Exporteur für Revolutionen. Während die sowjetischen Kommunisten die Forderung nach einer Weltrevolution zur Vernichtung des Kapitalismus nur noch „im Munde" führen und statt dessen vor allem durch Geheimdienstoperationen und durch die Unterstützung von (kommunistischen) Befreiungsbewegungen in den Ländern der „Dritten Welt" für Unruhe im westlichen Bündnis sorgen, nimmt China den Auftrag zur Weltrevolution – vor allem unter Mao Zedong (1893-1976) – sehr ernst. Mao entwickelt eine Theorie des Stadt-Land-Kampfes,[192] die

---

189 Einige dieser Tagebücher sind inzwischen transkribiert und in Buchform veröffentlicht worden.
190 Tatsächlich muss es sich um Tausende von Briefen handeln, die allerdings nur teilweise erhalten geblieben sind.
191 *Noack* 1996, S. 287.
192 Vgl. hierzu *Peking-Rundschau* 1967.

durch den „schmutzigen" Vietnamkrieg (1964-1973) der USA fast überall auf der Welt Auftrieb erhält. China unterstützt in den 1960er Jahren massiv maoistische und kommunistische Rebellen in Asien, Afrika und Lateinamerika.

Geostrategie und Empire

Die Zeit der erfolgreichen Partisanen- bzw. Guerillabewegungen ist inzwischen allerdings vorbei. An ihre Stelle sind „Kriege" getreten, die von Al Qaida und ihren Ablegern oder vom sog. Islamischen Staat geführt werden. Als Nachfolger der Sowjetunion konzentriert sich Russland stärker auf die Aufrechterhaltung und womöglich Verbesserung seiner geostrategischen Position.[193] China beginnt sich als Supermacht zu etablieren, die weniger ihre ideologische Stärke, als vielmehr ihre unbändige wirtschaftliche Kraft einsetzt, um seine Position im globalen Mächtegleichgewicht langsam aber sicher immer stärker auszubauen und auf Dauer zu stellen.[194] Zugleich baut China seine militärische Stärke erheblich aus, indem es die Volksbefreiungsarmee modernisiert und aufrüstet. Der von den USA ausgerufene globale „Kampf gegen den Terrorismus" dient allen drei Supermächten nicht zuletzt dazu, Widerstand und Aufruhr zu stigmatisieren, ihm damit die Legitimität abzusprechen und so mit allen Mitteln bekämpfen zu können. In diesem Kontext ist die Trilogie von dem US-amerikanischen Literaturwissenschaftler Michael Hardt und dem italienischen Politikwissenschaftler und neomarxistischen Philosophen Antonio Negri überall auf fruchtbaren Boden gefallen.[195] Sie beziehen sich stellenweise auch auf Carl Schmitt, weisen aber stets darauf hin, dass Schmitt – ebenso wie Martin Heidegger – ein „Reaktionär" gewesen sei. Hardts und Negris Vorstellungen von der Souveränität und von einer neuen Demokratie stellen für den uns hier interessierenden Kontext eine lesenswerte Ergänzung dar.

6. Fazit: Abschied von der Bipolarität

Carl Schmitt hat sich nach dem Ende des Zweiten Weltkrieges verstärkt für die internationale Lage interessiert. Er prognostiziert vorausschauend den Aufstieg Chinas zur dritten Supermacht. Bereits im Jahre 1978 sieht er – ungeachtet der allgemein so bezeichneten bipolaren Weltordnung – drei etablierte Großräume: USA, UdSSR und China. Die aus den drei westlichen Besatzungszonen entstandene Bundesrepublik Deutschland scheint ihm demgegenüber nicht so sehr als lohnendes Objekt für seine wissenschaftlichen Bemühungen. Vielmehr lehnt er die Bonner Republik weitgehend ab. In einem

---

193 Z.B. durch die Annexion der Krim im Jahre 2014.
194 *Kissinger* 2011.
195 *Hardt/Negri* 2003; *Hardt/Negri* 2004; *Hardt/Negri* 2010.

Brief an den spanischen Rechtswissenschaftler Álvaro d'Ors[196] schreibt er am 12. Februar 1960:

> „Die Situation Deutschlands ist heute entsetzlich, viel schlimmer als die meisten ahnen, weil sie sich vom Wirtschaftswunder blenden lassen. Ich leide als alter Mann schwer darunter und fühle wahre Kassandra-Depressionen".[197]

Stattdessen empfindet Schmitt große Sympathie für das autoritäre Spanien des Caudillo Francisco Franco (1892-1975), dem Hitler im spanischen Bürgerkrieg (1936-1939) durch den Einsatz deutscher Truppen („Legion Condor") zum Sieg verholfen hat. In diesem Spanien sieht er eine echte Alternative gegenüber der „Verwestlichung" der Bundesrepublik.[198] Zu dieser positiven Einschätzung gehört sicher auch die starke Stellung der katholischen Kirche im Spanien Francos.

6.1 Neuer Nomos der Erde? *Ĝ ¹*

Carl Schmitt hat sich zwar schon seit Ende der 1930er Jahre verstärkt mit dem Völkerrecht beschäftigt, bald aber auch erkannt, dass dessen politische Wirksamkeit und rechtliche Bindekraft spätestens im Verlauf des Ost-West-Konflikts stark nachgelassen hat. Schmitt wendet sich daher zunehmend Problemfeldern im internationalen Zusammenhang zu („neuer Nomos der Erde" oder „Einheit der Welt"?), die er für politisch brisant hält. Zur politischen Nachkriegsordnung ist vor allem sein Vortrag *Die Ordnung der Welt nach dem Zweiten Weltkrieg*, den er 1962 in Madrid in spanischer Sprache gehalten hat, von besonderer Bedeutung.[199] Schmitt geht bereits in den 1960er Jahren davon aus, dass die bipolare Welt durch eine multipolare Weltordnung abgelöst werden wird.[200] Die spätere Entwicklung hat ihm Recht gegeben. Zu seiner Analyse der internationalen Lage gehört auch die Partisanenfrage, die zunächst im Zweiten Weltkrieg in Europa im Kampf gegen die deutsche Wehrmacht eine große Rolle gespielt, nach Kriegsende sich auf Afrika und Asien verlagert, dann jedoch mit der Guerillabewegung in Lateinamerika neue Aktualität erlangt hat. Schmitt beschäftigt sich dabei intensiv auch mit Mao Zedongs Theorie vom Partisanenkrieg. Dass er mit der Partisanenfrage ein Kernproblem behandelt hat, zeigt beispielhaft die lange Lebensdauer der maoisti-

---

196 Schmitt kannte zunächst nur den Vater, den Philosophen und Essayisten Eugenio d'Ors (1881–1954), mit dem er befreundet war, lernte Álvaro aber 1944 anlässlich eines Vortrags kennen, den Schmitt an der Universität von Granada hielt, wo Álvaro seit kurzem Ordinarius für Römisches Recht war.

197 *Herrero* (Hrsg.) 2004, S. 200.

198 *Mehring* 2006, Rdnr. 11.

199 *Tommissen* (Hrsg.) 1990, S. 25 (Übersetzung von Günter Maschke).

200 *Ulmen* 2003, S. 9-34 [29].

schen Bewegung *Sendero Luminoso* („Leuchtender Pfad") in Peru, von der es auch heute noch etwa 700 Kämpfer (von ehemals 8000) geben soll. Aber auch der moderne Terrorismus, der weltweit agiert und kaum wirkungsvoll zu bekämpfen ist, scheint – abgesehen von seiner islamistisch-fundamentalistischen Ausrichtung – zumindest seine theoretischen Wurzeln in der Partisanenbewegung zu haben. Auch, nachdem die Kommunisten den Anspruch auf die Initiative zur Weltrevolution schließlich aufgeben mussten, leben die asymmetrischen Konflikte doch weiter, wenn auch in neuer Gestalt.[201]

6.2 Hitlers „legale Revolution"

In dem Aufsatz *Die legale Weltrevolution* wechselt Carl Schmitt häufig die Ebenen, indem er seine Gegenwartsanalyse mit einem historischen Rückblick auf „Hitlers legale Revolution von 1933 bis 1945 als Präzedenzfall" vermischt. Natürlich fragt sich der Leser, welche Bedeutung die Zeit des Nationalsozialismus, die fast siebzig Jahre zurückliegt, für ihn persönlich bzw. ganz allgemein haben könnte. Ganz zu schweigen von der Frage, ob man die Einschätzung der Machtergreifung Hitlers als „legale Revolution" akzeptiert. Dabei zeigt sich jedoch, dass Schmitt stets mit historischen Beispielen arbeitet, die sich häufig auf solche Umbruchsituationen, wie es die Jahreswende 1932/33 ist, beziehen. Es ist also das Beispielhafte, das Schmitt interessiert; ihm geht es weniger um theoretisch denkbare Konstellationen als vielmehr um reale historische Situationen, die sich mit Fakten unterlegen und wissenschaftlich analysieren lassen. Dass er dabei unkonventionelle Wege beschreitet und zu Schlüssen kommt, die nicht jeder ohne Weiteres zu teilen vermag, ist bekannt. Wenig beachtet worden ist jedoch bislang, dass Carl Schmitt mit diesem Aufsatz nicht nur seine Sicht der Nachkriegsordnung pointiert zum Ausdruck gebracht hat, sondern dass es sich definit um sein Schlusswort handelt.[202]

201 Vgl. *Voigt* 2008a.
202 *Mehring* 2006, Rdnr. 20.

Teil III:

Staat im Notstand

Staatsräson

Steht die Macht über dem Recht?

„Zum Wesen des Staates gehört die Macht, er kann ohne sie seine Aufgabe, das Recht zu wahren und die Volksgemeinschaft zu schützen und zu fördern, nicht erfüllen. [...] Die Macht ist zwar nicht ‚an sich böse‘, wie Schlosser und Burckhardt gemeint haben, sondern naturhaft und indifferent gegen gut und böse. Wer sie aber in Händen hat, steht in andauernder sittlicher Versuchung, sie zu mißbrauchen und über die Grenzen, die Recht und Sitte ziehen, auszudehnen".[1]

Die Staatsräson ist ein Zauberwort, das etwas Schillerndes an sich hat. Sie ist nicht nur das „Bewegungsgesetz des Staates" schlechthin,[2] sondern sie ist zugleich auch „bedingungsloser Imperativ staatlicher Selbsterhaltung.[3] Ihre enge Verknüpfung mit dem Machtgebrauch ist Gegenstand zahlreicher Untersuchungen. Wann immer von Staatsräson, Interessendurchsetzung und Geheimpolitik sowie dem skrupellosen Einsatz von Macht, Heuchelei und Hinterlist die Rede ist, wird stets der Name Niccolò Machiavellis genannt.[4] Bei der Staatsräson geht es um „Entscheidungen, die ausschließlich das (tatsächliche oder vermeintliche) Interesse des Staates zu verwirklichen suchen"; im Konfliktfall gehen die Staatsinteressen allen anderen Rechtsgütern und Interessen vor.[5] Nach innen wie nach außen erhebt die Staatsräson den Staat zum absoluten Maßstab politischen Denkens und Handelns.[6] Für die Einen erscheint die Staatsräson als positive Utopie, wenn sie mit den Mitteln der Politik beansprucht, Recht und Sittlichkeit zu verwirklichen (Friedrich Meinecke), für die Mehrheit der Anderen hat sie hingegen den Hautgout der Behauptung von Macht um jeden Preis und feiert den Staat, wie er ist.

Die Auseinandersetzung um die „gute" oder aber die „schlechte" Staatsräson reicht bis in die Zeit der Renaissance zurück. Schon Giovanni Botero (1544-1617) lehnt in seinem Werk *Della Ragion di Stato* (1589) das in seinen Augen verwerfliche Konzept der Staatsräson von Niccolò Machiavelli ab.[7] Dabei führt er den Begriff „Staatsräson", der bei Machiavelli noch nicht vorkommt, erst in die allgemeine Diskussion um Staat und Politik ein.[8] Weitere Befürworter und Gegner dieses Konzepts schließen sich den bei-

---

1   *Meinecke* 1957, S. 15.
2   *Meinecke* 1957, S. 1.
3   *Münkler* 1987, S. 49.
4   Darüber hinaus beruft man sich in Fragen der Staatsräson auch auf Tacitus, vgl. *Stolleis* 1990, S. 45ff.; *King* 2009; *Reinhardt* 2012.
5   *Quaritsch* 1975, 43-63 [53 und 59].
6   *Münkler* 1987, S. 209.
7   Vgl. *Meinecke* 1957, S. 76ff.
8   Als Schöpfer des Begriffs „Staatsräson" gilt hingegen Francesco Guicciardini, *Stolleis* 1990, S. 23; *Reinhardt* 2012.

den Kontrahenten Machiavelli und Botero in einer schier endlosen, über die Jahrhunderte sich hinziehenden Prozession an. Im 17. Jahrhundert ist es Kardinal Richelieu,[9] Berater und (ab 1629) Erster Minister des französischen Königs Ludwig XIII., der nicht nur dem Grundsatz „Der Zweck heiligt die Mittel" huldigt, sondern sich auch ganz offen zum Machtgewinn als Staatszweck bekennt. In den folgenden Jahrhunderten praktizieren die meisten europäischen Staaten und ihre Herrscher – mehr oder weniger versteckt – das, was Richelieu so anschaulich beschrieben hat.[10] Jedes Zeitalter hat dabei seine besonderen Probleme mit der Staatsräson. Hier interessieren freilich besonders die Probleme des ausgehenden 20. und des beginnenden 21. Jahrhunderts. Dabei steht der Gedanke im Vordergrund, dass es sich – ähnlich wie bei der Renaissance[11] – um einen epochalen Umbruch handelt, der aus der umfassende Krise der bisherigen Ordnungsmuster eine neue Ordnung entstehen lässt.

Ausgehend von der Staatsräsonlehre, die in der Frühen Neuzeit entwickelt worden ist, wird im Folgenden der Frage nachgegangen, inwieweit die Staatsräson in den liberalen Demokratien des Westens auch heute noch das Handeln der Regierenden bestimmt. Gehören Geheimdiplomatie, Geheimpolitik und geheime Kommandoaktionen von Militär und Geheimdiensten vergangenen Zeiten an, in denen absolutistische Fürsten, Diktatoren oder autoritäre Führer herrschten, oder haben sie – unabhängig vom politischen System – womöglich nie aufgehört, wichtige Instrumente politischen Handelns zu sein? Diese Frage soll anhand einiger Beispiele erörtert werden. Dazu gehört das Problem der sog. *unlawful combattants*, den von US-Truppen in Afghanistan aufgegriffenen Kämpfern, die – ohne völkerrechtliche Grundlage – seit vielen Jahren in dem exterritorialen Lager Guantánamo auf Kuba eingesperrt sind und für die ein ordnungsgemäßes Gerichtsverfahren nicht vorgesehen ist.[12] Diese Frage lässt sich noch weiter zuspitzen, wenn man die „gezielten Tötungen" (*targeted killings*) einbezieht,[13] die dazu dienen, feindliche Akteure unter Umgehung rechtsstaatlicher Verfahren durch drohnengeleitete Raketen zu töten.

1. Enttabuisierung der Gewalt

Niccolò Machiavelli[14] hat im *Principe* (1513) das hohe Lied der Staatsräson und damit der rücksichtslosen Instrumentalisierung der Macht sowie der Enttabuisierung der Ge-

---

9   Armand-Jean de Plessis, duc de Richelieu (1585-1642).
10 *Meinecke* 1957, S. 173ff.
11 Vgl. *Münkler* 2004
12 Stattdessen sollen diese Gefangenen auf Guantánamo in Militärtribunalen abgeurteilt werden.
13 Vgl. *Kleinschmidt* 2012, S. 107-119.
14 Vgl. *Saracino* 2012, S. 69-88; *Schröder* 2012, S. 89-103.

walt gesungen.[15] Mit ihm endet das christliche Mittelalter, und es beginnt die Neuzeit in der politischen Theorie.[16] Das Staatserfordernis, mit anderen Worten: die Staatsräson, definiert Machiavelli so:

> „Man kann als richtig voraussetzen: Ein Fürst, und namentlich ein neuer Fürst, kann nicht so handeln, wie die Menschen gewöhnlich handeln sollten, um rechtschaffen genannt zu werden; das Staatserfordernis nötigt ihn oft, Treue und Glauben zu brechen und der Menschenliebe, der Menschlichkeit und Religion entgegen zu handeln".[17]

Machiavelli kennt bereits die Höhen und Tiefen der Staatsräson. Im *Principe* hat er seine Feststellungen ganz bewusst auf die neuen Herrscher bezogen, seine Interpreten sind oft jedoch ein ganzes Stück weiter gegangen. Fragen des Machterwerbs und der Machtverteidigung unter Einsatz von List und Gewalt sind offenbar für jede politische Herrschaft – ganz gleich an welchem Ort und in welcher Zeit – von ausschlaggebender Bedeutung. Gerade deshalb kann man davon ausgehen, dass Machiavelli, der eigentlich nur über die oberitalienischen Stadtrepubliken – und besonders über die neu gegründeten Staaten – schrieb, tatsächlich „zeitlose Wahrheiten" hat aufdecken können.[18]

1.1 Die Lehre von der unbedingten Machtausübung

Für diese schonungslose Offenlegung der politischen Praxis ist er öffentlich angefeindet und nicht nur von Repräsentanten der Kirche als eine Art Teufel verschrien worden. Der englische Kardinal Reginald Pole (1500-1558) hat in seiner *Apologia* 1539 – sieben Jahre nach Erscheinen des *Principe* im Druck (1532) – eindringlich vor Machiavellis Lehren gewarnt, wer, wie er dem Betrug das Wort rede, liefere die Menschheit der Herrschaft von Fürsten aus, die wilden Tieren glichen:

> „Kaum begann ich es [gemeint ist der *Principe*] zu lesen, so erkannte ich, daß es – obwohl es den Namen und den Stil eines Menschen vorweist – doch von der Hand des Teufels geschrieben ist".[19]

Tatsächlich haben sich die Herrschenden zu allen Zeiten jedoch – ob eingestandener- oder nicht – durch seine Lehren in ihrem eigenen politischen Handeln eher inspirieren als abschrecken lassen. Während in der Öffentlichkeit christliche Tugendlehren beschworen wurden, fand die Rezeption seiner „negativen" Staatsräson unter Ausschluss der Öffentlichkeit im Dunklen statt, und seine Lehre von der unbedingten Machtaus-

---

15 *Kersting* 1998, S. 94; vgl. *Reinhardt/Saracino/Voigt* (Hrsg.) 2015.
16 *Stolleis* 1990, S. 39.
17 *Machiavelli* (Princ. XVIII) 1990, S. 97f.
18 *Quaritsch* 1975, S. 46; vgl. *Saracino* 2012.
19 *Pole*, Apologia ad Carolum Quintum Caesarem. In: Sternberger 1978, S. 335-348 [340].

übung blieb noch lange tabu.[20] Friedrich der Große, der als Kronprinz noch ein strikter Gegner Machiavellis gewesen ist (*Anti-Machiavell*),[21] hat gegen Ende seines Lebens einräumen müssen, dass er der Florentiner falsch eingeschätzt hat: „Ich muss leider zugeben, dass Machiavelli recht hat".[22] Die Herrschaft lasse sich nun einmal nur mit Hilfe von Macht und notfalls durch den Einsatz von Gewalt sichern.[23] Für den Bereich der Außenpolitik hat bereits Thukydides – fast 1000 Jahre vor dem *Principe* – in seinem großen Werk über den Peloponnesischen Krieg (431-411 v.Chr.) diesen als Zusammenstoß zweier Machtblöcke interpretiert, die auf Expansion aus waren.[24] Seine zeitgenössischen Kritiker waren der Überzeugung, gerade durch diese Interpretation habe er die Handelnden zu ihrem aggressiven Verhalten erst aufgestachelt:

> „Die Theorie der Machträson verleitet dazu, politisches Handeln stets als machtgeleitet zu interpretieren, dadurch andere zu tatsächlich machtgeleitetem Handeln zu provozieren und so jenen Prozeß der Gewalteskalation einzuleiten, den lediglich interpretiert zu haben die Machttheorien danach für sich in Anspruch nehmen [...]".[25]

1.2 Arkanum der Macht

Der unbedingte Wille zur Macht galt damals, scheint aber auch heute noch zu gelten, wenn dabei auch oft subtilere Methoden zur Anwendung kommen. Seither muss als Begründung für Grausamkeiten aller Art oft genug die Staatsräson herhalten. Was darunter genau zu verstehen ist, bleibt allerdings vorsichtshalber im Dunklen. Zu dem „Arkanum" der Macht, jenem geheimnisvollen Zirkel der Mächtigen, soll kein Unbefugter Zutritt erhalten.[26]

> „In dem Autor des ‚Principe', der nicht nur die *arcana imperii*, die Herrschaftsgeheimnisse, ausführlich behandelt hatte, sondern auch als erster politischer Schriftsteller den politischen Handlungsraum aus dem Geltungsbereich von Recht, Moral und Sitte ausgegrenzt und dem Imperativ der Machterhaltung unterstellt hatte, erkannten die Theoretiker der Staatsräson zumeist den Begründer eines verwerflichen Konzepts von Staatsräson".[27]

Im Jahre 1589 erscheint das Buch *Della Ragion di Stato* von Giovanni Botero, mit dem das Wort Staatsräson endgültig etabliert ist.[28] Die deutsche Übersetzung von 1596 trägt den Titel *Gründlicher Bericht von Anordnung guter Policeyen und Regiments: auch*

---

20   Vgl. *Reinhard* 1999, S. 108.
21   *Nitschke* 2004, S. 61-82.
22   *Friedrich der Große* 1987, S. 81.
23   *Meinecke* 1957, S. 321ff.
24   Vgl. *Baltrusch/Wendt* (Hrsg.) 2011.
25   *Münkler* 1987, S. 74.
26   Vgl. *Lotter* 2014, S. 13-26.
27   *Kersting* 1998, S. 159.
28   *Szurawitzki* 2005.

Fürsten und Herren Stands. Wichtig an der Terminologie Boteros ist die Gleichsetzung von *ragione di stato* und *ragione d'interesse*, denn dies weist bereits den künftigen Weg für die Entideologisierung der Staatsräson hin zu einem bloßen Staatsinteresse. Staatsraison definiert Botero – weitgehend neutral – als „die Kenntnis und den Gebrauch der Mittel und Maßnahmen, die erforderlich sind, um einen Staat zu gründen, zu erhalten und zu vergrößern".[29] Francesco Guicciardini, ein Freund Machiavellis, hat in seinem Buch *Ricordi* (1512-1530) dessen Werke teils interpretiert, teils kritisiert. Das von Machiavelli in den *Discorsi* erwähnte Sprichwort der Florentiner „Die Leute haben eine Gesinnung auf den Plätzen und eine andere im Palast" (Erstes Buch, Nr. 47),[30] erläutert Guicciardini so:

> „Oft steht zwischen Palazzo und Piazza eine so dichte Nebelwand, eine so hohe Mauer, dass das Volk, dessen Auge nicht hindurchdringen kann, von dem, was der Herrscher tut, oder von den Beweggründen seiner Taten und Entschlüsse genausoviel weiß wie von den Ereignissen in Indien".[31]

1.3 Realisierung der Staatszwecke

Jean Bodin hat in seinen *Sechs Büchern über den Staat* 1583 zwar nicht das Wort Staatsräson verwendet,[32] sie steht allerdings als Leitidee hinter seiner gesamten juristischen Konstruktion.[33] Bodins Werk ist bislang offenbar allzu einseitig aus der Perspektive der Staatssouveränität betrachtet worden. Dabei fällt auf, dass er selbst keine Auswahl der zur Verfolgung wesentlicher Staatsinteressen erlaubten Mittel vornimmt. Vielmehr nimmt er sie ausdrücklich von der Beachtung der eigenen Rechtsordnung und den allgemeinen Regeln der Moralität aus.[34] Helmut Quaritsch hat Bodins Ideen folgendermaßen interpretiert:

> „Dahinter steht offenbar die Ansicht, dass die Realisierung der Staatszwecke, insbesondere der Verwirklichung des Rechts, an einen funktionsfähigen Staat gebunden ist. Es ist sinnlos, Recht und Gerechtigkeit zu fordern, wenn deren einziger Garant, der Staat, diese Forderungen wegen Bürgerkriegs etc. nicht erfüllen kann. Weil der Staat selbst nicht das Ergebnis eines rechtlich geordneten Verfahrens, sondern eines Machtkampfes ist, ist der Maßstab des Rechts für diejenigen Mittel ungeeignet, die den Staat wiederherstellen".[35]

---

29 *Botero* 1948, I, 1, S. 55.
30 *Machiavelli* 1990, S. 193.
31 *Guicciardini* II, 141, zit. nach *Münkler* 1987, S. 183.
32 *Bodin* 1583/1976.
33 *Meinecke* 1957, S. 69.
34 *Quaritsch* 1975, S. 53.
35 *Quaritsch* 1975, S. 60.

Im 17. Jahrhundert wird in der sog. Arkanliteratur über die Herrschaftspraxis als Geheimwissenschaft geschrieben.[36] Wichtigstes Beispiel für ein solches Handbuch der praktischen Politik ist Arnoldus Clapmarius' *De Arcanis Rerumpublicarum libri sex*, das 1605, ein Jahr nach dem Tod des Autors, erscheint.[37] Clapmarius[38] definiert diese Arcana als verborgene Mittel und Ratschläge zum Erhalt des Friedens, der Herrschaft und zur Sicherung des Gemeinwohls.[39] Clapmarius tritt dabei gewissermaßen in die Fußspuren Boteros.[40]

1.4 Staatsräson und demokratische Öffentlichkeit

Nach herkömmlichem Verständnis schließen sich demokratische Öffentlichkeit und (negative) Staatsräson gegenseitig aus. Denn die Demokratie sei die „Regierung der sichtbaren Macht" (Norberto Bobbio). Im Zeichen einer zunehmenden Tendenz auch demokratisch gewählter Regierungen zu geheimen Aktivitäten sind sog. Whistleblower wie z.B. der ehemalige NSA-Mitarbeiter Edward Snowdon von größter Bedeutung. Sie ermöglichen zumindest eine gewisse Transparenz der Politik, die für eine Demokratie unverzichtbar ist.

Gelebte Geheimdiplomatie

Dessen ungeachtet spielt jedoch auch heute die Arkan- oder Geheimpolitik in der Praxis demokratisch gewählter Regierungen eine bedeutende Rolle. Denn „zu jeder großen Politik gehört das ‚Arcanum'".[41]

Carl Schmitt hat bereits frühzeitig die Bedeutung der Geheimpolitik für die Weimarer Republik hervorgehoben:

> „Engere und engste Ausschüsse von Parteien beschließen hinter verschlossenen Türen, und was die Vertreter großkapitalistischer Interessenkonzerne im engsten Komitee abmachen, ist für das tägliche Leben und Schicksal von Millionen Menschen vielleicht noch wichtiger als jene politischen Entscheidungen. [...] [W]ie harmlos und idyllisch sind die Objekte jener Kabinettspolitik des 17. und 18. Jahrhunderts neben den Schicksalen, um die es sich heute handelt, und die heute der Gegenstand aller Arten von Geheimnissen sind".[42]

---

36 Hierzu: *Stolleis*, Arcana Imperii und Ratio Status. In: Ders. 1990, S. 37-72.
37 *Clapmarius* 2013.
38 Mit bürgerlichem Namen Arnold Clapmar (1574-1604).
39 *Meinecke* 1957, S. 156ff.; *Stolleis* 1990, S. 53ff.
40 *Llanque* 2008, S. 196; *Stolleis* 1988, S. 99f.; *Stolleis* 1980.
41 *Schmitt* Katholizismus, S. 58.
42 *Schmitt* Lage, S. 62f.

Tatsächlich werden auch Verträge, die zwischen den Staaten geschlossen werden, keineswegs immer in vollem Umfang publiziert, so wie es die Grundsätze des demokratischen Rechtsstaates eigentlich gebieten würden. Manches bleibt im Dunklen, geheime Zusatzprotokolle zu offiziellen Verträgen enthalten Verpflichtungen, die bei den Wählerinnen und Wählern bei ihrem Bekanntwerden Empörung auslösen würden. Geheime Friedensverhandlungen, die sonst aus Prestigegründen scheitern müssten, führen möglicherweise jedoch zum Erfolg. So hat z.B. Henry Kissinger im Auftrag von US-Präsident Richard Nixon Ende der 1960er Jahre Geheimverhandlungen zunächst mit Xuan Thuy und später mit Le Duc Tho, Vertretern der (kommunistischen) Demokratischen Republik Vietnam geführt, um den Vietnamkrieg einigermaßen „gesichtswahrend" für Amerika beenden zu können.[43] Die USA ließen damit letztlich ihren „Schützling" Südvietnam klammheimlich fallen. In seinem Buch *Die Zukunft der Demokratie* hat Norberto Bobbio 1984 den engen Zusammenhang zwischen Öffentlichkeit und demokratischer Herrschaft herausgestellt:

„[...] je geringer die institutionellen Möglichkeiten [...] zur wirksamen Kontrolle von Herrschaftspraktiken durch intermediäre Institutionen (Parteien und andere gesellschaftliche Organisationen) oder die politische Öffentlichkeit (Parlamente und Medien) sind, desto größer ist der Wirkungsraum ‚unsichtbarer Mächte', d.h. der Akanbereich ‚arcana imperii' von Politik, in diesem Raum werden nach Maßgabe intransparenter (und illegaler) Konventionen und Verfahren auf der Grundlage [...] informeller Beziehungs- und Kontaktstrukturen wirtschaftliche und politische Partikularinteressen vermittelt. Das führt in der Regel zur Herausbildung von amorphen Substrukturen politischer Entscheidungsprozesse [...], die die Prärogative parlamentarischer Repräsentativkörperschaften ebenso unterlaufen wie die Gewaltenteilung und das Öffentlichkeitsprinzip".[44]

Vermeidung eines Staatsrundfunks?

Tatsächlich spielt die Öffentlichkeit eine zentrale Rolle bei der Eindämmung einer negativen Staatsräson. Massenmedien wie das Fernsehen sollten sich daher nicht in der Hand der Regierung oder unter ihrem bestimmenden Einfluss befinden. Nicht zufällig haben die (West-) Alliierten – allen voran die britische Besatzungsmacht – dafür gesorgt, dass in der damals zu gründenden Bundesrepublik kein Staatsrundfunk etabliert wurde. Vielmehr sollten die öffentlich-rechtlichen Sendeanstalten durch Rundfunkräte kontrolliert werden, in denen alle gesellschaftlichen Kräfte repräsentiert sein sollten.[45] Offenbar hat niemand vorausgesehen, dass sich die durch den Parteienartikel des Grundgesetzes (Art. 21) privilegierten politischen Parteien alsbald – gewissermaßen

---

43 Diese Gespräche mit Xuan Thuy beginnen am 4. August 1969, weitere Geheimgespräche finden mit Le Duc Tho in Paris 1968-1973 am Rande der Vietnam-Konferenz statt.
44 *Bobbio* 1988, S. 86ff.
45 Nach dem Vorbild der BBC wurde der NWDR, der Nordwestdeutsche Rundfunk, gegründet, aus dem später der NDR und der WDR hervorgingen.

durch die Hintertür – aller relevanten Positionen bemächtigen würden. Vergleicht man die in Fernsehnachrichten, Magazinen und Zeitungen veröffentlichte Meinung zu bestimmten politischen Themen (z.B. „Rettungsmaßnahmen" für finanzschwache Mitgliedsstaaten der Eurozone) mit den im Internet nachzulesenden Diskussionen unter den „Nutzern",[46] dann fallen – mit wenigen Ausnahmen – Eintönigkeit und „Stromlinienförmigkeit" der „offiziellen" Medienberichterstattung sogleich ins Auge.

2. Positive Staatsräson

> „Der Staatsmann *muß*, wenn er von der Richtigkeit seiner Erkenntnis überzeugt ist, ihr gemäß handeln, um sein Ziel zu erreichen".[47]

Zu Beginn der zweiten Hälfte des 20. Jahrhunderts hat es für einen Moment den Anschein, als ob diese „gute" Staatsräson gesiegt, oder anders gesagt: die Rechtsräson über die Staatsräson die Oberhand gewonnen hätte.[48] Mit der erfolgreichen Durchsetzung des Rechtsstaatsgedankens und des Demokratieideals scheinen solche sinisteren Machenschaften, wie sie Machiavelli beschrieben und Richelieu praktiziert hat, endgültig der Vergangenheit anzugehören. Geheimdiplomatie gilt seither als etwas Verabscheuungswürdiges. Solche Methoden lassen sich mit dem demokratischen Rechtsstaat moderner Prägung auch dann nicht vereinbaren, wenn die Akteure für sich in Anspruch nehmen, im Namen einer „höheren" Staatsräson zu handeln. Nur gelegentlich und nur für kurze Zeit wird dieses rosige Selbstbild westlicher Demokratien durch hässliche Gewaltaktionen getrübt.[49] So wurde z.B. am 10. Juni 1985 das Greenpeace-Schiff „Rainbow Warrier" von Agenten des französischen Geheimdienstes (DGSE) in Auckland/Neuseeland („Operation Satanique") versenkt. Greenpeace hatte damit gegen Atomwaffentest Frankreichs auf dem Mururoa-Atoll protestiert. Frankreich erbrachte zwar Entschädigungszahlungen, zog daraus jedoch keine tiefer gehenden Konsequenzen.[50] Im Gegenteil wurde General Jean-Claude Lesqueur, der Oberkommandierende der „Operation Satanique", zehn Jahre nach der Versenkung zum Großoffizier der Ehrenlegion ernannt. Zumindest sind sich die Hauptakteure der westlichen Welt bis in die 1980er Jahre darin einig, sich selbst als „die Guten" zu stilisieren, die Machthaber des Ostblocks hingegen

---

46 Ähnliches gilt für manche Leserbriefe großer Tageszeitungen.
47 *Meinecke* 1957, S. 1.
48 *Münkler* 1987, S. 13.
49 Neben zahlreichen sog. Militärschlägen und –interventionen aller Art gab es auch immer wieder Anschläge von Geheimdienstagenten auf nichtmilitärische Ziele.
50 Der damalige Geheimdienstchef, Admiral Pierre Lacoste, teilte 20 Jahre nach der Aktion der französischen Nachrichtenagentur AFP mit, dass einschließlich des Staatspräsidenten die gesamte französische Staatsspitze eingeweiht war.

als „die Bösen" zu diffamieren. Das Gleiche passiert spiegelverkehrt auf der anderen Seite.

3. Rückkehr der negativen Staatsräson?

„Staatsräson, Machtpolitik, Machiavellismus und Krieg werden wohl niemals aus der Welt zu schaffen sein, weil sie mit der Naturseite des staatlichen Lebens untrennbar zusammengehören".[51]

Bereits der Zusammenbruch des Sowjetimperiums Ende der 1980er Jahre und – noch gravierender vielleicht – der weltweite Kampf gegen den Terrorismus stellen jedoch eine Zäsur in der jüngsten Geschichte der Staatsräson dar. Vor dem Hintergrund dieses kriegsähnlichen Kampfes, der buchstäblich mit allen Mitteln (also auch ohne Einhaltung der Genfer Konventionen) geführt wird, zeichnet sich eine Rehabilitierung des „schlechten" Staatsräsonkonzepts ab, das – zu Recht oder zu Unrecht – untrennbar mit dem Namen Machiavellis verbunden ist. Die gezielte Tötung Osama Bin Ladens im pakistanischen Abbottabad durch amerikanische Spezialtruppen (*Navy Seals*) am 2. Mai 2011 hat die Frage nach der Staatsräson schlaglichtartig wieder in den Blickpunkt des Interesses gerückt. Die deutsche Bundeskanzlerin hat diesen Tötungsakt ausdrücklich begrüßt.[52]

3.1 Targeted killings

Die Frage ist allerdings, ob es völkerrechtlich zulässig ist – von der ethisch-moralischen Fragwürdigkeit ganz zu schweigen –, einen seit langem gesuchten Terroristenführer, der aller Wahrscheinlichkeit nach für die Anschläge vom 11. September 2001 auf das World Trade Center in New York und zahlreiche weitere Attentate zumindest moralisch verantwortlich zeichnet, gezielt zu töten? Für die USA war Bin Laden Staatsfeind Nr. 1 (*public enemy*), den man per Steckbrief „tot oder lebendig" haben wollte. Hätte man ihn lebend gefangen genommen, hätte er vor ein Gericht gestellt werden müssen. Da die USA das Statut von Rom nicht ratifiziert haben, hätten sie Bin Laden auch nicht an den Internationalen Strafgerichtshof überstellt. Ein US-Gericht hätte aller Wahrscheinlichkeit nach die Todesstrafe verhängt. Allerdings hätte der amerikanische Präsident vermutlich nicht ein ziviles Gericht in den USA, sondern ein Militärtribunal mit dem Verfahren beauftragt, das dann – außerhalb der Grenzen der USA – auf dem Militärstützpunkt Guantánamo auf Kuba durchgeführt worden wäre. Befürworter der gezielten Tö-

---

51 *Meinecke* 1957, S. 505.
52 Vgl. *Voigt* 2013, S. 181.

tung durch die Amerikaner argumentieren, dass ein solcher Prozess viel mehr unerwünschtes Aufsehen erregt hätte. Die Gefahr von Geiselnahmen, Erpressungsversuchen und neuen Attentaten wäre weit größer gewesen. Der Einsatz von Drohnen hätte Unschuldige treffen können. Trotz einer gewissen Stringenz der Argumentation verrät sich hier die Sprache der (negativen) Staatsräson, die eine rechtstaatliche Bindung der Staatsgewalt ablehnt.

Tötet Bin Laden!

Am 29. April 2011 ordnet US-Präsident Barack Obama – trotz aller Warnungen seiner Geheimdienstexperten – den Einsatz eines Spezialkommandos an; der Befehl lautet: Tötet Bin Laden!". Drei Tage später (2. Mai 2011) wird (der nachweislich unbewaffnete) Osama Bin Laden nachts im Schlafzimmer seines Hauses[53] im pakistanischen Abbottabad in Anwesenheit seiner Ehefrau[54] von „Elitesoldaten" der Navy Seals erschossen.[55] Der Präsident und seine engsten Berater verfolgen die Operation über eine Live-Videoverbindung.[56] Ein Jahr später nutzt Obama diese Aktion, um sich im Präsidentschaftswahlkampf als starker und entschlossener Präsident, der kein Risiko scheut, um sein Vaterland zu verteidigen, zu inszenieren. Mit der Absicht, den republikanischen Herausforderer Mitt Romney abzuwerten, wird diesem unterstellt, er hätte nicht die nötige Entschlossenheit und den Mut gehabt, einen solchen Befehl zu geben. Romney selbst sagt, er hätte diesen Befehl selbstverständlich ebenso gegeben. Die gezielte Tötung Bin Ladens war und ist offenbar nicht nur Bestandteil der amerikanischen Staatsräson, sondern – weit darüber hinaus gehend – auch der politischen Kultur der USA.

Daraus resultiert die Frage: Dürfen sich die USA mit ihrer imperialen Macht über das Recht hinwegsetzen, um Terroristen zu bekämpfen? Bundeskanzlerin Angela Merkel hat die Aktion am 4. Mai 2011 so kommentiert:

> „Ich freue mich darüber, dass es gelungen ist, Bin Laden zu töten und ich glaube, dass es vor allen Dingen auch für die Menschen in Amerika aber auch für uns in Deutschland doch eine Nachricht ist, dass einer der Köpfe des internationalen Terrorismus, der so vielen Menschen auch schon das Leben gekostet hat, gefasst also getötet wurde und damit auch nicht mehr weiter tätig sein kann, und das ist das, was jetzt für mich zählt".[57]

---

53 Das Haus wird später abgerissen, um „einen Schritt *zurück in die Normalität"* zu tun, Bericht von *Spiegel-Online,* www.spiegel.de/politik/ausland/0,1518,830064,00.html.
54 Die Jemenitin Amal Abd al-Fattah war Bin Ladens fünfte Ehefrau, mit der er drei Kinder hatte.
55 Auf dem Weg zum Schlafzimmer erschießen die Soldaten einen Kurier, Bruder, Schwägerin und Sohn Bin Ladens, Bericht von *Spiegel-Online,* www.spiegel.de/politik/ausland/0,1518,803226,00. html.
56 Siehe hierzu: „Ende eines Massenmörders". In: *Der Spiegel* Nr. 19 vom 9.5.2011, S. 76-97.
57 www.youtube.com/watch?v=iESTxmsm4Fs.

Darf man sich als Regierungschefin eines demokratischen Rechtsstaates über die gezielte Tötung eines Menschen auf fremdem Territorium „freuen"? Selbst dann, wenn man diese Tötung nicht als unmittelbar völkerrechtswidrig einstuft, ist sie doch moralisch – von einem christlichen ebenso wie von einem humanistischen Standpunkt aus – nicht zu rechtfertigen. Dieser Fernsehauftritt Angela Merkels erscheint daher sicher nicht zufällig merkwürdig improvisiert, die Bundeskanzlerin selbst wirkt konfus. Meint sie wirklich, was sie sagt? Und wenn ja, welche Konsequenzen zieht sie daraus für deutsche Militär- oder Geheimdiensteinsätze? Mit der (jesuitischen) Rechtfertigungsformel „Der Zweck heiligt die Mittel!" findet sich der Mensch des 21. Jahrhunderts im Grunde genau dort wieder, wo Machiavelli mit seiner Lehre von der Staatsräson bereits vor 500 Jahren stand.

Einsatz von Drohnen

An gezielte Tötungen (*targeted killings*) hat sich die Öffentlichkeit offenbar bereits gewöhnt. Frankreich, Großbritannien, Russland, Israel und die USA gehen auf diese oder ähnliche Weise gegen ihre Erzfeinde vor. Der amerikanische Präsident autorisiert bereits seit langem den Einsatz von Drohnen (*Predator*), unbemannten Luftfahrzeugen, die bestückt mit Hellfire-Raketen einen oder mehrere als Terroristenführer verdächtige Personen töten sollen.[58] Unter Präsident Obama hat der Einsatz dieser Drohnen sogar noch erheblich zugenommen.[59] Am Hindukusch – also in Afghanistan und Pakistan – und in Nordafrika sind heute etwa 800 Drohnen im Einsatz. Allein in Pakistan sollen auf diese Weise etwa 2000 Menschen getötet worden sein.[60] Amerika argumentiert vor allem mit der Behauptung, sich in einer militärischen Auseinandersetzung mit Al Qaida zu befinden, die „gemäß internationalem Kriegsrecht" den tödlichen Zugriff auf deren Führer, die als Feinde Amerikas einzustufen seien, rechtfertige. Tatsächlich hat Bin Laden dem „Satan USA" mehrmals „den Krieg erklärt". Er ist freilich nicht der Staats- oder Regierungschef eines Staates, der einem anderen Staat – völkerrechtlich verbindlich – den Krieg erklären könnte. Ob er selbst den Befehl gegeben hat, die Anschläge vom 11. September 2001 zu verüben, ist zudem keinesfalls einwandfrei nachgewiesen. Die unter Folter (z.B. *Waterboarding*) erpressten Aussagen[61] von Chalid Scheich Mohammed könnten in einem rechtsstaatlichen Verfahren außerhalb der USA als „Beweise" für Bin Ladens Schuld sicher nicht verwendet werden.[62]

---

58   Sog. unmanned combat air vehicle (UCAV).
59   Vgl. *Kleinschmidt* 2012, S. 107-119.
60   Vgl. *Der Spiegel* Nr. 18 vom 30.4.2012, S. 40.
61   US-Präsident Obama hat am 2. August 2014 zugegeben, dass von US-Behörden gefoltert wurde. Ein 6.300 Seiten langer Geheimbericht des US-Senats war zu diesem Schluss gekommen.
62   Chalid Scheich Mohammed gilt als Drahtzieher der Terroranschläge vom 11.9.2001.

Im März 2012 gab der damalige US-Justizminister Eric Holder öffentlich die gezielte Tötung mutmaßlicher Terroristen zu und rechtfertigte sie zugleich. Holder vertrat die Ansicht, dass die Verfassung den US-Präsidenten ermächtige, die Nation vor jeder unmittelbaren Bedrohung durch einen gewaltsamen Angriff zu schützen. Erstmals wird diese „Ermächtigung" auch auf amerikanische Staatsbürger ausgedehnt, wenn diese terroristische Anschläge in den USA geplant hätten, unmittelbare Gefahr für die Sicherheit der Vereinigten Staaten bestehe, sich der Verdächtige im Ausland befinde und dort eine Festnahme nicht möglich sei. Völkerrechtlich ist die gezielte Tötung dennoch umstritten. Die Mehrheit der anderen Staaten lehnt diese Maßnahmen ab, weil dem Opfer jede Möglichkeit der Verteidigung genommen wird. Dies verletzt jedoch das Rechtsstaatsprinzip. Vermutlich noch wichtiger für diese Ablehnung ist freilich die Befürchtung, die Angriffe des „Weltpolizisten" USA könnten sich auch gegen den eigenen Staat richten. Tatsächlich wird in den meisten dieser Fälle – wie bei der Tötung Bin Ladens in Pakistan – die Souveränität des betreffenden Staates in eklatanter Weise verletzt.

Herausforderung des Staates durch den Terrorismus

Andererseits ist nicht zu leugnen, dass eine Handvoll gut ausgebildeter, hoch motivierter und zu Allem entschlossener Terroristen einen Staat, seine demokratisch gewählte Führung sowie die gesamte betroffene Bevölkerung sehr wohl in Angst und Schrecken versetzen kann.[63] Das gilt vor allem für Selbstmordattentäter. Die teilweise überzogene Reaktion der Bundesregierung auf die Herausforderung durch die RAF-Terroristen in den 1970er Jahren zeigt, wie empfindlich der Rechtsstaat auf unbekannte Bedrohungen reagiert.[64] Banküberfälle, Fahrzeug- und Dokumentendiebstähle, Entführung und Geiselnahmen sowie Bomben- und Sprengstoffanschläge gehörten zum Repertoire der RAF. Während sich die gefangenen RAF-Terroristen selbst als „Kriegsgefangene" sahen, sprach ihnen die Regierung auch den Status der politischen Gefangenen ab. Die Gerichtsverfahren wurden unter extremen Sicherheitsvorkehrungen durchgeführt (Stammheim). Viele der damals zur Abwehr der konkreten Gefahren eingeführten Restriktionen gelten auch heute noch.

Es besteht also immer die Gefahr, dass eine tatsächliche oder eingebildete terroristische Bedrohung zu einer Überreaktion der Regierenden mit immer weiter verschärften Sicherheitsgesetzen führt. Häufig geht es dann nur vordergründig um die Abwehr der Gefahr. Die Wiederherstellung des „Normalzustands" gerät dabei weitgehend aus dem Blick. Oft verleiht der für die Sicherheit zuständige Innenminister den – manchmal eher ominösen – Drohungen erst das staatliche Siegel der Bedeutsamkeit. Damit handelt er,

---

63 Vgl. *Kleinschmidt/Schmid/Schreyer/Walkenhaus* (Hrsg.) 2012.
64 Vgl. *Kraushaar* (Hrsg.) 2006.

wenn auch unwillentlich, ganz im Sinne der Terroristen, deren Strategie ohne die öffentliche Wahrnehmung ins Leere laufen würde.

4. Techniker der Macht

„Staatsräson ist ein Kampfbegriff, unter dem eine kleine Gruppe spezialisierten und professionalisierten politischen Personals, Diplomaten und Sekretäre des fürstlichen Hofes, sich den Weg zu den Schalthebeln der Macht bahnt bzw., sobald sie diese erreicht hat, sich dort auf Dauer etabliert".[65]

Diese Aussage aus der Zeit der Renaissance ist nur auf den ersten Blick allein für diese Epoche gültig. Tatsächlich verhalten sich die Herrschenden heute sehr ähnlich. Der Herrscher soll, so schreibt Machiavelli im *Principe* zugleich Löwe und Fuchs, und das heißt gleichermaßen stark und mutig, aber auch schlau und gerissen sein. Der Fuchs ist wehrlos gegen Wölfe, und der Löwe ist wehrlos gegen Schlingen; es braucht die Eigenschaften eines Löwen, um gegen die Wölfe zu kämpfen, aber auch die Fähigkeiten eines Fuchses, rechtzeitig die Schlingen zu erkennen. Machiavelli bezieht sich bei diesem Bild, das so trefflich auch die gegenwärtige Situation von Spitzenpolitikern illustriert, offenbar auf den spartanischen Feldherrn Lysander, über den Plutarch berichtet hat.[66]

4.1 Meister der Verstellung

Da man sich auch durch gute Taten – ebenso wie durch schlechte Taten – den Hass seiner Untertanen zuziehen kann, muss der erfolgreiche Herrscher sich von jeder Moral fern halten und notfalls eben auch amoralisch handeln. Der Herrscher ist bei Machiavelli ein „Techniker der Macht, ohne Illusionen, realistisch, pragmatisch".[67] Denn zugleich muss dieser Herrscher den Eindruck erwecken, dass er „gut" sei, er darf diese guten Eigenschaften freilich nicht selbst haben oder sich gar von ihnen leiten lassen. Das würde seine Handlungsoptionen allzu sehr einschränken. Er muss vielmehr ein Meister in Heuchelei und Verstellung sein. Ganz in diesem Sinne, nämlich einer Mischung aus Stärke und List, gepaart mit einer schier grenzenlosen Skrupellosigkeit, bewundert Machiavelli den Charakter Cesare Borgias, in dem viele Interpreten – fälschlich, wie wir heute wissen, – das Vorbild für den *Principe* gesehen haben.

---

65   *Münkler* 1987, S. 12.
66   *Stolleis* 1990, S. 21-36 [21].
67   *Münkler* 1987, S. 61.

4.2 Getriebene selbst erzeugten Entscheidungsdrucks

Heute wird noch deutlicher als zu den Zeiten Machiavellis, dass die Politiker bloße „Maschinisten" der Staatsmaschinerie sind. Sie haben in aller Regel keine Zeit, um sich tiefschürfenden Gedanken hinzugeben oder ihr eigenes Handeln zu reflektieren. Von den „Philosophenkönigen", die Platon vor Augen standen, sind sie meilenweit entfernt. Vielmehr befinden sie sich wie in einer „Zwangsjacke" in einer ständigen Alarmbereitschaft. Jeden Augenblick werden Entscheidungen erwartet, die manchmal banal sind, oft aber auch (ggf. unerkannt und ungewollt) weitreichende und schwerwiegende Folgen haben können. Es fehlt die Muße, um eine sinnvolle Gewichtung vorzunehmen. Spitzenpolitiker sind nahezu pausenlos „im Einsatz" und dabei oft genug permanent überfordert. Zugleich erliegen sie allzu oft der (Selbst-) Täuschung, absolut unentbehrlich zu sein.[68] Die Welt steht gewissermaßen still, wenn die Bundeskanzlerin eine Zeitlang verhindert ist. Selbst im Urlaub ist permanente Erreichbarkeit selbstverständlich. Zugleich geht dabei zumeist das „Koordinatensystem" verloren, nach dem die zu treffenden Entscheidungen in ihrer Priorität geordnet werden könnten. Alles ist wichtig, alles muss sofort erledigt werden. Zwar ist das kein Phänomen, das nur Spitzenpolitiker betrifft, vielmehr sind Wirtschaftsführer und andere leitende Persönlichkeiten ebenfalls davon betroffen. Bei Politikern kann sich diese ständige Überforderung jedoch unmittelbar – und womöglich negativ – auf Frieden und Wohlstand der Bürgerinnen und Bürger auswirken.

5. Staatsräson – revisited

„Es gibt neben dem Werte des Staatswohls eben noch andere hohe Werte, die ebenfalls Unbedingtheit beanspruchen. Von ihnen kommen hier in Betracht das Moralgesetz und die Rechtsidee".[69]

Am 18. März 2008 spricht Bundeskanzlerin Angela Merkel bei einem Israelbesuch vor der Knesseth von der „besonderen historischen Verantwortung Deutschlands für die Sicherheit Israels", die „Teil der Staatsräson meines Landes geworden" sei.[70] Ähnlich haben sich auch bereits andere deutsche Politiker geäußert. Sie haben sich dabei auf die moralische Verpflichtung Deutschlands bezogen, die sich aus dem Holocaust ergebe. Daraus resultieren zunächst zwei Fragen: Wie weit sollte eine solche Staatsräson reichen, ist dabei auch der Einsatz von Bundeswehrsoldaten in einem denkbaren israelisch-

---

68 Die Beispiele Belgiens und Italiens, die beide über einen längeren Zeitraum keine Regierung hatten, zeigt jedoch, dass Politiker keineswegs unentbehrlich sind.
69 *Meinecke* 1957, S. 3.
70 Blog.zeit.de/joerglau/2012/04/12/deutschland-israel-staatsrason_5550.

iranischen Krieg eingeschlossen? Und: Müsste nicht eine so weitreichende politische Festlegung in der Verfassung selbst oder in einem expliziten Mandat des Staatsvolkes verankert sein? Denkbar wäre auch eine Kombination aus beiden Optionen, also eine Änderung des Grundgesetzes, z.B. in der Präambel, mit der die Verteidigung Israels als weiteres Staatsziel aufgenommen würde.[71] Für eine solche Grundgesetzänderung käme vermutlich die erforderliche Zweidrittelmehrheit in Bundestag und Bundesrat zustande. Daraus würde aber sogleich die weitergehende Frage resultieren, ob diese Änderung der Verfassung ohne Beteiligung des Staatsvolkes rechtens wäre. Voraussichtlich würde das Bundesverfassungsgericht angerufen, das sich mit so weitreichenden Grundgesetzänderungen ohne Volksbeteiligung bekanntlich schwertut.

5.1 Worin besteht die deutsche Staatsräson?

Mit diesen Überlegungen wird unterstellt, dass das Grundgesetz bislang keine Formulierung enthält, die erkennen ließe, dass der Verfassungsgeber die Sicherheit Israels zu einem Bestandteil der deutschen Staatsräson habe machen wollen. Um diese These zu erhärten, ist zunächst die Frage zu klären, welchen Inhalt die Staatsräson ganz allgemein haben kann und welche Inhalte in der besonderen Situation Deutschlands u.U. hinzukommen könnten. Diese Teilaspekte sollen hier Staatsziele genannt werden. Seit der „Erfindung" der Staatsräson in der Frühen Neuzeit gehört zu deren allgemeinem Inhalt die Erhaltung des Staates in nationaler und staatlicher Einheit, die Sicherung seines Territoriums, seiner Grenzen und seiner Unabhängigkeit von fremden Mächten. Im modernen Verfassungsstaat kommen dazu die Bewahrung von Verfassung und Rechtsordnung, von Demokratie und Freiheit, von Wohlstand (Eigentum) und sozialer Gerechtigkeit. Die Präambel des Grundgesetzes legt darüber hinaus als Staatsziel fest, dass das deutsche Volk „als gleichberechtigtes Glied in einem vereinten Europa dem Frieden der Welt zu dienen" bestrebt ist („von dem Willen beseelt"). Daraus ergibt sich, dass die europäische Einigung und die Friedenserhaltung zwei weitere Aspekte der deutschen Staatsräson sind. Und schließlich tritt als Staatsziel das Einstehen für die Menschenrechte auch in anderen Staaten hinzu.

5.2 Abwägung zwischen Staatszielen

Es liegt auf der Hand, dass diese Staatsziele als Teilaspekte der Staatsräson unmöglich alle gleichberechtigt nebeneinander stehen können, da sie sich teils widersprechen, teils gegenseitig ausschließen. Ohne Zweifel gehört die Erhaltung des Staates in seiner Ein-

---

71 Die Frage der völkerrechtlich umstrittenen Grenzen Israels müsste dabei wohl nicht ausdrücklich angesprochen werden.

heit, Freiheit und Unabhängigkeit zu den Staatszielen erster Ordnung. Ihm haben sich alle anderen Staatsziele unterzuordnen. Dieser Staat ist nach heutigen Maßstäben ein demokratischer und sozialer Rechtsstaat, dessen Souverän das Staatsvolk ist. Die Friedenserhaltung erscheint in Deutschland als ein eher durch passives Verhalten erreichbares Ziel. Dementsprechend hat die Bundesrepublik Deutschland sich 2003 nicht an dem (völkerrechtswidrigen) Irakkrieg der USA und Großbritanniens beteiligt[72] und 2011 nicht an dem internationalen Militäreinsatz gegen Libyen teilgenommen, obgleich dieser tatsächlich durch die UN-Resolution 1973 gedeckt war.

Angesichts der Gefahren durch die Islamisten des *Islamischen Staats* (IS) im Irak und in Syrien, die auch vor dem massenhaften Töten Andersgläubiger (Christen, Jesiden) nicht zurückschrecken, scheint die Bundesregierung allmählich von ihrer bisherigen Friedenspolitik abzurücken. Nicht nur von den Massenmedien wird immer lauter das Eingreifen deutscher Streitkräfte in diesen Konflikt gefordert. Eine solche „humanitäre Intervention", vor der auch die USA nicht ohne Grund zurückschrecken, hat für Deutschland allerdings besondere Tücken. Wie sollen die „Kämpfer" des IS völkerrechtlich eingeordnet werden, wenn man ihrer habhaft werden sollte? Sind sie Kombattanten, die – unabhängig von der Rechtmäßigkeit des Konflikts – zu Kampfhandlungen berechtigt sind, oder ist es denkbar, dass Deutschland sich in diesem Fall der US-amerikanischen Doktrin von den „unlawful combatants" anschließt? Den Deutschen wird erfahrungsgemäß gern von den Anderen der „schwarze Peter" zugeschoben, wenn etwas schiefgeht („Germans to the front").[73] Die Bundesregierung sollte sich nicht in ein militärisches Abenteuer treiben lassen, von dem Deutschland nur Nachteile zu erwarten hätte.[74] Eine absolute Grenze stellt dabei stets Artikel 26 des Grundgesetzes dar:

> „Handlungen, die geeignet sind und in der Absicht vorgenommen werden, das friedliche Zusammenleben der Völker zu stören, insbesondere die Führung eines Angriffskrieges vorzubereiten, sind verfassungswidrig. Sie sind unter Strafe zu stellen".

Demgegenüber verlangt die europäische Einigung offenbar ein aktives Handeln Deutschlands. Wieweit dabei die Regierenden gehen können, ist allerdings umstritten. Eine Verlagerung von (begrenzten) Kompetenzen auf die Europäische Union wird hierbei allgemein als vom Grundgesetz gedeckt angesehen.[75] Damit ist die Frage, wer (Nationalstaat oder EU) letztlich souverän bleibt oder wird, freilich noch nicht geklärt. Zu-

---

72 Vgl. *Staack/Voigt* (Hrsg.) 2004.
73 Das war die Aufforderung an das Deutsche Reich, sich militärisch im sog. Boxer-Aufstand (1899-1901) zu engagieren; im Ergebnis war dieser Einsatz im 2. Internationalen Expeditionskorps allerdings eher geeignet, Deutschland zu dikreditieren.
74 Die Bundesrepublik hat – auf Bitten der irakischen Regierung – den Einsatz von bis zu 100 deutschen Soldaten als Ausbilder im Nordirak beschlossen.
75 Siehe dazu auch Art. 23 n.F. Grundgesetz.

154

mindest ein vollständiges Aufgehen Deutschlands in der EU würde jedoch gegen die deutsche Staatsräson verstoßen und jedenfalls einen Volksentscheid als „Auflösungsbeschluss" („Deutschland schafft sich ab") voraussetzen. Umstritten ist auch die Frage, ob Regierung und Parlament die deutschen Staatsfinanzen durch Garantien und Bürgschaften für zahlungsunfähige EU-Mitgliedstaaten so stark belasten dürfen, dass die wirtschaftliche Existenz nachhaltig gefährdet wäre, zumindest aber künftige Generationen erhebliche finanzielle Belastungen zu tragen hätten.

6. Fazit

Der unbeschränkte Einsatz von Machtmitteln aus Gründen der Staatsräson wird heute als äußerst problematisch angesehen. Der alte Leitspruch „Right or wrong – my country!" gilt – zumindest für Deutschland – nicht mehr. Auch der Staat, seine Institutionen und seine Organe sind an das Recht gebunden. Weder dürfen staatliche Behörden Geständnisse im Wege der Folter erpressen, noch dürfen sie gezielt „Feinde" töten, derer sie anders nicht habhaft werden können und die sie nicht vor ein ordnungsgemäßes Gericht stellen können oder wollen.[76] Bodin hat in seinen Überlegungen über die Staatsräson darauf gedrängt, dass nicht der Herrscher maßgebend sei, sondern nur der Staat selbst. Es dürfe also nicht um die Eigeninteressen des Königs gehen, wie sie zur Zeit des amerikanischen Unabhängigkeitskrieges in Europa deutlich wurden, wenn der Fürst seine „Landeskinder" als künftige Soldaten an die Engländer verkaufte, um sich Schlösser, Mätressen und Equipagen kaufen zu können. In der modernen Parteiendemokratie neigen die Herrschenden freilich dazu, die Parteiräson an die Stelle der Staatsräson zu setzen. Im besten Fall wird in der Allparteiendemokratie aus dem Interesse einer Partei das Interesse aller etablierten Parteien, im ungünstigsten Fall wird daraus das Interesse des Regierungschefs, der in erster Linie an seine Wiederwahl denkt.

6.1 Verhinderung von Machtmissbrauch

Die Öffentlichkeit in Gestalt der Medien soll nach der herrschenden Lehre einer solchen Entwicklung durch öffentliche Kontrolle vorbeugen. Als geradezu klassischer Präzedenzfall dient dazu die Aufdeckung des Watergate-Skandals. US-Präsident Richard Nixon hatte zwischen 1969 und 1974 seine Regierungsmacht mehrfach missbraucht (*abuses of governmental powers*) und musste deshalb am 9. August 1974 von seinem Amt zurücktreten. Höhepunkt des Machtmissbrauchs war 1972 ein Einbruch in das Hauptquartier der (gegnerischen) Demokratischen Partei, das sich im Watergate-Gebäude-

---

76 Das schließt den Einsatz bewaffneter Drohnen zu diesem Zweck aus.

komplex befand. Die Polizei verhaftete fünf Einbrecher, die offenbar versucht hatten, Abhörmikrofone („Wanzen") zu installieren und belastende Dokumente zu fotografieren. FBI-Ermittlungen ergaben, dass die engste Umgebung des Präsidenten hinter diesem Einbruch steckte, weitere Vergehen und Verbrechen aus den vorhergehenden Jahren wurden aufgedeckt. Die Journalisten Bob Woodward und Carl Bernstein stellten in ihren Berichten in der *Washington Post* heraus, dass es sich um eine weitreichende politische Verschwörung unter Einschluss des Weißen Hauses handelte. Alle Maßnahmen von Regierungsseite, die Hintergründe des Skandals zu vertuschen und die Justiz bei ihren Untersuchungen zu behindern, wurden dadurch letztlich vereitelt.

6.2 „Mythos vom amerikanischen Journalismus"

Die Vorstellung, die Presse habe den Watergate-Skandal aufgedeckt, erscheint jedoch als überzogen. Immerhin mussten sich die engagierten Journalisten gegen viele Widerstände – u.a. ihres Chefredakteurs – durchsetzen. Und ohne eine Quelle unmittelbar im Weißen Haus (*Deep Throat*), die sich später (2005) als Mark Felt herausstellte, wäre die Kampagne nicht möglich gewesen. Nicht zuletzt die Filme, von denen der bekannteste der 1976 gedrehte US-Film *All the President's Men* („Die Unbestechlichen") ist, haben dazu beigetragen, aus den beiden Journalisten Helden zu machen und den „Mythos vom amerikanischen Journalismus" zu begründen. Dass es sich dabei um einen bloßen Mythos handelt, wurde jedoch spätestens im Jahre 2003 deutlich, als die Berichterstattung der amerikanischen Medien über den völkerrechtswidrigen Irakkrieg der USA, für den US-Präsident George W. Bush verantwortlich war, sich auf einen primitiven Hurra-Patriotismus verpflichten ließ.[77]

Das Internet entzieht sich einer solchen Kontrolle jedoch weitgehend. Umso grausamer schlugen die US-Behörden zu, als sich herausstellte, dass die Veröffentlichung der für die USA ungeheuer unangenehmen und peinlichen Enthüllungen auf *WikiLeaks* von dem Obergefreiten der US-Armee Bradley Manning weitergegeben worden waren. Manning wurde verhaftet und unter unmenschlichen Haftbedingungen, die an Folter grenzen (Isolationshaft, Entzug der Kleidung, kein Besuchsrecht der Mutter etc.), inhaftiert. Er wurde schließlich zu 35 Jahren Freiheitsentzug verurteilt, ein Urteil das unterhalb der von der US-Regierung geforderten Strafe von 50 Jahren blieb. Ein noch bekannterer „Wistleblower" ist Edward Snowdon. Er konnte ins Exil nach Russland entkommen, sodass die US-Behörden seiner nicht habhaft wurden. Snowdon, der als NSA-Mitarbeiter Zugang zu brisantem Material hatte, hat mit seinen Enthüllungen über die

---

77 Die USA hatten auch bereits in früheren Kriegen die Berichterstattung stark eingeschränkt und in Form des „Embedded Journalism" kanalisiert, bei dem extra dazu akkreditierte Journalisten mit den Soldaten (und unter deren Schutz) ins Kampfgebiet fuhren, um direkt von dort zu berichten,

Abhörpraxis US-amerikanischer Geheimdienste das Vertrauen der Europäer in den amerikanischen Verbündeten tief erschüttert. Wie machtlos nicht nur die Bundesregierung, sondern auch der Bundestag gegenüber den USA ist, zeigte sich besonders deutlich bei der Frage, ob Snowdon vor den parlamentarischen Untersuchungsausschuss zur NSA-Affäre als Zeuge geladen werden solle. Da dies eine „Verstimmung" der USA zur Folge haben würde, machte die Bundesregierung deutlich, dass sie die persönliche Anwesenheit Snowdons in Deutschland nicht dulden werde.[78] Die dem NSA-Untersuchungsausschuss angehörenden Abgeordneten wurden von der Bundesregierung „ermahnt", keine Informationen aus den Ausschussberatungen an die Presse zu geben.[79] Deutlicher hätte man die Machtlosigkeit – bis an die Grenze der Bedeutungslosigkeit – des Deutschen Bundestags kaum demonstrieren können.

6.3 Heiligt der Zweck die Mittel?

Letztlich geht es um die Beantwortung der Frage, ob der Staat nur Mittel zur Verwirklichung von Freiheit, Recht und Wohlstand seiner Bürgerinnen und Bürger ist, oder ob er selbst der Zweck aller Bemühungen ist. Dies ließe sich durchaus mit der Überlegung begründen, ohne den Staat fehle der Durchsetzungsapparat, um den Normen – z.B. zum Schutz der Menschen – Geltung zu verschaffen. In der Tat zeigt das Beispiel der gescheiterten Staaten, dass die Menschen bei einem Fehlen der staatlichen Ordnungsmacht hilflos der Gewalt marodierender Banden ausgeliefert sind. Umgekehrt sind es u.U. nicht nur autoritäre Herrscher, die sich mit ihrer Clique („politische Elite") des Staates bemächtigen und ihre Staatsbürgerinnen und -bürger mit Hilfe staatlicher Machtmittel fest „im Griff" haben.[80] Auch demokratisch gewählte Regierungen bedienen sich der Mittel der Arkanpolitik, indem sie im günstigsten Fall die Öffentlichkeit umgehen und im ungünstigsten Fall die Öffentlichkeit täuschen. Wie Machiavelli in seinem *Principe* bereits zutreffend bemerkt hat, entstehen Staaten regelmäßig durch den Gewaltakt eines Einzelnen oder einer Gruppe. Kaum jemals beruht die Staatsgründung hingegen auf einem Vertrag zwischen den (künftigen) Herrschern und den Beherrschten. Der demokratische Rechts- und Sozialstaat schafft jedoch eine andere Situation: Auch ein guter Zweck rechtfertigt keinesfalls die schlechten (illegalen, undemokratischen, unmoralischen) Mittel.

---

78 Snowdon hätte in Deutschland vor dem Zugriff der amerikanischen Geheimdienste geschützt werden müssen; dazu sahen sich die deutschen Behörden vermutlich gar nicht in der Lage.
79 Eine solche schier ungeheuerliche Dreistigkeit der Exekutive ist in den USA kaum vorstellbar.
80 Vgl. *Zolo* 1997.

6.4 Grenzen der Macht

Es hieße freilich Hobbes' *Leviathan* missverstehen, wollte man das Zwangselement aus der Beziehung des Staates zu seinen Bürgern („Untertanen") gewissermaßen „herausfiltern". Die Gewaltunterworfenen erhalten im Gegenzug für ihren Verzicht auf die eigene Souveränität gerade keine eigenständigen Rechte. Umso wichtiger ist es, die Machtausübung der Herrschenden, die sich des Staates bedienen, durch Öffentlichkeit, Transparenz und Partizipation zu begrenzen. Dazu sind eine funktionierende Öffentlichkeit, ein selbstbewusstes Parlament und ein unabhängiges Verfassungsgericht erforderlich, dass sich die Interpretation der Verfassung weder vorschreiben noch gar aus den Händen nehmen lässt. Eine Öffentlichkeit, die durch die ängstliche Rücksichtnahme auf die „politische Korrektheit" gelähmt wird, ein Parlament, das sich von Parteiinteressen dominieren lässt, und ein Bundesverfassungsgericht, das seine Zuständigkeit „auf schleichendem Wege" an den Europäischen Gerichtshof verliert, können diese Aufgabe nicht wirklich auf Dauer erfüllen. Ohne die aktive Mitwirkung (Partizipation) der Bürgerinnen und Bürger geht es nicht. Sie sind vielmehr aufgerufen, sich ihre Rechte als Souverän von ungetreuen Treuhändern zurückzuholen.

Ausnahmezustand

Carl Schmitts Lehre von der kommissarischen Diktatur

„Der Ausnahmezustand hat für die Jurisprudenz eine analoge Bedeutung wie das Wunder für die Theologie".[81]

„Eine Art Apokalyptik, verbunden mit Warnungen vor neuen Imperialismen und neuen Faschismen, beherrscht die zeitgenössischen Vorstellungen von Macht. Der Verweis auf die unumschränkte Macht des Souveräns und den Ausnahmezustand, das heißt auf die allgemeine Suspendierung des Rechts und das Hervortreten einer Gewalt, die über dem Gesetz steht, dient als Erklärung für alles und jedes".[82]

Der Ausnahmezustand ist das letzte Mittel eines Staates, um seine Rechtsordnung, seine Sicherheit und letztlich seinen Bestand gegen massive Angriffe zu verteidigen.[83] Er ist nahe verwandt mit dem Belagerungszustand und dem Kriegszustand (im Grundgesetz: Verteidigungsfall). Allerdings handelt es sich als *ultima ratio* um eine Maßnahme auf Zeit, um in einem Staatsnotstand die Aufrechterhaltung der staatlichen Ordnung zu gewährleisten. Es liegt auf der Hand, dass die jahrzehntelange Geltung des Ausnahmezustands, wie dies in manchen Ländern bis in die jüngste Zeit der Fall war, keinesfalls gerechtfertigt ist. Vielmehr ist die Verhängung des Ausnahmezustands nur als vorübergehende Maßnahme zur Bewältigung einer extremen, zeitlich begrenzten Gefahrenlage akzeptabel. Ägypten ist zu den Zeiten von Präsident Husni Mubarak nur ein Beispiel unter Vielen,[84] es ist aber typisch für den Einsatz dieser schärfsten Waffe der Regierung gegen Unruhen, Aufstände und Bürgerkrieg. Der „permanente Ausnahmezustand" wird hier – wie auch in anderen Staaten – als „normale" Technik des Regierens verwendet.[85] In Ägypten war nach der Ermordung des damaligen Präsidenten Anwar al-Sadat im Jahre 1981 der Ausnahmezustand verhängt, im Februar 2011 nach dem Sturz Mubaraks noch einmal ausgeweitet und am 31. Mai 2012, nach mehr als drei Jahrzehnten, endlich aufgehoben worden. Nach der Absetzung Mohammed Mursis als Präsident (2013) herrschte zumindest ein inoffizieller Ausnahmezustand, mit dem die Führung der Mus-

---

81 *Schmitt* PTh, S. 43.
82 *Hardt/Negri* 2010, S. 19.
83 Wie aktuell das Thema ist, zeigt der Film „Ausnahmezustand" (engl. Original: *The Siege*) aus dem Jahre 1998, in dem eine Serie von Terroranschlägen zu einer teilweise Besetzung New Yorks durch die US-Armee führt; dabei kommt es zu systematischer Folterung durch staatliche Stellen.
84 Husni Mubarak war vom 14.10.1981 bis zum 11.2.2011 Staatspräsident Ägyptens.
85 *Agamben* 2004, S. 9. Auch in Algerien war der Ausnahmezustand 19 Jahre lang (1992-2011) in Kraft; bei dem Abriss der Häuser von Palästinensern, die beschuldigt werden, Gewalttaten gegen Israelis begangen zu haben, beruft sich die Armee auf eine Notstandsverordnung, die aus der britischen Mandatszeit (1920-1948) stammt, FAZ Nr. 270 vom 20.11.2014, S. 2.

limbruderschaft endgültig entmachtet werden sollte.[86] Der neue ägyptische Präsident Abdel Fattah al-Sisi, zuvor bereits der „starke Mann" Ägyptens, hat nach seiner Wahl im Jahre 2014 eine Normalisierung der Lage versprochen.[87]

Ein noch krasseres Beispiel für den „permanenten Ausnahmezustand" bietet das Syrien Bashar al-Assads, in dem seit März 2011 ein blutiger Bürgerkrieg herrscht. Zunächst ging es lediglich um Massenproteste, in deren Verlauf Assad – nach 48 Jahren – den von seinem Vater Hafiz al-Assad übernommenen Ausnahmezustand für Syrien aufhob. Die folgenden Proteste wurden jedoch von den „Sicherheitskräften" unter Einsatz von Foltermethoden und mit scharfer Munition bekämpft. Oppositionelle verschiedener Gruppierungen stehen seither als bewaffnete Freischärler in einem blutigen Bürgerkrieg im Kampf gegen Regierungstruppen, die Panzer, schwere Artillerie und Bombenflugzeuge gegen das syrische Volk einsetzen. In diesem Klima der Gewalt ist die besonders gefährliche Bewegung „Islamischer Staat" hervorgetreten,[88] die ein Kalifat in den von ihr besetzten Gebieten Syriens (und Teilen des Irak) errichtet hat.[89] Zudem droht das Eingreifen mächtiger Nachbarn wie z.B. der Türkei, die über die stärkste Armee in der Region verfügt und das Erstarken der Kurden jenseits ihrer Grenzen sowie im eigenen Land fürchtet.[90] Aber auch der geostrategisch motivierte Interessenkonflikt zwischen den USA und Russland, der zur Blockade des UN-Sicherheitsrates geführt hat, kann jederzeit eskalieren und zu direkten Interventionen führen. In einer fragwürdigen Wahl hat sich Assad im Jahre 2014 – nach offiziellen Angaben mit 88,7% der Stimmen – erneut zum Präsidenten wählen lassen.

1. Staatsnotstand und Ausnahmezustand

Für Carl Schmitt ist der Ausnahmezustand ein Thema, das ihn seit 1915 Zeit seines Lebens nicht mehr losgelassen hat.[91] Im Ersten Weltkrieg arbeitet er nach seinem Assessorexamen als Kriegsfreiwilliger in der Abteilung P 6 im Generalkommando in München

---

86 Tatsächlich wurden etwa 528 Mitglieder der Bruderschaft zum Tode verurteilt, etwa 15.000 festgenommen und ca. 1.400 getötet.

87 Al-Sisi wurde bei einer (geschätzten) Wahlbeteiligung von 48% mit angeblich 97% der abgegebenen Stimmen zum Präsidenten gewählt.

88 Zuvor war diese Organisation unter dem Namen „Islamischer Staat im Irak und in Syrien" (ISIS) bekannt geworden. Dieser Terrororganisation werden Massenmord, Folterungen, Selbstmordanschläge und Geiselnahme vorgeworfen.

89 Dieses Kalifat soll später auch den Irak, den Libanon, Israel und Jordanien umfassen. Im Juni 2014 wurde Abu Bakr al-Baghdadi zum Kalifen ausgerufen; auf seine Ergreifung hat das US-Außenministerium 10 Millionen US-Dollar ausgesetzt.

90 Am 15. Oktober 2013 schlug die türkische Armee mit dem Abschuss von Granaten auf ISIS-Stellungen zurück, als ein Mörser-Geschoss auf türkischem Boden eingeschlagen war.

91 Vgl. *Mehring* 2014, S. 1-29.

unter dem späteren bayerischen Justizminister Hauptmann Dr. Christian Roth. Schmitt wird die Aufgabe übertragen, einen Bericht über das Belagerungszustands-Gesetz anzufertigen und dabei zu begründen, dass der Belagerungszustand auch in die Nachkriegszeit hinein verlängert werden müsse. Der Beauftragte kommentiert das selbstironisch mit den Worten: „Ausgerechnet ich! Wofür mich die Vorsehung noch bestimmt hat".[92] Schmitt wünscht zwar eine Ausweitung der Diktaturgewalt nicht, vor dem Militarismus gebe es aber keine Rettung und keine Hilfe. In seiner Probevorlesung an der Universität Straßburg *Die Einwirkungen des Kriegszustandes auf das ordentliche strafprozessuale Verfahren* aus dem Jahre 1916[93] konstatiert er folgerichtig, dass Deutschland während des Weltkrieges kein liberaler Verfassungsstaat, sondern ein „exekutiver Verwaltungsstaat" gewesen sei.[94]

Auf dem Höhepunkt der Krise erscheint die Verhängung des Ausnahmezustands – zeitlich streng limitiert – zwar zur Aufrechterhaltung bzw. Wiederherstellung der Ordnung als gerechtfertigt. Dieser Zustand wird jedoch oft genug auch dann noch weiter aufrechterhalten, wenn sich die Lage wieder beruhigt hat. Die herrschenden Eliten haben in diesem Fall die (verlockende) Möglichkeit, ihre Position auf Dauer zu stellen und ihre Abwahl zu verhindern. Konsequenterweise bezeichnet daher Giorgio Agamben den Ausnahmezustand auch in der Politik selbst demokratischer Regierungen „als das herrschende Paradigma des Regierens".[95] Diese These ist sicher überpointiert und keinesfalls überall und zu jeder Zeit angebracht. Es gibt aber – auch in Demokratien nach westlichem Muster – besorgniserregende Entwicklungen, die durchaus in die von Agamben bezeichnete Richtung deuten. „Wie weit darf eine demokratisch gewählte, an das Recht gebundene Regierung gehen, um das Herrschaftsmodell zu verteidigen, das gleichzeitig ihren Wesenskern ausmacht?"[96] Daraus ergeben sich zunächst drei Fragen, die mit dem Thema „Ausnahmezustand" in besonderer Weise verbunden sind:

1. *Rückkehr zur Verfassung*: Wie kann sicherstellt werden, dass nach dem Ende der Notsituation die Notstands-Diktatur beendet und die verfassungsgemäße Ordnung wieder hergestellt wird?

2. *Veränderte Verfassung*: Ist die Verfassung nach Ende des Ausnahmezustandes noch dieselbe (alte) Verfassung wie vorher, oder hat sie sich – weniger im Wortlaut als in ihrer Bedeutung – signifikant verändert?

---

92 Zitiert nach *Mehring* 2009, S. 88.
93 Abgedruckt in: *Hüsmert/Giesler* (Hrsg.) 2005, S. 418-428.
94 *Mehring* 2009, S. 92; Schmitt behandelt darin vor allem das preußische Gesetz über den Belagerungszustand, das im gesamten Reichsgebiet mit Ausnahme Bayerns galt.
95 *Agamben* 2004, S. 9.
96 Siehe *Lemke* 2013, S. 185-208.

3. *Verdeckter Ausnahmezustand*: Bedarf es überhaupt des offiziellen Ausrufens des Ausnahmezustandes, oder gibt es auch so etwas wie einen „verdeckten Ausnahmezustand", der sich gewissermaßen still und heimlich einschleicht, so dass die verfassungsgemäße Ordnung nur noch eine „leere Hülle" ist?

1.1 Alternativlose Politik und permanenter Ausnahmezustand

Damit ist die grundsätzliche Frage verbunden, ob der Ausnahmezustand in der Verfassung geregelt werden soll oder nicht. Einerseits ist die zugrunde liegende extreme Notsituation kaum abschließend für alle möglichen Fälle juristisch zu erfassen. Andererseits muss Alles vermieden werden, was dazu führt, dass in einer solchen Situation unter der Fahne des „übergesetzlichen Notstandes" weit reichende Einschränkungen der bürgerlichen Freiheiten vorgenommen und womöglich auf Dauer gestellt werden. Eine „Verdrängung" (Böckenförde) des Ausnahmezustands kann also, so bequem sie auch auf den ersten Blick erscheint, böse Folgen haben.[97] Dagegen wiegen die Bedenken derjenigen weniger schwer, die – meist unter Hinweis auf Art. 48 der Weimarer Reichsverfassung – davor warnen, dass bereits die Normierung des Ausnahmezustands die Gefahr seiner missbräuchlichen Verwendung heraufbeschwöre. Das erklärt aber vielleicht, warum das Grundgesetz so einen „weiten Bogen" um den Ausnahmezustand macht.

Reaktionen auf globale Krisen

Neben dem in die Vergangenheit gerichteten Blick bilden vor allem drei Phänomene den Hintergrund der heutigen Überlegungen zum Ausnahmezustand. Es ist dies zum einen die Krise des globalen Finanzsystems, mit der die Europäische (Währungs-) Union, ihre Mitgliedstaaten, aber auch andere Staaten seit einigen Jahren konfrontiert sind. Diese Krise hat – auch ohne offiziell erklärten Ausnahmezustand – in wenigen Jahren das politische System westlicher Demokratien grundlegend verändert. Der Staat musste als Katastrophenschützer und Bankenretter eingreifen. Dabei ist der Einfluss der Parlamente besonders in den Staaten der Eurozone signifikant geschrumpft. Ständig werden die Parlamentarier zu Eilentscheidungen zur „Rettung des Euro" genötigt, deren Umfang und Folgen sie nicht übersehen können. Wichtige Informationen werden den Abgeordneten vorenthalten. Stattdessen werden sie mit üppigen Diäten und endlosen Debatten um weniger wichtige Probleme „bei Laune" gehalten. Hier zeigen sich deutliche Tendenzen einer exekutivischen Politik, bei der die wichtigsten Entscheidungen auf einer „höheren" politischen Ebene (z.B. im Europäischen Rat oder in bilateralen Gesprä-

---

97 Vgl. *Anter/Frick* 2013, S. 128-143.

chen) getroffen und dann als „alternativlos" durch die Parlamente „gepeitscht" werden.[98]

Das zweite Phänomen ist der globale Terrorismus, der die Freiheit in den westlichen Demokratien auf zweifache Weise bedroht. Zum einen richten terroristische Anschläge – wie der auf das World Trade Center – oft großen materiellen Schaden an; überdies bedrohen, verletzen und töten die Terroristen meist unbeteiligte Menschen. Zum anderen ist damit auch ein emotionaler Schaden verbunden, der sich besonders in der Terrorangst der Menschen niederschlägt und gravierende Folgen hat. Niemand kann sich noch auf der Straße, auf dem Marktplatz oder auf dem Bahnhof so ungezwungen bewegen, wie vor den Anschlägen des 11. Septembers 2001. Vielerlei staatliche, die Freiheit der Bürger einschränkende „Schutzmaßnahmen", wie etwa die Videoüberwachung öffentlicher Plätze, scheinen unumgänglich zu sein.

Das dritte Phänomen ist die schrankenlose Überwachung der Datenströme durch die Geheimdienste:

> „Die Geheimdienste wollen alles mitlesen, alles abhören, alles auswerten und analysieren, was irgendwie kommuniziert oder von informationstechnischen Systemen verarbeitet oder gespeichert wird".[99]

Niemand kann mehr sicher sein, dass seine Meinungsäußerungen – in welcher Form auch immer – nicht ausgespäht und zur späteren Verwendung gespeichert werden. Die Gewährleistung der Meinungsfreiheit in Art. 5 Grundgesetz, Kernbestandteil der demokratischen Grundordnung, erscheint inzwischen als rührend naives Relikt aus besseren Tagen. Das Ausmaß dieses Angriffs auf die Demokratie ist erst durch die Veröffentlichungen des früheren NSA-Mitarbeiters Edward Snowdon bekannt geworden. Während die Einen in ihm einen wahren Helden sehen, betrachten ihn die Anderen – vornehmlich die Amerikaner – als Verbrecher. Es ist kein Zufall, dass er in Russland um Asyl gebeten hat, da er in kaum einem anderen Staat vor dem Zugriff der US-Geheimdienste und Spezialkommandos sicher sein würde.

Bestimmte Kräfte in den in- und ausländischen Regierungen haben die „Gunst der Stunde" genutzt, um freiheitsbeschränkende Maßnahmen, wie z.B. mit gigantischen Datenverarbeitungssystemen (Stichwort: X-Keyscore) Handy-Gespräche, Emails sowie alle Daten auf privaten, geschäftlichen und staatlichen PCs abzugreifen, zu rechtfertigen. Diese Maßnahmen werden – unter Vorspiegelung falscher Tatsachen – mit der Terrorismusabwehr begründet, dienen tatsächlich jedoch vor allem der Machtsicherung durch Ausspähung von Gesellschaft, Politik und Wirtschaft. Die Reaktion der Bundesregie-

---

98 *Voigt* 2013.
99 *Rieger* 2014, S. 9.

rung auf das Bekanntwerden der Spionagetätigkeit[100] lässt kaum einen anderen Schluss zu als den der Komplizenschaft mit US-Geheimdiensten. Damit wird zugleich eine fast schon pathologische Abhängigkeit der Bundesregierung von den USA sichtbar. In der Konsequenz verschieben diese Machenschaften – von der Öffentlichkeit kaum zur Kenntnis genommen – nachhaltig das Gleichgewicht zwischen bürgerlichen Freiheiten und staatlicher (All-) Macht zu Gunsten der Letzteren.[101]

Permanenter Ausnahmezustand?

Befinden wir uns damit bereits in einem „permanenten Ausnahmezustand",[102] der zwar nicht offiziell ausgerufen, aber längst in Kraft gesetzt worden ist, wie Giorgio Agamben meint?[103] Denn Eines scheint festzustehen: die endlose Krise lässt sich von den Herrschenden durchaus zur Erhaltung ihrer Macht instrumentalisieren:

> „Heute ist die Krise zum Herrschaftsinstrument geworden. Sie dient dazu, politische und ökonomische Entscheidungen zu legitimieren, die faktisch die Bürger enteignen und ihnen jede Entscheidungsmöglichkeit nehmen".[104]

Tatsächlich ist nicht nur die repräsentative Demokratie in Gefahr, sondern angesichts immer neuer Maßnahmen zur „Aufrechterhaltung der Sicherheit" sind auch die Bürgerrechte, das Fundament westlicher Demokratievorstellungen, grundsätzlich von einer schleichenden Aushöhlung bedroht. Darin liegt ein Schwerpunkt der hier anzustellenden Überlegungen. Darüber hinaus spielen die folgenden sieben Fragenkomplexe eine zentrale Rolle:

1. *Zeitpunkt*: Wann ist ein solcher Ausnahmezustand erreicht, und wann wird aus der (potenziellen) Gefährdung eine akute Gefahr?
2. *Machtfrage*: Welche Institution stellt verbindlich fest, ob ein solcher Gefahrenzustand eingetreten ist bzw. (später wieder) überwunden ist?
3. *Instrumente*: Welche Mittel zur Abwehr bzw. Bekämpfung der Gefahr sollen und dürfen – für welchen Zeitraum und von wem – eingesetzt werden?
4. *Vorsorge*: Sind in der Verfassung Vorkehrungen getroffen worden, und reichen diese zur Gefahrenabwehr aus?
5. *Maßstab*: Ist es grundsätzlich zulässig, die verfassungsmäßige Ordnung oder Teile davon (etwa bestimmte Grundrechte, wie z.B. Meinungs-, Presse-, Versammlungs-

---

100 Immerhin wurde das private Handy der Bundeskanzlerin von der NSA abgehört; eine offizielle Entschuldigung durch die US-Rgierung blieb ebenso aus wie eine no-spy-Zusage.
101 *Voigt* (Hrsg.) 2012; und diese staatliche Macht wird überdies von ausländischen Diensten ausgeübt.
102 Siehe *Villas Bôas* 2013, S. 233-262.
103 *Agamben* 2004, S. 13f.
104 *Agamben* 2013, S. 44.

freiheit oder das Parteienrecht) zeitweise außer Kraft zu setzen, um die Ordnung als Ganze zu retten?

6. *Permanenz*: Gibt es einen „permanenten Ausnahmezustand" (Agamben), in dem in der Verfassung gewährleistete (Grund-) Rechte wegen einer latenten Gefahrensituation womöglich – heimlich, aber dauerhaft – außer Kraft gesetzt sind?

7. *Missbrauch*: Sind angesichts des weltweiten Kampfes gegen den Terrorismus Anzeichen dafür zu erkennen, dass Regierungen demokratischer Staaten Antiterrormaßnahmen (auch) zur „Stabilisierung" ihrer Herrschaft nutzen?

1.2 Staatsnotstand

Jeder Staat kann in eine Notlage (Staatsnotstand) geraten, in der er – durch Verhängung des Ausnahmezustands – das Recht für eine gewisse Zeit suspendieren muss, um mit aller Macht gegen seine eigene Vernichtung anzugehen. Carl Schmitt hat diesen Zustand als „kommissarische Diktatur" bezeichnet. Eine solche Lage tritt dann ein, wenn die von der Verfassung vorgegebene Ordnung in Gefahr ist, zerstört oder zumindest grundlegend beeinträchtigt zu werden. Diese Gefahr kann sowohl von innen als auch von außen kommen.[105] Wohlgemerkt handelt es sich hier nicht um eine Krise im herkömmlichen Sinne, denn solche Krisen können i.d.R. mit einigem guten Willen im Rahmen des Rechts überwunden werden.[106] Vielmehr geht es um einen massiven Angriff auf die Verfassungsordnung, mit dem nicht nur der Herrschaftsanspruch der Regierung, sondern darüber hinaus auch die Existenz des politischen Systems selbst in Frage gestellt wird.[107] Für das Auftreten einer solchen überaus gefährlichen Situation ist im 20. Jahrhundert die schwierige – innen- wie außenpolitisch gefährliche – Phase zwischen den Weltkriegen in Europa und später die Zeit des Kalten Krieges typisch.[108] Im 21. Jahrhundert trifft das aber – nunmehr weltweit – auch auf das neue Zeitalter zu, das mit dem Zusammenbruch des Sowjetsystems begonnen und seinen (vorläufigen) Kulminationspunkt in den Angriffen eines global agierenden Terrorismus erreicht hat.

Im Folgenden wird die Thematik des Ausnahmezustands, den man auch als „Niemandsland zwischen Öffentlichem Recht und politischer Faktizität, zwischen Rechtsordnung und Leben" bezeichnen könnte,[109] ausführlich behandelt. Auf der Grundlage der von Carl Schmitt getroffenen Unterscheidung wird zunächst die Dialektik der Diktatur be-

---

105 *Folz* 1962, S. 30.

106 Vgl. *Voigt* 2011.

107 Hans-Ernst Folz unterscheidet – unter Bezugnahme auf Johannes Heckel – von dem allgemeinen Staatsnotstand den „Verfassungsnotstand", bei dem lediglich ein Verfassungsorgan (z.B. das Staatsoberhaupt) ausgefallen ist, *Folz* 1962, S. 73.

108 Hier soll nicht die Rede sein von Diktaturen in Afrika, Asien oder Lateinamerika.

109 *Agamben* 2004, S. 8.

handelt. Als Beispiel für die kommissarische Diktatur dient der Staatsstreich in Frankreich mit der sich daran anschließenden V. Republik, deren Gründer Charles de Gaulle ist. Der Begriff des Ausnahmezustands ist nur scheinbar leicht zu definieren. Wie so oft liegt der Teufel im Detail: Da gerade die Nachkriegsdeutschen besonders empfindlich auf diesen Terminus reagierten, der im Zentrum der Souveränitätslehre Carl Schmitts steht („Souverän ist, wer über den Ausnahmezustand entscheidet"), versuchte man, den Begriff in der Hoffnung zu vermeiden, dass es schon nicht zum Äußersten kommen würde. Die unterschiedlichen Regelungen im Grundgesetz waren daher – auch nach Übernahme der Verantwortung von den Alliierten im Jahre 1968 – eher missverständlich und keinesfalls umfassend.[110] Der Angriff von Terroristen auf das World-Trade-Center am 11. September 2001 zwang die damalige Bundesregierung allerdings zu einer Neuregelung in einem Luftsicherheitsgesetz, das die Voraussetzungen für den Abschuss ziviler Flugzeuge durch die deutschen Streitkräfte im Katastrophenfall regeln sollte. Das Gesetz wurde vom Bundesverfassungsgericht jedoch in seinen zentralen Passagen verworfen.

Sodann geht es um den Zusammenhang von Staatskrise, Ausnahmezustand und Bürgerkrieg. Am Beispiel der Staatskrise der Weimarer Republik Anfang der 1930er Jahre werden die Voraussetzungen und Möglichkeiten einer „kommissarischen Diktatur" erörtert. Im Vordergrund der weiteren Überlegungen stehen die Finanzkrise und die Notkabinette einerseits sowie die Politik der europäischen „Rettungsschirme" andererseits. Dabei wird eine Parallele zwischen den Präsidialkabinetten der Endphase der Weimarer Republik (Brüning, Papen, Schleicher) und der Eurokrise gezogen, die zu den – freilich kurzlebigen – „Notkabinetten" Monti (Italien) und Papadimos (Griechenland) geführt hat, die jedoch beide die eigentlichen Probleme ihrer Länder nicht lösen konnten. Ein gut dokumentiertes Beispiel ist der Staatsnotstand in der Weimarer Republik. Hier waren die Notstandsplanungen um die Jahreswende 1932/33 bereits weit gediehen, um Hitlers Ernennung zum Reichskanzler zu verhindern. Wäre damit die Machtübernahme der Nationalsozialisten auf Dauer zu verhindern gewesen? In teilweiser Anlehnung an Carl Schmitt hat Giorgio Agamben postuliert, dass wir uns bereits seit geraumer Zeit in einem „permanenten Ausnahmezustand" befinden. Dieser Fragestellung ist vor dem Hintergrund der gegenwärtigen Entwicklung in Deutschland nachzugehen.

110 Die Regelungen in einigen Landesverfassungen, auf die der Parlamentarische Rat nicht zurückgegriffen hat, sollen hier nicht behandelt werden.

2. Dialektik der Diktatur

Bei dem Begriff „Diktatur" denkt der neutrale Beobachter im Allgemeinen an ein monokratisches und weitgehend monolithisches Staatsgebilde, in dem ein Herrscher (Diktator), eine Gruppe (Clique, Junta) oder eine Partei (Staatspartei) die absolute Macht inne hat. Beispiele für ein solches Herrschaftsmodell finden sich auch in der Geschichte des modernen Staates in großer Zahl. Diese spezielle Bedeutung von Diktatur, die im Altertum mit dem Begriff „Tyrannis" erfasst wurde,[111] ist aber nicht die einzig denkbare. Carl Schmitt hat sich mit dieser Fragestellung in seinen Schriften *Die Diktatur. Von den Anfängen des modernen Souveränitätsgedankens bis zum proletarischen Klassenkampf*[112] und *Politische Theologie. Vier Kapitel zur Lehre von der Souveränität*[113] ausführlich befasst. Dabei ging es ihm stets auch um den Ausnahmezustand. Für Schmitt liegt die „innere Dialektik" der Diktatur gerade in der „allgemeinen Möglichkeit einer Trennung von Normen des Rechts und Normen der Rechtsverwirklichung".[114] Schmitt zufolge ist die Anwendung der Norm keinesfalls in der Norm enthalten, denn andernfalls wäre das Prozessrecht nicht erforderlich. Diese allgemeine Erkenntnis Schmitts ist in der Rechtssoziologie ohnehin nicht wegzudenken. Worin besteht also das Besondere?

> „Das spezifische Verdienst der Schmittschen Theorie liegt genau darin, dass sie eine solche Verbindung zwischen Ausnahmezustand und Rechtsordnung möglich macht".[115]

2.1 Kommissarische und souveräne Diktatur

Carl Schmitt unterscheidet zwischen der „kommissarischen" und der „souveränen" Diktatur. Die kommissarische Diktatur hat die Funktion, einen Zustand zu schaffen, in dem das Recht verwirklicht werden kann. Diese kommissarische Diktator hebt die Verfassung (partiell) auf, um ihren Bestand zu schützen. Der Ausnahmezustand gehört in diese (erstere) Kategorie. Seine Ausrufung soll gerade verhindern, dass eine so chaotische Situation entsteht, dass das politische System als Ganzes scheitert und – nach einer Revolution oder einem Staatsstreich – ein neues System etabliert und ggf. eine neue Verfassung verabschiedet werden muss. In der „souveränen Diktatur" wird hingegen nicht die alte Verfassung wieder hergestellt, sondern eine neue Ordnung – und damit eine anderes politisches System – geschaffen. Unter der Prämisse der Volkssouveränität ist es die

---

111 Vgl. *Saracino* 2012.
112 *Schmitt* Diktatur.
113 *Schmitt* PTh.
114 *Schmitt* Diktatur, S, XVII.
115 *Agamben* 2004, S. 43.

verfassungsgebende Gewalt des Volkes (*pouvoir constituant*), das sich z.B. durch eine direkt gewählte Nationalversammlung eine neue Verfassung gibt.

Dieser Vorgang lässt sich am französischen Beispiel illustrieren. Das liegt umso näher, als die Ursprünge des Ausnahmezustands (in Gestalt des Belagerungszustands) auf den Erlass der Konstituierenden Versammlung vom 8. Juli 1791 in Frankreich zurückgehen.[116] Im Zuge der Französischen Revolution wurde – nach dem Scheitern der konstitutionellen Monarchie – im Jahr 1792 die Erste Republik etabliert, sie endete faktisch mit dem Staatsstreich Napoleons 1799 und einer neuen Verfassung, formell jedoch erst 1804 mit der Errichtung des Ersten Kaiserreichs. Der Zweiten Republik war nur eine kurze Dauer (1848-1852) beschieden, sie endete wiederum mit dem Übergang zum Kaiserreich. Nach dem verlorenen Krieg gegen Deutschland wurde Kaiser Napoleon III. gestürzt und die Dritte Republik ausgerufen, die mit dem Waffenstillstand von 1940 im Krieg gegen Deutschland und der Gründung des *État Français* – bekannter unter der Bezeichnung Vichy-Regime – unter Marschall Philippe Pétain (1856-1951) endete.[117] Nach dem Zweiten Weltkrieg wurde 1946 die Vierte Republik durch eine neue Verfassung gegründet, der allerdings nur eine schmale Mehrheit (53,5% der abgegebenen Stimmen) der Franzosen zugestimmt hatte.

2.2 De Gaulle als kommissarischer Diktator

Die Vierte Republik war durch den Mangel an stabilen Regierungsmehrheiten gekennzeichnet. Die Regierungen kamen und gingen in rascher Folge (*revolver door government*). In der Krisensituation des Jahres 1958 gelang es – nicht zuletzt wegen des Algerienkrieges (1954-1962) – einen Monat lang gar nicht, eine Regierung zu bilden.[118] Der Druck des Militärs (Militärputsch in Algier am 13. Mai 1958, angedrohter Sturm des Militärs auf Paris[119]) setzte dieser instabilen politischen Lage ein Ende und zwang Staatspräsident René Coty, Charles de Gaulle durch die Nationalversammlung als Ministerpräsidenten einsetzen und ihm diktatorische Sondervollmachten erteilen zu lassen. De Gaulle setzte in einem Referendum eine neue Verfassung durch und wurde der erste Präsident der Fünften Republik. General de Gaulle ist damit der Prototyp des „kommissarischen Diktators",[120] der seine Vollmachten nutzt, um eine neue Ordnung zu schaffen. Anne Sophie Günzel geht daher fehl in ihrer (überaus positiven) Einschätzung de

---

116 Vgl. *Agamben* 2004, S. 11.
117 Frankreich hatte am 22.6.1940 die Niederlage gegen das Deutsche Reich anerkannt, und am 10.7.1940 verabschiedete die Nationalversammlung mit 596 zu 80 Stimmen ein Ermächtigungsgesetz zur Änderung der Verfassung.
118 Siehe hierzu *Lemke* 2013, S. 185-208.
119 Opération Résurection.
120 *Aron* 1959, S. 16f.

Gaulles, denn den „Staatsstreich" hatten Andere (das Militär) für ihn begangen, die seines Wohlwollens sicher sein konnten:[121]

> „De Gaulle hatte den Entschluss gefasst, kein Diktator zu werden, obwohl er [...] die Möglichkeiten hatte, eine Diktatur zu errichten. [...] De Gaulle wollte weder einen Staatsstreich begehen, um die Macht an sich zu reißen, noch eine Politik des Militarismus einführen. Er wollte auf demokratischem und legalem Weg an die Macht kommen und die demokratischen Prinzipien und Institutionen nicht aufgeben".[122]

2.3 Interkonstitutionelles Notstandsrecht

Die Verfassung der Französischen Republik vom 4. Oktober 1958 ist ein praktisches Beispiel für die Ausgestaltung des interkonstitutionellen Notstandsrechts. Sie regelt das Notstandsrecht in Art. 16 der Verfassung. Dieser Artikel gibt klare Anweisungen für den Fall, dass höchste Gefahr für den Staat besteht:

> „Wenn die Institutionen der Republik, die Unabhängigkeit der Nation, die Integrität ihres Staatsgebietes oder die Erfüllung ihrer internationalen Verpflichtungen schwer und unmittelbar bedroht sind und wenn gleichzeitig die ordnungsgemäße Ausübung der verfassungsmäßigen öffentlichen Gewalten unterbrochen ist, ergreift der Präsident der Republik nach offizieller Beratung mit dem Premierminister, den Präsidenten der Kammern sowie dem Verfassungsrat die unter diesen Umständen erforderlichen Maßnahmen.
> Er gibt sie der Nation durch eine Erklärung bekannt.
> Diese Maßnahmen müssen von dem Willen getragen sein, den verfassungsmäßigen öffentlichen Gewalten innerhalb kürzester Frist die Mittel zu sichern, die sie zur Erfüllung ihrer Aufgaben benötigen".

Als Sicherungsmaßnahme legt die Verfassung fest, dass während dieser Zeit die Nationalversammlung nicht aufgelöst werden darf. Durch Verfassungsgesetz vom 23. Juli 2008 wurde ein Zusatz eingefügt, der dem Verfassungsrat – auf Ersuchen des Präsidenten der Nationalversammlung, des Präsidenten des Senats, von sechzig Abgeordneten oder sechzig Senatoren – das Recht gibt, nach einer Frist von dreißig Tagen (und ggf. nach sechzig Tagen noch einmal und dann jederzeit) zu prüfen, ob die Bedingungen für die außerordentlichen Vollmachten weiterhin erfüllt sind.

---

121 Tatsächlich verlieh de Gaulle gleich nach Amtsantritt den Putsch-Generalen Auszeichnungen.
122 *Günzel* 2007, S. 63.

Der Begriff des Ausnahmezustands

„Notstand und Ausnahmefall [...] können in zwei Perspektiven beschrieben werden: als ein so gut wie gar nicht, jedenfalls selten eintretender Fall, der deshalb vernachlässigt werden kann, oder als der Ernstfall des Politischen, als Bewährungsprobe der politischen Ordnung".[123]

Ausnahmezustand ist die Bezeichnung für eine außerordentliche Krisensituation, in der „so schwere Gefahren für den Bestand eines Staates, seine Sicherheit und (Rechts-) Ordnung bestehen, daß deren Bewältigung mit den im Normalfall zu Gebote stehenden Mitteln nicht mehr möglich ist".[124] Bestimmten Staatsorganen – meist der Exekutive – werden dann i.d.R. außerordentliche Vollmachten zu einem festgelegten Zweck übertragen.[125] Verwandte Begriffe sind Notstand (Staat- bzw. Verfassungsnotstand, Notstandsrecht bzw. Notstandsdiktatur), Belagerungszustand[126] und Kriegsrecht.[127] Ziel und Zweck der damit begründeten außerordentlichen Maßnahmen ist es, ganz allgemein Gefahren abzuwenden bzw. abzuwehren, die bereits eingetreten sind oder einzutreten drohen, sowie im Besonderen der Existenzgefährdung des Staates – in Frankreich der Republik, in Deutschland der freiheitlichen demokratischen Grundordnung – wirksam entgegen zu treten. Tatsächlich hat „erst das politische Denken der Neuzeit den Notstand, den politischen Ausnahmefall, zum Angelpunkt politischer Theoriebildung gemacht".[128] Seine wichtigsten legitimatorischen Begründungen verdankt der neuzeitliche Staat nicht der Regel, sondern der Ausnahme.[129] Aus der staatsrechtlichen wie aus der politikwissenschaftlichen Perspektive ist die Ausnahme daher ein überaus interessantes Forschungsobjekt.

„Die Ausnahme ist interessanter als der Normalfall. Das Normale beweist nichts, die Ausnahme beweist alles; sie bestätigt nicht nur die Regel, die Regel lebt überhaupt nur von der Ausnahme. In der Ausnahme durchbricht die Kraft des wirklichen Lebens die Kruste einer in Wiederholung erstarrten Mechanik."[130]

Soweit es sich tatsächlich um den Schutz der verfassungsgemäßen staatlichen Ordnung handelt, sind Maßnahmen im Rahmen des Ausnahmezustandes durchaus zu rechtfertigen, sofern sie dem Gebot der Verhältnismäßigkeit genügen und zeitlich befristet sind. Geht es hingegen um den bloßen – womöglich dauerhaften – Machterhalt einer herr-

---

123 *Münkler* 1987, S. 13.
124 *Klein* 1992, S. 387.414 [388]; der Autor bezeichnet diese Definition selbst als weithin akzeptiert.
125 Vgl. *Schubert/Klein* 2011.
126 Im Belagerungszustand gehen die die Befugnisse der Zivilbehörden auf militärische Stellen über.
127 Vgl. *Schmitt* Nomos, S. 67; *Foltz* 1962, S. 36ff.
128 *Münkler* 1987, S. 187.
129 *Münkler* 1987, S. 51.
130 *Schmitt* PTh, S. 21.

schenden Politikerkaste, ist die Verhängung des Ausnahmezustands niemals legitim. Ob sie legal, also nach den geltenden Gesetzen zustande gekommen ist, wäre freilich eine andere Frage, wenn man bedenkt, dass die Herrschenden in aller Regel auch über die nötigen Mehrheiten verfügen, Gesetze zu ihrem Vorteil zu verabschieden.[131] Hans Kelsen hatte dazu allerdings eine eindeutige Meinung, die höchsten Respekt verdient:

> „Eine Demokratie, die sich gegen den Willen der Mehrheit zu behaupten, gar mit Gewalt sich zu behaupten versucht, hat aufgehört, Demokratie zu sein. Eine Volksherrschaft kann nicht gegen das Volk bestehen bleiben. Und soll es auch gar nicht versuchen, d.h. wer für die Demokratie ist, darf sich nicht in den verhängnisvollen Widerspruch verstricken lassen und zur Diktatur greifen, um die Demokratie zu retten".[132]

3.1 Intra- oder extrakonstitutionelle Regelung

> „Wenn das Eigentümliche des Ausnahmezustands die (totale oder partielle) Suspendierung der Rechtsordnung ist, wie kann dann eine solche Suspendierung noch in der Rechtsordnung enthalten sein?"[133]

Verfassungspolitisch bildet bei allen Überlegungen zum Ausnahmezustand eine Problematik den Hintergrund, die kaum zu lösen ist, wie Giorgio Agamben mit seiner (rhetorischen) Frage deutlich macht. Es liegt auf der Hand, dass jeder, der bei Beratung und Verabschiedung der Verfassung beteiligt ist, nur ungern daran denkt, dass eben diese Verfassung einmal in ernste Gefahr geraten könnte. Dies ist vielmehr in aller Regel die große Stunde der Euphorie und damit die Zeit der Optimisten. Die Mahnung der Vorsichtigen, man müsse Vorkehrungen für den „Ernstfall" treffen, sind hingegen äußerst unpopulär. Staats- und Verfassungsrechtler sind freilich Juristen, deren (oft undankbare) Aufgabe es seit jeher ist, stets den Fall des Scheiterns eines Vertrages im Blick zu behalten und für diesen Fall Vorsorge zu treffen. Das gilt nicht nur für Eheverträge, sondern auch für Verfassungen.[134] Jede Verfassung spiegelt zum Zeitpunkt ihrer Verkündung sowohl die bestehende als auch die für die Zukunft erwünschte politische Ordnung wider. Ihr liegt zumeist ein an Werten orientiertes Modell gesellschaftlichen Zusammenlebens zugrunde. Ungeachtet der Frage, ob dieses Modell der gesellschaftlichen Realität entspricht oder jemals entsprochen hat, ändern sich die Gesellschaft und die in ihr maßgebenden Werte doch regelmäßig im Laufe der Jahre. Eine kluge, vorausschauende

---

131 Siehe Kapitel „Legalität ohne Legitimität?" in diesem Band.
132 *Kelsen* 1932, S. 98.
133 *Agamben* 2004.
134 Verfassung soll hier als „Verfassungsvertrag" verstanden werden, vgl. *Schmitt* VL, S. 61ff., *Schneider* 1957, S, 116ff.; typisch hierfür ist die Reichsverfassung von 1871, wo es in der Präambel heißt: „Seine Majestät, der König von Preußen [es folgen die übrigen Fürsten] schließen eine ewigen Bund zum Schutz des Bundesgebietes [...]. Dieser Bund wird den Namen Deutsches Reich führen [...]".

Verfassungskonstruktion lässt es zu, zumindest gravierenden Veränderungen in der Gesellschaft durch Änderungen des Verfassungstextes (Grundgesetzänderungen) oder ggf. durch Ergänzungen (Amendments in der US-Verfassung) Rechnung zu tragen. Aber auch in diesen Fällen können sich Verfassungsrecht und politisch-gesellschaftliche Realität so gravierend auseinander entwickeln, dass es zum großen Eklat kommt. Soll dann unter allen Umständen die bestehende Ordnung erhalten („zementiert") werden, und wenn ja, wie?

Bei der Anordnung des Ausnahmezustands geht es freilich um mehr als nur um eine außerordentliche Befugnis, „da sie die gesamte bestehende Ordnung zu suspendieren vermag".[135] Dazu gehören z.B. alle polizeilichen Maßnahmen (u.U. auch durch sog. Sicherheitskräfte), die der Bekämpfung von Aufständen, Aufruhr und Katastrophen aller Art dienen sollen. Dies kann sowohl innerhalb der Verfassung (intrakonstitutionell) als auch außerhalb der Verfassung (extrakonstitutionell) geregelt sein. Häufig wird auf sog. Notgesetze oder Notverordnungen (Art. 48 WRV) zurückgegriffen. In jedem Fall wird damit jedoch zeitweise die Gewaltenteilung außer Kraft gesetzt, damit die Exekutive (Präsident bzw. Regierung) in der akuten Bedrohungssituation möglichst effektiv handeln kann. Die Frage ist jedoch, wie sichergestellt werden kann, dass diese besonderen Vollmachten nicht zur langfristigen Einschüchterung und Knebelung des Volkes genutzt werden und nach dem Ende der Notsituation die verfassungsmäßige Ordnung wieder hergestellt wird. Die Legitimität des Ausnahmezustandes hängt also ganz wesentlich von drei Aspekten ab:

(1) Motivation der Herrschenden
(2) Dauer des Mitteleinsatzes
(3) Verhältnismäßigkeit der Mittel.

3.2 Instrumentarium zur Gefahrenabwehr

Der Verfassungsjurist wird eine Rechtslage vorziehen, die genau festlegt, wann, von wem, unter welchen Voraussetzungen und mit welchem Verfahren so eingriffsintensive Maßnahmen ergriffen werden dürfen, wie es die Verkündung des Ausnahmezustandes darstellt. Was geschieht jedoch, wenn das in der Verfassung zur Verfügung stehende Instrumentarium zur Gefahrenabwehr in Zeiten einer solchen (u.U. existentiellen) Bedrohung des Staates nicht ausreicht? Eine schnelle Änderung der Verfassung, die oft eher für „Schönwetterzeiten" als für Krisen konzipiert ist, kommt meist nicht in Frage. Sie

---

135 *Neumann* 1980, S. 60.

steht eher am Ende der Krise, vor allem dann, wenn sich andere als die herrschenden Kräfte durchgesetzt haben. Vielmehr gilt hier die Erkenntnis Carl Schmitts:

> „In seiner absoluten Gestalt ist der Ausnahmezustand dann eingetreten, wenn erst die Situation geschaffen werden muss, in der Rechtssätze gelten können".[136]

Müssen in dieser akuten extremen Notsituation also u.U. Maßnahmen ergriffen werden, die von der Verfassung nicht gedeckt sind, womöglich, um deren Geltung wiederherzustellen? Wenn ja, wer soll dazu befugt sein? Carl Schmitt ist hier mit seiner berühmten Formel „Souverän ist, wer über den Ausnahmezustand entscheidet",[137] einen Weg gegangen, auf dem ihm nur wenige Autoren gefolgt sind.[138] Peter Schneider hat allerdings auf das darin sichtbare „einzigartige Kunststück" hingewiesen, „dem dürren Boden der Jurisprudenz ästhetischen Reiz abzugewinnen, obgleich der die Gebote der Fachlichkeit nicht übertritt":[139]

> „Ein solcher Satz weckt Spannung. Er schlägt ein. Er schockiert. Man wird, um der Überraschung Herr zu werden, willig, ja eifrig die nächstfolgenden [Sätze] lesen".[140]

3.3 Souveränität und Ausnahmezustand

Diese Formel Carl Schmitts hat Hasso Hofmann in seinem Aufsatz *„Souverän ist, wer über den Ausnahmezustand entscheidet"* in seiner außenpolitisch-völkerrechtlichen Wendung auf Staat und Verfassung der Bundesrepublik Deutschland angewandt. Dabei hat er das Schmittsche Motto zugrunde gelegt: „Die Ausnahme offenbart das Wesen der staatlichen Autorität am klarsten".[141] Hofmann ist dabei zu interessanten Ergebnissen gelangt. Nicht nur bei der Verabschiedung des Grundgesetzes im Jahre 1949 standen die Westdeutschen unter den besatzungsrechtlichen Vorbehalten, die sich auf alle Fragen der inneren und äußeren Staatssicherheit erstreckten.[142] Vielmehr galt das auch für die „erste Souveränitätserklärung" im Jahre 1955, weil durch Art. 5 Abs. 2 des Deutschlandvertrages die alliierten Notstandsbefugnisse ausdrücklich aufrecht erhalten wurden.[143] Diese Befugnisse erloschen für das Bundesgebiet – nicht jedoch für Berlin – mit der Verabschiedung der sog. Notstandsverfassung im Jahre 1968, die gegen beträchtli-

---

136 *Schmitt* Diktatur.
137 *Schmitt* PTh, S. 13.
138 Ein Plädoyer gegen Schmitts Vorstellung von Souveränität gibt *Schliesky* 2004, S. 108ff., vgl. auch den Sammelband *Pircher* (Hrsg.) 1999.
139 *Schneider* 1957, S. 20.
140 *Schneider* 1957, S. 20.
141 *Schmitt* PTh, S. 19.
142 Die Militärgouverneure waren der Ansicht, dass sie selbst „letzten Endes für die Sicherheit verantwortlich" seien, vgl. *Klein* 1992, S. 391.
143 Vgl. hierzu: *Meinel* 2014, S. 455-472.

chen Widerstand der Öffentlichkeit durchgesetzt wurde. Nur eine Große Koalition aus CDU/CSU und SPD war mit ihrer erdrückenden Mehrheit im Bundestag zu diesen Änderungen der Verfassung bereit und in der Lage. Von den verbliebenen alliierten Vorbehalten wurde Deutschland als Ganzes aber erst mit dem Zwei-plus-Vier-Vertrag 1990 – also genau 45 Jahre nach dem Ende des Zweiten Weltkrieges – befreit. Seither liegen die Entscheidungen über den Ausnahmezustand sämtlich in der Hand deutscher Staatsorgane.[144]

3.4 Der verdrängte Ausnahmezustand

Der Parlamentarische Rat hat versucht, ohne eine Generalklausel für die Suspendierung von Grundrechten im Grundgesetz auszukommen. Dabei konnte er sich zunächst auf die Souveränitätsvorbehalte der Alliierten berufen. Allerdings wurden unter dem Stichwort „wehrhafte Demokratie" Bestimmungen in das Grundgesetz aufgenommen, die sich auch im Ausnahmezustand als nützlich erweisen könnten.[145] Dazu gehört das Partei- und Vereinigungsverbot (Art. 21 Abs. 2 und 9 Abs. 2 Grundgesetz) ebenso wie die Verwirkung von Grundrechten (Art. 18 Grundgesetz). Als in den 1960er Jahren die Frage der Ablösung der alliierten Notstandskompetenzen akut wurde, hatte man – freilich nur theoretisch – eine Aufspaltung des Gesamttatbestandes des Ausnahmezustands vorgenommen, die dann jedoch keinen Niederschlag im Grundgesetz fand.[146] Zunächst wurde zwischen einem „Zustand der äußeren Gefahr" und einem „Zustand der inneren Gefahr" unterschieden, der durch einen „Katastrophennotstand" ergänzt wurde. Äußerlich klar erkennbar wurde aber nur der „Verteidigungsfall" als Zustand der äußeren Gefahr in einem eigenen Abschnitt des Grundgesetzes (Abschnitt Xa) geregelt.

> „Die Regelungsstrategie ist dem Bemühen geschuldet, [...] denkbare Ausnahmefälle gleichsam als Regelbeispiele zu antizipieren, typisieren und möglichst grundrechtsschonend in den Gesamtrahmen des Grundgesetzes einzuführen [...]".[147]

Als auf den innenpolitischen Notstand bezogener „Polizeiartikel[148]" enthält Art. 91 Grundgesetz hingegen lediglich bestimmte Zuständigkeitsregelungen, die es der Bundesregierung erlauben, im Fall des Staatsnotstandes Landes- und Bundespolizei (früher: Bundesgrenzschutz) gezielt zur Gefahrenabwehr einzusetzen. Daraus hat Ernst-Wolfgang Böckenförde den – durchaus plausiblen – Schluss gezogen, dass der Ausnahmezu-

---

144 Wieweit diese Form der Souveränität tatsächlich geht, würde sich freilich erst im Falle eines echten Staatsnotstandes erweisen.
145 *Frankenberg* 2010, S. 104.
146 *Klein* 1992, S. 392.
147 *Frankenberg* 2010, S. 105.
148 *Klein* 1992, S. 392.

stand in der Bundesrepublik „verdrängt" worden sei.[149] Dabei geht er – wie Carl Schmitt – davon aus, dass sich das Ausnahmeproblem, das ja gerade durch seine Unvorhersehbarkeit charakterisiert sei, durch eine antizipierte „Vergesetzlichung" außergewöhnlicher Situationen nicht umfassend lösen lasse. Das rechtsstaatlich Machbare müsse hingegen unbedingt im Grundgesetz geregelt werden, da andernfalls im Gefahrenfall die Berufung auf den sog. „übergesetzlichen Notstand" an die Stelle verfassungsrechtlicher und damit rechtsstaatlicher Regelungen trete.[150] Tatsächlich hat die bundesrepublikanische Praxis bei der Bekämpfung der RAF[151] Ende der 1970er Jahre gezeigt, dass die Berufung auf einen „übergesetzlichen Notstand" Überreaktionen der Exekutive begünstigt, deren Folgen bei Abklingen der Gefahr nur schwer zu beseitigen sind.[152]

3.5 Zwischen Recht und Politik

Der Begriff des Ausnahmezustands ist vor allem aus drei Gründen schwer bestimmbar. Zum einen muss zunächst geklärt werden, ob sich die Frage empirisch beantworten lässt: Liegt eine außerordentliche Krisensituation vor, die mit den herkömmlichen Mitteln nicht zu bewältigen ist und daher außergewöhnliche Maßnahmen verlangt? Hier werden die politischen Meinungen – je nach Interessenlage – zumeist stark auseinander gehen. Zum anderen ist zu berücksichtigen, dass der Begriff „Ausnahmezustand" im Grenzbereich zwischen Recht und Politik liegt und nahe verwandt ist mit Widerstand, Aufruhr und Bürgerkrieg.[153] Neben der Politikwissenschaft ist hier vor allem die Staatsrechtslehre gefragt. Wer hat die Definitionsmacht darüber, wie die Krisensituation zu bewerten ist? Und drittens schließlich geht es um die Entscheidung darüber, ob die in der Verfassung vorgesehenen Instrumente ausreichen, oder ob extrakonstitutionelle Maßnahmen ergriffen werden sollen. Sicher ist jedenfalls, dass man in dieser Situation nicht so weitermachen kann wie bisher. Der Begriff selbst deutet vielmehr bereits darauf hin, dass der regelgemäße Zustand nicht mehr besteht, solange die außergewöhnliche Gefahrensituation anhält. Es bedarf also geeigneter Maßnahmen, um der Ausnahmesituation angemessen begegnen zu können; es müssen aber auch rechtzeitig geeignete Vorkehrungen getroffen werden, um die Rückkehr von der Ausnahme zur Regel zu ermöglichen.

---

149 *Böckenförde* 1978, S. 1881ff.; vgl. *Anter/Frick* 2013, S. 128-143.
150 Vgl. *Klein* 1992, S. 388f.
151 RAF = Rote Armee Fraktion.
152 Vgl. *Kraushaar* (Hrsg.) 2006.
153 *Agamben* 2004, S. 7f.

3.6 Der Einsatz der Streitkräfte

Ursprünglich bezog sich der Ausnahmezustand auf äußere Gefahren, in diesem Zusammenhang wird von Belagerungszustand oder Kriegsrecht gesprochen. Dabei greift der Staat auf seine Streitkräfte zurück, um die Gefahr abzuwehren. Ähnliches gilt auch für Bürgerkriege und ggf. sogar für Aufruhr und Aufstände im Inland. Das Militär gilt in entwickelten Demokratien aber als ungeeignet, diese Aufgabe zu erfüllen. Stattdessen haben die meisten westlichen Staaten hierfür eine spezielle Polizeitruppe, die sog. *riot police*, aufgestellt. Sie ist besonders dafür geschult, Deeskalierungsstrategien anzuwenden und ggf. mit speziell hierfür entwickelten, nicht tödlichen Waffen (*non-lethal weapons*) schnell und effektiv Ruhe und Ordnung wieder herzustellen.[154] Inzwischen sind innere Notlagen, wie z.B. Naturkatastrophen (Beispiel: Hurrikan Katrina, 2010), hinzugekommen, die sich zumeist ohne menschliches Zutun ereignen.

Der Einsatz der Streitkräfte im Ausnahmezustand war seit der Gründung der Bundeswehr stets umstritten. Zunächst regelte ein eigener Artikel die Zulässigkeit des Einsatzes, wenn auch wenig spezifisch, eher als Negativregelung und ohne den Begriff zu definieren.[155] Dieser Art. 143 (alt) Grundgesetz galt bis zur Verabschiedung der Notstandsverfassung und fiel dann in dieser Form ganz weg.[156] Er lautete:

> „Die Voraussetzungen, unter denen es zulässig wird, die Streitkräfte im Falle eines inneren Notstandes in Anspruch zu nehmen, können nur durch ein Gesetz geregelt werden, das die Erfordernisse des Artikels 79 erfüllt".

Von 1956 an verzichtete das Grundgesetz auch auf den Begriff „innerer Notstand" ganz. Lediglich der äußere Notstand war in dem Abschnitt Xa „Verteidigungsfall" in den Artikeln 115a bis 115l Grundgesetz geregelt. Während Art. 35 Grundgesetz in erster Linie die Katastrophenhilfe regelt, enthält Art. 91 Grundgesetz die eigentlichen Regelungen für den inneren Notstand. Dieser Art. 91, der allerdings von den alliierten Militärgouverneuren bis zur Erteilung einer ausdrücklichen Genehmigung suspendiert war,[157] lautet:

> „(1) Zur Abwehr einer drohenden Gefahr für den Bestand oder die freiheitliche demokratische Grundordnung des Bundes oder eines Landes kann ein Land Polizeikräfte anderer Länder sowie Kräfte und Einrichtungen anderer Verwaltungen und des Bundesgrenzschutzes[158] anfordern.

---

154 Vgl. *Voigt* 2009, S. 101-116.
155 *Klein* 1992, S. 391.
156 Gültigkeit vom 20. März 1956/22. März 1956 bis zum 25. Juni 1968/28. Juni 1968.
157 Genehmigungsschreiben der Militärgouverneure zum Grundgesetz vom 12.5.1949, vgl. *Frankenberg* 2010, S. 103.
158 An die Stelle des Bundesgrenzschutzes ist seit dem 1.3.2005 die Bundespolizei getreten,

(2) Ist das Land, in dem die Gefahr droht, nicht selbst zur Bekämpfung der Gefahr bereit oder in der Lage, so kann die Bundesregierung die Polizei in diesem Lande und die Polizeikräfte anderer Länder ihren Weisungen unterstellen und Einheiten des Bundesgrenzschutzes einsetzen. Die Anordnung ist nach Beseitigung der Gefahr, im übrigen jederzeit auf Verlangen des Bundesrates aufzuheben. erstreckt sich die Gefahr auf das Gebiet mehr als eines Landes, so kann die Bundesregierung, soweit es zur wirksamen Bekämpfung erforderlich ist, den Landesregierungen Weisungen erteilen. Satz 1 und Satz 2 bleiben unberührt."

In Ergänzung zu Art. 91 Grundgesetz regelt Art. 87a Abs. 4 Grundgesetz den möglichen Einsatz der Bundeswehr:

„(4) Zur Abwehr einer drohenden Gefahr für den Bestand oder die freiheitliche demokratische Grundordnung des Bundes oder eines Landes kann die Bundesregierung, wenn die Voraussetzungen des Artikels 91 Abs. 2 vorliegen und die Polizeikräfte sowie der Bundesgrenzschutz nicht ausreichen, Streitkräfte zur Unterstützung der Polizei und des Bundesgrenzschutzes beim Schutze von zivilen Objekten und bei der Bekämpfung organisierter und militärisch bewaffneter Aufständischer einsetzen. Der Einsatz von Streitkräften ist einzustellen, wenn der Bundestag oder der Bundesrat es verlangen".

3.7 Das umstrittene Luftsicherheitsgesetz

Die Anschläge vom 11. September 2001 auf das World Trade Center rückten auch in Deutschland die Frage in den Vordergrund, ob die Bundeswehr, in erster Linie also die Luftwaffe, eingesetzt werden dürfe, um Passagiermaschinen, die von Terroristen zu Anschlägen missbraucht werden sollen, im äußersten Notfall abzuschießen. Das Luftsicherheitsgesetz vom 11. Januar 2005,[159] mit dem Art. 35 Grundgesetz geändert werden sollte, enthielt dazu eine entsprechende Regelung zum Einsatz der Streitkräfte:

„§ 13 Entscheidung der Bundesregierung
(1) Liegen auf Grund eines erheblichen Luftzwischenfalls Tatsachen vor, die im Rahmen der Gefahrenabwehr die Annahme begründen, dass ein besonders schwerer Unglücksfall nach Art. 35 Abs. 2 Satz 2 oder Abs. 3 des Grundgesetzes bevorsteht, können die Streitkräfte, soweit es zur wirksamen Bekämpfung erforderlich ist, zur Unterstützung der Polizeikräfte der Länder im Luftraum zur Verhinderung dieses Unglücksfalles eingesetzt werden.

§ 14 Einsatzmaßnahmen, Anordnungsbefugnis
(1) Zur Vermeidung eines besonders schweren Unglücksfalles dürfen die Streitkräfte im Luftraum Luftfahrzeuge abdrängen, zur Landung zwingen, den Einsatz von Waffengewalt androhen oder Warnschüsse abgeben.
(2) Von mehreren möglichen Maßnahmen ist diejenige auszuwählen, die den Einzelnen und die Allgemeinheit voraussichtlich am wenigsten beeinträchtigt. Die Maßnahme darf nur so lange und so weit durchgeführt werden, wie ihr Zweck es erfordert. Sie darf nicht zu einem Nachteil führen, der zu dem erstrebten Erfolg erkennbar außer Verhältnis steht.

---

159 BGBl. I, S. 78.

(3) Die unmittelbare Einwirkung mit Waffengewalt ist nur zulässig, wenn nach den Umständen davon auszugehen ist, dass das Luftfahrzeug gegen das Leben von Menschen eingesetzt werden soll, und sie das einzige Mittel zur Abwehr dieser gegenwärtigen Gefahr ist".[160]

In einer Entscheidung des Jahres 2006 hat das Bundesverfassungsgericht (Erster Senat) jedoch die Verfassungswidrigkeit von § 14 Abs. 3 Luftsicherheitsgesetz festgestellt. In den Leitsätzen vom 15. Februar 2006 heißt es dazu:[161]

LS 2: „Art. 35 Abs. 2 Satz 2 und Abs. 3 Satz 1 GG erlaubt es dem Bund nicht, die Streitkräfte bei der Bekämpfung von Naturkatastrophen und besonders schweren Unglücksfällen mit spezifisch militärischen Waffen einzusetzen".
LS 3: „Die Ermächtigung der Streitkräfte, gemäß § 14 Abs. 3 des Luftsicherheitsgesetzes durch unmittelbare Einwirkung mit Waffengewalt ein Luftfahrzeug abzuschießen, das gegen das Leben von Menschen eingesetzt werden soll, ist mit dem Recht auf Leben nach Art. 2 Abs. 2 Satz 1 GG in Verbindung mit der Menschenwürdegarantie des Art. 1 Abs. 1 GG nicht vereinbar, soweit davon tatunbeteiligte Menschen an Bord des Luftfahrzeugs betroffen werden".

Damit galt – zunächst – der Grundsatz, dass der Einsatz der Bundeswehr in Deutschland „mit spezifisch militärischen Waffen" ausgeschlossen sei. In Abweichung von der Rechtsauffassung des Ersten Senats hat das Bundesverfassungsgericht auf Antrag des Zweiten Senats kürzlich jedoch in einer Plenarsitzung entschieden,[162] dass der Einsatz der Bundeswehr zur Gefahrenabwehr „bei Ausnahmesituationen katastrophischen Ausmaßes, allerdings nicht bei Gefahren, die „von einer demonstrierenden Menschenmenge drohen", und nur als „ultima ratio" zulässig sei.[163]

3. Staatskrise – Ausnahmezustand – Bürgerkrieg

„Machiavellis Theorie [...] geht nicht von einer gegebenen Ordnung aus, die es zu bewahren und zu verteidigen gilt, sondern macht das Ordnungsdefizit, die Krise, den politischen Notstand zum systematischen Ort seiner Überlegungen".[164]

Für die Herrschenden ist es von entscheidender Bedeutung, ob die bestehenden Spannungen innerhalb der Gesellschaft, die nicht zuletzt aus der unterschiedlichen Vertei-

---

160 § 14 Abs. 3 des Luftsicherungsgesetzes ist verfassungswidrig und daher nichtig.
161 BVerfG, Urteil des Ersten Senats vom 15.2.2006 – 1 BvR 457/05.
162 Eine Plenarentscheidung beider Senate ist immer dann erforderlich, wenn ein Senat (hier der Erste Senat) von der Rechtsauffassung des anderen Senats abweichen will, § 16 Bundesverfassungsgerichtsgesetz.
163 BVerfG, Beschluss des Plenums vom 3.7.2012 – 2 PBvU 1/11.
164 *Münkler* 1987, S. 189.

lung von Reichtum, Aufstiegschancen und Mitwirkungsmöglichkeiten resultieren,[165] so kanalisiert und „befriedet" werden können, dass sie sich nicht in unkontrollierbaren Gewaltausbrüchen Bahn brechen, sondern letztlich „beherrschbar" bleiben. In der Frage, was unter „Beherrschbarkeit" verstanden werden soll, liegt freilich eines der wichtigsten Probleme, da dies nicht nur Verfahren, Instrumente und Methoden staatlichen Handelns, sondern auch Umfang, Ausmaß und Intensität und damit letztlich die Legitimität von Gewaltanwendung umfasst. Innenpolitisch geht es dabei um ein Zusammenwirken von Wirtschaft, Gesellschaft und Politik sowie außenpolitisch um die Rahmenbedingungen für den betroffenen Staat. Lassen die anderen Staaten bzw. die sog. Staatengemeinschaft (UN, USA, NATO) diesem Staat (relativ) freie Hand bei der Krisenbewältigung, oder verschärfen interessierte Kreise die interne Krise durch Druck von außen?[166] Bleibt angesichts der Macht des globalen Finanzsystems überhaupt ein Spielraum für nationale Krisenbewältigung? Kommt es umgekehrt womöglich sogar zu Interventionen anderer Staaten, ggf. unter dem Deckmantel der „humanitären Intervention"?

4.1 Der drohende Bürgerkrieg

Nahezu jede Diskussion über den Ausnahmezustand ist von dem jederzeit – gewissermaßen am Horizont drohenden – „Horrorszenario" eines Bürgerkrieges überschattet, der unter allen Umständen vermieden werden soll. Das zeigte sich in der Staatstheorie besonders deutlich im 17. Jahrhundert bei Thomas Hobbes,[167] später in der ersten Hälfte des 20. Jahrhunderts bei Carl Schmitt[168] und zeigt sich heute – im Übergang vom 20. zum 21. Jahrhundert und angesicht der globalen Finanzkrise – z.B. bei Giorgio Agamben.[169] Wie kann vermieden werden, dass die politischen Spannungen in einer Gesellschaft so eskalieren, dass daraus blutige und womöglich bewaffnete Auseinandersetzungen werden? Und was ist zu tun, wenn der Konflikt bereits zum Bürgerkrieg eskaliert ist (Beispiel Syrien)? Gibt es eine allseits respektierte Instanz, also eine Person oder eine Institution, die z.B. mit Hilfe des Ausnahmezustands die Ordnung wieder herstellen könnte? Reicht dafür die Autorität dieser Instanz, und reichen ihre Machtmittel hierfür aus?

---

165 Insgesamt verdienen die 25 erfolgreichsten Hedgefonds-Manager mehr als 21 Mrd. Dollar, das entspricht etwa dem Bruttoinlandsprodukt von Zypern im Jahre 2013, ein amerikanischer Haushalt kommt im Durchschnitt auf 50.000 Dollar; vgl. *Adloff* 2014, S. 7-32 [23/24, FN 3].
166 Dieses Szenario zeigt sich bei der Ukraine-Krise des Jahres 2014.
167 *Hobbes* 1999.
168 Leviathan.
169 *Agamben* 2004.

Eine weitere wichtige Frage ist die, mit welchen Konsequenzen die Person nach dem Ende des Ausnahmezustands zu rechnen hat, welche die Ausnahmebefugnisse wahrnimmt. Die Römer kamen im Laufe ihrer Geschichte oft in eine solche Situation und waren daher mit ihr vertraut. Sie wählten dann für einen begrenzten Zeitraum (sechs Monate) einen Diktator,[170] der allen anderen Magistratsbeamten (auch den Konsuln) übergeordnet war und nicht strafrechtlich für das belangt werden konnte, was er während seiner Amtszeit getan hatte. Die wichtigste Aufgabe des Diktators war es, im Rahmen einer „kommissarischen Diktatur" den Angriff eines starken äußeren Feindes durch Krieg abzuwehren oder einen Aufruhr im Innern niederzuschlagen, um anschließend die verfassungsgemäße Ordnung der Römischen Republik wieder herzustellen. Nach Ablauf seiner Wahlzeit verlor er sein Amt und damit seine Befugnisse.

4.2 Die Weimarer Staatskrise

Im Laufe der Geschichte hat es in vielen Teilen der Welt gravierende Staatskrisen und Staatsnotstände gegeben, die nur noch durch außerordentliche Maßnahmen bekämpft werden konnten.[171] In Deutschland bietet die Staatskrise der Weimarer Republik ein anschauliches Beispiel für den Verlauf einer Krise im Europa der Zwischenkriegszeit, die – so scheint es – nur entweder zu einer temporären oder aber zu einer dauerhaften Diktatur führen konnte.[172] Hätte sich der uns bekannte Verlauf der Geschichte durch das Ausrufen eines zeitlich begrenzten Ausnahmezustands verhindern lassen? Die Weimarer Koalition, die vor allem aus SPD, Zentrum und Deutscher Demokratischer Partei[173] bestanden hatte und gewissermaßen als „tragende Säule" der Weimarer Republik fungierte, zerbrach in der Weltwirtschaftskrise. Die ausländischen Kredite, auf die vor allem Gustav Stresemann seine Politik gegründet hatte,[174] waren gestrichen worden, die Reparationszahlungen waren kaum aufzubringen,[175] und die eigenen Steuereinkünfte gingen rapide zurück.[176]

---

170 Wegen der zeitlichen Begrenzung sprach Bodin diesem „Kommissar" das Merkmal der Souveränität ab, vgl. *Campagna* 2013, S. 45-57; vgl. auch *Saracino* 2012.

171 So verhängte etwa der damalige italienische Ministerpräsident Silvio Berlusconi am 26. Juli 2008 einen landesweiten Notstand zur Bewältigung der starken Zunahme sog. Bootsflüchtlinge (es waren 10.611 Flüchtlinge im 1. Halbjahr 2008).

172 Siehe *Blasius* 2013, S. 115-127.

173 Später: Deutsche Staatspartei.

174 Mit dem Dawes-Plan von 1924 war der US-amerikanische Kapitalmarkt für das Deutsche Reich geöffnet worden, Kredite und Anleihen in Milliardenhöhe ermöglichten ein Wirtschaftswachstum.

175 Die Gesamthöhe der von Deutschland zu leistenden Reparationszahlungen wurde 1921 auf 132 Mrd. Goldmark festgelegt. Im sog. Young-Plan von 1929 wurden die Zahlungsverpflichtungen des Deutschen Reichs aus dem Versailler Vertrag auf 2 Mrd. Reichsmark jährlich, zu zahlen in Devisen,

Anfang der 1930er Jahre[177] hatten die demokratischen Parteien ihre Mehrheit im Reichstag verloren;[178] auch die Präsidialkabinette Brüning (Zentrum), Papen (Zentrum[179]) und Schleicher (parteilos), die mit Hilfe des präsidialen Notverordnungsrechts (Art. 48 WRV) regierten, waren gescheitert. Sie fanden im Reichstag keine Zustimmung mehr. Reichspräsident Paul von Hindenburg stand daher vor einer schwierigen Entscheidung: Sollte er den bereits ausgearbeiteten Staatsnotstandsplan in Kraft setzen[180] und damit die Verfassung brechen, oder sollte er Adolf Hitler als Parteichef der stärksten Fraktion im Reichstag (NSDAP) mit der Regierungsbildung beauftragen? Hindenburg entschied sich schließlich für die zweite Alternative, die immerhin den Gepflogenheiten des parlamentarischen Regierungssystems entsprach.[181] Der Reichspräsident hätte die Abweichung von der Verfassung nur mit dem Vorliegen eines Staatsnotstandes rechtfertigen können.

4.3 Der Staatsnotstand als Alternative wozu?

Ob man jedoch die Zerrissenheit der (Weimarer) Gesellschaft und die – auch daraus resultierende – Zerstrittenheit der politischen Parteien, die sich in den Ergebnissen der Reichstagswahlen spiegelte, und die letztlich dazu führte, dass sich keine Mehrheit mehr für eine Regierung der gemäßigten Kräfte fand, als „Staatsnotstand" bezeichnen kann, ist zumindest fraglich.[182] Heinrich August Winkler hat die Behauptung aufgestellt, dass gerade die Alternative des Staatsnotstandsplans – also die Auflösung des Reichstags und die Vertagung seiner Wiedereinberufung auf unbestimmte Zeit[183] – einen Ausweg aus der Staatskrise gebracht und die Weimarer Republik am Leben erhalten

---

festgelegt. Die letzte Zahlung in Höhe von 75 Mill. Euro (für zurückgestellte Zinsrückstände) wurde im Oktober 2010, 92 Jahre nach dem Ende des Ersten Weltkriegs, geleistet.

176 Vgl. *Neumann* 1980, S. 101; insofern lassen sich gewisse Ähnlichkeiten mit der gegenwärtigen Krise Europas feststellen.

177 Am 27. März 1930 scheiterte die von Reichskanzler Hermann Müller (SPD) geführte Koalitionsregierung aus SPD, DVP, Zentrum und DDP (Deutsche Demokratische Partei/Deutsche Staatspartei) an der Frage einer Beitragserhöhung der Arbeitslosenversicherung um einen halben Prozentpunkt.

178 Bei der Reichstagswahl am 30. Juli 1932 ergab sich vielmehr eine (allerdings lediglich rechnerische) Regierungsmehrheit für NSDAP und KPD.

179 Ab 1932 war Franz von Papen parteilos und von 1933-1934 Vizekanzler im Kabinett Hitler.

180 Das hätte aller Voraussicht nach allerdings den Einsatz der Reichswehr und der seit dem 20. Juli 1932 dem Reich unterstehenden preußischen Polizei und damit vermutlich den Bürgerkrieg bedeutet.

181 *Berthold* 1999, S. 28; die Reichsregierung des Jahres 1933 bestand aus 3 Mitgliedern der NSDAP, darunter Hitler als Reichskanzler, sowie 2 Mitgliedern der DNVP und sechs Parteilosen, darunter von Papen als Vizekanzler.

182 Die Straßenkämpfe dieser Zeit hätten allerdings eher für einen Staatsnotstand gesprochen.

183 Art. 25 Abs. 2 WRV legte für den Fall, dass der Reichspräsident den Reichstag aufgelöst hatte, eindeutig fest: „Die Neuwahl findet spätestens am sechzigsten Tage nach der Auflösung statt".

hätte.[184] Diese (spekulative) Behauptung spielt in der politischen Diskussion in Deutschland immer noch eine nicht unwesentliche Rolle. Letztlich ist heute – mehr als siebzig Jahre nach den Geschehnissen – jedoch nicht mehr eindeutig zu klären, ob sich in der Folge ein autoritäres Militärregime auf Dauer etabliert hätte, oder ob man wirklich zeitnah zu einer parlamentarischen Demokratie zurückgekehrt wäre.[185] Die Voraussetzungen für die zweite Alternative waren jedenfalls denkbar schlecht, wie man an den Ergebnissen der Reichstagswahlen sehen kann. Auf der anderen Seite ist es aber auch keineswegs sicher, dass eine ähnlich bedrohliche Staatskrise mit dem heutigen Instrumentarium des Grundgesetzes tatsächlich zu bewältigen wäre, wie die Mitglieder des Parlamentarischen Rates 1949 aber offenbar geglaubt haben.

5. Finanznotstände und Notkabinette

Wirtschafts- und Finanznotstände, die oft auch einen Staatsbankrott einschlossen, hat es im 20. Jahrhundert häufig gegeben. Besonders den Deutschen ist die Hyperinflation der Jahre 1922/24 mit ihrem „Notgeld" noch in abschreckender Erinnerung.[186] Dieser Finanznotstand war im Übrigen eine der Ursachen für das Scheitern der Weimarer Republik.[187] Zur endgültigen Überwindung der Inflation trugen zwei Ermächtigungsgesetze des Jahres 1923 entscheidend bei.[188] Man kann Finanznotstände geradezu als die am häufigsten vorkommenden Staatsnotstände bezeichnen.[189] Allerdings waren diese Notstände bis zum Inkrafttreten der Europäischen Währungsunion auch in Europa regelmäßig auf einzelne Staaten und deren nationale Währung begrenzt. Dementsprechend eröffnet Art. 38 Abs. 1 der Verfassung der Fünften Republik der französischen Regierung die Möglichkeit, in solchen Fällen Notprogramme zu erlassen. Freilich benötigt die Regierung nach der Verfassung dazu eine (befristete) Ermächtigung zum Erlass gesetzesvertretender Verordnungen (*ordonnances*) durch die Nationalversammlung. Durch die Übertragung der geldpolitischen Zuständigkeiten von der französischen Notenbank auf die Europäische Zentralbank ist die Lage bei einem nationalen Finanznotstand für Frankreich spätestens seit 2002 allerdings erheblich komplizierter geworden.[190]

---

184 *Winkler* 1993, S. 608.
185 *Berthold* 1999, S. 10.
186 Im November 1923 betrug der Umrechnungskurs für einen US-Dollar 4,2 Billionen Mark.
187 Agamben sieht darin eine Bestätigung, dass „in der Moderne politisch-militärischer Notstand und ökonomische Krise tendenziell zusammenfallen", *Agamben* 2004, S. 23.
188 Ermächtigungsgesetz vom 13.10.1923 (RGBl. I, S. 943) und vom 8.12.1923 (RGBl. I, S. 1179), vgl. *Folz* 1962, S. 93f.
189 *Folz* 1962, S. 89f.
190 Ähnliches gilt natürlich für Deutschland ebenso wie für die übrigen Mitgliedsstaaten der Eurozone.

5.1 Notkabinette als Retter aus der Krise?

Eine in der Geschichte bereits mehrfach praktizierte Möglichkeit, die bestehende Ordnung – zumindest für einen gewissen Zeitraum – aufrecht zu erhalten, sind „Notkabinette", die nach dem Scheitern der „normalen" Regierungen – oft auf Druck von außen – etabliert worden sind. Sie sollen eine dauerhafte Diktatur („Tyrannis") verhindern, entpuppen sich oft aber lediglich als Vorstufe zu dieser. In der Endphase der Weimarer Republik gab es die drei Präsidialkabinette Brüning, Papen und Schleicher. Sie scheiterten und führten schließlich zu einem nationalsozialistischen Regime in Deutschland. Dieses sog. „Dritte Reich" könnte man – mit Giorgio Agamben – selbst als Ausnahmezustand betrachten, der den Beginn eines „legalen Bürgerkriegs" markierte.[191] Denn durch Hitlers Notverordnung „zum Schutz von Volk und Staat" wurden am 28. Februar 1933 die individuellen Freiheitsrechte der Weimarer Reichsverfassung auf Dauer außer Kraft gesetzt.

Im Zeichen der europäischen Finanz- und Währungskrise lassen sich zeitweilig Notkabinette in Italien (Regierung Monti) und Griechenland (Regierung Papadimos) ausmachen. Sie hatten – teils gewollt, teils ungewollt – nur eine kurze Lebensdauer und zeichneten sich einerseits durch eine gewisse Parteienferne,[192] andererseits durch technokratische Expertise aus. Beide Ministerpräsidenten waren zuvor Banker bzw. Notenbankpräsidenten und verkörperten den Typus des antipolitischen Technokraten. Mario Monti, der die italienische Übergangs-Regierung vom 16. November 2011 bis zu seinem Rücktritt am 21. Dezember 2012 leitete, gehörte dem internationalen Beraterstab der Investmentbank Goldman Sachs an und war zeitweilig italienischer EU-Kommissar. Loukas Papadimos, bis 2002 Gouverneur der Bank von Griechenland, amtierte als griechischer Ministerpräsident noch kürzer, nämlich vom 10. November 2011 bis zum 16. Mai 2012. Beide haben zwar Reformen angestoßen, sind aber – trotz aller Unterschiede im Einzelnen – letztlich an dem Widerstand der etablierten politischen Parteien, die auf ihre eigenen Interessen fixiert waren, gescheitert.

5.2 Tatsächliche Unregierbarkeit

Die eigentlichen Ursachen der Staatskrise konnten weder Monti noch Papadimos beseitigen. In Griechenland wurde anschließend eine große Koalition aus Neo Dimokratia

---

191 *Agamben* 2004, S. 8.
192 Bei Mario Monti ist das deutlicher zu sehen als bei Antonis Samaras, der durch Wahlen in sein Amt gelangt ist; der parteilose „Nicht-Politiker" Monti wurde am 9. November 2011 von Staatspräsident Giorgio Napolitano zum Senator auf Lebenszeit ernannt.

und Pasok[193] unter Andonis Samaras gebildet, die zwar über die erforderliche Mehrheit im Parlament verfügt, aber mit ihren drastischen Sparmaßnahmen auf den erbitterten Widerstand des griechischen Volkes und der Gewerkschaften trifft.[194] Selbst dann, wenn Gesetze tatsächlich beschlossen werden, fehlt es zudem immer noch an den erforderlichen Institutionen, die für eine effektive Implementation dieser Gesetze sorgen könnten. So sollen die griechischen Finanzämter zwar künftig alle Griechen mit Bankguthaben von über 100.000 Euro überprüfen können, es geht dabei um eine Summe von ca. 43 Mrd. Euro. Allerdings wurden für die Steuerfahndung lediglich sechs Beamte abgestellt, die nach Schätzungen für die Überprüfung der insgesamt 1,2 Mill. Konten etwa 15 Jahre brauchen würden. In Italien ist mit Matteo Renzi (Partito Democratico) seit 2014 ein junger charismatischer Ministerpräsident im Amt, der sogleich versucht, die Konsolidierungsmaßnahmen der EU auszuhebeln. Die italienische Wirtschaft schrumpft allerdings immer weiter.[195]

Beide Gesellschaften sind, wenn auch in unterschiedlichem Grade, im Grunde genommen jedoch unregierbar. Das politische System beider Staaten wäre längst – nicht zuletzt unter der Last der Staatsschulden – zusammengebrochen, wenn die Staats- und Regierungschefs der Europäischen Union sowie – mit deren Billigung – die Europäische Zentralbank nicht die Garantie für die Schulden bzw. im Falle Griechenlands sogar eine direkte Finanzierung übernommen hätten.[196] Die Unruhen in Griechenland und die Protestdemonstrationen in Italien zeigen freilich, dass eine innenpolitische Befriedung als Voraussetzung einer nachhaltigen Stabilisierung der politischen Ordnung auf diese Weise kaum zu erreichen ist. Im Gegenteil scheinen die Menschen die Politik der „Rettungsschirme", die mit z.T. drastischen Kürzungen im Sozialbereich verbunden ist, eher als die Wurzel des Übels, denn als Heilmittel anzusehen. Die Forderung der Geldgeber, vor der Auszahlung großer Geldsummen bestimmte (Spar-) Auflagen zu erfüllen, wird als eine Art „Diktatur der Deutschen" wahrgenommen. Die Frage, wer die Misere verursacht hat, also die „Schuldfrage", wird – insbesondere von den damals Verantwortlichen – hingegen längst verdrängt.[197]

---

193 PASOK = Panellinio Sosialistiko Kinima, Panhellistische Sozialistische Bewegung.
194 Bei der Wahl zum Europäischen Parlament im Jahre 2014 wurde die oppositionelle Partei Syriza stärkste Partei in Griechenland. Trotzdem regiert die Koalition aus ND und Pasok weiter.
195 Im ersten Quartal 2014 ist die Wirtschaft um 0,1% gegenüber dem Vorjahr, im 2. Quartal 2014 sogar um 0,2% gesunken, www.zeit.de/wirtschaft/2014-08/italien-rezession-wirtschaft.
196 Der Internationale Währungsfonds will sich allerdings aus der Finanzierung Griechenlands zurückziehen. Ein erneuter „Schuldenschnitt" (Schuldenerlass) zu Gunsten Griechenlands und zu Lasten der europäischen (vor allem der deutschen) Steuerzahler dürfte spätestens dann unausweichlich sein.
197 Sowohl der für die auf „getürkten" Daten basierende Aufnahme Griechenlands verantwortliche damalige Ministerpräsident (1996-2004) Konstantinos Simitis, als auch der zwielichtige Ex-Premierminister Italiens (zuletzt 2008-2011) Silvio Berlusconi schieben die Schuld an der wirt-

6. Staatsnotstand in der Weimarer Republik

„Die Spannung zwischen der Legalordnung und der tatsächlichen Machtausübung durch die Präsidialkabinette konnte auf zwei Wegen gelöst werden, entweder durch die Anpassung der Legalordnung an die Machtverhältnisse oder durch die Umgestaltung der Machtverhältnisse, so daß eine sinnvolle Ausfüllung der Legalordnung hätte möglich werden können".[198]

Seit 1930 wurde in Deutschland sowohl auf Tagungen wie auch in Publikationen ständig von der „großen Staatsreform" gesprochen und geschrieben. Um die Jahreswende 1932/1933 ging es dann ganz konkret um die Frage, ob bereits ein Staatsnotstand vorliege, der entsprechende Maßnahmen rechtfertige, oder ob es gar keinen „echten Staatsnotstand" gebe. Dabei ging es zum einen um die wachsende Unmöglichkeit, eine Mehrheit im Reichstag für Gesetzesvorlagen der Reichsregierung zustande zu bringen, zum anderen um die zunehmenden Angriffe der Kampforganisationen von KPD und NSDAP auf die bürgerliche Ordnung. In Berlin und anderen deutschen Großstädten lieferten sich Rotfrontkämpferbund und SA (Sturm-Abteilung) immer häufiger blutige Straßenschlachten, in die oft auch die Polizei involviert war.[199]

6.1 Notstandsplanungen der Reichsleitung

Kurz vor dem Sturz Franz von Papens als Reichskanzler ließ Reichswehrminister Kurt von Schleicher im November 1932 ein militärisches Planspiel durchführen, um zu prüfen, ob sich Reichswehr und preußische Polizei tatsächlich gegen einen gemeinsamen Aufstand von NSDAP und KPD behaupten könnten. Der Leiter dieses Planspiels war Schleichers Vertrauter Oberstleutnant Eugen Ott, Leiter der Wehrmachtsabteilung im Reichswehrministerium. Das Ergebnis war niederschmetternd:

„[...] habe sich bei sorgfältiger Abwägung gezeigt, daß die Ordnungskräfte des Reiches und der Länder in keiner Weise ausreichten, die verfassungsmäßige Ordnung gegen einen gemeinsamen Aufstand von Nationalsozialisten und Kommunisten aufrechtzuerhalten und zugleich im Osten die Grenzen gegen einen dann zu erwartenden Aufstand der Polen zu schützen. Es sei daher die Pflicht des Reichswehrministers, die Zuflucht der Regierung zum militärischen Ausnahmezustand zu verhindern".[200]

Am 3. Dezember 1932 wurde Papen als Reichskanzler gestürzt, und Schleicher trat an seine Stelle. Gegen das am 31. Januar 1933 erwartete Misstrauensvotum des Reichstags

schaftlichen Misere ihrer Länder den wirtschaftstarken Staaten des Nordens, insbesondere Deutschland, zu.
198 *Neumann* 1980, S. 116.
199 Auch die übrigen Parteien hatten Kampfbünde, wie z.B. „Stahlhelm" (Deutsch Nationale Volkspartei) oder „Reichsbanner Schwarz-Rot-Gold" (SPD).
200 *Huber* 1964, Dok. Nr. 498, S. 619ff.

sollte der Reichstag nach dem Willen Schleichers aufgelöst und die Neuwahlen – gegen den Wortlaut der Verfassung (Art. 25 WRV) – ausgesetzt werden.[201] Carl Schmitt war wegen seiner engen Kontakte zur Wehrmachtsabteilung der Reichswehr offenbar unmittelbar in die Notstandsplanungen der Reichsleitung eingeschaltet.[202] Ob allerdings Volker Neumanns Sicht der Dinge aus dem Jahre 1980, Carl Schmitt habe von 1929 an den „schleichenden Übergang zur Diktatur auf der staatsrechtlichen Ebene" vorbereitet,[203] zutrifft, ist angesichts neuerer Forschungen fraglich. Tatsächlich fungierte Schmitt als einer der staatsrechtlichen Berater der Reichswehr. Am 13. September 1932 hatte Oberstleutnant Ott eine Aussprache mit den drei Staatsrechtslehrern Carl Schmitt, Carl Bilfinger (1879-1958) und Erwin Jacobi (1884-1965).[204] Auf die Frage, ob eine Verschiebung der Neuwahlen staatsrechtlich zu decken sei, bejahten alle Drei die Frage:

> „Wenn Verschiebung der Neuwahl begründet wird auf Verfassungseid (Schaden vom Volke abzuwenden) und begründet wird mit der schweren gegenwärtigen Notlage des deutschen Volkes, das unbedingt Ruhe braucht, so entsteht echtes Staatsnotrecht".[205]

6.2 Der Reichspräsident in Beugehaft?

Reichspräsident von Hindenburg verweigerte diesem Vorhaben jedoch seine Zustimmung, und auch die demokratischen Parteien lehnten einen solchen Verfassungsbruch ab.[206] Ein Treffen maßgeblicher Reichswehroffiziere unter dem Vorsitz des Chefs der Heeresleitung, General Kurt von Hammerstein, kam zu dem Ergebnis, dass Hindenburg genötigt werden solle, Hitler nicht zum Kanzler zu berufen. Im Falle seiner Weigerung sollte der militärische Ausnahmezustand verhängt und der Reichspräsident in der Festung Potsdam festgesetzt werden. Schleicher verwarf diesen Plan jedoch, am 28. Januar wurde er entlassen,[207] und am 31. Januar 1933 wurde Hitler zu seinem Nachfolger ernannt. Die Verfassung des Deutschen Reichs vom 11. August 1919 enthielt mit Art. 48 einen Notstandsartikel, der weitgehende Vollmachten für den Reichspräsidenten enthielt und folgendermaßen lautete:

---

201 Art. 25 WRV lautet: „Der Reichspräsident kann den Reichstag auflösen. [...] Die Neuwahl findet spätestens am sechzigsten Tage nach der Auflösung statt".
202 Vgl. *Huber* 1988, S. 33ff.
203 *Neumann* 1980, S. 107.
204 Carl Schmitt, Carl Bilfinger und Ernst Jacobi vertraten die Reichsregierung in dem Prozess „Preußen contra Reich" vor dem Staatsgerichtshof.
205 Zitiert nach *Berthold* 1999, S. 33.
206 Auch Schmitt änderte seine Meinung im Herbst 1932 und stand dem Notstandsplan nun mit großer Skepsis gegenüber, *Berthold* 1999, S. 34, 40f.
207 Es erwies sich nun, dass Schleicher – ebenso wenig wie sein Vorgänger Papen – über keinen Rückhalt im Reichstag verfügte, vgl. *Berthold* 1999, S. 42.

„Wenn ein Land die ihm nach der Reichsverfassung oder den Reichsgesetzen obliegenden Pflichten nicht erfüllt, kann der Reichspräsident es dazu mit Hilfe der bewaffneten Macht anhalten.

Der Reichspräsident kann, wenn im Deutschen Reich die öffentliche Sicherheit und Ordnung erheblich gestört oder gefährdet wird, die zur Wiederherstellung der öffentlichen Sicherheit und Ordnung nötigen Maßnahmen treffen, erforderlichenfalls mit Hilfe der bewaffneten Macht einschreiten. Zu diesem Zwecke darf er vorübergehend die in den Artikeln 114, 115, 117, 118, 123, 124 und 153 festgesetzten Grundrechte ganz oder zum Teil außer Kraft setzen.

Von allen gemäß Abs. 1 oder Abs. 2 dieses Artikels getroffenen Maßnahmen hat der Reichspräsident unverzüglich dem Reichstag Kenntnis zu geben. Die Maßnahmen sind auf Verlangen des Reichstages außer Kraft zu setzen.

Bei Gefahr im Verzuge kann die Landesregierung für ihr Gebiet einstweilige Maßnahmen der in Abs. 2 bezeichneten Art treffen. Die Maßnahmen sind auf Verlangen des Reichspräsidenten oder des Reichstages außer Kraft zu setzen.

Das Nähere bestimmt ein Reichsgesetz."

6.3 Staatsnotrecht außerhalb der Verfassung

Von der „Diktaturgewalt" dieses Notstandsartikels[208] hatten bereits in den 1920er Jahren beide Reichspräsidenten, Ebert und Hindenburg, ausgiebigen Gebrauch gemacht. Auch diese „äußerste Legalitätsreserve" der Weimarer Verfassung[209] half in der Krise der Jahreswende 1932/33 jedoch nicht weiter. Sie enthielt nach herrschender Meinung auch gar kein „Staatsnotrecht" des Reichspräsidenten.[210] Carl Schmitt hatte vielmehr stets ausdrücklich darauf verwiesen, dass ein Staatsnotrecht nicht innerhalb, sondern außerhalb der Verfassung zu suchen sei:

„Das Staatsnotrecht beruht darauf, daß außerhalb oder entgegen Verfassungsbestimmungen im extremen, unvorhergesehenen Fall irgendein staatliches Organ, welches die Kraft zum Handeln hat, vorgeht, um die Existenz des Staates zu retten und das nach Lage der Sache Erforderliche zu tun".[211]

Letztlich geht es bei der Frage nach dem Ausnahmezustand um einen Grundwiderspruch des modernen Staates, nämlich den zwischen Ordnung und Freiheit. Peter Schneider hat im Rahmen seiner Untersuchungen zu *Ausnahmezustand und Norm* die Frage aufgeworfen: Ist Souveränität – gleich welcher Art – im demokratischen Rechtsstaat überhaupt denkbar? Dabei gehe es um die Antinomie zwischen Freiheit und Staat, die eine eindeutige Entscheidung verlange:

---

208 *Grau* 1922; *Schmitt* 1924; *Nawiasky* 1925, S. 1ff.
209 *Berthold* 1999, S. 55.
210 *Anschütz* 1919, S. 279,
211 *Schmitt* Diktatur, S. 83f.

„Entweder ist die Freiheit oder dann ist der Staat das Höchste. [...] Die Souveränität der Freiheit ist also im Normalzustand, die Souveränität des Staates im Ausnahmezustand aktuell".[212]

6.4 Übergesetzlicher Notstand als Rechtfertigung für Waffenlieferungen?

In der Bundesrepublik Deutschland verbietet Art. 26 Grundgesetz die Vorbereitung eines Angriffskrieges, derartige Handlungen – z.B. der Bundesregierung – sind verfassungswidrig. Sie sind unter Strafe zu stellen. „Zur Kriegführung bestimmte Waffen dürfen nur mit Genehmigung der Bundesregierung hergestellt, befördert und in Verkehr gebracht werden" (Abs. 2). Als Ausführungsgesetz zu Art. 26 Abs. 2 Grundgesetz ist am 1. Juni 1961 das Kriegswaffenkontrollgesetz in Kraft getreten. Zu den Kriegswaffen gehören u.a. alle Kriegsschiffe sowie U-Boote. Für den Export von Kriegswaffen in Staaten, die nicht der NATO angehören, ist eine Genehmigung der Bundesregierung erforderlich. Letztlich entscheidet aber der Bundessicherheitsrat, der aus neun Mitgliedern (Bundeskanzlerin, Chef des Bundeskanzleramtes, Bundesminister des Auswärtigen, der Verteidigung, der Finanzen, des Innern, der Justiz, für Wirtschaft und für wirtschaftliche Zusammenarbeit) besteht, geheim tagt und keiner parlamentarischen Kontrolle unterliegt.

„Die Genehmigung ist zu versagen, wenn

Die Gefahr besteht, daß die Kriegswaffen bei einer friedensstörenden Handlung, insbesondere bei einem Angriffskrieg, verwendet werden, [...]".[213]

Diese Bedingungen für die Genehmigung gelten nicht nur für private Exporteure, an ihnen muss sich vielmehr auch die Bundesregierung bei ihrer Politik messen lassen. Seit 1955 liefern die deutschen Bundesregierungen – gleich welcher Couleur – Waffen (darunter auch U-Boote) – an Israel, um dessen Sicherheit zu gewährleisten. Wie zuletzt der 2014 mit Kriegswaffen ausgetragene Konflikt zwischen Israel und Palästina (Gaza) gezeigt hat, ist der Nahe Osten eine der gefährlichsten Krisenregionen der Erde. Auch Bundeskanzler Willy Brandt genehmigte jedoch Waffenlieferungen an Israel, was von den Beteiligten seinerzeit als „Rechtsbruch" verstanden und mit einem „übergesetzlichen Notstand" gerechtfertigt wurde.[214] Eigentlich unterliegen Waffenlieferungen in Krisengebiete besonderen Restriktionen, für Israel wird jedoch eine Ausnahme ge-

---

212 *Schneider* 1957, S. 110, 111.
213 § 6 Abs. 3 Kriegswaffenkontrollgesdetz (BGBl. I S. 1482).
214 *Der Spiegel* Nr. 23 vom 4.6.2012, S. 20-33 [24].

macht. Als im Juni 2012 bekannt wurde, dass Deutschland U-Boote an Israel liefert,[215] die mit atomaren Marschflugkörpern ausgestattet werden können, wurde öffentliche Kritik laut,[216] die freilich keine nennenswerte Änderung der Politik der Bundesregierung bewirkt hat.[217]

7. Fazit: Der permanente Ausnahmezustand

Die Krisen des globalen Finanzsystems haben dazu geführt, dass der Handlungs- und Entscheidungsspielraum der Staaten, aber auch der supra- und internationalen Institutionen, signifikant geschrumpft ist. Unter Aufbietung enormer Geldmittel – aber kaum mit einem nachhaltigen Erfolg – wird in der Europäischen Währungsunion (Eurozone) mit Hilfe sog. Rettungsschirme versucht, das Finanzsystem zu stabilisieren. Mit der Gefahr für die Stabilität des Euro wird von den Regierenden eine Art „finanzpolitischer Ausnahmezustand" heraufbeschworen. Grundlegende Prinzipien der parlamentarischen Demokratie bleiben dabei jedoch auf der Strecke, wenn Parlamente zu bloßen Akklamationsinstanzen für an anderer Stelle bereits entschiedene milliardenschwere „Rettungspakte" degradiert werden. Ob sich die Parlamente ihre Kompetenzen jemals zurückholen können, ist durchaus fraglich. Zudem haben die angewandten Strategien allenfalls eine mittlere Reichweite, die in erster Linie die Eurozone umfasst. Auf die Aktionen anderer staatlicher Mitspieler (USA, Japan, China), der Notenbanken oder gar privater Großinvestoren haben die Europäische Zentralbank oder die vom Europäischen Rat veranlassten „Rettungsschirme" zumindest keinen direkten Einfluss. Das globale Finanzsystem hat sich verselbständigt, es entzieht sich weitestgehend den Einflussmöglichkeiten von Einzelstaaten und multi- oder internationalen Institutionen. Das ist aber keinesfalls zufällig oder eine Art „Unfall", sondern vielmehr von neoliberalen Kräften in den Regierungen westlicher Staaten – allen voran die USA und Großbritannien – durchaus gewollt (gewesen).[218]

In jüngster Zeit hat sich besonders Giorgio Agamben – in Anlehnung an Carl Schmitt sowie an Walter Benjamin – mit dem Ausnahmezustand befasst und konstatiert, dass sich die westlichen Demokratien in einem „permanenten Ausnahmezustand" befinden.

---

215 Drei U-Boote der Kieler Howaldtswerke-Deutsche Werft sind bereits geliefert worden, drei weitere sollen bis 2017 übergeben werden. Deutschland bezahlt ein Drittel der Kosten (135 Mill. €) und stundet den israelischen Anteil bis 2015.

216 Günter Grass hatte in einem Gedicht Israel als eine „Bedrohung des Weltfriedens" bezeichnet und vor einem Krieg Israels gegen Iran gewarnt.

217 Die Bundesregierung hat angekündigt, dass sie das Parlament künftig (ab 2014) schneller über die Genehmigung von Waffenlieferungen unterrichten will.

218 Vgl. *Streeck* 2013.

In seinen Schriften *Homo sacer. Die souveräne Macht und das nackte Leben*[219] und *Ausnahmezustand: Homo sacer II.1*[220] geht es ihm um das „Paradox der Souveränität", nämlich dass der Souverän zugleich innerhalb und außerhalb der Rechtsordnung steht. Hier ist unschwer der Bezug zu Carl Schmitts Diktaturkonzept zu erkennen, der ja auch davon ausgeht, dass der Ausnahmezustand letztlich außerhalb der Rechtsordnung angesiedelt ist und das Volk als Souverän außerhalb der bestehenden Rechtsordnung steht („souveräne Diktatur"), wenn es sich eine neue Verfassung gibt. Agamben verortet den Ausnahmezustand zwischen Demokratie und Absolutismus und konstatiert, dass dieser Zustand heute immer mehr von der Ausnahme zur Regel[221] und damit zu einer „selbstverständlichen" Technik des Regierens geworden ist.[222] Aus der Endphase der Weimarer Republik zieht Agamben den Schluss,

> „daß eine ‚geschützte Demokratie' keine Demokratie ist und daß das Paradigma der Verfassungsdiktatur eher als Phase eines Übergangs funktioniert, der in fataler Weise zur Einsetzung eines totalitären Regimes führt".

Die Frage, ob man Agambens Interpretation des Schmittschen Denkens – und die Verknüpfung mit der Foucaultschen Biopolitik – zu folgen bereit ist, ist offen. Allerdings sind Agambens Einwände durchaus ernst zu nehmen. Er knüpft damit nämlich an Kelsens berühmtes Diktum an: Wer die Demokratie will, darf nicht zur Diktatur greifen, um die Demokratie zu retten. Denn es wird ihm nicht gelingen, die Demokratie zu retten, vielmehr wird er am Ende mit nichts Anderem als einer Spielart des breiten Spektrums totalitärer Systeme konfrontiert sein. Wer die Demokratie aufs Spiel setzt, wird sie verlieren, sie zurückzuholen, ist hingegen kaum (oder nur unter schweren Opfern) möglich. Die Konsequenzen aus dieser Erkenntnis finden sich in der Debatte um die „Postdemokratie". Als Hülle existiert die Demokratie auch im „permanenten Ausnahmezustand", es finden Wahlen statt, manchmal werden auch Regierungen abgewählt, aber es ändert sich nichts Grundlegendes.[223] Chantal Mouffe weist unter Bezugnahme auf den Altmeister Niccolò Machiavelli eindringlich auf die Gefahren des „Postpolitischen" hin:

> „Die postpolitische Perspektive ist durch die Behauptung definiert, wir seien in eine Ära eingetreten, in der dieser potentielle Antagonismus [nämlich der zwischen den Herrschenden und den Beherrschten] verschwunden ist. Damit aber läuft sie Gefahr, die Zukunft demokratischer Politik aufs Spiel zu setzen".[224]

---

219 *Agamben* 2002.
220 *Agamben* 2004.
221 *Benjamin* 1942, S. 697.
222 *Agamben* 2004, S. 8f.
223 *Crouch* 2008; *Rancière* 2002.
224 *Mouffe* 2007, S. 14.

Ist das die Erklärung für die Merkwürdigkeiten unserer Zeit, dass wir uns in einer „postpolitischen" Phase befinden? Es wäre aber auch durchaus denkbar, dass der Gegenstand dieses – zugegebenermaßen sehr anspruchsvollen – Versuchs einer Beschreibung lediglich die Spitze des Eisbergs ist. Wir können nur beschreiben, was wir sehen. Für den Versuch des globalen computergestützten Finanzsystems, die Weltherrschaft zu übernehmen, scheinen wir aber keine Augen zu haben. Er entzieht sich offenbar der Wahrnehmung durch unsere fünf Sinne. Das erlaubt es uns dann auch – im Lehnstuhl gemütlich vor dem Kamin sitzend –, ernsthaft über die Frage zu lamentieren, ob die Beschaffung bewaffneter Drohnen für die Bundeswehr die (von Deutschland ausgehende?) Kriegsgefahr erhöht, oder ob die Regelung des Ausnahmezustands im Grundgesetz den Einsatz demokratievernichtender Instrumente durch die Herrschenden wahrscheinlicher macht.

Teil IV:

Nomos der Erde

Ein neuer Nomos?

Carl Schmitts Weltordnungs-Denken

„Die Weltgeschichte ist eine Geschichte des Kampfes von Seemächten gegen Landmächte und von Landmächten gegen Seemächte".[1]

Die Debatte um die Weltordnung von morgen ist in vollem Gange. Der allmähliche Abstieg der „Seemacht" USA und der gleichzeitige Aufstieg der „Landmacht" China stören ein mögliches Gleichgewicht der Mächte. Zudem ist die eine ohnehin hoch verschuldete Supermacht[2] Schuldnerin bei der anderen immer reicher werdenden Supermacht.[3] Russland hat mit seinem (erfolgreichen) Griff nach der Krim und einem ehrgeizigen Aufrüstungsprogramm seinen Wiedereintritt in den Club der Weltmächte erreicht. Der Kampf um die Ukraine zeigt, dass Russland sich von den westlichen Sanktionen nicht beeindrucken lässt, die ohnehin eher die Absender als die Empfänger treffen. „Routineflüge" strategischer Langstreckenbomber entlang des Luftraums der europäischen NATO-Mitgliedstaaten demonstrieren die militärischen Fähigkeiten Russlands und testen zugleich die Abwehrbereitschaft der NATO. Alle Möglichkeiten sind wieder offen, so dass das 21. Jahrhundert zu einer spannenden Epoche zu werden verspricht (droht?).

Kann uns beim Verständnis dieser Entwicklung eine Theorie helfen, die vor mehr als sechs Jahrzehnten erstmals publiziert wurde? Carl Schmitt ist seit fast 30 Jahren tot, sein Buch *Der Nomos der Erde* erschien im Jahre 1950. Es müsste schon einen triftigen Grund geben, der es nahelegen würde, sich heute – zu Beginn eines neuen Jahrhunderts – mit dieser Materie zu beschäftigen. Muss der Leser nicht vielmehr davon ausgehen, dass es sich um Theorien und Gedanken von gestern handelt, die zudem auf Deutschland bzw. Europa und auf das 20. Jahrhundert beschränkt sind? Oder findet sich darin ein „ewiger Kern", der auch über lange Zeiträume hinweg und überdies weltweit Geltung beanspruchen kann? Das Werk hilft, „wichtige, noch wenig untersuchte Dimensionen des neuen öffentlichen Rechts zu identifizieren".[4] Carl Schmitt ist eben dieser Ansicht, und er hat gute Gründe dafür. Auf der Suche nach der geschichtlichen Struktur der Welt geht er nämlich von einem globalen Kampf um die Ordnung, insbesondere um die Weltordnung, aus, der niemals aufhört.

---

1 *Schmitt* LuM, S. 16.
2 Die Staatsverschuldung der USA hat 2012 den Rekordwert von 16 Billionen US-Dollar erreicht, das bedeutet, dass jeder US-Bürger daran mit 51.000 US-$ beteiligt ist.
3 Die Verschuldung der USA gegenüber China beträgt (2013) 1,3 Billionen US-$ von insgesamt ca. 11 Billionen US-$ Auslandsschulden der USA; Japan liegt mit 1,1 Billionen US-$ knapp dahinter.
4 *Von Bogdandy/Hinghofer-Szalkay* 2013, S. 209-248 [236].

1. Neuverteilung von Macht und Einfluss

Tatsächlich werden – nach dem Ende der US-amerikanischen Hegemonie – die „Karten neu gemischt". Aus einer bipolaren Weltordnung (1945-1989) ist Ende der 1980er Jahre zunächst kurzfristig eine monopolare Vorherrschaft der „Hypermacht" USA (1989-2001) und schließlich ein multipolares System geworden, in dem außer den USA, China, Russland, Japan und Europa (EU) vor allem Indien und Brasilien als neue aufstrebende Mächte eine größere Rolle zu spielen beginnen. Eine dauerhafte Struktur der neuen Weltordnung zeichnet sich jedoch noch nicht ab. Die Erweiterung (1999) des G 7- bzw. G 8-Gremiums auf G 20 als Gruppe der zwanzig wichtigsten Industrie- und Schwellenländer hat wohl eher symbolische Bedeutung, die „potenziellen Großmächte" Indien, Brasilien etc. wurden offenbar überschätzt.[5] Die Ausgrenzung Russlands – als „Strafe" für die Ukraine-Krise – trifft eher die übrigen Sieben, und Russland wendet sich verstärkt China zu.

Im Folgenden wird der Frage nachgegangen, ob und wenn ja, welche Bedeutung Carl Schmitts *Nomos der Erde* für das Verständnis der heutigen sowie einer künftigen Weltordnung hat. Dazu ist zunächst Schmitts Denken in Umbruchzeiten nachzuspüren, das sich nur zum kleineren Teil aus seinem Charakter, zum überwiegenden Teil jedoch aus der Krisensituation erklärt. Er lebte in einer Zeit teilweise krasser gesellschaftlicher und politischer Umbrüche. Hier lässt sich also unschwer an die gegenwärtige Lage anknüpfen. Sodann geht es um eine „Rezeptionsgeschichte" der Schmittschen Werke in Deutschland, Europa und in Übersee. Dabei fällt auf, dass sich der Schwerpunkt der Schmitt-Rezeption ganz allmählich von der Alten in die Neue Welt zu verlagern scheint. Schmitts großes Thema ist die „Ordnung der Welt". Schmitt geht es vor allem um die Entwicklung des Völkerrechts von dem alten auf Europa zentrierten Öffentlichen Recht (Jus Publicum Europaeum) hin zu einem auf die Supermächte zugeschnittenen Internationalen Recht.

Wichtige Bezugspunkte sind dabei für Schmitt die Begriffe: Landnahme, Raumnahme und Industrienahme. In diesem Szenario tritt die Bedeutung der Staaten zugunsten von Großräumen zurück. Das „Jus Publicum Europaeum"[6] ist für Schmitt die Grundlage des europäischen Staatensystems,[7] das nach dem Ende des Dreißigjährigen Krieges (1618-1648) entstand und auf dem Wiener Kongress 1815 „zementiert" wurde. Es ist auch als „Westfälisches System" bekannt. Die Basis dieses Systems war die Gleichberechtigung der als souverän anerkannten Staaten Europas sowie das Recht Krieg zu führen (*jus ad*

---

5 Russland wird derzeit nicht mehr zu den G 7-Treffen eingeladen.
6 Der Begriff geht auf das achtbändige Werk von Joachim Hagemeier *Jus Publicum Europaeum* zurück, das zwischen 1677 und 1680 erschienen ist.
7 Vgl. *von Bogdandy/Hinghofer-Szalkay* 2013, S. 209-248.

bellum). Durch sog. Freundschaftslinien wurde die Grenze zwischen der Alten und der Neuen Welt festgelegt. Es handelte sich dabei um eine europazentrierte Raumordnung, die sich über Jahrhunderte bewährt hat.

Carl Schmitts zweites großes Thema, das mit dem ersten eng zusammenhängt, ist das „Gleichgewicht von Land und Meer". Hier prallen unterschiedliche Ordnungsvorstellungen der Seemächte und der Landmächte aufeinander. Für Schmitt ist das zugleich die Gegensatz zwischen Leviathan und Behemoth.[8] Den Abschluss bildet das Verbot des Angriffskrieges, das zuerst im Briand-Kellogg-Pakt[9] (1928) und später in der UN-Charta als allgemeines Gewaltverbot (Art. 2 Nr. 4) festgelegt wurde. Mit dem kriegsentscheidenden Eintritt der Vereinigten Staaten in den Ersten Weltkrieg (1917) und in den Zweiten Weltkrieg (1941) wurde deutlich, dass das 20. Jahrhundert das „Amerikanische Jahrhundert" war. Allerdings wurde die bipolare Weltordnung Ende der 1980er Jahre durch eine zunächst einseitig US-bestimmte, später multipolare Weltordnung abgelöst. Europa versucht, sich in dieser neuen, noch instabilen Konstellation mit einer eigenen Außen- und Sicherheitspolitik weltpolitisch wieder ins Spiel zu bringen, scheitert aber letztlich an den unüberbrückbaren Differenzen der europäischen Nationalstaaten und an dem Widerstand der USA.[10] Welche Ansatzpunkte ergeben sich daraus für eine neue Weltordnung?

2. Denken in Umbruchzeiten

Carl Schmitt denkt und schreibt in Widersprüchen.[11] Er hat allerdings auch in Umbruchzeiten gelebt, für die es in dieser Intensität in der Geschichte kaum Parallelen gibt. Schmitt hat zwei Weltkriege erlebt, ist als Staatsrechtslehrer in der ersten deutschen Republik und in der Zeit des Nationalsozialismus – teilweise an führender Stelle – tätig gewesen und wird schließlich „kalt gestellt". Das geht immerhin soweit, dass in *Meyers Lexikon* des Jahres 1942 von ihm in der Vergangenheitsform geschrieben wird.[12] Zunächst nach dem Krieg mit einem Berufsverbot belegt und ohne Pension oder Rente, kann er sich in der Besatzungszeit und zu Beginn der zweiten deutschen Republik nur mühsam „über Wasser halten". Nur vor diesem historischen und biografischen Hintergrund ist sein Werk zu verstehen. In seinem Hobbes-Buch *Der Leviathan in der Staats-*

---

8   Vgl. *Agamben* 2014, S. 19; *Schmitt* Globale Linie, S. 441-452.
9   Benannt nach dem französischen Außenminister Aristide Briand und dem US-Außenminister Frank Billings Kellogg.
10   Zudem wird als „Außenministerin" der EU traditionell eine eher zweitrangige Politikerin mit möglichst wenig Charisma ausgesucht, um die „Kreise" der EU-Regierungschefs nicht zu stören.
11   *Noack* 1996, S. 11.
12   Art. Schmitt, Carl, in: Meyers Lexikon, 8. Aufl. Band 9, Leipzig 1942, Sp. 1176.

lehre des Thomas Hobbes. Sinn und Fehlschlag eines politischen Symbols hat Schmitt 1938 einen Hinweis auf seine besondere Art, sein Denken zu verschlüsseln, gegeben (man könnte auch sagen: versteckt). Er hat sich gern als eine Art Re-Inkarnation von Hobbes gesehen, der in ähnlich turbulenten Zeiten gelebt hatte:

> „Er [Hobbes] hat von sich gesagt, daß er mitunter ‚Ouvertüren' mache, seine wirklichen Gedanken aber nur zur Hälfte enthülle, und daß er so handle wie Leute, die für einen Augenblick ein Fenster öffnen, um es aus Furcht vor dem Sturm rasch wieder zu schließen".[13]

2.1 Der Begriff des Politischen

Carl Schmitt ist nicht nur ein herausragender Wissenschaftler, sondern auch ein brillanter Rhetoriker und Stilist mit einem seltsam schillernden Charakter. Schon bald, nachdem einige seiner bedeutenden Werke erschienen sind, wird er nicht nur in Deutschland, sondern auch weit darüber hinaus bekannt. Die Auseinandersetzung mit ihm und seinen Theorien hat nie aufgehört, weder zu seinen Lebzeiten, noch nach seinem Tode. Allerdings lassen sich Zeiträume und Weltregionen ausmachen, in denen die Schmitt-Debatte besonders intensiv geführt wurde und teilweise auch sehr kontrovers verlief. Dies betrifft einerseits die Zeit nach dem Zweiten Weltkrieg, in der Schmitt in Westdeutschland wie im übrigen Westeuropa und in den USA „verfemt" war. Andererseits wurde er zu derselben Zeit in den autoritären Regimen in Südeuropa, Asien und Lateinamerika besonders hoch geschätzt. Schmitt hat seine Mitmenschen fast zu jeder Zeit polarisiert.[14] Größter Bewunderung stand – vor allem nach dem Ende des Nationalsozialismus – stärkste Ablehnung gegenüber. Inzwischen hat jedoch eine eher nüchterne Betrachtung dieser emotionalen Sichtweise weitgehend Platz gemacht. Schmitt und seine Werke waren allerdings zu keiner Zeit denjenigen, die sich damit beschäftigten, gleichgültig.

Carl Schmitt ist nicht nur in Deutschland, sondern auch in vielen anderen Ländern geistig präsent, wann immer es um die Aufgabe des Staates und sein Verhältnis zu den gesellschaftlichen Kräften geht. Seine Schrift *Der Begriff des Politischen* mit seiner brisanten Formel, dass die Freund-Feind-Unterscheidung letztlich der Grundbegriff des Politischen sei,[15] hat dabei stets eine gewichtige Rolle gespielt. Untrennbar ist mit Carl Schmitt der Begriff „Dezisionismus" verbunden, der sich als theoretisches Leitmotiv in einem Großteil seiner Werke findet. Im letzten Jahrzehnt seines Lebens sind zwei andere Aspekte seines vielschichtigen Werkes hinzugekommen, zum einen die völkerrechtliche Komponente, genauer gesagt das gegen das Imperium Amerika gerichtete *Interven-*

---

13 *Schmitt* Leviathan, S. 44.
14 Vgl. *Mehring* 2009, S. 463.
15 Vgl. *Hofmann* 1986, S. 212-241; vgl. *Voigt* (Hrsg.) 2011; siehe Kapitel „Der Begriff des Politischen" in diesem Band.

tionsverbot raumfremder Mächte,[16] zum anderen seine *Theorie des Partisanen*,[17] die in der heutigen Diskussion um „Neue Kriege" wiederentdeckt worden ist.[18] Er gehört zur „großen Schule der deutschen Gelehrten, die über ihr Fachgebiet hinaus alle Probleme der Gesellschaft samt der Politik umfassen und somit Philosophen genannt zu werden verdienen", wie der französische Publizist und Philosoph Raymond Aron (1905-1983) in seinen Lebenserinnerungen schreibt.[19]

2.2 Zyniker oder Ästhet?

War Carl Schmitt – so wie es dem französischen Staatsphilosophen Joseph Marie de Maistre nachgesagt wurde – ein Zyniker, ein Hingerissener oder ein Ästhet, der sich in den Katholizismus verrannt hatte?".[20] Tatsächlich passt diese Charakteristik auf Schmitt, als wäre sie ihm auf den Leib geschrieben. Nicht zufällig hat Schmitt sich intensiv mit diesem Autor beschäftigt. Wie de Maistre war er ein Ästhet und ein Katholik, wie er selbst immer wieder betont hat. Darüber hinaus war er aber auch ein Machtanalytiker von hohen Graden, er war zudem Etatist und Nationalist. Dass er von Vielen in erster Linie als Dezisionist wahrgenommen wurde, lag nicht zuletzt an seinem vielleicht berühmtesten Satz: „Souverän ist, wer über den Ausnahmezustand entscheidet".[21]

Carl Schmitt polarisiert, indem er zum einen Dinge auf die Spitze treibt, in griffige Formulierungen bringt und auch dann noch weiter verfolgt („bohrt"), wenn Andere längst aufgegeben haben. Zum anderen liegt es an Schmitts Verstrickung in den Nationalsozialismus. Obgleich er noch 1932 vor der Machtübernahme durch die Nationalsozialisten gewarnt hat, läuft er bereits 1933 gewissermaßen „mit fliegenden Fahnen" zu den neuen Machthabern über.[22] Offenbar hofft er wie viele Andere, die Entwicklung selbst maßgeblich beeinflussen zu können. Besonders penetrant ist dabei sein Antisemitismus, der auch nicht vor so bedeutenden Kollegen wie Hans Kelsen (1881-1973) Halt gemacht hat. Bald zeigt sich jedoch, dass er es trotz großen Engagements in dieser Zeit niemandem recht machen kann. Die Einen werfen ihm seine antiliberale und antisemitische Haltung vor, die Anderen sehen in ihm eher einen unverbesserlichen Katholiken und heimlichen „Judenfreund".[23] So fällt Schmitt – nach vorangegangenen Intrigen –

---

16 *Schmitt* Interventionsverbot.
17 *Schmitt* BdP.
18 *Münkler* (Hrsg.) 1990; *Münkler* 2002; *Voigt* 2008a.
19 *Aron* 1985, S. 418; siehe hierzu: *Bevc/Oppermann* (Hrsg.) 2012.
20 *Cioran* 1969.
21 *Schmitt* Drei Arten, S. 11.
22 Andreas Koenen geht davon aus, dass Schmitt – zumindest zeitweise – „Kronjurist" der Nationalsozialisten war, *Koenen* 1995.
23 Siehe zu dem Gesamtkomplex „Carl Schmitt und die Juden": *Gross* 2000.

bereits 1936 in „Ungnade" und muss sich bei seinen Publikationen fortan auf politisch weniger brisante Themen zurückziehen. Nun ist es vor allem das Völkerrecht, dem er sich mit großer intellektueller Kraft widmet. Aus dieser intensiven Beschäftigung mit dem „Jus Publicum Europaeum" ist letztlich auch das Buch *Der Nomos der Erde* entstanden.

2.3 Anfang und Ende einer Karriere

Carl Schmitts Karriere als Staatsrechtslehrer beginnt an der Reichsuniversität in Straßburg, das damals zu Deutschland gehörte. Dort promoviert er und habilitiert sich auch dort.[24] In der Weimarer Republik (1919-1932/33) ist Schmitt Berater der Reichswehr in Verfassungsfragen. Unter seinen z.t. ebenfalls hervorragenden Kollegen ist er zwar ein Außenseiter, genießt aber hohe Anerkennung. Seine neuen Werke ziehen stets die Aufmerksamkeit der Fachwelt – und weit darüber hinaus – auf sich. Auch bei den Weimarer Staatsrechtslehrern hat es „Frontstellungen" gegeben, die aber keineswegs so klar gezogen waren, wie nach 1945 oft vermutet worden ist.[25] So steht z.B. Hermann Heller (1891-1933) in der Frage der staatlichen Souveränität oder bei dem Verhältnis von Recht und Staat Carl Schmitt weit näher als etwa Hans Kelsen.[26]

Nach dem Ende des Zweiten Weltkriegs wird Schmitt zwar verhört und für einige Wochen interniert, aber nicht angeklagt.[27] Er wird jedoch aus dem Staatsdienst entlassen und bekommt keine Pension. So zieht er sich in seine Geburtsstadt Plettenberg zurück und schart alsbald eine größere Gruppe von alten und neuen „Schülern" um sich, die später als „Academia Moralis" (1948-1952) bekannt geworden ist.[28] Spenden von Freunden und kleinere Auftragsarbeiten unter Pseudonym sorgen für seinen Lebensunterhalt. Obgleich er seinen Lehrstuhl endgültig verloren hat und auch nicht wieder Mitglied der einflussreichen Vereinigung der deutschen Staatsrechtslehrer werden darf, sind seine Theorien, Gedanken und Begriffe in den wichtigsten Diskussionsrunden stets präsent. Vor allem seine Monografie *Verfassungslehre*[29] gilt nach wie vor als Standardwerk und wird von den Staatsrechtslehrern auch weiter häufig zitiert.[30]

---

24 *Schmitt* Wert.
25 Vgl. *Gangl* (Hrsg.) 2012.
26 *Voigt* 2008, S. 103-123; *Hebeisen* 1995; Heller und Kelsen waren beide in der Habsburger Doppel-Monarchie geboren.
27 Hier hat Schmitt seine Rechtsfertigungsschrift *Ex Captivitate Salus* verfasst, *Schmitt* ECS.
28 *Van Laack* 2002, S. 44f.
29 *Schmitt* VL.
30 *Voigt/Luthardt* 1986, S. 135-155.

Seine beiden engsten Mitarbeiter, Ernst-Rudolf Huber und Ernst Forsthoff,[31] können ihre Karriere nach dem Kriege zwar nicht nahtlos fortsetzen, gewinnen aber nach ihrer erneuten Berufung an deutsche Universitäten (Forsthoff 1952, Huber 1957) schon bald erheblichen Einfluss in der deutschen Staatsrechtswissenschaft. Zusammen mit anderen Schmitt-Schülern bilden sie so etwas wie eine „Denkschule C.S.". Wilhelm Hennis geht sogar noch einen Schritt weiter, indem er formuliert:

> „Nach Stefan George ist Carl Schmitt wohl das zweite Beispiel wirklich erfolgreicher Sektenbildung – das Wort im nüchtern-technischen Sinn genommen – in der neueren deutschen Geistesgeschichte".[32]

2.4 Hang zum Absoluten

Der deutsche Publizist und ehemalige Privatsekretär Ernst Jüngers Armin Mohler (1920-2003) hat in einem Vortrag in Speyer eine Unterscheidung vorgeschlagen, die sich zwar nicht durchgesetzt hat, deren Kenntnis aber zum Verständnis der Wirkung Carl Schmitts als nützlich erscheint, nämlich die in „Schmittianer" und „Schmittisten".[33] Als „Schmittianer" werden danach Interpreten bezeichnet, die sich zumindest mit Teilen, wenn auch nicht unbedingt mit dem gesamten Werk Carl Schmitts identifizieren. „Schmittisten" sollen hingegen jene Autoren sein, die sich kritisch – gewissermaßen von außen – mit Schmitt auseinandersetzen. Der Einfachheit halber wird im Folgenden jedoch – ohne die genannte Differenzierung – ausschließlich von „Schmittianern" die Rede sein, die übrigens erstaunlicherweise aus (fast) allen Lagern des politischen Spektrums kamen und kommen. Eine grundlegende Unterscheidung spiegelt sich zunächst in den Bezeichnungen „Links-Schmittianer" einerseits und „Rechts-Schmittianer" andererseits. Daneben ist auch von „Establishment-Schmittianern" die Rede, also solchen Interpreten, die sich keiner der „Denkschulen" zugehörig fühlen, aber in der Wissenschaft etabliert sind und sich daher eine Beschäftigung mit den Denkansätzen Schmitts „erlauben" können.

Dass es „Rechts-Schmittianer" gibt, kann wegen Schmitts Nähe zu Konservatismus und Etatismus nicht verwundern. Erklärungsbedürftig ist eher das Vorhandensein von „Links-Schmittianern".[34] Hier bietet sich zur Erklärung ein Blick zurück auf die Einstellung Walter Benjamins (1892-1940) zu Schmitt an. Er sieht – wie viele Linke seiner Zeit – Schmitt als den „großen Anreger", der die Probleme seiner Zeit mit erstaunlicher

---

31 Siehe hierzu: *Meinel* 2011.
32 *Hennis* 1968, S. 16f.
33 *Mohler* 1986, S. 265-267, es handelt sich um einen Tagungsbericht, dessen Überschrift nicht von Mohler selbst, sondern von der Redaktion der Zeitschrift stammte.
34 Vgl. *Mehring* 2007, S. 60-82.

Klarheit erfasst und wissenschaftlich behandelt. In einem Brief an Schmitt schreibt Benjamin am 9. Dezember 1930:

> „Sie erhalten dieser Tage vom Verlag mein Buch ‚Ursprung des Trauerspiels'. [...] Sie werden sehr schnell bemerken, wieviel das Buch in seiner Darstellung der Lehre von der Souveränität im 17. Jahrhundert Ihnen verdankt. Vielleicht darf ich Ihnen auch darüber hinausgehend sagen, daß ich auch in Ihren späteren Werken, vor allem der ‚Diktatur', eine Bestätigung meiner kunstphilosophischen Forschungsweisen durch Ihre staatphilosophischen entnommen habe".[35]

Beide – Benjamin ebenso wie Schmitt – sind gegen ein Denken in Kompromissen, sie haben beide einen gewissen Hang zum Absoluten und Theologischen,[36] und beide sind der Auffassung, dass sich erst im Ausnahmezustand der Geist der Epoche enthüllt.[37] Interessant wird diese geistige Verbindung vor allem dadurch, dass Benjamin in den 1960er Jahren zu einer der Ikonen der Neuen Linken wird. Auf diesem Umweg tritt auch Carl Schmitt, der bis dahin als „Verfemter" gegolten hat, in das Bewusstsein interessierter Linker, von denen in der Folge der Eine oder Andere zum „Links-Schmittianer" wird. In einem „Lebenslauf" aus den frühen dreißiger Jahren hat Benjamin sich auch auf Schmitts „Versuch der Integration von Erscheinungen [...], die nur scheinbar gebietsmäßig zu isolieren sind", bezogen.[38] Schmitt selbst hat einmal seine Art, wissenschaftlich zu arbeiten, folgendermaßen charakterisiert:

> „Ich habe eine Methode, die mir eigentümlich ist: die Phänomene an mich herankommen zu lassen, abzuwarten und sozusagen vom Stoff her zu denken, nicht von vorgefaßten Kriterien. Das können Sie phänomenologisch nennen, aber ich lasse mich nicht gerne auf solche allgemeinen methodologischen Vorfragen ein. Das würde ins Uferlose führen".[39]

3. Rezeptionsgeschichte

Carl Schmitt wurde und wird nicht nur von Wissenschaftlern verschiedener Disziplinen und unterschiedlicher politischer Orientierung, sondern auch mit unterschiedlicher Intention rezipiert. Drei disziplinäre Zuordnungen des Wissenschaftlers Schmitt fallen dabei ins Auge, die im Übrigen von Land zu Land differieren können: Jurist, Politikwissenschaftler, Philosoph. So wird Carl Schmitt etwa in Italien vor allem als Politikwissenschaftler wahrgenommen, in Deutschland hingegen eher als Staatsrechtslehrer bzw.

---

35 *Noack* 1998, S. 113. Schmitt in einem Brief vom 22.6.1972, in: *Schmitt/Sander* 2008, S. 217: „Es wird immer deutlicher, das W.B. weder als Marxist noch als Zionist philosophiert oder theologisiert hat, sondern als politischer Theologe".
36 *Rumpf* 1997, S. 7-30.
37 *Noack* 1998, S. 113; siehe Kapitel „Ausnahmezustand" in diesem Band.
38 *Benjamin* 1977, S. 886.
39 *Schmitt* Gespräch, S. 619-642 [621].

als Staatsphilosoph. Eine besondere Bedeutung hat sein Werk darüber hinaus aber auch für die Theologie[40] (insbesondere die *Politische Theologie*[41]) und für die Literaturwissenschaft (insbesondere die *Politische Romantik*[42]).

3.1 Macht der „großen Bilder"

Carl Schmitt hat als einziger Staatsrechtslehrer darauf hingewiesen, dass die eigentlichen Kämpfe um die Macht im geistigen Bereich der „Metaphysik" und ihrer großen „Bilder" geführt und gewonnen werden. „Es ist gerade dieser Aspekt, der Carl Schmitt für einen großen Teil heutiger Theoriebildung interessant macht".[43] Vor allem, wenn man Schmitts Ansatz mit der Theorie des italienischen Marxisten Antonio Gramsci (1891-1937) von der geistigen Hegemonie, mit der die Herrschenden ihre Macht dauerhaft sichern,[44] in Verbindung bringt, zeigt sich dessen Wert. Und auch die Bedeutung Schmitts als Geschichtsphilosoph sollte nicht vergessen werden. Die schier unüberschaubare Fülle der Literatur über Schmitt erfordert es allerdings, „Schneisen" in das Dickicht zu schlagen, um nicht die Orientierung zu verlieren.

3.2 Wichtige Zäsuren

Die meisten der zahlreichen Arbeiten Schmitts sind in fast alle Sprachen übersetzt und in der ganzen Welt rezipiert worden.[45] Als Einziger der bedeutenden Staatsrechtslehrer der Weimarer Zeit hat Carl Schmitt eine deutlich erkennbare Affinität zum romanischen Sprachraum und den darin wurzelnden Denktraditionen. Er kennt sich nicht nur in der spanischen, sondern auch in der französischen Literatur sehr gut aus.

In der Rezeptionsgeschichte Carl Schmitts werden bestimmte Daten (1933, 1945, 1989/90,[46] 2001) als wichtige Zäsuren erkennbar, die – wenn auch mit einzelnen Abweichungen – als historische Umbrüche für die meisten Länder eine Bedeutung haben. Weitere Einschnitte ergeben sich unter Umständen aus der spezifischen Verfassungsgeschichte jedes einzelnen Landes. So liegt es – zumindest oberflächlich betrachtet – auf der Hand, dass etwa Spanien, Portugal, die lateinamerikanischen Länder oder Japan und Südkorea in den Zeiten der Diktatur einerseits stärker auf bestimmte Elemente des

---

40 *Kodalle* 1973.
41 *Schmitt* PTh.
42 *Schmitt* Bodin.
43 *Hirsch* 2007, S. 83-111.
44 *Gramsci* 2012, seine Gefängnishefte entstanden in den Jahren 1929 bis 1935, während Antonio Gramsci sich in Haft befand.
45 Vgl. *Voigt* (Hrsg.) 2007.
46 Ende des Kalten Krieges.

Schmittschen Denkens rekurriert haben. Andererseits hat das Ende der Diktatur dann oft – zumindest zeitweilig – zu einer eher ablehnenden Haltung gegenüber Carl Schmitt geführt. Darüber hinaus spielt natürlich auch der veränderte Zeitgeist in diesen Ländern eine wichtige Rolle. Inzwischen ist sogar in den USA, wo Schmitt lange Zeit als „unerwünschte Person" angesehen wurde, ein Prozess des Umdenkens erkennbar.[47] Zahlreiche Werke Schmitts sind ins Englische übersetzt worden, und in den Jahren 2008 und 2009 erschienen Schwerpunkthefte der US-Fachzeitschrift *Telos*, in denen sich namhafte Autoren und Autorinnen (z.B. Ellen Kennedy) intensiv mit Carl Schmitt und seinem Werk auseinander gesetzt haben.[48]

4. Ordnung der Welt

Das Thema „Nomos der Erde" hat Carl Schmitt auch nach dem Ende des Zweiten Weltkriegs nicht losgelassen. Seit Anfang der 1940er Jahre gehörte es für ihn zu einem größeren Zusammenhang und war eines seiner Herzensanliegen, nämlich die (richtige) Ordnung (und Ortung) der Welt. Neben dem Buch *Der Nomos der Erde im Völkerrecht des Jus Publicum Europaeum* aus dem Jahre 1950 hat er weitere, meist kleinere Arbeiten zu diesem Thema verfasst. Die kleineren Beiträge finden sich in dem von dem Publizisten und Rechtsphilosophen Günter Maschke herausgegebenen Band *Carl Schmitt, Staat, Großraum, Nomos. Arbeiten aus den Jahren 1916-1969*.[49] In den hier interessierenden Gesamtzusammenhang gehören z.B. seine kleine Schrift *Land und Meer. Eine weltgeschichtliche Betrachtung* (ursprünglich von 1942)[50] sowie sein Aufsatz *Der neue Nomos der Erde*, der erstmals 1955 in der Zeitschrift *Gemeinschaft und Politik* publiziert worden ist.[51]

4.1 Einteilung und Zuordnung

Diese letzte Schaffensperiode Carl Schmitts, die von 1950 bis 1978 reicht, kann man mit Henning Ottmann als „Das Politische in der technischen Welt" bezeichnen,[52] allerdings bildet diese Bezeichnung nicht die gesamte Bandbreite dieser Schaffensphase ab. Um der großen Bedeutung dieser letzten Phase – sie setzte gewissermaßen einen Schlussstein unter sein Werk – gerecht zu werden, bietet sich vielmehr eine andere Be-

---

47 Siehe *Richter* 2001, S. 215-266.
48 *Telos* 142 (Spring 2008); *Telos* 147 (Summer 2009); *siehe aber auch: Telos* 72 (Summer 1987).
49 *Maschke* (Hrsg.) 1995.
50 *Schmitt* LuM, eine Geschichte, die Schmitt seiner Tochter Anima, die später den spanischen Rechtshistoriker Alfonso Otero geheiratet hat, vor dem Einschlafen erzählt haben soll.
51 *Maschke* (Hrsg.) 1995, S. 518-522.
52 *Ottmann* 1990, S. 61-87 [61].

zeichnung an, nämlich „Der neue Nomos der Erde". Als seine eigentliche Profession sieht Carl Schmitt jedoch stets die Rechtswissenschaft an, auf die er sich in kritischen Situationen gern zurückzieht. Hieraus erklärt sich auch die Widmung seiner Nomos-Monografie:

> „Dieses Buch, die wehrlose Frucht harter Erfahrungen, lege ich auf dem Altar der Rechtswissenschaft nieder, einer Wissenschaft, der ich über vierzig Jahre gedient habe".[53]

Zur politischen Nachkriegsordnung ist vor allem sein Vortrag *Die Ordnung der Welt nach dem Zweiten Weltkrieg*, den er 1962 in Madrid in spanischer Sprache gehalten hat, von besonderer Bedeutung.[54] Seine umfassendste Stellungnahme zu dieser Thematik ist freilich sein Beitrag *Die geschichtliche Struktur des heutigen Welt-Gegensatzes von Ost und West*, der zuerst in der Festschrift für Ernst Jünger *Freundschaftliche Begegnungen* im Jahre 1956 erschienen ist.[55] Das Fazit seines Beitrages in der Festschrift ist nur auf den ersten Blick banal, in dem sich Schmitt gegen Jüngers Gleichnis vom Gordischen Knoten und zugleich gegen die Verengung der Perspektive auf den (damals vorherrschenden) Ost-West-Gegensatz wendet:

> „Der heutige Welt-Dualismus ist für uns nicht ein polarer, sondern ein geschichtlich-dialektischer Gegensatz von Land und Meer".[56]

4.2 Nomos der Erde

Angesichts der Bedeutung, die Schmitt diesem Gegensatzpaar beimisst, kann seine Schrift *Land und Meer* durchaus als Vorstudie zu seinem Buch *Der Nomos der Erde im Völkerrecht des Jus Publicum Europaeum* verstanden werden.[57] Dieses Buch ist mit mehr als 300 Seiten eines seiner umfangreichsten Werke.[58] Es ist in vier Teile mit insgesamt 20 Kapiteln untergliedert. Der erste Teil besteht aus fünf Corollarien,[59] was man etwa als Aussagen, die sich aus Definitionen ohne großen Beweisaufwand ergeben, verstehen kann. Hier werden die für die sich anschließende Argumentation wichtigsten Begriffe, wie „Recht als Einheit von Ordnung und Ortung", „Vor-globales Völkerrecht", „Völkerrecht des christlichen Mittelalters", „Nomos" und „Landnahme" vorgestellt, aus denen sich die Stoßrichtung des Schmittschen Denkens erkennen lässt. Die weiteren

---

53 *Schmitt* Nomos, S. 13.
54 *Tommissen* (Hrsg.) 1990, S. 20-40 (Übersetzung von Günter Maschke).
55 *Jünger* 1955; *Schmitt* Gespräch, S. 523-551.
56 *Schmitt* Gespräch. S. 544.
57 *Noack* 1996, S. 229.
58 Nur die Verfassungslehre (*Schmitt* VL) ist mit etwas mehr als 400 Seiten umfangreicher.
59 Solche Corollarien begegnen uns auch in der Neuauflage seiner Schrift *Der Begriff des Politischen* aus dem Jahre 1963.

Teile beschäftigen sich mit der „Landnahme einer Neuen Welt", mit dem Jus Publicum Europaeum und mit der Frage eines Neuen Nomos der Erde.

4.3 Von der Landnahme zur Raumnahme

Es ist typisch für die Arbeitsweise Carl Schmitts, dass er versucht, den Dingen auch etymologisch auf den Grund zu gehen. So verfolgt er den Ursprung des griechischen Wortes „Nomos" nicht nur bis Platon, dessen berühmtes Werk *Nomoi* von Gesetzen handelt, sondern bis zu den Sophisten zurück.[60] Vor allem in seinem Aufsatz *Nomos – Nahme – Name* aus dem Jahre 1959 hat er sich mit diesem für seine weltpolitische Sicht entscheidenden Begriff eingehend auseinandergesetzt.[61] Schmitt zufolge ist es wichtig, Nomos nicht – wie Platon und seine Nachfolger dies taten – mit ‚Gesetz' zu übersetzen, weil sonst der grundlegende Zusammenhang von Ortung und Ordnung verloren gehe. Bei den Griechen habe Nomos die erste Landnahme als Teilung und Einteilung des Raumes bezeichnet.

> „Der Nomos ist demnach die unmittelbare Gestalt, in der die politische und soziale Ordnung eines Volkes raumhaft sichtbar wird, die erste Messung und Teilung der Weide, d.h. die Landnahme und die sowohl in ihr liegende wie aus ihr folgende konkrete Ordnung [...]".[62]

Wichtig für das Verständnis dieser besonderen Bedeutung ist die Verknüpfung von Raum als Ordnungskategorie auf der einen und Recht als Ordnungsprinzip auf der anderen Seite.[63] Recht ist für Schmitt die „Einheit von Ordnung und Ortung". Diese Aussage ist deshalb so brisant, weil sie Konsequenzen für die Beantwortung einer anderen Frage hat: Wer ist der rechtmäßige Eigentümer des Landes, das das Staatsterritorium bildet, die Alteingesessenen („Eingeborenen") oder auch die zugewanderten Staatsangehörigen (Immigranten)? Der von Menschen bearbeitete Boden zeigt – nach Schmitt – feste Linien, die durch Abgrenzung der Äcker, Wiesen und Felder eingefurcht sind. Neben dem festen Land, das er in Staatsgebiet, Kolonien, Protektorate, exotische Länder und frei okkupierbares Land unterteilt hat, steht für ihn das freie Meer, dem er eine besondere Rolle zuweist.[64] Für Carl Schmitt ist der Raum deshalb von so grundlegender Bedeutung, weil die Raumordnung für ihn der strukturelle Kern der bestehenden Ordnung im

---

60 Die Sophisten waren eine Gruppe vorsokratischer griechischer Gelehrter, die als Wanderlehrer durch Griechenland zogen.
61 *Maschke* (Hrsg.) 1995, S. 573-591.
62 *Schmitt* Nomos, S. 39f.
63 *Michels* 2004. S. 5.
64 *Schmitt* Nomos, S. 156: Schaubild „Globales Schema des Jus Publicum Europaeum".

Ganzen ist.[65] Dabei geht er bis zu dem Hirten in der Nomadenzeit zurück, dessen Aufgabe die Ernährung der Herde ist. Die Aufgabe des Politikers („politikos") sei es hingegen nicht für Nahrung zu sorgen, vielmehr pflegt, besorgt, betreut und therapiert er. Mit dem Übergang vom Nomadenzelt zum festen Haus („oikos") ist der Weg für eine dauerhafte Ordnung frei.

> „Diese Entwicklung geht von der *Landnahme* nomadischer und agrarisch-feudaler Zeiten, zur *Seenahme* des 16./19. Jahrhunderts über die *Industrienahme* des industriell-technischen Zeitalters und seine Unterscheidung von entwickelten und unterentwickelten Gebieten, bis schließlich zur *Luft- und Raum-Nahme* der Gegenwart".[66]

Die französischen Sozialwissenschaftler *Gilles Deleuze* und *Félix Guattari* haben diesen Gedanken in ihrem Buch *Tausend Plateaus* weiterentwickelt,[67] indem sie von einem „gekerbten" Raum sprechen, dem sie einen ungekerbten Raum gegenüberstellen. Beide, der glatte Raum und der gekerbte Raum, sind ganz verschieden. Insoweit besteht kein Dissens zu Carl Schmitts Raumvorstellung:

> „Es gibt also drittens ganz unterschiedliche Räume: der Raum der Seßhaftigkeit wird durch Mauern, Einfriedungen und Wege zwischen den Einfriedungen eingekerbt, während der nomadische Raum glatt ist und nur mir ‚Merkmalen' markiert wird, die sich mit dem Weg verwischen und verschieben".[68]

Der nomadische Weg verteilt die Menschen und Tiere in einem offenen Raum, der nicht definiert ist. Daraus ziehen die Autoren, die sich auf Paul Virilio beziehen,[69] den Schluss: „Der *Nomos* bezeichnete letzten Endes das Gesetz, doch nur, weil er zunächst Verteilung, Verteilungsmodus war".[70] Gerade diese Gleichsetzung von Nomos und Gesetz hat Carl Schmitt hingegen stets vehement abgelehnt und vor allem Cicero für diese Fehlinterpretation verantwortlich gemacht, der Nomos mit Lex (Gesetz) übersetzt hat.

4.4 Globale Raumordnung

Die etablierte Ordnung der Welt, die auf einer Zweiteilung in staatliche und internationale Rechtsordnungen beruhte, gewährte jedoch nur für eine gewisse Zeit stabile Verhältnisse. Probleme, die nicht auf nationaler Ebene gelöst werden konnten, wurden im Rahmen der alten Ordnung auf die internationale Ebene verschoben. Dazu dienten das Völkerrecht sowie seine wichtigsten zentralen Institutionen, der Völkerbund und – spä-

---

65 *Schmitt* Nomos, S. 157.
66 *Schmitt* 1995, S. 573-591 [582f.] (Hervorhebungen im Original).
67 *Deleuze/Guittari* 2005.
68 *Deleuze/Guittari* 2005, S. 523f.
69 *Virilio* 1993.
70 *Deleuze/Guittari* 2005, S. 523.

ter – die Vereinten Nationen (UN). Der Völkerbund war unmittelbar nach dem Ende des Ersten Weltkriegs gegründet worden, um die internationale Kooperation zu fördern, in Konfliktfällen zu vermitteln und die Einhaltung der Friedensverträge zu überwachen. Der starke Bezug dieser neuen Ordnung zu Europa wurde nicht zuletzt durch den Sitz des Völkerbundes in der neutralen Schweiz (Genf) sichtbar zum Ausdruck gebracht. Nicht zufällig war der Sitz der Nachfolgeorganisation, der Vereinten Nationen (UN), nicht mehr in Europa, sondern in den – keineswegs neutralen – USA (New York). Die Vereinigten Staaten waren die eigentlichen – vor allem ökonomischen – Sieger des Zweiten Weltkrieges und sorgten nun zusammen mit der Sowjetunion dafür, dass das neue globale Führungsgremium im Sicherheitsrat den „richtigen" Staaten Stimmrecht verlieh.[71] Den Verliererstaaten Deutschland und Japan war der Zugang zur UN zunächst versperrt. Vetomächte wurden hingegen neben den USA und der Sowjetunion (heute: Russland): China (heute: Volksrepublik), Großbritannien und Frankreich. An dem gegenwärtigen Konflikt um Syrien zeigt sich erneut, wie unterschiedlich die (geostrategischen) Interessen der Sicherheitsratsmitglieder sind. Sie versuchen unter allen Umständen das Beste für sich und für ihr Land herauszuholen, der Weltfrieden, dem der Sicherheitsrat eigentlich zu dienen hätte, bleibt dabei allzu leicht auf der Strecke.

Bei dieser Zweiteilung in eine nationale und eine internationale Ebene ist es freilich nicht geblieben. Zum einen ist in Europa mit der Europäischen Union im Zuge der fortschreitenden Integration eine supranationale Institution als dritte Ebene hinzu gekommen. Viele Entscheidungen werden inzwischen dort und nicht mehr in den nationalen Parlamenten getroffen. Diese Entwicklung konnte Carl Schmitt in diesem Ausmaß natürlich nicht voraussehen. Zum anderen haben sich die global agierenden multinationalen Konzerne im Zuge der Globalisierung zumindest teilweise von der Kontrolle durch die Regierungen und Parlamente der Nationalstaaten befreit. Stattdessen haben sie sich ihr eigenes Recht und ihre eigene (Schieds-) Gerichtsbarkeit geschaffen.[72] In diesem Kontext ist die Trilogie von Michael Hardt und Antonio Negri überall auf fruchtbaren Boden gefallen.[73] Diese beiden Autoren entwickeln ein neues Modell der Welt und beziehen sich stellenweise auch auf Carl Schmitt. Hardt und Negri setzen ihre Hoffnung auf die „Multitude", eine zunächst unstrukturierte Menge, die global agiert und ihre Interessen auch gegen Widerstand durchzusetzen vermag.

---

71 Vgl. *Voigt* 2005.
72 Das Freihandelsabkommen TTIP der EU mit den USA wird voraussichtlich ermöglichen, dass global agierende Konzerne nunmehr Staaten auch direkt vor solchen Schiedsgerichten verklagen können.
73 *Hardt/Negri* 2003; *Hardt/Negri* 2004; *Hardt/Negri* 2010.

4.5 Staat oder Großraum?

Bereits Anfang der 1940er Jahre war nach Carl Schmitts Einschätzung an die Stelle des Staates der Großraum getreten, der aus mehreren Staaten bestehen und von einem Reich dominiert werden sollte.[74] Gerade sein Ausgangspunkt, der wirtschaftliche Großraum, aus dem dann ein politischer Großraum werden kann (nicht muss), bietet Anknüpfungspunkte für die Beurteilung der aktuellen globalen Situation. Überall auf der Welt bilden sich wirtschaftliche Großräume (Europäische Union, Mercosur, NAFTA etc.), die nach Kooperationsformen suchen, die von Fall zu Fall auch das Politische einschließen und ggf. nach dem Beispiel Europas bis zu einer Politischen Union reichen können. In diesem Zusammenhang stellt Carl Schmitt immer wieder die Frage nach der Legitimität jenseits der Legalität der Gesetze.

Vor allem bei der Europäischen Union, die aus der Montanunion und der Europäischen Wirtschaftsgemeinschaft hervorgegangen ist, stellt sich die Frage nach der Legitimität jenseits einer gewissen formalen Legalität. In einigen Mitgliedstaaten ist das Volk in Referenden zu Wort gekommen, in Deutschland hingegen nicht. Hier zeigt sich besonders, dass es sich dabei um ein Projekt sog. Eliten handelt, die sich selbst für klüger halten als das Volk, den eigentlichen Souverän.

> „Die Europapolitik ist an Wendepunkten des Einigungsprozesses noch niemals so unverhohlen elitär und bürokratisch betrieben worden wie dieses Mal. Auf diese Weise betont die politische Klasse das Vorrecht der Regierungen, über das weitere Schicksal Europas hinter verschlossenen Türen zu entscheiden".[75]

In der Eurokrise werden wichtige, oft milliardenschwere Entscheidungen über die Köpfe der betroffenen Staatsbürger hinweg getroffen. Es steht aber außer Frage, dass diese als Steuerzahler und Sparer die Folgen dieser verfehlten Politik zu tragen haben werden. Aber das Volk, der eigentliche Souverän, wird nicht nur nicht gefragt, es schweigt auch. Es fragt sich natürlich, warum das so ist. Ist das Volk durch die parteiische Berichterstattung bloß desinformiert, oder ist es ganz einfach desinteressiert? Könnte es sein, dass das Volk, das ja aus einzelnen Bürgerinnen und Bürgern besteht, nicht wagt, gegen eine Politik, die es genauso wenig durchschaut wie die Politiker, auf die Straße zu gehen?[76] Der Außenstehende kann sich des Eindrucks nicht erwehren, dass das Volk irgendwie eingeschüchtert wirkt, so als traute es dem Gedanken an seine eigene Souveränität, die Volkssouveränität, nicht.

---

74 *Voigt* (Hrsg.) 2008.
75 *Habermas* 2008, S. 96-127 [99].
76 Eine Ausnahme bilden die PEGIDA-Demonstrationen in Dresden und anderswo, die von der politischen Elite allerdings auch heftig bekämpft werden.

5. Jus Publicum Europaeum

Aus der bis dahin christlich-sakral geprägten Ordnung hatte sich im Verlauf der Konfessionskriege und nach der Etablierung von Territorialstaaten das *Jus Publicum Europaeum*, das europäische Öffentliche Recht, entwickelt. Bei dem Prinzip der „Gleichheit der Staaten", auf dem die globale Ordnung des europäischen Staatensystems beruhte, ging es weniger um eine tatsächliche Ebenbürtigkeit, als vielmehr um die gegenseitige Anerkennung der Gleichwertigkeit. In der Praxis richtete sich diese Ordnung vor allem gegen den hegemonialen Anspruch einer Großmacht, in diesem Falle Englands. Das bedeutete nicht nur, dass die außereuropäischen Räume den europäischen Mächten als Kampfzonen für die Verteilung der „Neuen Welt" zur Verfügung standen, sondern zugleich auch eine ungeheure Entlastung der innereuropäischen Verhältnisse. Nicht jeder Streit der Mächte in der „Neuen Welt" musste nun auch auf die „Alte Welt" zurückschlagen.[77] Das *Jus Publicum Europaeum* konnte damit als Sphäre des Friedens und der Ordnung auch bei Kämpfen auf anderen Kriegsschauplätzen aufrecht erhalten bleiben. Völkerrechtlich diente diese Ausgrenzung letztlich der *Hegung* des europäischen Krieges, das heißt seiner Rationalisierung, Humanisierung und Verrechtlichung.[78]

Dies war dadurch möglich geworden, dass nach dem Dreißigjährigen Krieg ein Gleichgewicht der Flächenstaaten des europäischen Kontinents entstanden war, das nach dem Sieg über Napoleon auf dem Wiener Kongress (1815) noch einmal bestätigt wurde. Souveräne Staaten als geschlossene Machtgebilde mit einheitlicher zentraler Regierung und Verwaltung waren die geeigneten Träger des Völkerrechts, das auch gegenüber dem britischen maritimen Empire Bestand hatte. Mit der Entstehung des modernen Territorialstaats wurde das gesamte europäische Leben säkularisiert und auf die Flächenordnung „Staat" bezogen. Das Völkerrecht wurde vom *Jus Gentium* zu einem *Jus inter Gentes Europaeas*, einem Recht, das zwischen den europäischen Völkern galt. Der raumhafte Kern der neuen europäischen Ordnung war von nun an der Territorialstaat, den Carl Schmitt – durchaus zutreffend – als besondere Errungenschaft abendländischer Rationalität bezeichnet hat.

5.1 Zwei Betrachtungsweisen

Zwei Strömungen charakterisieren die unterschiedlichen Auffassungen der Völkerrechtler im 17. und 18. Jahrhundert, die philosophisch-naturrechtliche und die positivistisch-praktische Sicht. Stellvertretend für die philosophisch-naturrechtliche Betrachtungswei-

---

77 Das zeigte sich deutlich Im Ersten Weltkrieg, als Briten und Franzosen trotz heftigster Auseinandersetzungen um koloniale Fragen ein Bündnis („entente cordial") in Europa eingingen.
78 *Schmitt* Nomos, S. 68f.

se steht Immanuel Kant (1724-1804). Sein „allgemeiner Menschenstaat" kennt – bezogen auf den Bürger – drei Ebenen von Recht:[79] Das Staatsbürgerrecht (*jus civitatis*), das Völkerrecht (*jus gentium*) und das Weltbürgerrecht (*jus cosmopoliticum*). In der Tradition der positivistisch-praktischen Arbeitsmethode steht Hugo Grotius (1583-1645),[80] der neben Samuel Pufendorf (1632-1694)[81] zu den berühmtesten und einflussreichsten Völkerrechtslehrern des 17. Jahrhunderts gehörte. Er bezog sich dabei auf den Dominikaner Francisco de Vitoria (1483-1546) und dessen Vorlesung *Über die kürzlich entdeckten Inder und das Recht der Spanier zum Krieg gegen die Barbaren* von 1539. Auf Vitoria gestützt erklärte Grotius die Weigerung der Portugiesen, den Holländern freie Fahrt nach und freien Handel in Ostindien zu gewähren, als gerechten Kriegsgrund.[82] Für Grotius spielte der Vertrag zwischen souveränen Staaten die zentrale Rolle bei der Herstellung einer gerechten Ordnung. Er gilt – nicht zu Unrecht – als „Vater des Völkerrechts", wenn er in seinem berühmtesten Buch *Über das Recht des Krieges und des Friedens* formuliert:[83]

„Wie nun das Recht eines Staates auf den Nutzen des Staates eingerichtet ist, so hat sich auch unter allen oder mehreren Staaten durch Übereinkommen ein Recht bilden können. Das so entstandene Recht wird nicht den Nutzen einzelner Genossenschaften, sondern nur den des großen Ganzen berücksichtigt haben".

Pufendorf beschäftigt sich in seinem Werk *Über das Recht der Natur und des Volkes* (erschienen 1759) ebenfalls mit Vitoria, vermeidet dabei jedoch jeden Hinweis auf Überseefragen. Er hat allerdings – noch vor Montesquieu – die doppelte Zielrichtung einer „Konföderation" von Staaten herausgestellt: politisch minimiert sie das Risiko der Mitgliedstaaten dauerhaft, geopolitisch schützt sie geografisch (und kulturell) benachbarte Staaten gegen einen gemeinsamen potenziellen Feind.[84]

5.2 Globales Liniendenken

Seit dem spanisch-französischen Vertrag von Cateau-Cambrésis 1559 gab es eine neue Art von Abmachungen, die sog. Freundschaftslinien („amity lines"). Mit diesen Linien wurde festgelegt, wo die „Alte Welt" endete und die „Neue Welt" begann.[85] „No peace beyond the lines" hatte der berühmte Freibeuter Sir Francis Drake (1540-1596) formuliert. Eine ähnliche Aussage findet sich bei Maria von Medici (1575-1642) im Jahre

---

79 *Kant* 1986, S. 16.
80 Vgl. *Konegen/Nitschke* (Hrsg.) 2005.
81 Vgl. *Hüning* (Hrsg.) 2009.
82 *Grotius* 1950, S. 7-10, 61-64.
83 *Grotius* 1950, Vorrede 17.
84 Vgl. *Beaud* 1996, S. 45-66 [53f.].
85 Vgl. *Wilde* 2014.

1610: „Es gibt jenseits der Linie und an den Küsten Amerikas keinen Frieden"[86]. Wann dieses „globale Liniendenken" (Carl Schmitt) in die völkerrechtliche Praxis übernommen wurde, ist allerdings umstritten. Möglicherweise handelt es sich um eine Erfindung von Franzosen und Engländern, um dieses behauptete Rechtsinstitut im politischen Kampf gegen Spanien einsetzen zu können.[87] Schon Heinrich IV. sprach davon, dass die Spanier und Franzosen sich jenseits der Linie gegenseitig als Feinde behandelten. Und Ludwig XIII. verbot 1634 den französischen Seefahrern den Angriff auf portugiesische und spanische Schiffe diesseits des Wendekreises des Krebses. Jenseits dieser Linie war der Angriff hingegen ausdrücklich erlaubt, wenn die Spanier und Portugiesen den Franzosen nicht den freien Zugang zu ihren indischen und amerikanischen Ländern und Meeren gestatteten. Erst mit dem Frieden von Madrid zwischen England und Spanien wurde 1630 die europäische Friedensordnung auf die Überseegebiete jenseits der Linien ausgedehnt und im Westfälischen Frieden von 1648 bestätigt.

5.3 Europa-zentrierte Raumordnung

Die europäische Staatlichkeit beruhte auf drei Grundlagen.[88] Diese drei Kriterien für solche Staatenkriege begannen sich seit 1582 durchzusetzen:

– *Krieg im Rechtssinne*: Jeder Krieg, der von souveränen Trägern der *summa potestas* (höchste Gewalt) gegeneinander geführt wird.
– *Gerechter Krieg*: Jeder Krieg, der zwischen „rechtmäßigen Feinden" geführt wird (Carl Schmitt spricht hier vom nicht-diskriminierenden Kriegsbegriff[89]).
– *Gerechter Grund*: Die Entscheidung darüber, ob eine *iusta causa* vorliegt oder nicht, trifft ausschließlich der staatliche Souverän.

Damit waren die von Thomas von Aquin (1225-1274) aus theologischer Sicht formulierten Kriterien für den „gerechten Krieg" endgültig weggefallen.[90] Hatte Vitoria noch die Möglichkeit, dass beide Kriegsparteien einen „gerechten Krieg" führen könnten, als deren bloß subjektive Auffassung angesehen, so gingen der Spanier Balthazar Ayala (1548-1584) und der in englischen Diensten stehende Italiener Alberico Gentili (1552-1608) noch einen Schritt weiter. Sobald sich auf beiden Seiten souveräne Obrigkeiten gegenüberstehen, handelt es sich stets um einen „gerechten Krieg". Es galten dann die von Grotius benannten formalen Kriterien, wie förmliche Kriegserklärung, Antwort auf eine Rechtsverletzung des Gegners, Beendigung durch Friedensschluss.

---

86 Vgl. *Fisch* 1997, S. 142.
87 *Fisch* 1997, S. 146ff.
88 Vgl. *Wallerstein* 1980; *Grimm* 1987, S. 53-83.
89 *Schmitt* VGO, S. 125.
90 *Thomas von Aquin* 1985.

6. Gleichgewicht von Land und Meer

Carl Schmitt hat darauf hingewiesen, dass die Weltgeschichte eine Geschichte des Kampfes von Seemächten gegen Landmächte und von Landmächten gegen Seemächte ist.[91] So könnte man in der Tat die Geschichte bis zum Beginn der militärischen Luftfahrt, der Raketentechnik, der Atomsprengköpfe und schließlich der unbemannten Flugkörper (*Drohnen*) beschreiben. Für die Zeit der Entdeckungen und Eroberungen galt dieser Grundsatz freilich auch in dem sich allmählich entwickelnden Völkerrecht noch.

„In der Perspektive des Jus publicum Europaeum ist alles Land der Erde entweder Staatsgebiet europäischer oder ihnen gleichgestellter Staaten, oder ist noch frei okkupierbares Land, das heißt potenzielles Staatsgebiet oder potenzielle Kolonie".[92]

Das Meer hingegen blieb außerhalb jeder spezifisch staatlichen Raumordnung. „Zum ersten Mal in der Geschichte der Menschheit wird der Gegensatz von Land und Meer die weltumfassende Grundlage eines globalen Völkerrechts".[93] Die Inbesitznahme der See wurde erst später möglich, als sowohl die erforderlichen Machtmittel als auch das nötige Raumbewusstsein der Menschen vorhanden waren.[94]

Der Friede von Utrecht, der zum Ende des spanischen Erbfolgekrieges (1713) geschlossen wurde, stellte „den Frieden und die Ruhe der Christenheit durch ein gerechtes Gleichgewicht der Macht wieder her". Gerecht war dieses Gleichgewicht allerdings nur aus Sicht der Begünstigten. Das spanische Erbe wurde verteilt, England erhielt u.a. das lukrative Monopol über den Sklavenhandel zwischen Afrika und Amerika.[95]

„Auf diese Weise entsteht das große Gleichgewicht von Land und Meer, auf dem der Nomos der Erde über zwei Jahrhunderte lang beruhen konnte".[96]

Als die Vereinigten Staaten im 18. Jahrhundert ein internationales Seerecht durchzusetzen versuchten, um freien Zugang zum Meer zu haben, war es gerade Großbritannien, das sich dem widersetzte. Seine Marine war bereits die „Beherrscherin der Meere" und konnte durch eine solche Verrechtlichung nur verlieren.[97] Längst war vergessen, dass es sich einst – als es noch in der unterlegenen Position war – selbst vehement für die Freiheit der Meere eingesetzt hatte.

---

91 *Schmitt* LuM, S. 16.
92 *Schmitt* VGO, S. 143.
93 *Schmitt* VGO, S. 144.
94 *Schmitt* VGO, S. 14.
95 Größter Gewinner ist Großbritannien, das Gibraltar und Menorca von Spanien sowie die Hudson-Bay, Neuschottland, Neufundland und die Antillen-Inseln St. Christopher von Frankreich erhält.
96 *Schmitt* VGO, S. 153.
97 Vgl. *Kagan* 2003, S. 46.

6.1 Revolution und Restauration

„Die im 16. bis 18. Jahrhundert erfolgte Integration der überseeischen Gebiete in das europäische Völkerrecht wurde im 19. Jahrhundert als selbstverständlicher Ausgangspunkt übernommen".[98]

Was das Völkerrecht betrifft, so blieb die Französische Revolution von 1789 lediglich eine Episode, so wichtig diese Revolution in anderer Beziehung auch war. Ganz anders der Wiener Kongress von 1815. Hier schufen unter der Leitung des Fürsten Klemens von Metternich (1773-1859) die fünf Großmächte: Österreich, Preußen, Russland sowie England und schließlich auch Frankreich ein völkerrechtliches Regelsystem, das auf dem Gleichgewicht der Mächte beruhte und letztlich bis zum Ausbruch des Ersten Weltkrieges 1914 Bestand hatte.[99] Jeder einzelne Staat sah sich gezwungen, den Wiener Vertrag vom 9. Juni 1815 zu unterzeichnen, um seine eigene Position zu sichern. Allerdings spielten seit dem letzten Drittel des 19. Jahrhunderts Bündnissysteme – wie z.B. der Dreibund – eine zunehmende Rolle. Dieses Bündnis zwischen Österreich-Ungarn, dem Deutschen Reich und Italien wurde 1882 auf fünf Jahre abgeschlossen und bis 1914 alle fünf Jahre erneuert.[100] Auf der anderen Seite verbündeten sich Großbritannien mit Frankreich 1904 in der *Entente Cordiale*,[101] um koloniale Streitigkeiten („Wettlauf um Afrika") beizulegen. Schwerpunkt des Abkommens waren die Kolonien Ägypten und Marokko. Durch die Entente Cordiale wurde Marokko eindeutig Frankreich und Ägypten Großbritannien zugesprochen. Durch den Beitritt Russlands wurde dieses Bündnis 1907 zur sog. Triple Entente erweitert. Das Prinzip der Balance wurde damit allerdings empfindlich gestört und der Boden für den Krieg bereitet.[102] Mit dem Beginn des Ersten Weltkriegs wurde das Gleichgewicht schließlich vollends zerstört.[103] Als die USA 1917 in den Krieg eintraten, war das Schicksal der europazentrierten Weltordnung besiegelt.[104]

---

98 *Fisch* 1987, S. 86.
99 Vgl. *Kissinger* 1994, S. 78-102.
100 1887 schloss Bismarck mit Russland den „Rückversicherungsvertrag" ab, in dem gegenseitige Neutralität im Falle unprovozierter Angriffskriege zugesichert wurde; der Vertrag wurde jedoch 1890 nicht verlängert.
101 Französisch für herzliches Einverständnis:
102 Vgl. *Ferguson* 2013; *Clark* 2013.
103 Vgl. *Dehio* 1948.
104 *Paech/Stuby* 2013, S. 194.

Schaubild: Raumaufteilung im Völkerrecht

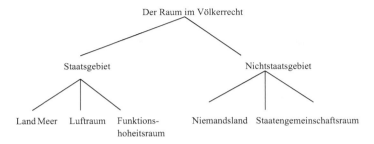

(Quelle: *Vitzthum* 2010, S. 386-467 [388], mit eigenen Änderungen)

6.2 Divergierende Ordnungsvorstellungen

In Wahrheit verbarg sich dahinter aber viel mehr, als viele Zeitgenossen meinten: Es trat nicht nur ein Imperium, das Empire Amerika, Schritt für Schritt an die Stelle eines anderen Imperiums, des British Empire. Die USA brachten vielmehr als sich entwickelndes Imperium ein ganz anderes Weltbild mit. Das europäische Staatensystem beruhte auf der Vorstellung einer Mehrheit von Staaten, die sich gegenseitig grundsätzlich als gleichberechtigt anerkannten. Dieses Prinzip gegenseitiger Anerkennung (*Westfälische Ordnung*) wurde auch von Kriegen um Grenzen und Territorien nicht im Kern berührt. Hingegen können Imperien zwar auch nebeneinander existieren, sie erkennen sich jedoch nicht als Gleiche an, sondern „begründen sich auf einander ausschließenden Ordnungsvorstellungen".[105]

Mit dem Eintritt der USA in den Ersten Weltkrieg im Jahre 1917 endete die Phase der europäischen Staatenordnung, es wurde aber noch keine neue dauerhafte Weltordnung geschaffen. Die Vereinigten Staaten entschieden den Krieg in ihrem Sinne. Sie unterzeichneten allerdings weder den Versailler Friedensvertrag, noch traten sie dem Völkerbund bei. Der Kongress hatte dem US-Präsidenten Woodrow Wilson (1913-1921) die Gefolgschaft verweigert. Die Friedenskonferenzen waren dennoch keine europäischen Angelegenheiten mehr, auch wenn sie (noch) auf kontinentaleuropäischem Boden stattfanden. Vielmehr waren Staaten aller Erdteile beteiligt, vor allem natürlich die USA, aber auch Japan. Die Sowjetunion nahm hingegen – wegen der revolutionären Wirren im Lande – an den Konferenzen nicht teil. Im Gegensatz zur Wiener Konferenz, bei welcher der Aggressor Frankreich gleichberechtigter Partner war, konnten die Verlierer des Ersten Weltkriegs lediglich ein Diktat entgegennehmen. Deutschland wurde vorerst

---

105 *Münkler* 2003, S. 104-125 [106f.].

nicht zum Völkerbund zugelassen. Neben der Sowjetunion wurde es zum „Paria Europas".[106]

6.3 Verbot des Angriffskriegs

Das Recht Krieg zu führen, wurde nun zwar neu definiert, aber nicht mit letzter Konsequenz geregelt. Zwar wurde der Angriffskrieg in Art. 10 der Völkerbundsatzung grundsätzlich verboten, das „unantastbare Recht zur Selbstverteidigung" jedes Staates blieb aber unberührt. Erst im Briand-Kellogg-Pakt wurde 1929 der Krieg „als Mittel zur Lösung internationaler Streitfälle" geächtet.[107] Das Deutsche Reich gehörte zu den Erstunterzeichnern. Die Siegermächte waren freilich zu einer Abrüstung nicht bereit, obwohl sie dem Verlierer Deutschland ein radikales Abrüstungsprogramm auferlegt hatten. Völkerbundsatzung und Briand-Kellogg-Pakt versagten in den folgenden Kriegen, die dem Zweiten Weltkrieg vorausgingen. Aber warum? Carl Schmitts Antwort auf diese Frage ist eindeutig: Ohne die „klare Vorstellung eines raumhaften Nomos" kann keine umfassende völkerrechtliche Ordnung begründet werden.[108] Die Pariser Friedenskonferenzen des Winters 1918/19 sollten einen Weltkrieg beenden und einen Weltfrieden herbeiführen.[109]

Das hätte allerdings die gleichberechtigte Teilnahme aller Staaten erfordert, also auch des Deutschen Reichs. Darüber hinaus hätte es einer konkreten raumbezogenen Vision von der künftigen Weltordnung bedurft, die zumindest minimale Bemühungen um Gerechtigkeit hätte erkennen lassen. Dem Völkerbund fehlte jedoch jede Vorstellung von dem Raum, den es zu ordnen galt; und eine „gerechte Ordnung" wurde nur für die Siegermächte in Betracht gezogen. Europa war als Bezugspunkt zu klein geworden, die Welt war (noch) zu groß. „Eine universale Weltordnung konnte die Genfer Liga schon deshalb nicht sein, weil die beiden modernen Raummächte, die Sowjetunion und die Vereinigten Staaten von Amerika, teils abwesend, teils ablehnend waren".[110] Eines war allerdings erreicht worden:

> „Die ganz große Leistung bestand darin, dass mit dem Völkerbund erstmals der Versuch unternommen wurde, zwischenstaatliche Konflikte unter Einschränkung des Souveränitäts-

---

106 Eine Wortschöpfung des britischen Premierministers David Lloyd George, Vgl. *Münkler* 2005.
107 Der Vertrag wurde nach dem US-Außenminister Frank Billings Kellogg und dem französischen Außenminister Aristide Briand benannt.
108 *Schmitt* VGO, S. 216.
109 *Schmitt* VGO, S. 213.
110 *Schmitt* VGO, S. 21.

prinzips im globalen Rahmen und mit parlamentarischen Methoden zu regeln. Das war ein Qualitäts- oder Quantensprung in den internationalen Beziehungen [...]".[111]

7. Das amerikanische Jahrhundert

Aber erst mit dem Eintritt der USA in den Zweiten Weltkrieg im Jahre 1941 war das „amerikanische Jahrhundert" auf dem Weg zu einem seiner Höhepunkte. Die Vereinigten Staaten von Amerika meldeten sich mit Macht auf dem europäischen Kontinent zurück. Zugleich stellten sie ihre militärische Stärke auf den Weltmeeren, im Antlantik wie im Pazifik, unter Beweis. Gegen Ende dieses Krieges zeigte sich, dass die Vereinigten Staaten das einzige Land waren, das durch den Krieg reicher geworden war. Die USA produzierten mehr als die Hälfte der Industriegüter der Welt und lieferten ein Drittel der gesamten Güterproduktion. Auf der Konferenz von Bretton Woods (New Hamshire),[112] an der 44 Staaten teilnahmen, wurde im Juli 1944 der US-Dollar zur Leitwährung in einem System fester Wechselkurse gemacht. Die Federal Reserve Bank der USA wurde verpflichtet, jeden umlaufenden Dollar in Gold umzutauschen.[113] Zugleich wurden wichtige Einrichtungen wie die Weltbank und der Internationale Währungsfonds gegründet, die auch heute noch eine große Rolle im globalen Finanzsystem spielen. US-Truppen wurden auf allen Kontinenten stationiert, die Kriegsschiffsverbände der US-Navy kontrollieren seither alle Weltmeere. Das Empire Amerika hatte nun die nötigen Ressourcen, um die Weltordnung nach seinen Wünschen zu gestalten. Noch war es dabei allerdings auf andere Staaten angewiesen, vor allem auf die andere Supermacht, die Sowjetunion.

7.1 Bipolare Weltordnung

Im Zentrum der globalen Ordnung stand zwar nun endgültig nicht mehr die Alte Welt, es war aber auch noch nicht unbestritten die Neue Welt. Vielmehr handelte es sich um eine bipolare Ordnung mit den beiden Polen USA und Sowjetunion.[114] Die Vereinigten Staaten hatten ihre Streitkräfte auf Dauer in Europa stationiert und sich mit der NATO ein Instrument geschaffen, um ihre Verbündeten in Westeuropa einerseits zu schützen, andererseits zu dominieren. Die (West-) Europäer gerieten in eine strategische Abhängigkeit von den Vereinigten Staaten, die nicht nur psychologische, sondern auch realpo-

---

111 *Kreis* 2001, S. 4-8 [5].
112 Einer der wichtigen Akteure auf britischer Seite war John Maynard Keynes (1883-1946).
113 Diese Goldeinlösungsverpflichtung (Goldstandard) wurde von den USA – einseitig – am 15. August 1971 aufgehoben.
114 *Schneider-Deters/Schulze/Timmermann* (Hrsg.) 2008.

litische Folgen hatte.[115] Im Zeitalter der atomaren Abschreckung waren sie nicht nur tatsächlich von den USA abhängig, sondern sie waren sich ihrer eigenen Schwäche auch bewusst.[116] Auf der anderen Seite des Eisernen Vorhangs stand die hoch gerüstete Sowjetunion mit ihrer Roten Armee, unterstützt von den im Warschauer Pakt organisierten Satellitenstaaten. Die Overkill-Kapazität[117] der beiden Supermächte führte nicht nur zu einem „Gleichgewicht des Schreckens", sondern buchstäblich zu einer Teilung der Welt. Die beiden Kontrahenten wirkten wie Magneten, die (fast) alle Staaten der Erde zwangen, sich für einen der beiden „Pole" zu entscheiden. Da der heiße Krieg für die Supermächte zu riskant geworden war, trat an seine Stelle der „Kalte Krieg". Diese Phase dauerte bis zum Zusammenbruch der Sowjetunion um die Jahreswende 1989/90. Von da an waren die USA zunächst die einzig verbliebene Supermacht, die von den Franzosen – ein wenig bewundernd – „Hypermacht" genannt wurde.[118]

7.2 Die europäische Integration

Im Windschatten der US-amerikanischen Hegemonie, die mit der Marshallplan-Hilfe für einen ersten Aufschwung sorgte,[119] war es in Westeuropa schon bald nach Ende des Zweiten Weltkriegs zu einer europäischen Einigungsbewegung gekommen. Daraus entstand 1949 zunächst der Europarat, der sich vor allem der Durchsetzung der Menschenrechte widmete. Den ersten Schritt auf dem Wege zur Europäischen Union bildete hingegen die Europäische Gemeinschaft für Kohle und Stahl (Montanunion), der neben Frankreich, Deutschland und Italien auch die Benelux-Länder angehörten.[120] Sie wurde 1951 auf Initiative des französischen Außenministers Robert Schuman (1886-1963) gegründet. Dabei dominierte das Sicherheitsinteresse Frankreichs, das die strategisch gefährliche Montanindustrie der Deutschen unter französischer Kontrolle behalten unnd die Ansprüche der Sowjetunion auf Mitsprache abwehren wollte. Für die noch junge Bundesrepublik bedeutete die Montanunion eine Möglichkeit für den Export sowie eine gewisse Anerkennung im Konzert der kontinentaleuropäischen Mächte.

Als 1958 die Europäische Wirtschaftsgemeinschaft als Zollunion gegründet und das Europa der Sechs bald schon zu einer Wohlstandszone wurde, wuchs das Interesse Groß-

---

115 *Kagan* 2003, S. 22ff.
116 Die atomar bewaffneten Streitkräfte Großbritanniens und Frankreich waren zu schwach, um eine eigenständige gleichberechtigte Rolle spielen zu können.
117 Jeder der beiden Blöcke verfügte über eine so große Zahl atomarer Sprengköpfe, dass er den Gegner gleich mehrfach vernichten konnte.
118 1998 prägte der damalige französische Außenminister Hubert Védrine den Ausdruck „hyper puissance", vgl. das Kapitel „Hyperpuissance" bei *Kagan* 2003, S. 51ff.
119 Das European Recovery Program (ERP) im Umfang von zunächst 12,4 Mrd. US-\$ sollte von 1948 bis 1952 dauern; es wurde nach dem US-Außenminister George C. Marshall (1880-1959) benannt.
120 Benelux = Belgien, Niederlande, Luxemburg,

britanniens (UK) jedoch parallel zu seinem sinkenden Einfluss in der Welt. In vier Jahren erhöhten sich das Bruttosozialprodukt der EWG um 21,5 % (UK: 11 %) und die Industrieproduktion um 37 % (UK: 14 %). Einen Beitritt Großbritanniens zur EWG verhinderte 1963 der damalige französische Staatspräsident General de Gaulle (1890-1970) jedoch aus gutem Grund. Allzu eng erschienen die „special relations" zwischen dem United Kingdom und den United States. Großbritannien sah sich als transatlantische Seemacht und (noch) nicht als europäische Mittelmacht. Der Abschied vom britischen Empire fiel Regierung und Volk schwer. Erst 1973, fünf Jahre nach dem Ausscheiden de Gaulles aus der aktiven Politik, trat Großbritannien – nebst einigen anderen EFTA-Mitgliedern[121] – der Europäischen Gemeinschaft bei. Die damit verfolgten Ziele waren offenbar nicht allen Beteiligten klar.

Denn eine allzu enge Integration, die den Deutschen – vor allem in der Zeit der deutschen Teilung – so wichtig erschien, lag nie im Interesse der Briten. Während Kerneuropa zusammenwuchs und um weitere Mitgliedstaaten erweitert wurde, blieb Europa als Ganzes – wie die übrige Welt – in Ost und West geteilt. Eine klare Raumvorstellung von Europa hatten nur wenige Staatsmänner. Charles de Gaulle war es, der bereits in den 1960er Jahren – mitten im Kalten Krieg – stets betont hatte, dass Europa nicht an der Demarkationslinie („Eiserner Vorhang") ende und Osteuropa – langfristig – in die Integration mit einbezogen werden müsse. Seine Vision umfasste ein Europa bis zum Ural, in dem – selbstverständlich – Frankreich die dominierende Kraft sein sollte. Die KSZE[122] bildete zunächst das (relativ erfolgreiche) Vehikel, mit dessen Hilfe die Ost-West-Teilung überwunden werden sollte.

7.3 Gemeinsame Außen- und Sicherheitspolitik

Die deutsche Regierung unter Bundeskanzler Helmut Kohl setzte gleichzeitig eine weitere Integrationsstufe durch. Die ökonomische sollte durch eine politische Gemeinschaft ergänzt werden. Im Vertrag über die Europäische Union (EUV) vom 7. Februar 1992 (Maastricht-Vertrag) wurde eine Gemeinsame Außen- und Sicherheitspolitik (GASP) vereinbart (Art. 17 EUV[123]). Als Ziel der europäischen Sicherheits- und Verteidigungspolitik wurde postuliert, dass Europa seine Handlungsfähigkeit im zivilen und militärischen Krisenmanagement im Rahmen einer gemeinsamen Außen- und Sicherheitspolitik sicherstellen solle. Mit der Ausarbeitung und Durchführung wurde die Westeuropäische Union beauftragt, die in der Erklärung von 1997 als „entscheidendes Element der Entwicklung einer Europäischen Sicherheits- und Verteidigungsidentität innerhalb der

---

121 EFTA = European Free Trade Assoziation.
122 Konferenz für Sicherheit und Zusammenarbeit in Europa, später OSZE.
123 Vgl. dazu auch das Protokoll zu Art 17 EUV.

Atlantischen Allianz" bezeichnet wird.[124] Die gemeinsame Verteidigungspolitik sollte durch eine rüstungspolitische Zusammenarbeit zwischen den Mitgliedstaaten unterstützt werden.[125] Konkreter Ausdruck dieser gemeinsamen Verteidigung ist das Eurokorps, das aus deutschen, französischen, spanischen, belgischen und luxemburgischen Soldaten besteht[126] und mit der Übernahme der Führung der Einsatzkräfte (ISAF VI) in Afghanistan seinen ersten Einsatz außerhalb Europas durchgeführt hat.

Mit der Schaffung einer Währungsunion (1990) und der Einführung des Euro als gemeinsame Währung (2002) wurde dieser Abschnitt der europäischen Integrationsgeschichte abgeschlossen. Großbritannien trat dieser Währungsunion aus guten Gründen nicht bei und steht in der Finanzkrise mit seiner eigenen Währung vergleichsweise gut da. Heute zeigt sich, dass die verantwortlichen Politiker damals einen „Ritt über den Bodensee" unternahmen, der zu einem baldigen Untergang führen kann. Vor allem der damalige Bundeskanzler Kohl, der selbst keinerlei wirtschaftlichen Sachverstand besaß, setzte sich – unterstützt durch seinen Finanzminister Theo Waigel – über die eindringlichen Ratschläge und Ermahnungen der Wirtschaftsexperten hinweg.[127] Er übersah die wirtschaftlichen Schwächen Italiens, wie er später auch die offensichtlich gefälschten Bilanzen der Griechen ignorierte. Beide Länder hätten nie in die Eurozone aufgenommen werden dürfen. Die Währungsunion war aber kein kühl kalkuliertes Unternehmen, bei dem Vor- und Nachteile rational abgewogen werden. Vielmehr war es ein im schlechtesten Sinne politisches Projekt, bei dem ökonomische Argumente als „unwichtig" und „unpassend" beiseitegeschoben wurden, um eine Vision, man könnte auch sagen: eine Illusion, zu realisieren.

Ohne die erforderlichen Koordinationsinstrumente und den Willen zu umfassenden Reformen driften die Volkswirtschaften der südlichen und der nördlichen Eurozone weiter auseinander. Auch sog. Rettungsschirme in Billionenhöhe können das Auseinanderbrechen der Europäischen Währungsunion auf Dauer nicht verhindern. Manche transnationalen Unternehmen und global agierende Banken bereiten sich – als *worst case scenario* – auf ein Ende des Euros vor. Die Europäische Zentralbank (EZB) kauft – trotz gegenteiliger Vorschriften – vorerst indirekt die Staatsanleihen der maroden EU-Mitglieder auf, senkt den Leitzins und erhöht die Geldmenge in einem bisher unbekannten Ausmaß. Für Deutschland steht dabei viel auf dem Spiel, vorsichtige Schätzungen

124 Vgl. Erklärungen der Regierungskonferenz Amsterdam 1997 (BGBl. 1998 II, S. 440 ff.).
125 Der Erfolg dieser Zusamenarbeit hält sich allerdings in Grenzen; auf längere Sicht wird Deutschland jedoch seine hoch qualifizierte Rüstungsindustrie vermutlich weitgehend an von Frankreich dominierte Gemeinschaftsunternehmen verlieren.
126 Das Eurokorps ist in erster Linie ein militärisches Hauptquartier, das aus einem Stab mit Unterstützungseinheiten mit rund tausend Bediensteten besteht. Im Krisenfall kann das Korps aber auch bis zu 60.000 Soldaten als Kampftruppen bereitstellen.
127 Finanzminister Theo Waigel (CSU) bestärkte Kohl in dieser Haltung noch.

gehen von einem deutschen Haftungsrisiko von deutlich mehr als einer Billion Euro aus.

8. Neue Weltordnung?

„Der Epocheneinschnitt mit der Wende vom 15. zum 16. Jahrhundert markiert zugleich den Ursprung einer Völkerrechtsordnung, die mit der ‚Entdeckung' der außereuropäischen Welt, das heißt ihrer Inbesitznahme, zum juristischen Gerüst der kolonialen Weltordnung wurde. Bis in das zwanzigste Jahrhundert, in dem die imperialistische Aufteilung der Welt zum Abschluss kam, hatte sie Gültigkeit und erstreckte ihren Einfluss weiter in die nachkoloniale Völkerrechtsordnung, der sie ihre grundlegenden Institute überlieferte".[128]

Guillaume Raynal (1713-1796) begann seine *Histoire des Deux Indes*[129] 1781 mit den Worten: „Für das menschliche Geschlecht überhaupt und die Völker von Europa insbesondere ist keine Begebenheit so wichtig gewesen als die Entdeckung der neuen Welt [...]. Damals begann eine gänzliche Veränderung im Handel, in der Nationalmacht, in den Sitten, dem Gewerbe und der Regierung aller Völker".[130] Dieses Buch war 1770 erstmals verlegt worden und erschien trotz mehrerer Verbote in zahlreichen Auflagen und Sprachen; es wurde einer der nachhaltigsten Bucherfolge des vorrevolutionären Europas. Damit hatte Raynal bereits den Ordnungsaspekt deutlich hervorgehoben. Fast zwei Jahrhunderte später schreibt Carl Schmitt im *Nomos der Erde*:

„Vierhundert Jahre lang, vom 16. bis zum 20. Jahrhundert, ist die Struktur des europäischen Völkerrechts durch einen fundamentalen Vorgang, durch die Eroberung der neuen Welt, bestimmt worden".[131]

Dass Schmitt in diesem Zitat von „europäischem" Völkerrecht spricht, ist erklärungsbedürftig. Müsste man nicht von einem weltumspannenden, einem globalen Völkerrecht sprechen? Zu jener Zeit sah sich freilich die „alte Welt" Europas – von Jerusalem ausgehend – als „Mitte der Erde". Alles, was europäisch war, beanspruchte den Status des Normalen mit der Konsequenz, dass Alles außerhalb Europas als unnormal, gelegentlich auch als furcherregend und monströs, galt. Die Bilder dieser Zeit von Ungeheuern, Antipoden und Kannibalen sprechen hier eine beredte Sprache. Die christlichen Nationen Europas, allen voran Spanien und Portugal, betrachteten sich als Schöpfer und Träger einer Ordnung, die für die ganze Erde galt.

---

128 *Paech/Stuby* 2010, S. 16.
129 Gemeint ist die Geschichte des gesamten Raumes im Osten außerhalb der bekannten christlich-islamischen Welt.
130 *Raynal* 1781, S. 9.
131 *Schmidt* Nomos, S. 69.

„Die *Gesamtheit der Welt*, das ist jene Einheit, die sich zwischen dem 15. und dem 18. Jahrhundert herausbildet und zunehmend mehr Einfluß auf das gesamte Leben der Menschen, auf alle Gesellschaften, Volkswirtschaften und Zivilisationen der Welt ausübt".[132]

Diese Ordnung ist jedoch spätestens mit dem Wiener Kongress von 1815 an ihr Ende gekommen. Das 20. Jahrhundert hat die Grundfesten jeder Ordnung – vor allem in seiner ersten Hälfte – erschüttert und in seiner zweiten Hälfte nur für eine „Ordnung auf Widerruf", die bipolare Weltordnung der Supermächte, gesorgt. Ein neuer Nomos der Erde – etwa in Gestalt eines Weltstaates – ist aber auch im zweiten Jahrzehnt des 21. Jahrhunderts – erfreulicherweise – nicht in Sicht.

8.1 Ordnung und Ortung

Carl Schmitt hat das Recht stets als „Einheit von Ordnung und Ortung" verstanden. Bislang war es der souveräne Nationalstaat, der dieses Recht – basierend auf der Volkssouveränität – garantierte. Viele Politikwissenschaftler sind heute jedoch – vor allem in der westlichen Welt – davon überzeugt, dass der Nationalstaat ein „Auslaufmodell" sei. Gerade im Zusammenhang mit der europäischen Integration in Gestalt der Europäischen Union ist viel von einer postnationalstaatlichen Ära die Rede. Es liegt aber vor allem im Interesse der europäischen „Eliten", die Bedeutung des Staates herunterzuspielen, um ungestört einen bürokratischen „Überstaat" zu errichten, in dem sie ihre Interessen leichter durchsetzen können. Denn das eigentliche Charakteristikum des modernen Staates ist (oder war?) die Volkssouveränität. Das „Volk" wird aber eher als restriktive, oft sogar als störende Kraft empfunden. Tatsächlich sind Nationalstaaten – obgleich dies immer wieder behauptet wird – keineswegs in erster Linie egoistische Gebilde, die der „großen Idee" *Europa* störend im Wege stehen. Sie sind vielmehr in erster Linie rechtlich organisierte „Wirkeinheiten" (Hermann Heller), die ihrer Nation, in Demokratien also dem Volk, verpflichtet sind.

8.2 Europa ein Eliteprojekt?

Und es ist keineswegs ausgemachte Sache, dass sich die Interessen der „Eliten" und der Völker stets decken müssten, oder dass die Elite „klüger" wäre als das Volk und mit ihren Vorstellungen stets Recht hätten.

„Die Politische Union ist über die Köpfe der Bevölkerungen hinweg als ein Eliteprojekt zustande gekommen und funktioniert bis heute mit jenen demokratischen Defiziten, die sich

---

132 *Braudel* 2011, S. 73.

aus dem wesentlich intergouvernementalen und bürokratischen Charakter der Gesetzgebung erklären".[133]

Auch bei dieser Frage kann durchaus an die politische Theorie Carl Schmitts angeknüpft werden.[134] Zum einen hatte er ein „anderes Europa" im Blick als das des Wirtschaftsverbundes, wie es sich ihm darstellte (die heutige Europäische Union hätte er ohnehin strikt abgelehnt). Ihm schwebte eher ein „Europa der Vaterländer" vor, wie es der gesamteuropäischen Vision de Gaulles entsprach.[135] Zum anderen hatte er dezidierte Vorstellungen von der Souveränität, die allerdings heute in der „Gemengelage" zwischen EU und Mitgliedsstaaten kaum noch zu lokalisieren ist. Im Zuge der europäischen Finanzkrise wurden die Brüsseler Institutionen (Europäische Kommission, Europäischer Rat, Europäisches Parlament) erheblich gestärkt, ohne jedoch ihr massives Demokratiedefizit behoben zu haben. Es fragt sich, wie lange die Bürgerinnen und Bürger der Mitgliedsstaaten der EU sich diese Art der „Entmündigung" noch gefallen lassen.

Die „Wahl" Jean-Claude Junckers zum Präsidenten der EU-Kommission ist nur scheinbar ein Erfolg der Demokratisierungsbemühungen. Juncker war Spitzenkandidat der Europäischen Volkspartei (EVP) im Europa-Wahlkampf, und die EVB verfügt über die meisten Abgeordneten im Europäischen Parlament. In einer informellen Großen Koalition spricht sie sich mit der Sozialdemokratischen Partei Europas (SPE), der zweitstärksten Fraktion, vor allem in Personalfragen regelmäßig ab.[136] Wegen dieser „Mechanik" sahen sich schließlich die Staats- und Regierungschefs im Europäischen Rat genötigt, Juncker mehrheitlich zum Kommissionspräsidenten vorzuschlagen. Dabei hatte der Rat gemäß Art. 17 EU-Vertrag das Ergebnis der Europawahlen allerdings lediglich zu „berücksichtigen". Für die eigentliche Wahl (mit qualifizierter Mehrheit) war dann das Europäische Parlament zuständig. Die Briten haben freilich bis zuletzt – wenn auch erfolglos – Widerstand dagegen geleistet, Juncker zum Kommissionspräsidenten vorzuschlagen. Die ohnehin gespannten Beziehungen zwischen der EU und Großbritannien werden sich durch die Wahl Junckers mit Sicherheit nicht verbessern.

133 Vgl. *Habermas* 2006, S. 98.
134 *Mehring* 2006, Rdnr. 1; *Balke* 1996.
135 *Voigt* 2004, S. 19-40.
136 Martin Schulz (SPE) hat sich schon frühzeitig für Juncker als Kommissionspräsidenten „stark" gemacht.

Großraum-Denken

Empire, Imperien, Großräume und Kernstaaten
in der Weltordnung des 21. Jahrhunderts

„Eine Politische Wissenschaft, in der nicht immer wenigstens ein Funken philosophischer Reflexion steckt, d.h. das Risiko des Widerspruchs zu den Ordnungen wie sie sind, ist meines Erachtens keinen Pfifferling wert" (Wilhelm Hennis).

Globalisierung und Deterritorialisierung können auch als Umstellung des Bezugsrahmens „Nationalstaat" auf den Bezugsrahmen „Erdkugel" verstanden werden. Antonio Negri und Michael Hardt haben diesen Gedanken mit ihrem Buch *Empire* gewissermaßen auf die Spitze getrieben. Das Empire ist danach ein dezentrierter und deterritorialisierter „Herrschaftsapparat, der Schritt für Schritt den globalen Raum in seiner Gesamtheit aufnimmt, ihn seinem offenen und sich weitenden Horizont einverleibt".[137] Dieser Vorgang wird, wenn er denn tatsächlich so stattfindet, allerdings gewiss nicht schmerzlos ablaufen. Vielmehr bedeutet eine solche universale Entgrenzung vor allem eine Entgrenzung der Gewalt. Ohne einen Staat, der Grenzen setzt und schützt und damit eine freiheitssichernde Ordnung gewährleistet, sind die Menschen dieser Gewalt schutzlos ausgeliefert. Auch eine Regionalordnung („Staatenverbund") wie die Europäische Union wird diese Aufgabe nicht allein bewältigen können. Und die UN sind in ihrem gegenwärtigen Zustand jedenfalls nicht geeignet, als legitime Weltregierung zu agieren und den Schutz aller Menschen auf der Erde zu gewährleisten. Wenn auch die Staaten dazu nicht mehr in der Lage sein sollten, welche Organisationsform kommt dann überhaupt in Frage?

Der Kampf um die Weltordnung des 21. Jahrhunderts ist durch zwei gegenläufige Kräfte bestimmt. Zum einen ist das der Wunsch der – vorwiegend europäischen – Staaten nach einer auf Souveränität und Selbstbestimmung gegründeten Staatenordnung. Zum anderen ist es die Tendenz von Imperien, keine absoluten Grenzen und damit auch keine uneingeschränkte Souveränität anzuerkennen.[138] Das gilt besonders für das globale Imperium Amerika, das überdies die Hegemonie über die ganze Welt anstrebt. Aber auch China schickt sich bereits an, so etwas wie ein regionales Imperium oder eben (wieder) ein Reich innerhalb eines Großraumes zu werden. Carl Schmitt hat bereits 1932 das Ende des okzidentalen Staates verkündet. Sieben Jahre später hat er den Begriff der Großraumordnung entwickelt, zu der ein Interventionsverbot raumfremder Mächte gehören sollte. Am Vorabend des Zweiten Weltkrieges lag die Stoßrichtung dieses Ansatzes auf

---

137 *Hardt/Negri* 2000, S. 11.
138 *Münkler* 2005.

der Hand: die USA sollten – mit Verweis auf die Monroe-Doktrin – auf alle Fälle davon abgehalten werden, sich – wie bereits 1917 – in den sich abzeichnenden Machtkampf der europäischen Mächte auch militärisch einzumischen.[139] Parallelen dazu finden sich im ostasiatischen Raum, wo ebenfalls eine (asiatische) Monroedoktrin verkündet wurde.[140]

1. Die neue Raumdimension

Das real existierende Machtgefälle zwischen großen und kleinen Staaten, zwischen Hegemon und Gefolgsstaaten, zwischen Imperium und Vasallenstaaten zeigt, dass es jenseits des herkömmlichen Territorialstaates zumindest noch einer weiteren Kategorie bedarf, um die Realitäten der Weltordnung adäquat abbilden und ggf. auch erklären zu können. Dabei kommt der Raum ins Spiel, den die deutsche Politikwissenschaft allerdings lange vernachlässigt hat.[141] Zum Raum gehört immer auch der Machtaspekt, Raum ist also eine genuin politische Kategorie. Für Walter Jellinek (1851-1911) war klar, dass ein Staat nicht nur aus einem Staatsvolk und einer Staatsgewalt besteht, sondern dass dazu selbstverständlich auch ein Staatsgebiet gehört.[142] Dieses durch Grenzen eingefriedete Gebiet wurde vor allem gegen Angriffe von außen verteidigt, es wurden aber auch Kriege zur Erweiterung des eigenen Territoriums geführt.[143] Eine ausreichende räumliche Basis galt lange als Voraussetzung für eine tragende Rolle in der Weltpolitik, ohne Staatsgebiet kann es keinen Staat geben, wie das Kurdenproblem veranschaulicht. In der Phase des Kolonialismus trachteten die europäischen Staaten danach, ihr Territorium durch außereuropäische Kolonien zu vergrößern. In einigen Fällen führte das zur Bildung eines Imperiums, das – wie das Alte Rom oder Großbritannien und später die Vereinigten Staaten von Amerika – für den Zeitraum höchster Machtentfaltung nicht nur andere Staaten beherrschte,[144] sondern darüber hinaus auch die Spielregeln der Weltpolitik vorgeben konnte. Dabei war der Einsatz „weicher" (kultureller) Macht[145] stets erfolgreicher (und kostensparender) als der von Krieg und Gewalt.

---

139 Unterhalb dieser Schwelle unterstützten sie allerdings Großbritannien durch umfangreiche Waffenlieferungen. Am 2. September 1940 schlossen sie den sog. Destroyer Deal ab, mit dem die USA Großbritannien 43 Zerstörer der Town-Klasse aus der Zeit des 1. Weltkriegs gegen die Überlassung von Stützpunkten in britischen Kolonien (v.a. Inseln) übergaben, siehe: http://www.history.navy.mil/faqs/faq59-24a.htm.
140 Vgl. *Usui* 2009, S. 243-261.
141 Siehe aber: *Schmitt* (Hrsg.) 2002; *Belina* (Hrsg.) 2013; zur Geschichte: *Osterhammel* 2000, S. 374-397.
142 *Jellinek* 1959.
143 *Voigt* 2008.
144 *Münkler* 2005.
145 *Nye* 2004.

Später wurde der Zusammenhang zwischen Raum und (Welt-) Politik insbesondere von deutschen Wissenschaftlern teils geleugnet, teils verdrängt. Die Geopolitik schien sich überlebt zu haben. Joseph S. Nye spricht in seinem Buch *Das Paradox der amerikanischen Macht* von einer Geoökonomie, welche die Geopolitik zwar noch nicht abgelöst habe, die Grenzen zwischen beiden seien aber im frühen 21. Jahrhundert bereits verwischt worden.[146] Er argumentiert etwa, dass Japan als zweitstärkste Industriemacht der Erde heute erheblich erfolgreicher Einfluss in der Welt nehmen könne, als dies dem Land während seiner Expansionsphase in den 1930er Jahren möglich gewesen sei. Tatsächlich kann Japan sich – trotz seines technologischen Niveaus und seiner Wirtschaftskraft – jedoch allein nicht zu einem der ganz großen Spieler auf der Weltbühne aufschwingen, weil ihm wichtige Ressourcen (Bodenschätze, Erdöl etc.) und Machtmittel (Atomwaffen, Vetomacht) fehlen, während China und (mit Abstufungen auch) Indien ohne Weiteres für eine solche Rolle in Betracht kämen. Sie bringen zwar eine geringere Wirtschaftskraft mit, dafür aber ein riesiges Territorium, eine überwältigende Bevölkerungsgröße, ein erstaunlich großes Innovationspotenzial und Atomwaffen. Verbündet mit dem technologischen und industriellen Know-how und dem Kapital Japans wäre China schon jetzt „unschlagbar".

2. Das Ende der Geopolitik?

Als Ergebnis des Zweiten Weltkrieges standen sich in einer bipolaren Weltordnung für fast ein halbes Jahrhundert zwei Imperien als Feinde gegenüber, das Sowjetimperium auf der einen Seite und das Empire Amerika, das das British Empire nun endgültig abgelöst hatte, auf der anderen Seite. Nach dem Zusammenbruch der Sowjetunion und damit des gesamten Ostblocks Ende der 1980er Jahre gab es nur noch eine Supermacht, die USA. Das *Ende der Geschichte*[147] und damit auch das Ende der Geopolitik schienen gekommen zu sein. Spätestens seit dem Irakkrieg des Jahres 2003 ist jedoch klar, dass geopolitisches Denken und Handeln weder eine Erfindung der Nationalsozialisten war, noch dass heute keine Geopolitik mehr betrieben würde. Vielmehr haben die USA vor allem mit dem Ziel in den Irak interveniert, ihre geostrategische und geoökonomische Position zu verbessern, auch wenn es „offiziell" um die Absetzung des Diktators und die Vernichtung von (tatsächlich nicht vorhandenen) Massenvernichtungswaffen ging. Zu eindeutig ist der amerikanische Ressourcengewinn im Bereich der Rohölförderung. Mit der Stationierung einer großen Zahl von Soldaten im Irak veränderte sich auch das geopolitische Gleichgewicht in der Region. Hier könnte man – mit Nye – durchaus

---

146 *Nye* 2003, S. 27.
147 *Fukuyama* 1992.

(auch) von „Geoökonomie" sprechen, ohne dass damit freilich der Machtaspekt und damit der politische Gehalt des Handelns heruntergespielt werden sollte.

Der falschen Einschätzung der Geopolitik liegt zum einen eine Gleichsetzung von Theorie und Praxis, zum anderen eine Ungleichbewertung des Handelns von Imperien einerseits und dem anderer Staaten andererseits zugrunde. Allerdings ist auch das für Imperien typisch, die nicht nur eine auf militärische, sondern vor allem auf „kulturelle" Überlegenheit gegründete Herrschaft anstreben. Imperien versuchen in aller Regel ihre Machtposition mit allen Mitteln zu halten, Staaten, die den Weltmachtstatus zu erlangen versuchen, werden von einem Imperium stets nicht nur als lästige, aber legitime Konkurrenten angesehen, sondern als perfide Feinde, die unrechtmäßigerweise nach einem Status streben, der ihnen nicht zusteht. Ihr Verhalten wird als illegal oder sogar – religiös aufgeladen – als Verkörperung des Bösen diskreditiert, das mit Stumpf und Stiel ausgerottet werden müsse (Stichwort: „Kreuzzug"). Siegen Imperien, dann verbreiten sie diese Sicht der Dinge und erheben sie zur für alle verbindlichen „Weltmeinung".

2.1 Staat, Boden und „Lebensraum"

In der Theorie der Geopolitik stößt man immer wieder auf den Namen Rudolf Kjellén (1864-1922). Dieser schwedische Politikwissenschaftler und Politiker spricht 1899 in einer Fallstudie über die „natürlichen" Grenzverläufe Schwedens zum ersten Mal von „Geopolitik". Er sieht sich in der Tradition des deutschen Geografen Friedrich Ratzel (1844-1904), für den die von ihm begründete politische Geografie vor allem den Zusammenhang zwischen Staat und Boden zu untersuchen hat.

> „So entsteht die politische Organisierung des Bodens, durch die der Staat zu einem Organismus wird, in den ein bestimmter Teil der Erdoberfläche so mit eingeht, dass sich die Eigenschaften des Staates aus denen des Bodens zusammensetzen".[148]

Eine enge Verbindung der politischen Geografie mit der Praxis stellt dann der – freilich umstrittene – Karl Haushofer (1869-1946) her, auf den sich die Nationalsozialisten berufen haben. Haushofer postuliert:

> „Geopolitik ist Wissenschaft von der Weltpolitik in ihrer Abhängigkeit von geografischen Grundlagen und Lehre ihrer praktischen Anwendung in der Außenpolitik mit dem Zweck, das notwendige Rüstzeug für Schutz und Erweiterung des deutschen Lebensraumes zugunsten der Siedlungstüchtigen (d.h. zur ‚gerechten Verteilung') zu schaffen".[149]

---

148 *Ratzel* 1974.
149 *Haushofer* 1936.

Damit ist das böse Wort vom Lebensraum, den man erweitern und schützen müsse, in der Diskussion. Künftig werden Kriege in Europa und im Pazifik um den für notwendig erachteten „Lebensraum" eines Volkes geführt.

Die Heartland-Theorie Mackinders

In der von Imperien praktizierten Geopolitik (Geostrategie) sind freilich andere Persönlichkeiten einflussreicher gewesen. Hierzu zählen z.B. der britische Geograf und Geopolitiker Sir Halford J. Mackinder (1861-1947) und der US-amerikanische Admiral Alfred Thayer Mahan (1840-1914). Mackinder macht bereits 1904 mit seiner Heartland-Theorie auf sich aufmerksam. Nach dieser Theorie kann ein mächtiges Volk, wie etwa die Deutschen (als sein Beispiel), mit Hilfe moderner Technik das „Herzland" erobern. Das ist nach seinem Verständnis Eurasien, vor allem Sibirien mit seinen riesigen Rohstoff- und Bevölkerungsreserven. Auf dieser Grundlage kann es auch die „Randländer", gemeint sind Großbritannien, Australien, Japan, Süd- und Nordamerika, bezwingen und damit die „Weltinsel" unter seine Kontrolle bringen.[150] Brisant war Mackinders Einschätzung vor allem deshalb, weil er nicht nur konstatierte, dass Deutschland im Ersten Weltkrieg nahe daran war, das Herzland (und damit die Weltherrschaft) zu erobern, sondern dass die Gefahr auch nach diesem Krieg keineswegs gebannt war. Dazu passt auch, dass das Deutsche Reich das Vereinigte Königreich bereits um 1900 als Industriemacht überflügelt hatte.[151]

Die Seemachtstheorie Mahans

Das British Empire orientierte sich allerdings nicht so sehr an Mackinders Theorie, der zudem einen (unliebsamen) Wechsel in der Herrschaft von See- und Landmächten konstatierte, sondern an der damals sehr einflussreichen Seemachtstheorie Mahans, die dieser im Jahre 1890 erstmals veröffentlicht hat.[152] Diese Theorie, nach der die Größe der Seemacht eines Staates der Gradmesser seiner Position in der Weltpolitik ist, trug wesentlich zur maritimen Aufrüstung des Vereinigten Königreichs vor dem Ersten Weltkrieg bei. Auf der Grundlage des Naval-Defense-Act verstärkte Großbritannien seine Flotte ab 1889 durch große Schiffe. Es galt der Two-Powers-Standard, der besagte, dass die Royal Navy mindestens so stark sein musste wie die beiden nächstgrößten Flotten zusammen.[153] Selbst eine bescheidene Aufrüstung des deutschen Konkurrenten („Tirpitz-Plan") wurde daher bereits als ernste Bedrohung gesehen, der man nach heutigem

---

150 *Mackinder* 1962.
151 *Nye* 2003, S. 43.
152 *Mahan* 1988.
153 Vgl. *Hobson* 2004.

(US-amerikanischem) Verständnis mit einem „preemptive strike" hätte begegnen müssen. Zu der ganz großen Auseinandersetzung kam es dann allerdings erst 1914.

Ein neues amerikanisches Jahrhundert?

Eine Fortsetzung der Theorie Mahans kann man in dem neokonservativen *Project for a New American Century* sehen, das als Masterplan der Bush-Regierung gilt.[154] Nach dem dort entwickelten Konzept sollten die USA dauerhaft in der Lage sein, die Rohstoffvorräte der Erde zu kontrollieren und jeden möglichen Konkurrenten mit allen Mitteln diplomatischer, publizistischer, ökonomischer und militärischer Macht klein zu halten. Dabei dürften auch das Völkerrecht und die UN nicht stören. Dieses Konzept basiert auf einer völlig neuen Globalstrategie, die als verteidigungspolitische Planungsvorgabe („Defence Planning Guidance") bereits 1992 entworfen worden ist. Danach seien „potenzielle Konkurrenten, die versuchen könnten, regional oder global eine größere Rolle zu spielen, abzuschrecken". Neben Russland und China wurden auch die „fortgeschrittenen Industrienationen" genannt, letztlich also Japan und die großen europäischen Staaten.[155] Aus US-amerikanischer Sicht ist das durchaus folgerichtig.[156]

2.2 Kulturkreise, Imperien, Empire

Heute werden im Wesentlichen drei Modelle für den Zusammenhang zwischen Raum und Staat im Rahmen der Weltpolitik diskutiert. Es sind dies das Kulturkreismodell, das Imperienmodell und das Empiremodell. Das Kulturkreismodell hat Samuel Huntington in seinem Aufsehen erregenden Buch *Kampf der Kulturen. Die Neugestaltung der Weltpolitik im 21. Jahrhundert* propagiert.[157] Sechs Kulturkreise werden hier unterschieden, in denen Kernstaaten die Orientierungszentren für die kleineren Staaten sind. Die Öffentlichkeit wurde vor allem dadurch alarmiert, dass Huntington einen „Clash of Civilizations" prognostizierte.[158] Angesichts der Bedrohung durch den islamistischen Terrorismus erscheint vielen Europäern die Tatsache, dass Millionen von Muslimen in Europa leben, als keineswegs nur abstrakte Gefahr. Reaktionen, wie die Todesdrohung („Fatwa") gegen den britisch-indischen Schriftsteller Salman Rushdie (1989), der Mord an dem niederländischen Filmemacher Theo van Gogh (2004), Ausschreitungen wegen einiger Mohammed-Karikaturen in dänischen Zeitungen (2005/2006), das Auftreten ag-

---

154 *Voigt* 2005, S. 110 ff.
155 Vgl. *Mann* 2003, S. 13.
156 Dadurch wird auch die Industriespionage durch die US-Geheimdienste „legitimiert"; die Ausspä-Aktionen der NSA werden so ebenfalls plausibler.
157 *Huntington* 1997.
158 Vgl. *Voigt* 2014b, S. 45-63.

gressiver Salafisten (2014) oder der mörderische Anschlag auf Journalisten der französischen Satirezeitschrift *Charlie Hebdo* (2015), haben das Klima zumindest zeitweise vergiftet.

Als zentralen Akteur in der Weltpolitik sieht Herfried Münkler das Imperium an, wie er in seinem Buch *Imperien. Die Logik der Weltherrschaft – vom Alten Rom bis zu den Vereinigten Staaten* ausführt.[159] Tatsächlich spricht für diese Sichtweise, dass sich die Vereinigten Staaten von Amerika seit dem Ende der bipolaren Ordnung immer mehr in Richtung Imperium (*Empire Amerika*) bewegt haben. Sie verstehen die Weltordnung als eine von ihnen erschaffene Institution der Gerechtigkeit, die sie gegen selbst ernannte Feinde der guten Ordnung verteidigen müssen. Legt man, wie Münkler empfiehlt, den Imperiumsbegriff möglichst weit und großzügig aus, dann könnte man sicher viele Phänomene der internationalen Politik unter diesen Begriff subsummieren. Allerdings wäre es dann wohl noch konsequenter, wenn man den Gedanken von Hardt und Negri folgen würde, welche die gesamte Weltordnung, bzw. die in dieser existierende Souveränität, als „Empire" bezeichnen.[160] Zwar bewegen sich die beiden Autoren im Rahmen der von Paul Virilio, Gilles Deleuze und Félix Guattari vorgegebenen Raumvorstellungen, aber letztlich handelt es sich dabei eher um ein interessantes theoretisches Gedankenspiel als um eine empirisch gesättigte Zustandsbeschreibung der Weltordnung. Der Erklärungswert der Empiretheorie für den hier interessierenden Zusammenhang scheint mir zu gering zu sein.

Mit beiden Modellen: (globales) Empire hier, Imperien dort, lassen sich die Entwicklungen in Europa und Asien jedenfalls nicht zufriedenstellend erklären. Die Europäische Union ist eben kein Imperium. Sie ist nicht nur weit davon entfernt, dies auch nur anzustreben, sondern sie ist geradezu ein erklärter Gegner des Imperiumgedankens.[161] Vielleicht könnte man China als das kommende Imperium bezeichnen, das jetzt bereits seine räumliche Umgebung zu dominieren beginnt und über großen Einfluss in der Weltpolitik verfügt. Aber auch China verhält sich nicht imperientypisch, eher könnte man von einem Reich sprechen, das in einem Großraum agiert. Mit Indien hat die Imperientheorie noch größere Schwierigkeiten. Hier handelt es sich offensichtlich um ein Staatsgebilde, das aus kolonialhistorischen Gründen aus äußerst heterogenen Territorien und Völkern zusammengesetzt ist. Imperiale Ambitionen Indiens sind jedenfalls bislang nicht zu erkennen.[162]

159 *Münkler* 2005.
160 *Hardt/Negri* 2003.
161 Siehe aber: *Anter* 2008, S. 57-70.
162 Allerdings marschierten indische Truppen am 18. Dezember 1961 in Goa ein, womit der indische Ministerpräsident Jawaharlal Nehru (1889-1964) die Geschichte von Portugiesisch-Indien beendete.

Das Denken in großen Räumen scheint wieder „in" zu sein, fast jedermann spricht darüber, meist im Zusammenhang mit dem Streben Amerikas nach globaler Hegemonie oder – oft als eine Art antihegemoniales Gegenmodell verstanden – im Kontext der europäischen Integration. Aber auch in anderen Weltgegenden ist die Großraumidee wieder „en vogue", vor allem dort, wo es eine imperiale Tradition gibt. Russland hat bei seiner Anexion der Krim 2014 ganz unverhohlen an „Großrussland" und damit die territoriale Ausdehnung des Sowjetimperiums sowie an das Zarenreich unter Katharina der Großen (1762-1796) angeknüpft. Dabei scheint es so, als ob sich der klassische Nationalstaat auch in Europa in einer Zangenbewegung befindet. Zum einen ist er zu klein, um allein mit den globalen Herausforderungen fertig zu werden, zum anderen ist er oft zu groß, um den regionalen und lokalen Besonderheiten der Menschen hinreichend Rechnung tragen zu können.

Für die Maßstabvergrößerung bieten sich Zusammenschlüsse und Kooperationen auf der Basis zwischenstaatlicher Verträge an. Voraussetzung für diese internationale Zusammenarbeit ist aber die Anerkennung gleicher Rechte und Pflichten für jeden Staat, unabhängig von Größe und Stärke der Vertragspartner. Gerade daran hapert es jedoch, wenn ein mächtiger Staat wie die USA sich einem wichtigen Vertragswerk, wie dem Statut von Rom, mit dem der Internationale Strafgerichtshof begründet wurde, versagt.[163] Die Bedenken der Amerikaner sind freilich verständlich, wenn man bedenkt, dass ein solcher Strafgerichtshof – noch stärker als der seit 1945 bestehende Internationale Gerichtshof – eine Art „Über-Staat" oder „Über-Souverän" ist, der „selbst eine neue Ordung schaffen könnte".[164] Die USA machen damit aber zugleich deutlich, dass sie eben nicht „gleich" sind, sondern einen besonderen Rechtsstatus für sich beanspruchen.[165] Indem es dieser „Logik der Weltherrschaft" folgt,[166] geriert Amerika sich als Imperium. Ob es darüber hinaus – unter Einschluss der USA – ein die ganze Welt umfassendes „Empire" als globale Form der Souveränität gibt, wie Hardt und Negri meinen,[167] ist hingegen fraglich.

---

163 Die Palästinenser haben ihren Beitritt zum Statut von Rom erklärt und hoffen, auf diese Weise israelische Übergriffe bei ihrer letzten Militärintervention in den Gaza-Streifen vo den Internationalen Gerichtshof bringen zu können.
164 *Schmitt* Katholizismus, S. 51f.
165 Vgl. *Villas Bôas* 2012, S. 183-204.
166 *Münkler* 2005.
167 So aber *Hardt/Negri* 2003.

3. Renaissance des Großraum-Denkens

Tatsächlich hat gerade für Europa der Großraumgedanke etwas Verführerisches, blicken doch die größeren europäischen Nationen sämtlich auf eine „ruhmreiche" Vergangenheit zumindest als Großmacht, wenn nicht sogar als Weltmacht zurück. Letzteres gilt explizit sowohl für Spanien zu seiner Zeit und zuletzt für Großbritannien, von dem die USA diesen Status übernommen haben. Da sich der alte Glanz allein nicht wieder herstellen lässt, könnte ein größerer Verbund ein nützliches Vehikel zur Realisierung der eigenen Ziele sein (Beispiel: Charles de Gaulle und die „gloire" Frankreichs). Zudem erfüllt die Europäische Union bereits seit geraumer Zeit die ökonomischen Kriterien eines Großraums. Dieser wirtschaftliche Großraum scheint unaufhörlich zu wachsen, ohne dass die politische Seite damit wirklich Schritt halten könnte. Der frühere EU-Außenbeauftragte Xavier Solana (1999-2009), der zuvor NATO-Generalsekretär war (1995-1999), hat deutlich gemacht, dass dazu neben den politischen auch eine eigene militärische Komponente gehört:

> „Wir sind die größte Handelsmacht der Welt und der größte Geldgeber bei der Entwicklungshilfe. Also sind wir längst eine globale Macht. Bloß waren wir bisher kein militärischer Akteur. Der aber müssen wir werden, wenn wir unsere Werte verteidigen wollen. Damit machen wir uns im Übrigen nicht automatisch zum Konkurrenten der USA".[168]

3.1 Eine neue Rolle für Amerika

Die Renaissance des Großraum-Denkens findet nicht zufällig zu Beginn des 21. Jahrhunderts statt. Denn allmählich beginnen sich die Konsequenzen des Zusammenbruchs der alten Weltordnung abzuzeichnen. In der bipolaren Ordnung des Kalten Krieges richteten sich (fast) alle Staaten der Erde an den Gravitationszentren USA und Sowjetunion aus. Mit dem Zusammenbruch des Sowjetimperiums ist jedoch eine neue, zunächst unübersichtliche Lage entstanden. Die Vereinigten Staaten von Amerika wuchsen in eine neue Rolle hinein. George Bush sen. hatte diese Rolle des „Weltpolizisten" noch zögernd und zurückhaltend wahrgenommen, Bill Clinton hatte sie bereits ausgekostet, die europäischen Verbündeten durch seinen Charme aber mühelos „bei der Stange" gehalten. George W. Bush hat daraus hingegen eine Politik des rüden Tons und der einsamen Entscheidungen gemacht. Die Neokonservativen unter Richard Cheney und Donald Rumsfeld haben keinen Zweifel daran gelassen, dass die USA sich auch mit Hilfe von „preemptive strikes" notfalls jeden potenziellen Gegner oder Konkurrenten vom Halse schaffen werden. Barack Obama, der 44. Präsident der USA, wurde mit großen „Vor-

---

168 *Die Zeit* vom 12.6.2003; siehe hierzu auch das von Xavier Solana am 18. Juni 2003 vorgelegte Papier „Ein sicheres Europa in einer besseren Welt", Zugriff am 05.01.2008.

schusslorbeeren" bedacht,[169] enttäuschte jedoch durch eine eher unklare Haltung. Einerseits leitete er den Truppenabzug aus Afghanistan ein, andererseits verstärkte er jedoch die Drohnenangriffe. Das Lager in Gunatánamo, das zu schließen Obama im Wahlkampf versprochen hatte, besteht nach wie vor. Die UNO und die internationale Rechtsordnung werden zwar nicht mehr ganz so offensichtlich ausschließlich unter Nützlichkeitsgesichtspunkten betrachtet und ins Spiel gebracht. Die Grundsätze der westfälischen Ordnung: staatliche Souveränität (kein Eingreifen in innere Angelegenheiten), prinzipielle Gleichberechtigung aller Staaten und das Recht jedes Staates zum Krieg (jus ad bellum), scheinen aber trotzdem endgültig ihren Geltungsanspruch verloren zu haben.

3.2 Die Rolle der Staaten

Welche Rolle können in diesem Kontext die Staaten spielen? Gibt es Staatsgebilde einer höheren Ordnung (Reiche, Kernstaaten), die sich womöglich zusammen mit den kleineren Staaten in Großräumen oder Kulturkreisen organisieren? Wie verhält sich diese Gegenmachtbildung dann zum US-amerikanischen Imperium, und schließlich: Gibt es tatsächlich bereits den Universalstaat in Form eines „Empire"? Diesen Fragen soll in den folgenden Überlegungen nachgegangen werden. Ausgangspunkt ist dabei die Befindlichkeit Amerikas, das im zwanzigsten Jahrhundert seinen Weg zwischen Intervention und Isolation gesucht hat, um sich dann unter George W. Bush für einen imperialen Interventionismus zu entscheiden. Sodann ist der Raumbegriff als Handlungsrahmen zu klären, dessen Interpretation nicht zuletzt davon abhängt, ob es sich um eine Landmacht oder um eine Seemacht handelt. Raumdenken, Geschichtsbezogenheit und Kulturkreis hängen offensichtlich zusammen, werden aber von verschiedenen Autoren unterschiedlich thematisiert, so dass hier zunächst Klarheit geschaffen werden muss. Carl Schmitt geht in seiner Großraumtheorie von Reichen aus, welche die Großräume dominieren, ähnlich argumentiert Samuel Huntington, wenn er von Kernstaaten spricht, um die herum sich andere Staaten des Kulturkreises gruppieren und an denen sie sich orientieren.[170] Was wir heute erleben, ist der Kampf um die Weltordnung von morgen, die mit mehr oder weniger harten Bandagen auf unterschiedlichen Feldern (Ökonomie, Rohstoffe, Waffentechnologie, Ideologie und Kultur) und mit unterschiedlichen Mitteln (Militärintervention, Spionage jeder Art, wirtschaftliche Sanktionen) ausgetragen wird. Der oder die Sieger stehen noch nicht fest, die neue Weltordnung lässt sich erst umrisshaft erkennen.

---

169 2009 erhielt Obama für seine „außergewöhnlichen Bemühungen für die Zusammenarbeit zwischen den Völkern" (so die Begründung des Nobelpreiskomitees) den Friedensnobelpreis.
170 *Huntington* 1997; *Voigt* 2014b, S. 45-63.

4. Amerika zwischen Intervention und Isolation

Den Übergang des Weltmachtstatus von der alten zur neuen Welt haben manche europäischen Nationen noch nicht verwunden. Noch im 19. Jahrhundert waren die Gewichte scheinbar eindeutig zugunsten Europas verteilt, wenn auch Fürst Metternich bereits 1854 vor dem neuen mächtigen Konkurrenten aus Übersee gewarnt hat.[171] Mit der berühmten Monroe-Doktrin von 1823 machten die Vereinigten Staaten deutlich, dass sie eine weitere Einmischung der europäischen Mächte in Amerika, womit nicht nur Nordamerika, sondern auch Mittel- und Südamerika gemeint waren, nicht dulden würden.[172] Dass die Monroe-Doktrin auch quasi „mit umgekehrten Vorzeichen", also bei einem Übergewicht der USA, gegenüber Europa gelten sollte, war in späterer Zeit freilich nicht (mehr) so selbstverständlich. Es war Carl Schmitt, der das von ihm daraus entwickelte Interventionsverbot „raumfremder Mächte" ins Spiel brachte, als sich die USA anschickten, ein zweites Mal in Europa zu intervenieren. 1917 waren sie in den Ersten Weltkrieg eingetreten, hatten sich dann aber nach dem Sieg über die Mittelmächte nur halbherzig an der Neugestaltung der Nachkriegsordnung beteiligt. Mitglied des Genfer Völkerbundes wurden die Vereinigten Staaten trotz des Engagements („Vierzehn-Punkte-Programm") ihres Präsidenten Woodrow Wilson, der im Übrigen ein Befürworter der Monroe-Doktrin war, nicht. Nun schickten sich die USA an, auch offiziell in den zweiten Weltkrieg einzutreten.

4.1 Tributpflichtige und Vasallen in Europa

„Raumfremde Mächte" sollten – Carl Schmitt zufolge – nicht legitimiert sein, sich in die Angelegenheiten anderer Räume einzumischen. Konkret hieß das, dass die Europäer ihre Händel untereinander, also ohne die USA, austragen sollten. Nur in diesem Fall hätte – nebenbei bemerkt – Deutschland eine Chance gehabt, aus diesem Krieg nicht als der große Verlierer hervorzugehen. Diese keineswegs uneigennützige Doktrin, die sich Adolf Hitler zeitweise zu Eigen machte, hatte aber natürlich keinen Einfluss auf die Entscheidung Franklin D. Roosevelts, in den Zweiten Weltkrieg einzutreten. Die Vereinigten Staaten intervenierten nicht nur in Europa (und im pazifischen Raum), sondern sie bestimmten auch für einige Jahrzehnte die Politik in „ihrem" Teil Europas (und in Japan). In seinem Buch *Die einzige Weltmacht* weist Zbigniew Brzezinski, Sicherheitsberater des damaligen US-Präsidenten Jimmy Carter (1977-1981), noch 1997 auf die geopolitische Bedeutung des eurasischen Großraums für die Vereinigten Staaten hin:

---

171 Vgl. *Voigt* 2005, S. 107.
172 Auf Betreiben Napoleons III. wurde Maximilan von Habsburg während der Mexikanischen Interventionskriege Kaiser von Mexiko (1864-1867); er wurde als Kriegsverbrecher hingerichtet.

Zurzeit sei der „gesamte Kontinent von amerikanischen Vasallen und tributpflichtigen Staaten übersät]…]".[173]

Seit dem Ende des Kalten Krieges ist freilich eine neue Situation eingetreten. Die Vereinigten Staaten sind in einer unipolaren Weltordnung für einen relativ kurzen Zeitraum zu der einzigen Supermacht geworden, die allen anderen Staaten der Erde militärisch haushoch überlegen ist.[174] Jürgen Habermas, der nie müde wurde, die Rolle der USA als Befreier Europas hervorzuheben, beschwört in seiner Schrift *Der gespaltene Westen* jetzt jedoch unüberhörbar die Gefahren eines hegemonialen Liberalismus für eine universalistische Völkerrechtsordnung im Kantschen Sinne. In Auseinandersetzung mit dem Großraumprojekt Carl Schmitts, das er – nicht ohne Grund – in Zusammenhang mit Samuel Huntingtons *Kampf der Kulturen* bringt[175] und entschieden ablehnt, empfiehlt sich Habermas zufolge „eine modernisierte Großraumtheorie als ein nicht ganz unwahrscheinlicher Gegenentwurf zur unipolaren Weltordnung des hegemonialen Liberalismus".[176]

4.2 Neues Selbstbewusstsein in Südostasien

Die intellektuelle Ausstrahlung des Großraumgedankens blieb freilich nicht auf die Konstellation USA-Europa begrenzt. Auch Länder in anderen Räumen – vor allem in Südostasien – fühlten sich von der Idee angezogen, auf diese Weise ein Gegengewicht zunächst gegen die europäischen Großmächte und später gegen die USA bilden zu können. Das gilt besonders für Japan, das in der Zwischenkriegszeit vergeblich den Weltmachtstatus zu erringen versucht hatte und im Zweiten Weltkrieg von den USA vernichtend geschlagen worden war. Seine seither auf Amerika fixierte Außen- und Verteidigungspolitik scheint sich durch die von China betriebene Großmachtpolitik allmählich zu verändern. Premierminister Shinzō Abe versucht die Verteidigung Japans zu verstärken, indem er die eigenen Streitkräfte aufrüstet. Neben der Betonung ihrer besonderen kulturellen Identität verweisen die asiatischen Staaten heute zunehmend auch auf ihre Gemeinsamkeiten, die sie von der westlichen Kultur unterscheiden.[177] Vor allem China, aber auch Indien und Indonesien sind bestrebt, ihre Position und ihr Gewicht in der Weltordnung zu verstärken. Dass dies zu Lasten des Empire Amerika geht, scheint außer Frage zu stehen. Ob daraus neue Großräume oder regionale Imperien entstehen, ist allerdings nach wie vor umstritten.

---

173 *Brzezinski* 1997.
174 Vgl. *Voigt* 2008.
175 *Huntington* 1996; Vgl. *Voigt* 2014b, S. 45-63.
176 *Habermas* 2004, S. 192f.
177 *Huntington* 1997, S. 158.

5. Der Raumbegriff

Carl Schmitt hat seine Schrift *Völkerrechtliche Großraumordnung mit Interventionsverbot für raumfremde Mächte* bereits 1939 veröffentlicht.[178] Das Buch erschien in mehreren Auflagen, von denen die vierte Auflage 1941 inzwischen als die vollständigste gilt.[179] Die inhaltliche Ausgestaltung des überaus schlagkräftigen Begriffs „Großraum" durch Carl Schmitt ist allerdings erstaunlicherweise relativ unpräzise geblieben. Carl Schmitt ist zwar ein großartiger und wortgewaltiger Polemiker, dessen Stärke jedoch mehr im Widerspruch und in der Dekonstruktion als in der Konstruktion liegt.[180] Vielleicht sind gerade deshalb viele seiner Begriffe zu „Schlagwörtern" geworden, die man verwendet, ohne sich des Ursprungs und des Urhebers bewusst zu sein. Seinen Raumbegriff übernimmt Carl Schmitt von dem Biologen Viktor von Weizsäcker (1886-1957), der Raum als Produkt aktiver biologischer Organismen und ihrer Bewegung sieht.[181] Mit Martin Heidegger formuliert Carl Schmitt daher: „Die Welt ist nicht im Raum, sondern der Raum ist in der Welt".[182] Dabei zeigt sich, dass ein Raum mehr umfasst als nur das Territorium, denn auch soziale Beziehungsgeflechte und Kommunikationsstrukturen gehören dazu.[183] Raum ist zugleich ein „kultureller Bereich", eine Ansammlung von kulturellen Merkmalen und Phänomenen.[184] Menschen erleben den Raum, sie leben innerhalb seiner Grenzen, so dass man den Raum auch als eine Art „Handlungsrahmen" betrachten kann, in dem Menschen agieren.[185]

5.1 Raum als Handlungsrahmen

Jeder Raum hat also nicht nur eine physikalische Dimension, sondern ist zugleich immer auch durch die Existenzerfahrung des Menschen geprägt. Dabei sind fünf Faktoren von Bedeutung:[186]

(1) *Praxis*: Jede Vorstellung von Räumlichkeit in der Natur ist zugleich menschliche Praxis in dem entsprechenden Raum.

(2) *Erinnerung*: Geschichte als menschliches Erinnerungssystem ist stets auf einen spezifischen Raum bezogen.

---

178 *Schmitt* VGO.
179 *Maschke* (Hrsg.) 1995, S. 269-371.
180 Vgl. *Mehring* 2014.
181 *Von Weizsäcker* 1996.
182 *Schmitt* LuM, S. 106.
183 *Laskowski* 2001, S. 12.
184 *Braudel* 1992.
185 *Smith/Light/Roberts* 1998, S. 2.
186 *Smith/Light/Roberts* 1998, S. 4-6; *Nitschke* 2006, S. 301-318 [303].

(3) *Personen*: Der natürliche Raum macht die Personen, die Personen machen den Raum aus.

(4) *Exklusivität*: Jeder Raum ist exklusiv: „Die Raumeigenschaft eines Raumes ist eine subjektive oder intersubjektive Schöpfung und ist daher auch nur für das Individuum oder die Gruppenmitglieder offensichtlich, die sie geschaffen haben".[187]

(5) *Gewalt*: Jeder Raumbezug entsteht aus der Anwendung von Gewalt; das Vorhandensein von Gewaltandrohung macht den Raum erst zu einer exklusiven Größe.

5.2 Landmächte und Seemächte

Carl Schmitt selbst hat aber auch stets darauf bestanden, dass es große Unterschiede in der Wahrnehmung des Raumes gibt. So verstehen z.B. Seemächte den Raum anders als Landmächte. Darauf, dass daraus auch Kriege entstehen können, hat er in seiner Schrift *Land und Meer* nachdrücklich hingewiesen: „Die Weltgeschichte ist eine Geschichte des Kampfes von Seemächten gegen Landmächte und von Landmächten gegen Seemächte".[188] Auch die geschützte Lage umgeben von Gebirgen, auf einer Insel oder auf einem eigenen Kontinent, die Beschaffenheit des Raumes und seine wirtschaftliche Nutzbarmachung haben ebenso Einfluss auf das Raumverständnis wie Geschichte und Mythologie. Auch das Alte Testament kannte diesen grundlegenden Unterschied, indem es dem Seeungeheuer Leviathan das Landungeheuer Behemoth gegenüberstellte.[189]

Auf den Krieg bezogen haben Gilles Deleuze und Félix Guattari in ihrem Buch *Tausend Plateaus* die Besonderheiten des Seekriegs am Meer beleuchtet, das sie unter Bezugnahme auf Paul Virilio als einem „glatten Raum" bezeichnen, während sie das Land als „gekerbten" Raum betrachten.

> „Räume, gleich ob real oder virtuell, liegen sozusagen nie als ‚glatte', sondern immer schon als ‚gekerbte' vor. Räume fungieren demnach als Kontingenzbeschränker, sie setzen der Willkür, der Kontingenz und dem Würfelwurf enge Grenzen".[190]

Auf dem Meer stellt sich danach „das Problem der *fleet in being*, das heißt die Aufgabe, einen offenen Raum mit einer Wirbelbewegung zu besetzen, deren Wirkung an jedem beliebigen Punkt auftauchen kann".[191] Eine Flotte kann also – wie die britische Flotte im Ersten Weltkrieg – allein durch ihre Existenz, d.h. ohne ihren (geschützten) Hafen zu verlassen, große Teile der feindlichen Seestreitkräfte binden. Eine Seemacht kann zwar

---

187 *Smith/Light/Roberts* 1998, S. 6 (eigene Übersetzung).
188 *Schmitt* LuM, S. 16.
189 Vgl. *Salzborn* 2009, S. 143-164.
190 *Maresch/Werber* 2002a, S. 7-30 [14].
191 *Deleuxe/Guatari* 2005, S. 499 (Hervorhebungen im Original).

bei einer entsprechend großen und starken Flotte die Herrschaft über die Weltmeere ausüben, wird dabei aber stets von Korsaren, Freibeutern und Piraten bedrängt. Im Ersten und verstärkt im Zweiten Weltkrieg hatten diese Rolle vor allem die deutschen U-Boote übernommen.[192] Das Land hingegen kann durch ein starkes Heer erobert, besetzt und verteidigt werden. Wälle, Mauern und Zäune begrenzen das Territorium, sie sollen den Menschen, die darin leben, Schutz und Sicherheit bieten. Freilich ist auch dieser Schutz inzwischen weitgehend wirkungslos geworden. Grenzbefestigungen sind mit Flugzeugen, Raketen oder Drohnen überwindbar, die Kommunikation kann abgehört und ausspioniert werden, der virtuelle Raum des Cyberspace entzieht sich jeder Grenzziehung.

6. Sesshafter und nomadischer Raum

Offenbar gibt es ganz unterschiedliche Raumvorstellungen, so dass wir uns fragen, worauf diese Unterschiede zurückzuführen sind. Deleuxe und Guattari widmen sich dieser Frage, indem sie den Unterschied im Verhalten und Denken von Nomaden und Sesshaften herausarbeiten.[193] Danach dient der Weg der Sesshaften dazu, *„einen geschlossenen Raum unter den Menschen aufzuteilen*, jedem seinen Anteil zuzuweisen und die Verbindung zwischen den Teilen zu regulieren".[194] Ganz anders ist die Bestimmung des nomadischen Weges: *„er verteilt die Menschen (oder Tiere) in einem offenen Raum*, der nicht definiert und nicht kommunizierend ist". Gerade im Hinblick auf die heute zu beobachtende Entgrenzung (Deterritorialisierung) ist die Unterscheidung wichtig:

> „der Raum der Sesshaftigkeit wird durch Mauern, Einfriedungen und Wege zwischen den Einfriedungen eingekerbt, während der nomadische Raum glatt ist und nur mit ‚Merkmalen' markiert wird, die sich mit dem Weg verwischen und verschieben".[195]

192 Dementsprechend lag es im Interesse Großbritanniens, den U-Bootkrieg zu ächten oder wenigstens zur Wirkungslosigkeit zu verbannen, vgl. *Voigt* 2008.

193 Huntington erwähnt die bei den Muslimen übliche Aufteilung der Welt in dar al-Islam, das Haus des Friedens, und dar al-Harb, das Haus des Krieges, *Huntington* 1997, S. 36.

194 *Deleuxe/Guatari* 2005, S. 523 (Hervorhebungen im Original).

195 *Deleuxe/Guatari* 2005, S. 524.

6.1 Traumpfade

Ein besonders anschauliches Beispiel für den nomadischen Raum sind die „gesungenen" Traumpfade der australischen Aborigines, die weder Grenzen noch überhaupt Privateigentum an Grund und Boden akzeptieren. Dass sie dadurch ständig mit den weißen Eroberern in Konflikt geraten, liegt auf der Hand. Ganz im Schmittschen Sinne sehen Deleuze und Guattari den kausalen Zusammenhang zwischen Gesetz und Verteilung (ohne freilich Carl Schmitt zu erwähnen): „Der *Nomos* bezeichnete letzten Endes das Gesetz, doch nur, weil er zunächst Verteilung, ein Verteilungsmodus war".[196] Die Verwendung des Begriffs „Hinterland" in diesem Zusammenhang, der Carl Schmitt zufolge für die Seemächte den nicht an der Küste gelegenen und damit weitgehend unbrauchbaren Teil eines Territoriums kennzeichnet, lässt den Bezug zu Schmitt noch deutlicher sichtbar werden. Eine weitere Perspektive öffnet sich, wenn man Nomaden, Seemächte und Imperien gedanklich verbindet. Wie der Nomade es ablehnt, sich den Raum, den er durchquert, anzueignen, so sind Seemächte in erster Linie nur an Hafenstädten und Küstenkolonien (z.B. Hongkong, Singapur) und weniger am Hinterland interessiert.

6.2 Imperien

Imperien wie das Empire Amerika neigen zwar dazu, Territorien zu beherrschen, sie scheuen sich aber in aller Regel davor, sich diese Territorien auch anzueignen, indem sie sie in den Staatsverband eingliedern. Die Eingliederung Hawaiis als 50. Bundesstaat der USA im Jahre 1959 war offenbar der letzte Akt territorialer Erweiterung der Vereinigten Staaten. Andere US-Kolonien,[197] wie z.B. Puerto Rico oder American Samoa,[198] haben hingegen keine Aussicht auf Eingliederung. Um ihr Herrschaftsgebiet kontrollieren zu können, tendieren Imperien dazu, „unterschiedliche Mitgliedschaftsformen und – rechte zwischen den einzelnen Territorien und den jeweiligen Herrschaftsunterworfenen" – zum Beispiel in Form von Zentrum-Peripherie-Beziehungen zu etablieren.[199] Oder genauer:

> „Imperiale Machtausübung ist nach einem System von Kreisen und Ellipsen geordnet, die vom Zentrum zur Peripherie auseinander laufen. Mit diesen Kreisen und Ellipsen verändern sich auch Art und Maß der Selbstbindung imperialer Macht. Im Zentrum, im eigentlichen Kernland des Imperiums, ist sie am stärksten, und hier gleicht sie dem, was für die Selbst-

---

196 *Deleuxe/Guatari* 2005, S. 523 (Hervorhebung im Original).
197 Vgl. *Voigt* 2005, S. 92, Schaubild 12.
198 American Samoa gilt offiziell als Unorganized Territory, das zu keinem US-Bundesstaat gehört; die dort praktizierte Selbstverwaltung ist dem Innenministerium der USA unterstellt.
199 *Beck/Grande* 2004, S. 93.

bindung der Macht in Staaten gilt. Zur Peripherie hingegen nimmt sie immer weiter ab, ohne dass damit gegen die Funktionsprinzipien imperialer Ordnung verstoßen würde".[200]

Der besondere Charakter von Imperien lässt sich an der Bedeutung von Grenzen für sie zeigen. Sie sind „semipermeabel",[201] d.h. man darf sie von außen nicht mit bewaffneter Gewalt überschreiten. Das Imperium selbst hält sich aber für berechtigt, die Grenzen anderer Staaten zu missachten und sich jederzeit in deren innere Angelegenheiten einzumischen.

7. Raumdenken, Geschichtsbezogenheit und Kulturkreis

Zu einem Raum gehört – nach Carl Schmitt – immer eine politische Idee, die von einem Volk getragen werden muss. Das unterscheidet freilich den Großraum nicht von Nationalstaat oder Imperium. Ohne politische Idee, die sich regelmäßig in der Verfassung manifestiert, kann auch kein Staat überleben. Für das Imperium hat diesen Gedanken der tschechische Schriftsteller Milan Kundera poetisch umschrieben, „weil [...] Liebesgeschichten Imperien gleichen, wenn der Gedanke, auf dem sie gebaut sind, untergeht, so gehen sie mit ihm unter".[202] Als Imperium lässt sich eine Großmacht definieren, welche die Politik anderer Staaten in einer bestimmten Region (regionales Imperium) oder aber weltweit (globales Imperium) erfolgreich zu bestimmen versucht.[203] Dieser an Vorbildern wie dem Alten Rom orientierten Definition steht die ganz andere Ansicht von Michael Hardt und Antonio Negri gegenüber. In ihrem Buch *Empire. Die neue Weltordnung* gehen sie von einer „geglätteten Welt" aus, in der die räumliche Aufteilung in drei Welten (einer Ersten, Zweiten und Dritten) ihr Ende gefunden hat.[204] Sie verstehen ‚Empire' nicht als Metapher, sondern als Begriff für den von ihnen beobachteten Zustand der Welt. Das ‚Empire' charakterisiert das Fehlen von Grenzziehungen und Schranken. Insofern ähnelt es der Vorstellung vom nomadischen Raum.

> „Es ist *dezentriert* und *deterritorialisierend*, ein Herrschaftsapparat, der Schritt für Schritt den globalen Raum in seiner Gesamtheit aufnimmt, ihn seinem offenen und sich weitenden Horizont einverleibt".[205]

200 *Münkler* 2003, S. 112f.
201 *Münkler* 2003, S. 112.
202 *Kundera* 1984, S. 155.
203 *Ikenberry* 2004, S. 144-154.
204 *Hardt/Negri* 2003, S. 11, Vgl. auch *Huntington* 1997, S, 20.
205 *Hardt/Negri* 2003, S. 11 (Hervorhebung im Original).

In diesem Modell einer Weltordnung ist offensichtlich kein Platz für Großräume. Lediglich den Vereinigten Staaten von Amerika, welche die Autoren selbst nicht als Imperium sehen, wird eine privilegierte Position im ‚Empire' zugewiesen.

In Carl Schmitts Raumdenken sind Raum, Volk und politische Idee untrennbar miteinander verbunden,[206] wie Jean-Louis Feuerbach zutreffend feststellt.[207] Von da aus ist es nur ein kleiner Schritt zum Großraum, der nicht etwa ein vergrößerter Kleinraum ist, es geht also nicht nur um quantitative, sondern vor allem um qualitative Aspekte. Eine auf den Raum fixierte Geschichtsbezogenheit ist besonders bei dem französischen Geohistoriker Fernand Braudel (1902-1985) zu finden, der den Mittelmeerraum als eine „historische Persönlichkeit" apostrophiert hat.[208] In einer polyzentrischen Welt, die sich ihres Sinns und ihres Gesetzes (Nomos) nicht mehr bewusst ist, bilden sich Großräume als räumliche Ordnungselemente heraus.[209] Dabei handelt es sich um geografisch abgrenzbare Räume mit einer geschichtsphilosophischen Idee, wie z.B. die – allerdings schwache – Idee von „Europa".[210] Huntington geht bei seiner Raumvorstellung hingegen davon aus, dass die Erde in Kulturkreise gegliedert ist, die freilich keine klar umrissenen Grenzen haben, deren Entstehung und Ende nicht präzise feststehen.[211] Er unterscheidet dabei sechs Kulturkreise. Zu den „großen" zeitgenössischen Kulturkreisen, die er bewusst von dem Namen ihres „Kernstaates" unterscheidet, zählt er den sinischen (China und die chinesischen Gemeinschaften in Südostasien und anderswo), den japanischen, den hinduistischen, den islamischen (mit einer je eigenen arabischen, türkischen, persischen und malaiischen Sub-Kultur), den westlichen (mit Schwerpunkten in Europa, in Nordamerika und – bedingt – in Lateinamerika) sowie den lateinamerikanischen Kulturkreis.[212] Anders als Braudel erkennt er den afrikanischen Kulturkreis nur bedingt an. Bei Huntington findet sich auch der Anknüpfungspunkt an die Vorstellung von einem ‚Empire' von Hardt und Negri, wenn er meint, dass der Westen Ende des 20. Jahrhunderts aus der Entwicklungsphase der „kämpfenden Staaten" in die Phase des „Universalstaates" eingetreten sei.[213] Die Vereinigten Staaten hätten dann an die Stelle des traditionellen territorialen Imperiums einen neuen, transnationalen Imperialismus gesetzt.[214]

206 *Schmitt* VGO, S. 29; *Maschke* (Hrsg.) 1995, S. 269-371 [304].
207 *Feuerbach* 1988, S. 405.
208 *Braudel* 1986.
209 Vgl. *Sprengel* 1996, S. 57.
210 Zu den Europavorstellungen in der Zeit von 1923 bis 1955: *McCormick* 2003, S. 133-141.
211 *Huntington* 1997, S. 54.
212 Vgl. *Voigt* 2014b, S. 45-63.
213 *Huntington* 1997, S. 71.
214 *Huntington* 1997, S. 124.

8. Großraum, Kulturkreise und Kernstaaten

Entsprechend formuliert Carl Schmitt: „Großraum ist ein [...] Bereich menschlicher Planung, Organisation und Aktivität. Großraum ist für uns vor allem ein zusammenhängender Leistungsraum".[215] Der wirtschaftspolitische Hintergrund ist für Schmitt von großer Bedeutung: „Der Großraumpolitik geht eine Großraumwirtschaft voraus".[216] Hier lässt sich also ohne Weiteres anknüpfen, wenn man die Europäische Union als Großraum definieren will.[217]

> „Der Großraumbegriff, den Carl Schmitt vor 70 Jahren in die Völkerrechtswissenschaft einführte, ist in der heutigen Europaliteratur auffällig präsent, und zwar unweigerlich unter Bezug auf Schmitt, selbst wenn sein Konzept von manchen nur mit spitzen Fingern angefasst wird. Bis heute ist er der prominenteste europäische Theoretiker des Großraums geblieben".[218]

Spätestens die Einführung des gemeinsamen Marktes und damit der Freiheit von Waren-, Dienstleistungs- und Kapitalverkehr machte die Europäische Union zum wirtschaftlichen Großraum.[219] „Reich, Imperium, Empire sind nicht dasselbe und von innen gesehen untereinander nicht vergleichbar",[220] konstatierte Carl Schmitt. Den Begriff „Reich" definiert Schmitt so:

> „Reiche [...] sind die führenden und tragenden Mächte, deren politische Idee in einen bestimmten Großraum ausstrahlt und die für diesen Großraum die Intervention fremdräumiger Mächte grundsätzlich ausschließen"[221].

Typisch für einen Großraum soll ein Reich sein, das von mehreren Staaten umgeben ist, die Völkerrechtssubjekte von minderer Wertigkeit sind. „Das Reich ist nicht einfach ein vergrößerter Staat, so wenig wie der Großraum ein vergrößerter Kleinraum ist".[222] Die Reiche sollten die führenden und tragenden Mächte in einem Großraum sein und daher eine Völkerrechtssubjektivität ersten Ranges haben.

---

215 *Schmitt* VGO, S. 14.
216 *Blindow* 1999, S. 65.
217 Vgl. *Anter* 2008, S. 57-70.
218 *Anter* 2008, S. 57.
219 Die Gründung des Europäischen Wirtschaftsraumes (am 1. Januar 1994 in Kraft getreten) aus der EU einerseits und (heute) Island, Liechtenstein und Norwegen andererseits, verstärkt diesen Aspekt noch. Die Schweiz genießt einen Sonderstatus.
220 *Schmitt* VGO, S. 50.
221 *Schmitt* VGO, S. 49.
222 *Schmitt* VGO, S. 67.

8.1 Rechtsbeziehungen

Vier Arten von Rechtsbeziehungen innerhalb der Großraumordnung sind – nach Carl Schmitt – denkbar:[223]

(1) zwischen den Großräumen,
(2) zwischen den führenden Reichen dieser Großräume,
(3) zwischen den Völkern innerhalb eines Großraumes,
(4) zwischen den Völkern verschiedener Großräume.

An diese Beziehungen zwischen Reich und Nationen erinnert die von Huntington entwickelte Kernstaatentheorie.[224] Danach werden die Supermächte nach dem Ende des Kalten Krieges von den Kernstaaten der großen Kulturkreise abgelöst. Wie „konzentrische Kreise" legen sich die (einfachen) Staaten dieser kulturellen Blöcke um den Kernstaat herum.[225] Fehlt dieser anerkannte Kernstaat (Beispiel: Islamischer Kulturkreis), dann mangelt es dem betreffenden Kulturkreis an Orientierung durch Identifikation, es kommt keine „intrakulturelle Ordnung" zustande.

8.2 Kernstaaten in Europa

Anschauungsmaterial für diese These lässt sich im Prozess der europäischen Integration vor den letzten Erweiterungsrunden finden. Huntington sieht Mitte der 1990er Jahre – nicht ganz zu Unrecht – Frankreich und Deutschland als die Kernstaaten der Europäischen Union. Zusammen mit den Beneluxländern würden sie den engeren Kreis bilden, um den herum sich die übrigen EU-Mitgliedstaaten als weitere konzentrische Kreise unterschiedlicher Nähe zum Kern gruppierten. Dieses Modell[226] scheint allerdings auf absehbare Zeit keine Realisierungschancen zu haben, denn es würde nicht nur ein enges Bündnis von Frankreich und Deutschland, sondern auch den Willen zur Integration und die Absage an andere außenpolitische Optionen voraussetzen. Bereits bei den Beratungen zum Vertrag von Nizza auf der Sitzung des Europäischen Rates am 11. Dezember 2000 hatte der damalige französische Staatspräsident Jacques Chirac jedoch erkennen lassen, dass es ihm weniger um Integration als vielmehr um ein französisches Gegengewicht zu Deutschland ging. Vor allem deshalb billigte er Polen (38,5 Mill. Einwohner), das als traditioneller Verbündeter Frankreichs gilt, mit 27 Stimmen im Rat der EU

---

223 *Schmitt* VGO, S. 62.
224 *Voigt* 2014b, S. 45-63.
225 *Huntington* 1997, S. 246, 248.
226 *Voigt* 2005, S. 229f.

(Deutschland und Frankreich je 29 Stimmen) eine unverhältnismäßig hohe Stimmenzahl zu.[227]

Staatspräsident Nicolas Sarkozy setzte während seiner Amtszeit noch deutlicher neue Prioritäten, indem er sich den USA als Bündnispartner angedient und eine französisch dominierte Mittelmeerunion in Gang zu setzen versucht hat.[228] Man könnte von einem Kampf der Ideen sprechen: mediterrane versus europäische Idee, ein Kampf übrigens, den de Gaulle mit der Beendigung des Algerienkrieges bereits einmal zu Gunsten Europas entschieden hatte.[229] Die „europäische Karte" war Sarkozy offenbar für die Rolle, die Frankreich in der Weltpolitik spielen soll, zu wenig. Hollande versucht nun, sich durch militärische Aktivitäten, z.B. in Mali, zu profilieren. Ein Kerneuropa scheint ebenso wenig in sein Konzept zu passen wie ein europäischer Großraum. Frankreichs Problem ist jedoch weniger die Konzeptlosigkeit der gegenwärtigen Führung als vielmehr seine schwindende Bedeutung als Machtfaktor in Europa.[230]

9. Kampf um die Weltordnung von morgen

Die eigentliche Auseinandersetzung um die Strukturen der Weltordnung des 21. Jahrhunderts und damit um die Verteilung von Macht findet freilich auf einer anderen Ebene statt.[231] Die großen „Spieler" in dieser Arena sind die Vereinigten Staaten von Amerika und die Volksrepublik China, die als ungelenke „Riesen" – wie in dem berühmten Bild „Duell mit Knüppeln" von Goya – ineinander verkeilt und verklammert zu sein scheinen. Russland spielt allenfalls in der zweiten Liga, und Indien, Brasilien etc. haben auch diesen Status noch lange nicht erreicht. Huntington hat eine „Verschiebung des Machtgleichgewichts zwischen Kulturkreisen" beobachtet.[232] Vor allem der Aufstieg Chinas zur beherrschenden Macht in Ost- und Südostasien, den man – je nach Standpunkt – als Bildung eines Großraums oder aber eines regionalen Imperiums betrachten könnte, beunruhigt ihn.

---

227 Frankreich hat 65,8 Mill. (29 Stimmen) und Deutschland 80,7 Mill. Einwohner (29 Stimmen).
228 Sarkozys Waffen- und Atomgeschäfte mit Lybiens Staatschef Gaddafi (vor dessen Sturz), die Teil dieser Strategie sind, haben auch die französische Öffentlichkeit irritiert.
229 Vgl. *Voigt* 1996, S. 211.
230 Im Jahre 2014 hat die britische die französische Wirtschaftsleistung überholt.
231 Vgl. *Voigt* 2005.
232 *Huntington* 1997, S. 515.

9.1 Gegenspieler

Tatsächlich geht es zunächst ausschließlich um eine Auseinandersetzung zwischen den beiden „Großen", USA und China. Das amerikanische Interesse besteht wie bei allen Inhabern von Machtpositionen darin, die eigene Position möglichst unangefochten zu halten. „Wie könnte sich bei dieser amerikanischen Interessenlage ein Krieg zwischen den USA und China entwickeln?" fragt Huntington im Schlusskapitel seines prominenten Buches. Huntington geht sogar soweit, einen weltweiten interkulturellen Krieg zu prognostizieren. Die Gefahr eines solchen Krieges ist durch die von George W. Bush initiierte Strategie der „preemptive strikes" viel höher, als Huntington im Jahre 1996 voraussehen konnte. Dabei geht es um Militärschläge, die dem vermuteten Angriff eines Gegners zuvorkommen sollen, um sich eigene strategische Vorteile zu verschaffen. Wann dieser Zeitpunkt gekommen ist, entscheidet der Präsident der Vereinigten Staaten. Die Versuchung ist groß, den Kontrahenten in einem Stadium anzugreifen, in dem er für den entscheidenden Gegenschlag noch nicht stark genug ist. Diesen Zeitpunkt hat Amerika freilich in diesem Fall bereits verpasst, da China längst über Langstreckenraketen[233] und Atomsprengköpfe in einer Zahl und Qualität verfügt, die einen Präemptivkrieg für die USA zu einem unkalkulierbaren Risiko werden ließen.[234]

9.2 Europa in der „Liga der Großen"?

Welche Rolle kann Europa in dieser Auseinandersetzung spielen? Gehört es überhaupt in diese „Liga der Großen", oder ist es bloße Regionalmacht, zugleich politischer Zwerg und wirtschaftlicher Goliath? Will Europa weiter im Rahmen des veralteten Konzepts des „Westens" agieren und sich weitgehend den Wünschen des „Großen Bruders" USA unterordnen, oder kann es sich zu einer eigenständigen Weltordnungspolitik aufraffen? Die Prognose, die man zu Beginn des 21. Jahrhunderts stellen kann, ist nicht gerade positiv. Fünf wichtige Voraussetzungen wären zur Wahrnehmung einer ernst zu nehmenden Rolle in der Weltpolitik erforderlich:

(1) *Politische Idee*: Eine raumumgreifende politische Idee, auf die sich die Europäer einigen; der Terminus „Europa" ist hierfür zu unscharf und zu mehrdeutig.

(2) *Eigenständige Politik*: Eine aus dieser Idee entwickelte eigenständige Politik, die gleichen Abstand zu den „großen Spielern" hält und ausschließlich europäische Interessen verfolgt.

---

233 Bezeichnend ist die Mondmission der Chinesen.
234 Zudem hält China einen großen Teil der US-amerikanischen Schuldverschreibungen.

(3) *Einheitliche Spitze*: Einen Präsidenten als einheitliche Spitze (Henry Kissinger sprach von der „einzigen Telefonnummer") als autorisierten Ansprechpartner nach außen.[235]

(4) *Entscheidungszentrum*: Ein politisches Entscheidungszentrum (Regierung), in dem – schnell und verbindlich – nicht nur reagiert, sondern agiert werden kann.

(5) *Militärische Macht*: Europäische Streitkräfte unter einem einheitlichen Oberbefehl und mit eigenen Atomwaffen und Langstreckenraketen.

9.3 Fehlen einer Leitidee

Von der Erfüllung dieser Voraussetzungen ist die heutige Europäische Union allerdings weit entfernt. Die Frage, ob sich die sechs Altmitglieder der Europäischen Wirtschaftsgemeinschaft auf eine gemeinsame Leitidee möglicherweise hätten einigen können, ist müßig. Ohnehin driften Deutschland, Frankreich und Italien erkennbar auseinander. Mit der Aufnahme Großbritanniens,[236] das vor allem an einer erweiterten Freihandelszone interessiert ist und dabei seine besonderen Beziehungen zu den USA – auch auf Kosten Europas – pflegen möchte, ist diese Idee jedoch in noch weitere Ferne gerückt. Und mit jeder Erweiterungsrunde wird der gemeinsame Kernbestand weiter verwässert. Eine eigenständige Politik, eine einheitliche Spitze und ein politisches Entscheidungszentrum sind angesichts der nationalen Alleingänge der Staats- und Regierungschefs der Europäischen Union kaum zu erwarten. Das Fehlen von Kernstaaten im Huntingtonschen Sinne lässt auch die kleineren EU-Mitglieder ausschließlich ihren eigenen, vor allem ökonomischen Interessen folgen. Europäische Streitkräfte gibt es in Ansätzen zwar, die Verpflichtungen gegenüber der NATO und ein wachsames Auge der USA verhindern jedoch, dass daraus eine schlagkräftige Armee wird. Großbritannien und Frankreich denken zudem gar nicht daran, ihr Atompotenzial europäischer Verfügung zu unterstellen.

10. Fazit

Welche Schlussfolgerungen lassen sich aus diesen Überlegungen ziehen? Raum ist nicht nur eine geografische Kategorie, sondern zugleich ein menschlicher Handlungsraum. Der traditionale Territorialstaat ist über Jahrhunderte die selbstverständliche und angemessene Organisationsform für diesen Raum gewesen. Sein Kennzeichen war das eingegrenzte und damit eingefriedete Land. Für die See galt dies allerdings nicht in

235 Die Position des Ratspräsidenten (zurzeit Donald Tusk) ist hingegen zu schwach ausgestaltet.
236 Großbritannien liebäugelt inzwischen mit dem Gedanken, aus der EU auszutreten.

gleichem Maße. Die Verbindung von Kommunikationstechnologie und Finanzkapitalismus hat mit der „Globalisierung" auch eine fortschreitende Entgrenzung (Deterritorialisierung) zur Folge. Nationalstaatliche Grenzen lassen sich nicht mehr wirkungsvoll schützen, Kapital und Warenströme, Ideen und Informationen floaten fast ungehindert von Schutzzäunen und „Brandmauern" durch die Welt. Den Nutzen aus dieser Entwicklung ziehen vorerst vor allem die USA, China holt aber auch hier erstaunlich schnell auf.

Staat ist zudem nicht gleich Staat, manche Staaten sind besser für die globale Konkurrenz gerüstet als andere. Eine gewisse Größe, ein hinreichendes Territorium, wertvolle Bodenschätze, technische Intelligenz und finanzielle Leistungsfähigkeit der Bürger bieten hierfür ein solides Fundament. Kleinere Staaten müssen sich wegen ihrer schlechteren Ausstattung womöglich unter den Schutz größerer Staaten begeben. Die Frage, ob man die großen Staaten Kernstaaten in Kulturkreisen (Huntington) oder Reiche in Großräumen (Carl Schmitt) nennt, erweist sich als weniger wichtig. Und ob sich wirklich bereits ein Universalstaat in Form eines globalen ‚Empire' (Hardt und Negri) gebildet hat, ist zumindest zweifelhaft. Die zur Stützung und Untermauerung dieser These vorgelegten Beweise scheinen noch zu dürftig zu sein. Skepsis ist angebracht, zumal auch die Existenz einer Weltgesellschaft nur im Rahmen systemtheoretischer Überlegungen, nicht aber als Beschreibung der Realität akzeptabel ist.[237]

Die Vereinigten Staaten wird man wegen ihrer einzigartigen Position in der Welt allerdings nicht unter den Begriff „Großraum" subsumieren können. Hier handelt es sich offensichtlich um ein Imperium. Eine andere Frage ist es jedoch, ob China bereits ein (regionales) Imperium oder ein Reich in einem ostasiatischen Großraum bzw. ein Kernstaat innerhalb eines sinischen Kulturkreises ist. Eine Antwort auf diese Frage wird wohl erst in einigen Jahren (oder Jahrzehnten) möglich sein und auch von der Entwicklung in China selbst abhängen. Europa in der Gestalt der Europäischen Union geriert sich hingegen eher wie ein Großraum, wenn auch untypisch mit mehreren Zentren (Reichen), ein Imperium ist es jedenfalls nicht. Carl Schmitts Großraumtheorie hat Elemente, die seiner Zeit und dem damaligen Zeitgeist geschuldet waren und daher an die heutigen Verhältnisse angepasst werden müssen. Die großen Weltordnungskämpfe zwischen Deutschland und Japan gegen die USA und Großbritannien im Zweiten Weltkrieg und zwischen den Vereinigten Staaten von Amerika und der Sowjetunion im Kalten Krieg sind längst entschieden. Neue Akteure, in erster Linie China, aber – wenn auch auf einem geringeren Niveau – auch Indien und Brasilien, sind auf den Plan getreten.

237 Siehe *Luhmann* 1975. S. 71ff.

Sie fordern eine ihnen angemessen erscheinende Position in der Welt.[238] Eine modernisierte Großraumtheorie könnte durchaus geeignet sein, um diesen globalen Machtkampf um eine neue Weltordnung besser verstehen zu können.

---

238 Die G 20, an der neben den G 7 China, Indien, Brasilien, Südafrika, Indonesien u.a. beteiligt sind, trägt diesen Wünschen in gewisser Weise Rechnung.

Teil V:

Wahlverwandtschaften

Der Hobbes-Kristall

Thomas Hobbes und Carl Schmitt

„Er war die Maschine der Maschinen, die machina machinarum, ein aus Menschen zusammengesetzter Übermensch, der durch menschlichen Konsens zustande kommt und doch in dem Augenblick, in dem er da ist, jeden menschlichen Konsens übersteigt".[1]

„Der Staat ist tot – es lebe der Staat". Mit diesen auf die Kontinuität von Monarchien gemünzten Worten ließe sich die Trendwende in der Staatsdiskussion beschreiben, die Anfang der neunziger Jahre zu beobachten war. Seit der Jahrtausendwende ist der Staat zweifellos stärker geworden – in manchen Bereichen, wie etwa der Überwachung seiner Bürger, sogar zu stark. Kein Zweifel: Der oft genug bereits totgesagte Leviathan ist so lebendig, aber auch so kontrovers wie bei seiner Geburt. Hier könnte ein moderner Konservatismus seinen Ausgangspunkt nehmen, der bekanntlich ein besonderes Verhältnis zum Staat hat. Zur Aufrechterhaltung des inneren Friedens ist ein Kernbestand staatlicher Ordnungsmacht unverzichtbar. Die Frage ist allerdings, wie umfangreich dieser Kernbestand sein darf. Dies ist das große Thema von Thomas Hobbes und seinem *Leviathan* aus dem Jahre 1651. Bis vor Kurzem beschäftigten sich nur wenige interessierte Philosophen mit dem englischen Staatsdenker Hobbes und seinem umfangreichen Werk. Für die meisten Anderen galt er als Repräsentant des Absolutismus, sein *Leviathan* stand unter dem Verdacht, der Inbegriff des kalten Machtstaates zu sein. Tatsächlich markiert dieses Buch aber den Beginn der neuzeitlichen Staatsphilosophie.

Dreihundert Jahre später geboren als Hobbes hat Carl Schmitt mit seinem Buch *Der Leviathan in der Staatslehre des Thomas Hobbes* (1938) großen Einfluss zumindest auf die deutsche Hobbes-Interpretation genommen.[2] Wirkmächtig war vor allem seine junktimartige Verknüpfung eines wirksamen Schutzes des Staates für seine Staatsbürger mit der Legitimität der Herrschaft und der Loyalität der Staatsbürger gegenüber dem Staat. Schmitt, dessen Buch den Untertitel „Sinn und Fehlschlag eines politischen Symbols" trägt, hat ein Bild von dem Seeungeheuer Leviathan[3] – und damit auch von seinem Gegenspieler, dem Landungeheuer Behemoth,[4] – entworfen, das zumindest in Deutschland eine ganze Generation von Staatsrechtslehrern und Philosophen in ihrem Denken be-

---

1 *Schmitt* Machthaber, S. 44f.
2 *Voigt* (Hrsg.) 2009a; *Skinner* (2008) führt Schmitts Buch hingegen nicht in seinem Literaturverzeichnis auf.
3 Altes Testament, Buch Hiob, Kap. 40 und 41.
4 *Hobbes* 1991; vgl. *Salzborn* 2009, S. 143-164.

stimmt hat. Der Leviathan symbolisiert für ihn den Kampf der Idee von der staatlichen Einheit und Ordnung gegen die Kräfte der Zerstörung dieser Einheit, symbolisiert im Behemoth. Schmitt schreibt 1938:

> „In der langen, an bunten Bildern und Symbolen [...] reichen Geschichte der politischen Theorien ist dieser Leviathan das stärkste und mächtigste Bild. Es sprengt den Rahmen jeder nur gedanklichen Theorie oder Konstruktion".[5]

1. Thomas Hobbes und Carl Schmitt: Geistesverwandte?

Carl Schmitt ist zweifellos ein bedeutender Hobbes-Forscher.[6] Sein Lebenswerk kann durchaus als Dialog mit Thomas Hobbes begriffen werden. Helmut Schelsky hat Schmitt einmal den „deutschen Hobbes des 20. Jahrhunderts" genannt.[7] Es versteht sich von selbst, dass Schmitt nicht in erster Linie die Lehre von Thomas Hobbes darstellen wollte. Vielmehr war sie für ihn lediglich der Anlass, staatstheoretische Fragen seiner Zeit „aus dem Geist und der Erfahrung" von Hobbes zu beantworten.[8] Hobbes' Gedanken haben nicht nur ein halbes Jahrtausend lang die Staatsdiskussion bestimmt, sondern sie haben auch am Beginn des 21. Jahrhunderts nichts von ihrer Anziehungskraft verloren.[9] Worin besteht nun die innere Verbindung zwischen Thomas Hobbes und Carl Schmitt?[10] Das geradezu biblische Alter – beide sind über 90 Jahre alt geworden – kann es kaum sein. Wichtiger ist, dass beide in Zeiten der Krise, ja des Bürgerkriegs, gelebt und geschrieben haben. Sind sie womöglich Geistesverwandte? Und was verbindet sie darüber hinaus mit dem Konservatismus, noch dazu mit einem modernen Konservatismus? Thomas Hobbes ist ein englischer Philosoph des 17. Jahrhunderts und Carl Schmitt ein deutscher Staatsrechtslehrer des 20. Jahrhunderts. Die Verbindung zwischen beiden einerseits und zum Konservatismus andererseits liegt also nicht offen zutage.[11]

1.1 Der Hobbes-Kristall

Carl Schmitt selbst hat sich anlässlich seines 50. Geburtstags (11. Juli 1938) in die unmittelbare Wahlverwandtschaft zu diesem herausragenden Philosophen gestellt.[12] Er

---

5 *Schmitt* Dreigliederung, S. 9.
6 Vgl. *Stumpf* 1969, S. 287-300.
7 *Schelsky* 1981, S. 5.
8 *Rumpf* 1972, S. 62.
9 Siehe hierzu: *Agamben* 2014.
10 Zu Carl Schmitts Verhältnis zur „Konservativen Revolution"; *Mohler* 1988, S. 129-151.
11 Siehe aber: *Dirsch* 2012.
12 Vgl. *Schmitt* Leviathan, S. 5f.

sieht sich selbst gern als Nachfolger und Erben, ja als Bruder von Hobbes'.[13] Man mag dies als gekonnte Selbst-Inszenierung abtun.[14] Dahinter steckt aber zweifellos mehr als nur eine stilisierte Wertschätzung der Politischen Theorie des Thomas Hobbes. Schmitt hat sich immer wieder mit Hobbes auseinander gesetzt, zuerst in seinem Aufsatz *Der Staat als Mechanismus bei Hobbes und Descartes* im *Archiv für Rechts- und Sozialphilosophie*.[15] In zwei Vorträgen hat er sich ausführlich mit Hobbes' *Leviathan* beschäftigt, am 21. Januar 1938 vor der Philosophischen Gesellschaft in Leipzig, die von Arnold Gehlen (1904-1976) geleitet wird, und am 29. April 1938 vor der Hobbes-Gesellschaft in Kiel. Diese beiden Vorträge bilden schließlich die Grundlage für Schmitts Leviathan-Buch.[16] Zum 350. Geburtstag von Hobbes veröffentlicht Schmitt am 5. April 1938 einen Brief an die Hobbes-Gesellschaft, in dem er dem „großen politischen Denker" – gewissermaßen über die Jahrhunderte hinweg – zuruft: „Non iam frustra doces, Thomas Hobbes!"[17] Seine Verbundenheit mit dem „großen Lehrer im Kampf gegen alle Arten indirekter Gewalten" wird in folgendem Ausspruch deutlich:

„So ist er der echte Lehrer einer großen politischen Erfahrung, einsam wie jeder Wegbereiter; verkannt wie jeder, dessen politischer Gedanke sich nicht im eigenen Volk verwirklicht [...]".[18]

Mit dem berühmten „Hobbes-Kristall", den er als „Frucht einer lebenslangen Arbeit an dem großen Thema im ganzen und dem Werk des Thomas Hobbes im besonderen" bezeichnet,[19] hat Carl Schmitt vielmehr seine fundamentalen staatsphilosophischen Überzeugungen unmittelbar auf Hobbes bezogen.[20] Die fünf Achsen des Kristalls ergeben eine Reihe „von oben nach unten, von der Wahrheit des öffentlichen Kultes bis zu Gehorsam und Schutz des einzelnen".[21] Sie enthalten die folgenden politischen Lehrsätze Carl Schmitts:[22]

(1) Einheit von Staat und Kirche,

(2) oberster Entscheider,

(3) direkte und ungeteilte Befehlsgewalt,

(4) Schutz und Gehorsam.

---

13 Er sah sich als „Bruder" und „Freund" des großen Hobbes, vgl. *Schmitt* ECS, S. 63.
14 Vgl. *V. Neumann* in: Quaritsch 1988, S. 608, dezidierter hingegen *Rumpf* 1972, S. 56ff.
15 *Schmitt* Mechanismus, S. 139-149.
16 Vgl. *Rottleuthner* 1983, S. 237-265 [250].
17 *Schmitt* Grußbotschaft, S. 15.
18 *Schmitt* Leviathan, S. 131f.
19 *Schmitt* BdP, S. 122.
20 *Schmitt* BdP, S. 122; vgl. *Voigt* (Hrsg.) 2009a.
21 *Schmitt* BdP, S. 123 (im Original in lateinischer Sprache).
22 *Rumpf* 1972, S. 74.

Berühmt geworden ist sein auf Hobbes bezogenes Credo: „Auctoritas non veritas facit legem".[23] Die Wahrheit vollzieht sich also nicht selbst, dazu bedarf es vielmehr vollziehbarer Befehle. Ernst Forsthoff hat diesen Gedanken in seiner Rezension des Schmitt-Buches weitergeführt:

> „Im Chaos verliert die veritas jeden Sinn. Darum kann die auctoritas, welche das Chaos verhindert, den Vorrang vor der veritas beanspruchen. […] Ja man könnte von diesen Prämissen her weiterdenkend sagen, die auctoritas sei die einzige Möglichkeit der veritas, die dem Menschen unter diesen Umständen verbleibe".[24]

Thomas Hobbes zielt auf eine Rechtsordnung, die wirklich effektiv, verbindlich und gültig ist. Ihr Inhalt ist dabei von nachrangiger Bedeutung.[25] In Hobbes' Staatsbegriff ist bereits der Prototyp des Gesetzespositivismus angelegt, der sich dann im 19. Jahrhundert voll entfaltet.[26] Carl Schmitt hat daraus das konkrete Ordnungs- und Gestaltungsdenken entwickelt.[27] „Die im Gesetz liegende Entscheidung ist, normativ betrachtet, aus einem Nichts geboren".[28]

> „Die Norm oder Regel schafft nicht die Ordnung; sie hat vielmehr nur auf dem Boden und im Rahmen einer gegebenen Ordnung eine gewisse regulierende Funktion mit einem relativ kleinen Maß in sich selbständigen, von der Sache unabhängigen Geltens".[29]

Mit diesem Konzept lässt sich nunmehr der Wandel der sozialen Sachverhalte berücksichtigen, einerseits in stetigen Änderungen des Gesetzesinhalts, andererseits in der Lockerung der Gesetzesbindung des Richters.

1.2 Weiße und schwarze Hobbes-Interpretation

Bei Hobbes wie bei Schmitt steht der Sicherheitsgesichtspunkt im Vordergrund. Frieden und Sicherheit sind für Hobbes Sinn und Zweck des Staates überhaupt.[30] Dazu schreibt Ferdinand Tönnies (1855-1936[31]) in seinem Buch *Thomas Hobbes. Leben und Lehre* (1926):

---

23 Die Autorität, nicht die Wahrheit ist der Geltungsgrund der Gesetze.
24 *Forsthoff* 1941, S. 206-214 [210].
25 *Maier* 1972, S. 351-375 [364].
26 *Rumpf* 1972, S. 66; *Schmidt* (Hrsg.) 2014.
27 *Rüthers* 1988, S. 278; vgl. *Voigt* 2014, S. 31.
28 *Schmitt* Diktatur, S. 23.
29 *Schmitt* Drei Arten, S. 13.
30 *Rumpf* 1972, S. 78.
31 Vgl. *Carstens* (Hrsg.) 2014.

„Hobbes meinte ohne Zweifel schon damals, die Konsequenz aus seiner später mit Nachdruck vertretenen Maxime zu ziehen, daß im Augenblicke, wo die persönliche Sicherheit aufhörte, jedes Band der Verpflichtung gelöst sei".[32]

Fast wortgleich äußert sich in seinem Leviathan-Buch auch Carl Schmitt, dessen Werk, insbesondere sein Beitrag zur politischen Theorie, erst auf dem Hintergrund von Hobbes' Gedankenwelt voll verständlich wird.[33]

Wolfgang Kersting trifft in seiner Hobbes-Einführung eine für uns besonders interessante Unterscheidung. Er differenziert nämlich zwischen einer „weißen" Hobbes-Interpretation, die kontraktualistisch und anti-etatistisch ist und einer „schwarzen" Hobbes-Interpretation, die auf dem Souveränitäts- und Letztinstanzlichkeitsargument beruht.[34] Zur ersteren Richtung, die in der Tradition von John Locke und Immanuel Kant steht, zählt er etwa heute John Rawls und Robert Nozick. Als herausragende Gestalt der „schwarzen" Hobbes-Rezeption benennt Kersting Carl Schmitt, den er für einen Hobbesianer reinsten Wassers hält. Kersting schreibt dazu:

„Die theoretischen Ingredienzien seiner staatsrechtlichen Anschauungen entstammen alle der Hobbesschen Souveränitätstheorie".[35]

Und er geht noch einen Schritt weiter, wenn er konstatiert, dass hinter der Angst der Hobbesianer wie der Schmittianer vor Unregierbarkeit, vor Demokratisierung und der damit verbundenen Erosion des Staatlich-Politischen die Hobbessche Furcht vor dem Rückfall in den Naturzustand eines „Krieges Aller gegen Alle" steht.

1.3 Trennung von Werk und Autor?

Dabei kommt ein Bewertungssystem zum Vorschein, das sich aus dem Verhalten Schmitts in der Zeit des Nationalsozialismus ergibt. Als renommierter Weimarer Staatsrechtslehrer hat Carl Schmitt – zur Bestürzung seiner Freunde – den Nationalsozialismus „freudig" begrüßt, als dieser durch das Ermächtigungsgesetz seine Macht zu entfalten begann. Aber damit nicht genug hat Schmitt auch dem großen Hans Kelsen die Unterstützung versagt, als dieser 1933 von der Universität Köln verjagt wurde. Und später hat Schmitt in der *Deutschen Juristen-Zeitung*, deren Chefredakteur er zu dieser Zeit war, die Erschießung Ernst Röhms und seines Gefolges im Zusammenhang mit dem sog. Röhm-Putsch mit seinem Beitrag *Der Führer schützt das Recht* zu rechtfertigen ge-

---

32 *Tönnies* 1971, S. 22.
33 *Rumpf* 1972, S. 56; dabei ist auch Schmitts eigene politische Lage im Jahre 1938 zu berücksichtigen; er selbst fühlte sich nicht mehr sicher.
34 *Kersting* 1992, S. 12, 187ff.; vgl. *Kersting* 2009, S. 95-122.
35 *Kersting* 1992, S. 190.

sucht. Und auch als er 1936 aufgrund von Angriffen der SS-Zeitschrift *Das Schwarze Korps* bei den Machthabern in Ungnade fiel, hat er immer noch nicht eindeutig mit dem Nationalsozialismus gebrochen. Schmitt hat sich lediglich verdeckt und vorsichtig in seinen Schriften dieser Zeit distanziert. Im Übrigen hat er sich wie viele Andere in die „Sicherheit des Schweigens" zurückgezogen.[36]

> „Carl Schmitt ist unter der Deckung von Thomas Hobbes den historischen Bedingungen und Wirkungen des erzwungenen Schweigens, der wachsenden Gegenwelt des Privaten, nachgegangen.[37]

So finden sich z.B. in seinem Leviathan-Buch versteckte Hinweise, wie das auf einer Fußnote auf Seite 44 zitierte Motto „Die Wissenschaften sind gegenwärtig maskiert".[38]

Das Alles und noch Vieles mehr kann man gegen den Menschen Schmitt einwenden.[39] Aber gilt das auch für sein staatsrechtliches, sein völkerrechtliches oder sein geschichts-philosophisches Werk? Anders herum gefragt: Kann man überhaupt Autor und Werk voneinander trennen, oder bilden sie nicht vielmehr stets eine untrennbare Einheit? Ohne Carl Schmitt etwa zum Vorläufer des stabilitätsorientierten Verfassungsdenkens der Bundesrepublik stilisieren zu wollen,[40] warnt Karl-Heinz Ladeur davor, den Theoretiker des Staates als schlichten politischen Ideologen zu missdeuten:

> „Eine retrospektive Lektüre, die den Zugang zu diesem Autor von vornherein vom Nationalsozialismus her sucht, verstellt sich jeden Zugang zu einer genauen Interpretation durch die Festlegung auf die alle Differenzierungen einebnende moralische Verurteilung".[41]

Hermann Lübbe, ein weit über Deutschland hinaus bekannter konservativer Philosoph, hat vorgeschlagen, sich Carl Schmitt nach der *Paulinischen Regel* zu nähern, d.h. dass Alles zu prüfen und das Gute zu behalten sei.[42] Noch deutlicher wird die belgische Politikwissenschaftlerin Chantal Mouffe in ihrem Buch *Über das Politische* (2007), wenn sie schreibt,

---

36 *Van Laak* 1993; die Ankündigung, sich in die „Sicherheit des Schweigens" zurückzuziehen, hat Schmitt gegenüber Robert Kempner, dem Chefankläger des Nürnberger Tribunals, der ihn verhört hat, geäußert, vgl. *Müller* 2011, S. 64.
37 *Thielke* 2007, S. 13.
38 „Le Sciences sont actuellement masquées"; das Zitat erscheint natürlich in französischer Sprache, damit es nicht jedermann entschlüsseln kann, *Thiele* 2007, S. 97.
39 Vgl. die nüchtern-distanzierte Darstellung bei *Rottleuthner* 1983, S. 253ff.
40 *Mußgnug* 1988, S. 17-35.
41 *Ladeur* 1996, S. 665-686.
42 *Lübbe* 1988, S. 427-440 [430].

„es sollte die intellektuelle Kraft eines Theoretikers und nicht seine moralische Qualität das Entscheidungskriterium sein, ob wir mit seinem Werk in Dialog eintreten müssen oder nicht".[43]

Lässt man die Fülle der Schmitt-Literatur in deutscher Sprache wie in anderen Sprachen Revue passieren, dann drängt sich der Eindruck auf: Genau das, was Lübbe sagt, trifft auf Carl Schmitt zu. Er ist mit seinen Werken auch heute noch fast in der ganzen Welt präsent.[44] Die Zahl der Übersetzungen und der Sekundärliteratur in fast allen Sprachen der Erde ist kaum noch überschaubar.[45] Nicht zufällig hat Bernard Willms in ihm den „letzten Klassiker" gesehen. Ob man Schmitt deshalb auch als Konservativen bezeichnen kann, ist allerdings durchaus fraglich.

2. Was bedeutet es, konservativ zu sein?

Wenden wir uns zunächst der Bedeutungsgeschichte des Wortes „konservativ" zu. Karl Mannheim (1893-1947) unterscheidet zwischen Traditionalismus und Konservatismus, wobei er sich auf Max Weber bezieht.[46] Während Traditionalismus als allgemein menschliche Eigenschaft angesehen werden kann, ist Konservatismus ein spezifisch historisches und modernes Phänomen, konservatives Handeln ist kontinuitätsbezogen und sinnorientiert.[47] Die Traditionalisten halten bedingungslos am Althergebrachten fest und versuchen, die alten Zustände zu restaurieren, wenn sie verloren zu gegen drohen oder aber bereits verloren gegangen sind. Charles-Louis de Montesquieu (1689-1755) gehört zu den Traditionalisten in Frankreich so wie auch Justus Möser (1720-1794) in Deutschland. Eine weitere Unterscheidung ist die zwischen progressivem und konservativem Denken. Während das Sein aus progressiver Sicht nur aus der Zukunftsutopie seinen Sinn erhält, wird die Bedeutsamkeit des Besonderen im konservativen Denken aus der Vergangenheit abgeleitet.

„Der Progressive erlebt die jeweilige Gegenwart als den Anfang der Zukunft, während der Konservative die Gegenwart als die letzte Etappe der Vergangenheit erlebt".[48]

François René Chateaubriand (1768-1848) ist es, der zum ersten Mal dem Wort konservativ seine spezifische Bedeutung verleiht, als er in seiner Zeitschrift, die den Ideen der politisch-kirchlichen Restauration dienen soll, den Titel *Le Conservateur* (1818-1820)

---

43 *Mouffe* 2007, S. 11.
44 Vgl. *Voigt* (Hrsg.) 2007.
45 *Benoist* 2003.
46 *Mannheim* 1984, S. 92f.
47 *Mannheim* 1984, S. 97.
48 *Mannheim* 1984, S. 120f.

gibt. In Deutschland wird das Wort in den 1830er Jahren heimisch, in England wird es hingegen erst 1835 offiziell rezipiert. Eine besondere Schwierigkeit liegt in einer stets trennscharfen Unterscheidung von Konservatismus und Liberalismus. Beide haben im Laufe der letzten 150 Jahre von einander „gelernt", zu einer „völligen Verschmelzung" ist es allerdings nie gekommen.[49] Vielmehr hat sich der moderne Konservatismus im Laufe der Zeit zu einer „kompakten Gegenströmung" gegen das liberal-aufklärerische Denken konstituiert.[50]

2.1 Stammvater des europäischen Konservatismus

Als Stammvater des europäischen Konservatismus und als Ahnherr der konservativen Theorie kann der englische Philosoph und Parlamentarier[51] Edmund Burke (1729-1797) gelten. Seine *Reflections on the Revolution in France*,[52] die am 1. November 1790 in Form eines langen Briefes an einen französischen Freund bei J. Dodsley in London publiziert werden, geben Auskunft über sein konservatives Verständnis von Politik und Staat. Indem er den britischen Konstitutionalismus verteidigt, trennt er sich von den „New Whigs", die als Anhänger der Revolution später zu den Liberalen des 19. Jahrhunderts werden, während zur selben Zeit die „Old Whigs" um Burke mit den Tories zu den Vorläufern der modernen Konservativen verschmelzen.[53]

Spannungsverhältnis zwischen Freiheit und Bindung

Damit sind bereits zwei Gegenpositionen des konservativen Denkens dieser Zeit benannt: die Französische Revolution einerseits[54] und die liberal-individualistischen Vertragslehren der Aufklärung andererseits. Das Spannungsverhältnis zwischen Freiheit und Bindung versucht Burke dadurch aufzuheben, dass der Einzelne und der Staat sich nicht als Gegensatz, sondern als „vorgegebene soziale Einheit" betrachten sollen.[55] Die Französische Revolution stellt nämlich eine symbolische Wendung im historischen Werden dar und genießt deshalb eine Vorzugsstellung in der Entwicklung der politischen Ideen, weil sie zu einer Spaltung der Gedankenwelt führt.[56] Was Burke an diesem Umsturz so entsetzt, ist das Künstliche, Konstruierte, ja Ungeschichtliche. Erinnert sei

---

49 *Mannheim* 1984, S. 74.
50 *Mannheim* 1984, S. 126.
51 Burke saß für die Whigs im Unterhaus, als deren bedeutendster Kopf er galt.
52 *Burke* 1987.
53 *Zimmer* 1997, S. 82-88 [87].
54 Dies gilt besonders für die „Theokraten" de Bonald, de Maistre und Donoso Cortés, die in Revolutionen „satanische Ausgeburten" sahen, vgl. *Maschke* 1988, S. 193-221 [200].
55 *Frank-Planitz* 1987. S. 9-32 [12].
56 *Mannheim* 1984, S. 100.

hier nur an die neue Zeitrechnung, beginnend mit dem Jahr 1 der Französischen Republik (1792) oder symbolisiert durch neue Monatsnamen wie Brumaire,[57] Thermidor[58]
etc. Es werden neue Uhren konstruiert, um die „neue", nach dem metrischen System be-
rechnete Zeit ablesen zu können. Der Staat ist für Burke die „Gemeinschaft der Lebenden, der Verstorbenen und der Kommenden", er ist ein „historisches Wesen". Damit
begründet Burke die organische Staatslehre und wird zum Vorläufer der deutschen Geschichtsphilosophie, die ihren Höhepunkt mit den Werken Hegels erreicht.

> „Unser politisches System steht im richtigen Verhältnis und vollkommenen Ebenmaß mit
> der richtigen Ordnung der Welt [...]. Eben diese glückliche Übereinstimmung unserer
> künstlichen Schöpfung mit dem einfachen Gange der Natur [...] hat uns in der Idee, unsere
> Freiheit als ein Erbrecht zu betrachten, noch verschiedene andere, nicht geringe Vorteile
> finden lassen".[59]

Jenseits der fatalen Alternative Revolution oder Reaktion zeigt Burke einen dritten Weg
auf, die *reformerische Dialektik*. Dabei geht es ihm um Bewahrung durch verbessernde
Veränderung. Burke sagt dazu: Ein Staat, der sich nicht verändert, ist nicht fähig, sich
zu erhalten. Dabei ist das konservative Selbstbild aber von Ehrfurcht vor den Kräften
der Natur und der Geschichte geprägt. Karl Marx beschimpft Burke hingegen als „Sy-
kophant" (Denunziant), der im Sold der englischen Oligarchie stehe.[60]

Natur, Geschichte und Reform

Drei Stichworte charakterisieren dieses konservative Denken: Natur, Geschichte und
Reform. Es ist, als ob man es hier bereits mit einem frühen Verfechter der ökologischen
Nachhaltigkeit zu tun hätte, der mahnend seinen Zeigefinger hebt:

> „Leute, die nie hinter sich auf die Vorfahren blicken, werden auch nie vor sich auf die
> Nachkommen sehen".[61]

Der besondere Respekt vor der Natur und die Erkenntnis, dass die Welt einem ständigen
Wandel unterliegt, so dass sich auch der Staat beständig reformieren muss, sind nicht
ganz neu. Für Burke und die Konservativen seiner Zeit ist aber gerade der Angriff der
Jakobiner auf die Geschichte ein fluchwürdiges Verbrechen. Denn mit dem Verlust der
Geschichte ihres Landes sehen sie ihre eigene kollektive Identität in Gefahr. Aus dem
Weltbild des Konservatismus ist die Geschichte nicht wegzudenken. Es liegt also nahe,
dass auch dem modernen Konservativen die Eindimensionalität heutigen Geschichts-

---

57 Brumaire (von französisch brume=Nebel) ist die Zeit vom 22. Oktober bis 20. November.
58 Thermidor (von französisch thermós=warm) ist die Zeit vom 19. Juli bis zum 17. August.
59 *Burke* 1987, S. 87.
60 *Marx*, Das Kapital, 1. Band, VII. Abschnitt, 24. Kap., 6. Abs., FN 248.
61 *Burke* 1987, S. 85.

bewusstseins Kopfzerbrechen bereitet. Anders als Gretchen ihren Faust nach seinem Verhältnis zur Religion fragt, ist der Konservative von heute daher zu fragen: Sag, wie hältst Du es mit der Geschichte?

2.2 Radikale und gemäßigte Konservative

Die deutsche und die europäische Geschichte enthalten allerdings ein buntes Kaleidoskop der unterschiedlichsten Formen von Konservatismus. Nicht erst im Zeitalter der Mediengesellschaft dient die reale Geschichte als „Steinbruch" zur Entnahme von Versatzstücken zur Begründung einer virtuellen Geschichte, die den Herrschenden bzw. anderen interessierten Kreisen als nützlich erscheint. Nietzsche hat diesen Vorgang in seinen Unzeitgemäßen Betrachtungen so beschrieben:

> „[…], daß die Kenntnis der Vergangenheit zu allen Zeiten nur im Dienste der Zukunft und der Gegenwart begehrt ist, nicht zur Schwächung der Gegenwart, nicht zur Entwurzelung einer lebenskräftigen Zukunft: das alles ist einfach, wie die Wahrheit einfach ist […]".[62]

Vom 18. zum 19. Jahrhundert

Diesen Zusammenhang hat übrigens bereits Hobbes erkannt. Wagen wir also zunächst den – zugegebenermaßen schwierigen – Schritt vom 18. zum 19. Jahrhundert. Hier stoßen wir sogleich auf Radikal-Konservative wie Juan Maria Donoso Cortés, Louis Jacques Maurice de Bonald oder Joseph Marie de Maistre. Sie vertreten eine katholische Staatsphilosophie der Gegenrevolution. Ihnen stehen freilich gemäßigt Konservative wie Friedrich Julius Stahl (1802-1861) gegenüber. In seinem Buch *Die gegenwärtigen Parteien in Staat und Kirche* (1863) hat Stahl das Verhältnis von Staat und Freiheit auf eine für ihn typische Weise definiert:

> „Eben diese inhaltvolle Freiheit ist auch das Ziel auf politischem Gebiete. Sie darf den Menschen nicht lösen von der Naturmacht des Staates und der sittlichen Substanz und der geschichtlichen Tradition des Staates, um den Staat auf seinen Willen zu gründen".[63]

Carl Schmitt, dessen akademische Wurzeln bis ins Kaiserreich reichen – er hat 1910 in Straßburg promoviert –, verabscheut Stahl, hat aber eine besondere Vorliebe für Donoso Cortés, über den er ein viel beachtetes Buch geschrieben hat.[64] Schmitt schreibt dazu:

> „Denn was die gegenrevolutionäre Staatsphilosophie auszeichnet, ist das Bewusstsein, dass die Zeit eine Entscheidung verlangt, […].[65]

---

62 *Nietzsche* 1955, S. 126.
63 *Stahl* 1863, S. 5ff. [10].
64 *Schmitt* 1950a; vgl. *Hernández-Arias* 1998; *Maschke* 2009, S. 185-201.

Donoso Cortés, der ebenso sehr ein Verfechter der Einheit von Staat und Kirche wie ein wortgewaltiger Gegner von Liberalismus und Sozialismus ist,[66] bringt seine Überzeugung in einer Rede des Jahres 1849 zum Ausdruck, die auch Carl Schmitt beeindruckt hat. Mit den folgenden Worten rechtfertigt er nämlich die Verhängung des Ausnahmezustands:

> „Wenn die Legalität genügt, die Gesellschaft zu retten, dann die Legalität; wenn sie nicht genügt, bleibt nur die Diktatur!"

Diese Frage nach Natur und Rechtfertigung des Ausnahmezustands hat Carl Schmitt Zeit seines Lebens umgetrieben.[67] Zwar ist die Frage nach dem Ausnahmezustand auch in einem demokratischen Staat keineswegs vom Tisch, wie der italienische Philosoph Giorgio Agamben in seinen Büchern vom „Homo sacer" immer wieder deutlich macht.[68] Agamben diskutiert – in Anlehnung an Schmitt – vor allem die Frage, ob sich der Ausnahmezustand in der Verfassung regeln lässt, oder ob er außerhalb der Verfassung steht. Eine radikal-konservative Richtung, die hinter die Ergebnisse der Französischen Revolution zurückgehen will, ist freilich überholt. „Liberté – Égalité – Fraternité" sind die Errungenschaften, die auch für jeden modernen Konservativen gelten müssen. Auch Agambens radikale Kritik an der real existierenden Demokratie ist zumindest teilweise überzogen. Zukunftsfähig ist heute nur noch ein Konservatismus, der staatliches Gewaltmonopol und Gewaltenteilung, Volkssouveränität und Demokratie, Rechts- und Sozialstaat sowie die Trennung von Staat und Kirche auf seine Fahnen geschrieben hat.

2.3 Genese des Konservatismus

In Deutschland formiert sich im 20. Jahrhundert in Lebensphilosophie, Neuromantik und Jugendbewegung eine konservative Erneuerungsbewegung. Besonders wirkungsvoll – und weit über die deutsche Philosophie hinausgreifend – prangert Friedrich Nietzsche Ende des 19. Jahrhunderts die Dekadenz des bürgerlichen Materialismus an.[69] Auf ihn bezieht sich ein großer Teil der neueren französischen Philosophie. Große geistige Wirkung entfalteten darüber hinaus Bücher wie Oswald Spenglers *Untergang des Abendlandes* (1918/1922), der später Francis Fukuyamas *The End of History and the*

---

65 *Schmitt* Donoso Cortés, S. 20.
66 *Donoso Cortés* 2007.
67 Vgl. *Voigt* (Hrsg.) 2013; siehe Kapitel „Ausnahmezustand" in diesem Band.
68 *Agamben* 2002; *Agamben* 2004.
69 *Nietzsche* 1955.

Last Man (1992) und Samuel Huntingtons *Clash of Civilizations* (1996) inspiriert hat, oder Autoren wie Ernst Jünger, dessen stählernde Kriegsromantik *In Stahlgewittern* (1920) vor allem die Franzosen angezogen hat.[70] Politisch bleibt der Einfluss dieser Strömung allerdings weitgehend bedeutungslos. Weder gelingt es ihr, Hitler zu verhindern, noch – wie Alfred Hugenberg (1865-1951) es formuliert hat – Hitler durch Eintritt in die Regierung zu „zähmen". Es ist dennoch kein Zufall, dass sich Hitlers Säuberungen vom 30. Juli 1934 vor allem gegen die alt- und neukonservativen Führungsgruppen in Armee, Beamtenschaft und Kirchen richteten. Und ebenso ist es kein Zufall, dass auch der deutsche Widerstand gegen Hitler eine starke konservative Komponente hat.

In der Nachkriegszeit ist der Konservatismus aber zunächst durch die tatsächliche oder vermeintliche Mitverantwortung am Nationalsozialismus diskreditiert.[71] Er leidet besonders darunter, dass die traditionelle Kontinuität des historischen Lebens zerstört ist, aus der er seine „geistige und seelische Nahrung" hätte schöpfen können.[72] Nicht zuletzt aus diesem Grund bleibt der Konservatismus bis in die 1960er Jahre politisch chancenlos, obgleich die alte Bundesrepublik ihre offensichtliche geistig-kulturelle Identitätsschwäche durch die Konzentration auf Sozialstaatlichkeit und Konsumgesellschaft zu kompensieren versucht. Konservative Politiker suchen ihre neue politische Heimat vor allem in den Unionsparteien, aber auch in der FDP und vor allem in der DP,[73] solange diese Partei noch existiert. Rechte Splittergruppen nehmen – weitgehend zu Unrecht – das Etikett „konservativ" zu sein, für sich in Anspruch. Erst die durch die Studentenbewegung ausgelöste Kulturrevolution der 1968er Jahre wirkt – verstärkt durch die ökonomische Krise – als Katalysator für Fragestellungen jenseits der bis dahin üblichen Schemata. Es bleibt aber der Wissenschaft überlassen, Antworten auf diese Fragen zu finden. So steht etwa bei Wilhelm Hennis und Peter Graf Kielmansegg die Problematik der Regierbarkeit wohlfahrtsstaatlicher Demokratien im Vordergrund.[74] Den Mainstream der Politikwissenschaft oder gar die praktische Politik können sie damit freilich nicht in eine andere Bahn lenken. Die später durch Thomas Ellwein und Hans-Hermann Hartwich neu begründete Regierungslehre und ganz besonders die Policy-Forschung gehen ganz andere Wege.[75]

Eine historische Zäsur von besonderer Bedeutung ist der Zusammenbruch des Ostblocks und die Wiedervereinigung Deutschlands. Nichts ist mehr so wie bisher, die Gewichte in Europa haben sich verändert, den Deutschen ist in dieser veränderten

---

70 *Jünger* 1920; vgl. *Voigt* 2014b, S. 45-63.
71 *Hornung* 1983, S. 259–265 [263].
72 *Mannheim* 1984, S. 125.
73 Deutsche Partei.
74 *Hennis/Kielmansegg/Matz* 1977; *Hennis/Kielmansegg/Matz* 1979.
75 Vgl. *Hartwich/Wewer* (Hrsg.) 1990ff.

Landschaft eine neue Rolle zugedacht. Bei der Bewältigung dieser Herausforderung knüpfen konservative Positionen einerseits an die großen Ahnherren des Konservatismus wie Edmund Burke, andererseits aber auch – häufig vermittelt durch die französische Philosophie – an Nietzsches Dekadenzvorstellung an.[76] Dabei verteidigen sie einerseits die Errungenschaften der großen bürgerlichen Revolutionen, wie Rechtsstaat, Gewaltenteilung und Parteienpluralismus. Andererseits verstehen sie sich als kritisches Korrektiv gegenüber den pluralistischen, anspruchsgesellschaftlichen und bürokratischen Selbstgefährdungen.[77] In ihrer Fundamentalkritik an ökonomischem (Neo-) Liberalismus, formaler Demokratie und westlicher Dekadenz ähneln manche der deutschen Konservativen bestimmten französischen Philosophen, wie etwa Alain Badiou oder Jacques Rancière, die freilich von einem ganz anderen Ausgangspunkt aus denken.[78] Hier spielt Carl Schmitt als Ideengeber eine herausgehobene Rolle.[79]

2.4 Berührungspunkte

Der naive Fortschrittsglaube, der die Geschichte als positive Entwicklung deutet und noch das 19. und Teile des 20. Jahrhunderts geprägt hat, ist längst aus der Mode gekommen. Heute fragen gerade Konservative nach dem „Preis" und den Folgen von Fortschritt. Weniger Berührungspunkte haben die Konservativen hingegen zu einem kosmopolitisch inspirierten Progressismus, denn sie sind prinzipiell skeptisch gegenüber einem Umbau der Welt, der die angeblich egoistische Souveränität der Nationalstaaten durch einen vorgeblich menschenfreundlichen modischen Kosmopolitismus zu ersetzen verspricht.[80] Und gespannt ist auch ihr Verhältnis zu den Liberalen, deren Marktenthusiasmus sie nicht zu teilen vermögen.

Eindeutige Definitionen sind allerdings schwierig, weil der Konservatismus seine Gestalt – u.U. sogar nachhaltig – verändert, je nachdem, welcher definitorische Gegner ihm gerade gegenübersteht.[81] Der Akzent liegt vielmehr auf geistigen und materiellen Interessen, die durch den modernen Prozess der Rationalisierung Schaden genommen haben. Konservatives Denken richtet sich zwar nicht gegen die Prinzipien der modernrationalen Weltauffassung schlechthin, wohl aber gegen den Anspruch der subjektiven Vernunft auf das Monopol als Daseinsprinzip und als politisches Gestaltungsprinzip. Es versteht sich vielmehr als dessen notwendiges, dialektisches Korrektiv.[82] Der Konserva-

---

76 *Hornung* 1983, S. 259-265 [264].
77 Vgl. *Forsthoff* 1971.
78 *Hirsch* 2007, S. 83-111.
79 Vgl. *Hirsch/Voigt* (Hrsg.) 2009.
80 Vgl. *Beck/Grande* 2004.
81 *Greiffenhagen* 1987, S. 333-338 [335].
82 *Hornung* 1983, S. 259-265 [260].

tive konstruiert das historische Leben nicht von Klassen oder Schichten aus, sondern von „organischen Kollektivverbänden", deren Urbild die Familie ist.[83] Konservative Positionen stehen heute – soweit sie in der Politik überhaupt noch präsent sind – auf dem Boden der klassischen, konditionell-gewaltenteilenden Lehre von der Politik und vom Staat.

Sinnorientiertes Handeln

Ganz allgemein kann man Konservatismus als ein Weltbild verstehen, in dessen Zentrum die politischen Ideen nach der Französischen Revolution stehen. Weltbilder beruhen auf Hintergrundüberzeugungen, die sich wiederum aus intuitivem Wissen speisen. Sie dienen dazu, die Komplexität der empirisch zu erfassenden Umwelt aus Fakten, Aktionen und Phänomenen soweit zu reduzieren, dass der Mensch mit ihnen umgehen kann, ohne ständig mental überfordert zu sein. Aus einem in sich stimmigen Ganzen heraus werden dann die Einzelereignisse auf eine bestimmte Weise interpretiert. Konservatives Denken über den Menschen und die Gesellschaft ist ein ungemein vielschichtiges Phänomen, das oft mehr von essayistischer Diskontinuität als von Systematik und – noch mehr als andere geistig-politische Bewegungen – von der jeweiligen geschichtlichen Situation geprägt ist. Vor allem in Krisenzeiten ist es eine Möglichkeit philosophisch-politischer Betrachtungsweise und ethisch-politischen Engagements.[84] Konservatives Handeln ist sinnorientiertes Handeln und zwar orientiert an einem Sinnzusammenhang, der von Epoche zu Epoche, von einer historischen Phase zur anderen, verschiedene objektive Gehalte enthält und sich dauernd wandelt. Es ist dies die prinzipielle Erinnerung an die Voraussetzungen gesellschaftlich-politischer Ordnung[85] und „geistige Grundlage der dauernden institutionellen Voraussetzungen menschlicher Existenz".[86]

2.5 Konservatives Denken

Karl Mannheim differenziert in seinem Buch *Konservatismus* zwischen drei Herangehensweisen, der philosophischen, der ideengeschichtlichen und der soziologischen. Nur die Wissenssoziologie, so schreibt er, bezieht allerdings den historisch-sozialen Gesamtprozess mit ein, der „als historische Ursprungsstätte hinter den einzelnen theoreti-

---

83 *Mannheim* 1984, S. 123; umso härter trifft es die Konservativen, dass die Familie von der Regierung nicht mehr ausreichend geschützt wird und andere Lebensgemeinschaften in den Vordergrund rücken.
84 *Hornung* 1983, S. 260.
85 Vgl. *Anter* 2007; *Anter* 2009, S. 167-184.
86 *Huntington* 1996.

schen Gebilden steht".[87] Es liegt auf der Hand, dass diese drei Ansätze u.U. zu ganz unterschiedlichen Ergebnissen führen können. Für eine Untersuchung des Konservatismus bietet sich der Mannheimsche Ausgangspunkt der Wissenssoziologie besonders an, da gerade der deutsche Konservatismus seine Gestalt im Lauf der Geschichte mehrmals signifikant geändert hat. Ursache hierfür sind grundlegende Strukturveränderungen im geistigen und sozialen Geschehen, nicht zuletzt gravierende politische Umbrüche (Zäsuren), die besonders Deutschland betroffen haben.

Konservatives Denken beruht auf bestimmten, vor allem an geschichtlicher Erfahrung orientierten anthropologischen Grundeinsichten.

(1) *Institutionen*: Dazu gehört die Einsicht in die kreatürliche Schwäche und „Verfallsbereitschaft" der menschlichen Natur und daher ihrer Angewiesenheit auf die großen Institutionen wie Staat, Recht, Familie, Religion usw. Hier finden sich übrigens Anknüpfungspunkte zu dem negativen Anthropologismus bei Hobbes und Schmitt,[88] aber auch bei Burke.[89]

(2) *Ordnung*: Das kulminiert in der Erkenntnis, dass alle soziale und politische Ordnung institutioneller wie normativ-sittlicher Voraussetzungen bedarf, da es stets sowohl um die Sicherung der Freiheit vor dem Missbrauch der Macht als auch um die Abwehr des Missbrauchs der Freiheit durch sich selbst geht. Freiheit ist also kein Selbstzweck, nicht die „Freiheit von", sondern die „Freiheit für" steht im Vordergrund.

(3) *Freiheitsgrenzen*: Um es mit den Worten von Thomas Hobbes in *De Cive* zusagen: „Wer sich unter Freiheit die Möglichkeit vorstellt, handeln zu können, wie es ihm gefällt, übersieht die Tatsache, daß keine *civitas* ohne Souveränität auskommt und ohne ein sich daraus ergebendes Recht, Zwang auszuüben und die Freiheit ihrer Untertanen dadurch zu begrenzen".[90]

3. Die Rolle des Staates

Die wichtigste Institution im Denken der Konservativen ist der Staat. Staaten sind das Ergebnis langfristiger kultureller Evolution, aus konservativer Perspektive können sie als Institutionen daher nicht einfach von Individuen zur Disposition gestellt werden. Der Staat ist aus konservativer Sicht mehr als die Summe der politischen Interessen. Er ist gerade nicht identisch mit der Regierung, wie der amerikanische Sprachgebrauch von

---

87 *Mannheim* 1984, S. 48.
88 Vgl. *Voigt* 2014, S. 119ff.
89 *Zimmer* 1997, S. 85.
90 *Hobbes* 1994 (Hervorgebung im Original).

„government" suggeriert, der auch von manchen deutschen Politikwissenschaftlern aufgenommen worden ist. Nicht zufällig hat jede Bundesregierung in der Zeit der deutschen Teilung darauf bestanden, dass die Bundesrepublik Deutschland Nachfolger des Deutschen Reiches ist. Das Bundesverfassungsgericht hat in seinem Urteil zum Grundlagenvertrag von 1972 unmissverständlich festgestellt, dass beide zumindest teilidentisch sind.[91]

3.1 Maschine oder „geronnene Vernunft"?

Der Staat ist keinesfalls eine Maschine, die man zerlegen und mit ausreichenden technischen Kenntnissen wieder zusammenbauen könnte. Diese Maschinenmetapher ist in Hobbes' *Leviathan* durchaus angelegt, wie Carl Schmitt herausgearbeitet hat.[92] Nach Schmitt ist der Hobbessche Staat ein technisch-neutraler Apparat, dessen sich die verschiedenartigsten Mächte bedienen können.[93] Damit wird einerseits die Verbindung zu Niccolò Machiavelli hergestellt, anderseits können daran später so unterschiedliche Denker wie Carl Schmitt mit seinem Dezisionismus einerseits und Antonio Gramsci bei der Entwicklung seines Hegemonie-Konzepts andererseits anknüpfen. Walter Benjamin, der sich zustimmend auf Carl Schmitts Souveränitätslehre bezogen hat, verkörpert eine „linke" materialistische Geschichtstheologie, die interessante Parallelen mit Schmitts Leviathan-Buch von 1938 aufweist.[94] Hier zeigt sich eine deutliche Bruchlinie zu dem Konservatismus Burkescher Provenienz. Für Edmund Burke ist der Staat „geronnene Vernunft" von Generationen von Menschen, die bestrebt waren, eine gute Ordnung zu gestalten.[95] Staatskunst ist tatsächlich eine Kunst, sie ist praktische Klugheit im Sinne von Aristoteles. Aus dieser Perspektive ist die Verabsolutierung universaler Rechte abzulehnen, weil Rechte nicht den Menschen als Menschen verfügbar sind, sondern immer nur den Bürgern eines konkreten Staates.

Will der Staat wirkliche Gefolgschaft verlangen, z.B. die Steuerzahler mit Schulden in Milliardenhöhe belasten, dann darf er nicht jenes graue pseudo-rationalistische Gebilde sein, das wir beispielsweise in der Weimarer Republik vorfinden. Carl Schmitt hat auf die Folgen der Ökonomisierung des kulturellen, gesellschaftlichen und politischen Lebens bereits in seiner Schrift *Römischer Katholizismus und politische Form* (1923) hingewiesen:

---

91 BVerfGE 36, 1; siehe Kapitel „Staatsräson" in diesem Band.
92 Vgl. *Schmitt* Mechanismus, S. 139-149; *Weiß* 1980; *Nitschke* 2009, S. 123-141.
93 *Schmitt* Leviathan, S. 63.
94 *Ladeur* 1996, S. 677.
95 Vgl. *Anter* 2009, S. 167-184.

„Man kann beobachten, wie mit der Ausbreitung des ökonomischen Denkens auch das Verständnis für jede Art Repräsentation schwindet".[96]

Der Staat muss nicht nur zu den Köpfen, sondern auch zu den Herzen der Menschen sprechen. Nur so ist ein Gemeinwesen über das Niveau der bloßen Legalität hinaus über eine nationale politische Kultur der Symbole und Zeichen legitimiert und kann den Menschen auch in schwierigen Zeiten Orientierung geben.

3.2 Konservative Positionen

Welche Position der Konservatismus heute hat oder haben könnte und welche Impulse sich daraus für die Zukunft ergeben können, soll nun an einigen wichtigen Stichworten gezeigt werden. Diese Stichworte sind: Souveränität, Nationalstaat, Gemeinwohl, Geschichte, Repräsentation, Neutralität und Wertorientierung.

1. *Souveränität*: Hobbes hat bereits darauf hingewiesen, dass staatliche Souveränität unteilbar ist. Diese Sicht hat Hermann Heller in der Weimarer Republik stets betont.[97] Bis zur deutschen Wiedervereinigung schien die Souveränitätsfrage allerdings zugunsten einer möglichst vollständigen Integration in ein „bundesstaatliches" Europa gegenstandslos geworden zu sein. Dass diese Frage aber keineswegs endgültig von der politischen Tagesordnung verschwunden ist, zeigen die Verfahren vor dem Bundesverfassungsgericht, in denen es darum geht, ob das EU-Vertragswerk auf Dauer die deutsche Souveränität aushöhlt.

2. *Nationalstaat*: Die Verbindung von Territorialstaat und Nationalbewusstsein hat sich bislang zumindest in Europa als (relativ) dauerhaftes Erfolgsmodell erwiesen. Der Nationalstaat hat die Integration unterschiedlichster Gruppen der autochthonen wie der zugewanderten Bevölkerung in Staat und Gesellschaft ermöglicht.[98] Der heute vielfach propagierte Kosmopolitismus hat seine Bewährungsprobe hingegen (noch) nicht bestanden. „Nation" ist freilich keineswegs eine ausschließlich ethnische Kategorie, es geht also nicht nur um ein „Vaterland der Geburt". Vielmehr ist Nation eher im Sinne Ciceros als „Vaterland des Rechts" zu verstehen.

3. *Gemeinwohl*: Die globale Krise der Finanz- und Wirtschaftsordnung hat gezeigt, dass der Markt nicht sich selbst überlassen werden darf. Es gibt eben gerade keine „invisible hand" (Adam Smith), die dafür sorgt, dass alles gut wird, wenn nur Alle ihren privaten Vorteil suchen. Ernst Fraenkel hat gemeint, dass sich das Gemein-

---

96 *Schmitt* Katholizismus, S. 43.
97 *Heller* 1992, S. 169f.
98 *Salzborn* (Hrsg.) 2011.

wohl aus dem Parallelogramm der gesellschaftlichen Kräfte ergeben würde.[99] Tatsächlich resultiert daraus eher ein immer während er Kampf um Macht, Einfluss und Geld. Der Kampf um eine „gerechte" Ordnung ist daher auf nationaler, europäischer und globaler Ebene erst noch zu führen.

4. *Geschichte*: Burkes Vorstellung, dass der Staat die „Gemeinschaft der Lebenden, der Verstorbenen und der Kommenden" ist, erscheint erstaunlich aktuell. Jeder Mensch möchte wissen, wo seine Wurzeln liegen, um seinen Platz in der Gesellschaft definieren zu können. Geschichte lässt sich nicht restaurieren, aber z.B. als Leitbild für das eigene Handeln verstehen. Dazu bedarf es allerdings eines umfassenderen Geschichtsbildes, das sich nicht auf wenige Jahrzehnte beschränken darf. Auch die kommenden Generationen müssen – wie dies bereits Burke gefordert hat – bei allen politischen Entscheidungen „zu Wort kommen", in denen es um die Zukunft geht: Umwelt, Infrastruktur, Staatsschulden etc.

5. *Repräsentation*: Die Bedeutung staatlicher Repräsentation und ihrer Symbole für den Zusammenhalt einer Gesellschaft sollte nicht unterschätzt werden. Dazu gehört, dass der Bundespräsident den Niederungen der Tagespolitik entzogen wird. Seine Mahnungen sollen den politisch Verantwortlichen wie den Bürgerinnen und Bürgern Anregungen geben, sie ggf. aufrütteln oder sogar zur Änderung eines unbedachten Verhaltens führen. Dabei geht es nicht zuletzt darum, auch in schwierigen Zeiten einen Stabilitätsanker zu besitzen, der notfalls die Wogen glätten kann.

6. *Neutralität*: Die etablierten politischen Parteien neigen dazu, ihre durch Art. 21 Grundgesetz gewährten Privilegien immer weiter auszudehnen. Die „Mitwirkung bei der politischen Willensbildung des Volkes" heißt aber nicht, sich selbst an die Stelle des Volkes zu setzen. Nicht jede Besetzung einer hervorgehobenen Position gehört zum Hausgut der Parteien. Gerade die Rundfunkräte der öffentlich-rechtlichen Fernsehanstalten sollten ein gesellschaftliches Gegengewicht gegen Parteien und Staat bilden. Es steht einem Rechtsstaat gut an, wenn Richterstellen, Beamtenpositionen und Programmdirektorposten nicht nach Parteienproporz besetzt werden. Dabei sollte nicht vergessen werden, dass gewählte Politiker lediglich Treuhänder des Volkes sind.

7. *Werte*: Mit einem Wertenihilismus kann ein Gemeinwesen auf Dauer nicht bestehen. Wellness, Konsumfreude und Spaßgesellschaft sind kein Ersatz für eine Wertorientierung. In stürmischen Zeiten braucht eine Gesellschaft gewisse Orientierungsmarken, an denen sich die Menschen entlang hangeln können. Dabei geht es um letzte Werte wie Treue, Liebe und Verantwortung. Es darf dabei jedoch nicht zu

---

99 Vgl. *Fraenkel* 1967, S. 37-62; *van Ooyen/Möllers* (Hrsg.) 2009.

einer „Tyrannei der Werte" kommen,[100] indem Werte absolut gesetzt werden und ihre Durchsetzung unter allen Umständen und mit allen Mitteln erzwungen wird. „Jeder Wert hat […] die Tendenz, sich zum alleinigen Tyrannen des ganzen menschlichen Ethos aufzuwerfen, und zwar auf Kosten anderer Werte, […]".[101] Im militanten Fundamentalismus, gleich welcher Prägung, zeigt sich aber genau diese Tendenz. Diesen Fundamentalismus kann man nicht mit einer als Toleranz oder Neutralität getarnten Gleichgültigkeit und nicht mit Beliebigkeit bekämpfen. „Niemand kann werten ohne abzuwerten, aufzuwerten und zu verwerten".[102]

100 Vgl. *Schmitt* Werte.
101 *Hartmann* 1962, S. 524ff.
102 *Schmitt* Werte, S. 46.

Johannes Bodinus

Zur Bodin-Rezeption Carl Schmitts

> „*Jean Bodin* und *Thomas Hobbes*. Diese beiden Namen aus dem Zeitalter der konfessionellen Bürgerkriege sind für mich zu Namen von lebendigen und gegenwärtigen Menschen geworden, mit denen ich über die Jahrhunderte hinweg in eine Familie hineingewachsen bin".[103]

Carl Schmitt ist Zeit seines Lebens ein großer Bewunderer des französischen Philosophen Jean Bodin, den er stets in der latinisierten Form Johannes Bodinus (Andegavensis) nennt. Bodin ist – wie Schmitt – Jurist und hat als Vertreter des dritten Standes an der Ständeversammlung von Blois im Jahre 1576 teilgenommen. Schmitt sieht Bodin – ebenso wie Thomas Hobbes – quasi als virtuelles Familienmitglied an. Zu dieser Familie gehört als dritter „Geistesverwandter" Schmitts Niccolò Machiavelli. Mit Machiavelli und besonders mit Hobbes hat Schmitt sich sehr intensiv beschäftigt.[104] Zwar hat er sich häufig auf Bodins Souveränitätskonzept bezogen – so etwa in der *Politischen Theologie* (1922) und im Diktatur-Buch von 1921 –, er hat sich aber nur vereinzelt und kaum systematisch mit dessen theoretischem Zugriff auseinandergesetzt, den er vielmehr als gegeben vorauszusetzen scheint. Das ist im Grunde erstaunlich, weil ihm schon im Jahre 1919 bei seiner Vorlesung in der Handelshochschule München bewusst ist, dass der staatsrechtliche Begriff der „Souveränität" eigentlich ein „polemischer Begriff" ist.[105] Er ist nämlich gegen zwei Seiten gerichtet: sowohl gegen die ständischen als auch gegen die kirchlichen Rechte. Schmitts partielles Schweigen lässt sich wohl am besten damit erklären, dass er Thomas Hobbes und nicht Jean Bodin als den genialen Erfinder der politisch-praktischen Lehre des modernen Staates ansieht.[106] Über Bodin schreibt Schmitt hingegen, dass dieser niemals genial, dafür aber mit französisch-legistischer Präzision und Eleganz argumentiert und formuliert habe. Bodins bedeutendes Verdienst sieht er in dessen Rolle als „Vater des modernen Staatsrechts",[107] dessen praktisches Wissen, gerade auch auf theologischem, geschichtlichem und ökonomischen Gebiet, er für ganz erstaulich hält.

> „Der Ruhm der ersten spezifisch juristischen, staatsrechtlichen Gestaltung aber gebührt dem französischen Juristen Bodin".[108]

103 *Schmitt* Nomos, S. 63f. (Hervorhebungen im Original),
104 *Voigt* (Hrsg.) 2009.
105 *Schmitt* Bodin, S. 476-485 [480]; unter Bezugnahme auf Gierke.
106 Hobbes lässt sich zudem als Bindeglied („missing link") zwischen Bodin und Schmitt verstehen, vgl. *Faber* 1999, S, 70-90 [76f.].
107 Siehe hierzu auch: *Schmitt* PTh, S. 17.
108 *Schmitt* Legisten, S. 184-217 [200].

„Weder Hobbes noch Chemnitius, noch Pufendorff, noch Hegel sind in ihrer politischen Theorie und ihrer praktischen Wirkung ohne den staatsrechtlichen Souveränitätsbegriff denkbar".[109]

Im Folgenden geht es um die Bodin-Rezeption Carl Schmitts, der bislang wenig Aufmerksamkeit geschenkt worden ist, sicher auch deshalb, weil Jean Bodin stets „im Schatten" des großen Thomas Hobbes zu stehen schien, mit dem sich Schmitt nur allzu gern verglichen hat. An vielen Stellen taucht in Schmitts Schriften Bodin jedoch als (einzige) Referenz für den Souveränitätsbegriff auf, und gelegentlich hat sich Carl Schmitt auch intensiver damit beschäftigt, in welchen geistigen Zusammenhang Bodin gehört. Zunächst steht das Souveränitätskonzept Bodins, so wie es Schmitt interpretiert hat, im Vordergrund. Bereits in einer seiner ersten Vorlesungen – noch an der Handelshochschule in München – hat Carl Schmitt die Merkmale der Souveränität herausgearbeitet. Aus diesem Konzept folgt, dass die Souveränität bzw. der Staat eins und unteilbar sind, wie es traditionell die französische Verfassung („une et indivisible") formuliert. Schmitt zeigt sich bei dieser Einschätzung – wiederum unter Bezugnahme auf Bodin – als Dezisionist, weil es ihm bei der Souveränität in erster Linie um das Recht zur Letztentscheidung geht. Ein weiterer wesentlicher Aspekt des Bodinschen Souveränitätskonzepts sind Neutralität und Toleranz des Souveräns. Bodin kann seine Vermittlerrolle zwischen Katholiken und Hugenotten nur auf der Grundlage eines neutralen und toleranten Monotheismus so erfolgreich spielen. Carl Schmitt weist jedoch stets darauf hin, dass Bodin auf der Denkleistung seiner Vorgänger, der französischen Legisten im 14. und 15. Jahrhundert,[110] aufbauen konnte.

Für Schmitts Verhältnis zu Bodin ist besonders wichtig, dass Bodin zu Carl Schmitts „virtueller Familie" gehört, deren weitere „Mitglieder" Niccolò Machiavelli und Thomas Hobbes sind. Alle Drei – und wenn man so will, alle Vier, einschließlich Schmitts, – sind durch ihre Bürgerkriegserfahrungen geprägt.[111] Das gilt besonders natürlich auch für Bodin, der nur knapp einem Mordanschlag in der berühmt-berüchtigten Bartholomäusnacht entkommen ist. In diesem Zusammenhang ist auch der Hinweis Schmitts auf Astrologie, Magie und Okkultismus interessant, der bei Bodin[112] – wie im Übrigen auch bei Hobbes – eine keineswegs unwichtige Rolle spielt. „War Bodin ein Machiavellist?" Diese Frage wird nur gelegentlich gestellt, obgleich seine Zeitgenossen, vor allem natürlich seine Gegner, felsenfest davon überzeugt sind, dass der Machiavelli-Kenner Bodin nicht nur ein Atheist, sondern auch ein Machiavellist ist. Er selbst hätte das sicher anders gesehen. Abschließend wird noch einmal herausgearbeitet, wie ambi-

109 *Schmitt* Legisten, S. 202.
110 Vgl. *Schnur* 1962.
111 Vgl. *Voigt* 2014.
112 *Bodin* 1841.

valent Schmitts Verhältnis zu Bodin ist, den er vor allem als Jurist bewundert. Zugleich weist Carl Schmitt aber auch kritisch darauf hin, dass Bodin nicht der Erfinder des Souveränitätskonzepts ist, das so eng mit seinem Namen verbunden ist. Und schließlich wird ein Bogen zu den heutigen Problemen der Welt mit intoleranten und oft sogar fundamentalistischen Ideologien gespannt. Für die europäische Integration, die dazu führt, dass immer mehr Kernkompetenzen von den Staaten zur Union „wandern", ist explizit auf das Erfordernis der demokratischen Legitimation jeder Form von Herrschaft hinzuweisen.

1. Bodins Souveränitätskonzept

Carl Schmitt stützt sich bei seinem Souveränitätskonzept in der Tat auf Bodin, ohne dessen Theorie allerdings – wie er das sonst so gern zu tun pflegt – einer messerscharfen Kritik zu unterziehen. Für ihn ist die Aussage „Souveränität ist die von keiner anderen irdischen Macht abgeleitete, weder durch Zeit noch Auftrag beschränkte, auch den Gesetzen nicht unterworfene höchste Macht"[113] eine Art Glaubensbekenntnis. Und weiter führt er aus:

> „[...] weshalb der Staat als solcher erst dadurch zu einer Einheit und einem Ganzen wird, daß eine souveräne Macht besteht; die Souveränität gibt dem Staat einen Halt und fügt ihn aus seinen verschiedenen Bestandteilen zusammen, wie die Seele den Körper, oder, wie er mit einem anderen Bild sagt, wie der Kiel das Schiff".

Als Merkmale der Souveränität arbeitet Schmitt in seiner Vorlesung des Jahres 1919 heraus:

(1) Entscheidung über Krieg und Frieden,
(2) Selbständiges, d.h. an die Zustimmung keines Anderen gebundenes Gesetzgebungswerk,
(3) Ernennung der höchsten Beamten, letzte Instanz in Gerichtssachen und Begnadigungsrecht, Münz- und Besteuerungsrecht,
(4) Schließlich das Recht auf Treue und Gehorsam.

Schmitt weist allerdings in richtiger Einschätzung der Lage darauf hin, dass „eine Jurisprudenz, die sich an den Fragen des täglichen Lebens und der laufenden Geschäfte orientiert", praktisch „kein Interesse an dem Begriff der Souveränität" habe[114] und zeigt dabei bereits im Jahre 1922 seinen Weitblick, denn fast hundert Jahre später ist das Interesse zumindest der deutschen Juristen an der Souveränität – immer noch oder ange-

---

113 *Schmitt* Bodin, S. 481.
114 *Schmitt* PTh. S. 18.

sichts der „Gesetzmäßigkeiten" der europäischen Integration erst recht – ausgesprochen schwach ausgeprägt. Zu der Begriffsgeschichte der Souveränität führt Schmitt an gleicher Stelle aus:

> „Man pflegt seine Geschichte mit Bodin beginnen zu lassen, aber man kann nicht sagen, daß er seit dem 16. Jahrhundert eine logische Entwicklung oder Fortbildung erfahren hätte. Die Etappen seiner Dogmengeschichte sind bezeichnet durch verschiedene politische Machtkämpfe, nicht durch eine dialektische Steigerung aus der Immanenz seiner Begrifflichkeit".[115]

2. Die unteilbare Souveränität

Aus dem Verlauf des fast hundertjährigen blutigen Bürgerkrieges zwischen Katholiken und Hugenotten in Frankreich hat Bodin die Schlussfolgerung gezogen, dass es eine höchste Staatsgewalt geben müsse, die oberhalb (und damit auch außerhalb) der streitenden Parteien stehen müsse. Diese besondere Position soll nach Bodins Vorstellungen der König inne haben, der von keiner Macht auf Erden mehr abhängig sein könne. Daraus leitet sich der Kernsatz der Souveränitätslehre ab: Souveränität ist absolut, einheitlich und unübertragbar. Entsprechend haben es bereits die ersten Verfassungen Frankreichs nach 1789 formuliert. Aber auch die bislang letzte französische Verfassung, die der Fünften Republik von 1958, legt in den Artikeln 1 und 3 das unumstößlich erscheinende Credo fest:

> „Art. 2: Frankreich ist eine unteilbare, laizistische, demokratische und soziale Republik. Der Ursprung aller Souveränität liegt wesenhaft in der Nation.
> Keine Körperschaft und kein einzelner darf eine Gewalt ausüben, die nicht ausdrücklich von ihr ausgeht."

Der Monarch sollte als Souverän zwar die höchste Instanz für die weltlichen Gesetze sein. Für Bodin bedeutet das freilich nicht, dass dieser etwa außerhalb der göttlichen Ordnung und ihrer Gesetze stehen könne. Der Souverän bleibt vielmehr an das Naturrecht gebunden und in diesem Rahmen auch den Ständen gegenüber verpflichtet. Nur im außerordentlichen Notfall (Staatsnotstand) kann der Souverän die Gesetze nach seiner freien Entscheidung ändern oder sogar aufheben. Dieser Notstand muss freilich nicht als „Ausnahmezustand" förmlich erklärt werden,[116] die darauf beruhenden Kompetenzen ergeben sich vielmehr bereits unmittelbar aus der Souveränität. Daraus schließt Schmitt, dass die wissenschaftliche Leistung und der Grund des Bodinschen Erfolges darin liegen, „daß er die Dezision in den Souveränitätsbegriff hineingetragen

---

115 *Schmitt* PTh, S. 25.
116 Siehe Kapitel „Ausnahmezustand" in diesem Band.

hat".[117] Diese Feststellung ist zwar sehr umstritten, sie ist aber insofern konsequent, als der Dezisionist[118] Schmitt die Souveränität ja gerade am Ausnahmezustand festmacht.[119]

> „In Bodins *Six Livres de la République* ist die Souveränität des Staatsoberhaupts gegenüber dem feudalen, patrimonialen, ständischen und konfessionellen Pluralismus mit einer klassischen Simplizität des Denkstils als Rechtsbegriff entwickelt; die Souveränität wird höchste, den konfessionellen Bürgerkrieg überwindende Dezision; ihre Attribute und Kennzeichen, [...] unter ihnen das höchste Gesetzgebungsrecht, werden in einfachster, dezisionistischer Klarheit und Sicherheit formuliert".[120]

3. Bodins neutraler und toleranter Monotheismus

Für Schmitts Staatsverständnis stehen naturgemäß Bodins *Sechs Bücher über die Republik*[121] im Vordergrund der Betrachtung, daneben darf aber auch das andere große Werk, das *Colloquium heptaplomeres*, nicht vergessen werden.[122] Darin geht es um eine friedliche Diskussion zwischen sieben Weisen verschiedener Religionen, die sich auf die grundsätzliche Gleichberechtigung ihrer Anschauungen einigen und jedem Alleinvertretungsanspruch eine Absage erteilen.[123]

> „Bodin gehörte zu den ,Politikern', den gemäßigten, die für religiöse Toleranz und einen freien weltlichen Staat eintraten. Seinen liberalen, den Streit der Konfessionen verachtenden Rationalismus hat er in seiner berühmten Schrift ,Heptaplomeres' ausgesprochen, einem Gespräch, in dem sich ein Katholik, ein Lutheraner, ein Reformierter, ein Jude, ein Mohammedaner und ein Vertreter des freien natürlichen ,Gottesglaubens' unterhalten".[124]

Schmitt schließt daraus konsequenterweise, dass Bodins Souveränitätsbegriff „von einem neutralen und toleranten Monotheismus abhängig ist".[125] Anders wäre Bodins Vermittlerrolle zwischen Katholiken und Hugenotten auch kaum glaubwürdig gewesen. Diese theologische Basis sei auch die Ursache für die große Wirkung, die das Werk

---

117 *Schmitt* PTh, S. 15.
118 *Löwith* 1960.
119 „Souverän ist, wer über den Ausnahmezustand entscheidet", *Schmitt* PTh, S. 11.
120 *Schmitt* Legisten, S. 200f.
121 *Bodin* 1583.
122 Colloquium heptaplomeres de rerum sublimum arcanis abdites (Siebenergespräch über die verborgenen Geheimnisse der erhabenen Dinge), deutsche Übersetzung: *Bodin* 1841; dieses Buch wird allgemein als Vorläufer von Lessings großem Werk *Nathan der Weise* angesehen.
123 Vgl. *Lausberg* 2008.
124 Diese Passage findet sich in § 5 („Die Idee des Einheitsstaates. Jean Bodin") in Schmitts unvollendeter Geschichte der politischen Lehrmeinungen, die offenbar Bestandteil seiner Vorlesungen war, die er im vierten Quartal des Jahres 1919 als Dozent an der Handelshochschule München gehalten hat, *Hüsmert/Giesler* (Hrsg.) 2005, S. 480.
125 *Schmitt* Rezension, S. 181-182 [182].

Bodins bereits zu seiner Zeit hatte. Das gelte aber nicht nur für die Entideologisierung der Politik, sondern habe – Schmitt zufolge – auch zu einer Entideologisierung der Rechtswissenschaft geführt. In seiner kleinen Schrift (29 Seiten) Die *Formung des französischen Geistes durch den Legisten*[126] hat Schmitt darauf ausdrücklich hingewiesen. Dabei hebt er die Besonderheiten der Figur des französischen Juristen hervor, die durch die für Zuspitzungen besonders geeignete französische Sprache noch begünstigt werde. Schmitt nennt diesen Juristentypus – in Anknüpfung an die Tradition der Rezeption des römischen Rechts – einen Legisten.[127]

> „Die Besonderheit unseres Themas liegt nun gerade darin, daß die französische Nation in einer besonderen, einmaligen und unvergleichbaren Weise von einem bestimmten Typus des Juristen geprägt worden ist [...]. Nationalcharakter und juristischer Typus [...] haben sich in einer tausendjährigen Entwicklung aufs stärkste beeinflußt und durchdrungen".[128]

4. Auf den Schultern seiner Vorgänger

Jean Bodin steht damit in einer großen Tradition, der er als maßgeblicher Akteur im zweiten „Heldenzeitalter" (1550-1650) der französischen Juristen auch tatsächlich gerecht geworden ist. Ohne dass Schmitt seinen Namen bereits an dieser Stelle genannt hat, passt seine Aussage doch ganz besonders auf Bodin:

> „Wie bei keinem anderen Volk war der französische Legist Bahnbrecher der nationalen Einheit und Sprecher in großen Augenblicken geschichtlicher Auseinandersetzungen und eines verzweifelten Bürgerkrieges".[129]

Auch Max Weber hat sich bewundernd zu den Verdiensten der Legisten geäußert und sieht in ihnen nichts weniger als die Vorkämpfer des okzidentalen Rationalismus.[130] Ohne sie sei – Schmitt zufolge – die Entwicklung des französischen Staates zu einer spezifischen „Organisationsform der bürgerlichen Gesellschaft und zugleich der französischen Nation" nicht denkbar.[131] Allerdings habe sich das Recht in der Hand des Legisten auch zum bloßen Gesetz gewandelt, das damit zum Werk staatlicher Macht geworden sei. Der Legist sei jedoch nicht selbst Gesetzgeber, sondern setze diesen in Gestalt eines „législateur" voraus,[132] dessen Souveränität in der höchsten Entscheidung und Ge-

---

126 *Schmitt* Legisten; vgl. *Schnur* 1962.
127 Lateinisch lex = Gesetz.
128 *Schmitt* Legisten, S. 185.
129 *Schmitt* Legisten, S. 187.
130 *Weber* 1921, S. 304.
131 *Schmitt* Legisten, S. 191.
132 Die Figur des „législateur" ist dann vor allem durch Jean-Jacque Rousseau bekannt geworden, *Rousseau* 1977, S. 99 ff.

setzgebungsbefugnis liege. Schmitt weist an dieser Stelle ausdrücklich darauf hin, dass Bodin Gesetz und Recht bereits scharf unterschieden hat. Nur das Gesetz liege in der Hand des Souveräns, nicht das Recht als Ausdruck der Gerechtigkeit.

> „Es besteht ein Unterschied zwischen Recht und Gesetz. Das eine bezieht sich auf Gerechtigkeit, das andere auf Befehl. Denn ein Gesetz ist nichts anderes als eine Anordnung des Souveräns, der seine souveräne Macht gebraucht [...]".[133]

Schmitt weist ausdrücklich darauf hin, dass Bodin im ersten „Heldenzeitalter" (14. und 15. Jahrhundert) Vorläufer hatte,[134] die seine Souveränitätslehre erst möglich gemacht haben. Bereits im 14. Jahrhundert sei die Wendung zum modernen, zentralistischen Staat in Frankreich „vollzogen und die Bahn damit frei zur staatlichen Souveränität des Königs".[135] In der zweiten von Juristen geprägten Epoche waren diese Legisten nicht nur geistige Vorkämpfer im inneren Kampf der französischen Nation, sondern sie wirkten auch als „Sprachschöpfer", indem sie in ihren Plädoyers juristische und politische Beredsamkeit zusammenführten. Diese neue „politische" Sprache schien den Jesuiten auf dem Höhepunkt der konfessionellen Bürgerkriege sogar als so gefährlich, dass sie sie als „Kriegsmaschine" der Gegner bezeichneten, der man nur durch den strengen Gebrauch des Lateinischen begegnen könne.[136] Wirklich wichtig (epochal) war freilich eine andere Leistung der Legisten, die die Jahrhunderte überdauert hat:

> „In diesen hundert Jahren juristischer Führung entstand zugleich die politische Leistung des französischen Geistes: der nach innen und außen souveräne Staat".[137]

5. Schmitts virtuelle Familie

Alle drei Mitglieder der „virtuellen Familie" Schmitts: Machiavelli, Bodin und Hobbes, teilen eine ganz besondere Erfahrung, sie sind alle Drei „der dauernden Bedrohtheit und Lebensgefahr der Bürgerkriege" ausgesetzt gewesen. Ihre weltberühmten Werke, der *Principe* von Machiavelli, *Les Six Livres de la République* von Bodin sowie der *Leviathan* von Hobbes, sind ohne den biografischen Bezug der Autoren zu einem Bürgerkrieg in ihrem Land nicht zu verstehen.[138] Das gilt für Machiavelli, dessen politische Karriere 1497 wenige Jahre nach dem Sturz der Medici (1494) begann und sogleich endete, als

---

133 *Bodin* 1976, Buch I, 8. Kapitel, S. 36.
134 Schmitt hebt an dieser Stelle Peter Dubois und Wilhelm von Nogaret als die meist genannten Vertreter dieser Zeit hervor.
135 *Schmitt* Legisten, S. 194.
136 *Schmitt* Legisten, S. 197; siehe hierzu auch *Mehring* 2014.
137 *Schmitt* Legisten, S. 198.
138 Bei Hobbes gehört besonders auch der *Behemoth* zu den Werken, die vom Bürgerkrieg beeinflusst worden sind.

die Medici 1512 in Florenz ihre Macht wieder zurückerobert hatten.[139] Für Bodin sind die Hugenottenkriege (1562-1598) das zentrale Bürgerkriegserlebnis, zumal er einem Mordanschlag in der Bartholomäusnacht[140] (1572) nur knapp entkam. Er gehörte der Gruppe der „Politiciens" an,[141] die für eine Trennung von Politik und Religion und eine starke Stellung des Staates als Ordnungs- und Friedensmacht stritten. Sie galten bei den Katholiken wie bei den Hugenotten als Repräsentanten von „Atheismus und Machiavellismus zugleich".[142] 1586 scheidet Bodin aus der Politik aus und wird Staatsanwalt am Gericht von Laon. Thomas Hobbes, der Dritte im Bunde, sammelt seine unerfreulichen Erfahrungen in dem Bürgerkrieg zwischen dem absolutistisch regierenden König Karl I. von England und dem englischen Parlament (1642-1649). Hobbes muss bereits 1640 ins Exil nach Frankreich fliehen und kehrt erst 1651 nach England zurück, wo man nunmehr versucht, ihn wegen Häresie anzuklagen. Einflussreiche Freunde schützen Hobbes jedoch erfolgreich vor jeder Verfolgung.

Schmitt zieht aber auch noch eine andere, überaus interessante Parallele zwischen den „Familienmitgliedern" Jean Bodin und Thomas Hobbes. In seiner Schrift *Der Leviathan in der Staatslehre des Thomas Hobbes. Sinn und Fehlschlag eines politischen Symbols* (1938) hat Schmitt darauf hingewiesen, dass Hobbes „Sinn für esoterische Verhüllungen" gehabt habe und seine wirklichen Gedanken „nur zur Hälfte enthülle".[143] Vier Jahre später wiederholt Schmitt diesen Gedanken in seinem Aufsatz *Die Formung des französischen Geistes durch den Legisten* (1942). Danach sah sich „insbesondere im 16. und 17. Jahrhundert wohl jeder große Denker gezwungen", die „Praxis einer gewissen Esoterik" anzuwenden, d.h. also, wegen der großen Gefahr, die ihm von den Mächtigen in Staat und Kirche drohte, seine eigene Person und seine Gedanken zu verschleiern und in ein „geheimnisvolles Dunkel" zu hüllen.[144]

> „Doch darf man nicht übersehen, dass Bodin bei all seiner ‚natürlichen' Religion tief in dem Dämonen- und Gegenglauben seiner Zeit steckte, Astrologie und Magie trieb und seine okkultistischen Studien in einer umfangreichen ‚Démonomanie' niedergelegt hat".[145]

---

139 Vgl. *Knoll/Saracino* (Hrsg.) 2010.
140 Dabei ging es offiziell um die Feierlichkeiten zur Vermählung Margarethes von Medici mit dem Hugenotten Heinrich von Navarra, tatsächlich nutzte Katharina de Medici die Gelegenheit, um etwa 3000 ahnungslose Hugenotten töten zu lassen. Bodin war seinen Mördern nur durch einen Sprung aus dem Fenster entkommen.
141 Schmitt nennt als herausragenden Vertreter der „Politiciens" den Kanzler und Juristen Michel de l'Hospital.
142 *Schmitt* Bodin, S. 478.
143 *Schmitt* Leviathan, S. 43f.
144 *Schmitt* Legisten, S. 199.
145 *Schmitt* Bodin, S. 480.

6. War Bodin ein Machiavellist?

Die Frage, ob Bodin womöglich ein Machiavellist gewesen sei, die nicht nur Friedrich Meinecke (1862-1954) in seinem großen Werk über die Staatsräson,[146] sondern auch viele andere Wissenschaftler zu verschiedenen Zeiten bewegte, wirft in den 1970er Jahren indes nicht Carl Schmitt selbst,[147] sondern – gewissermaßen stellvertretend für Schmitt – Helmut Quaritsch auf.[148] Tatsächlich ist Bodin wohl der beste französische Kenner Machiavellis, den er zwar anfangs bewundert, später jedoch – vor allem unter dem Eindruck der blutigen Bartholomäusnacht – als „Ratgeber der Tyrannen" abgelehnt hat.[149]

7. Schlussbemerkung

Carl Schmitts Verhältnis zu Jean Bodin, von dem ihn biografisch gesehen vier Jahrhunderte trennen, ist ambivalent. Nicht zuletzt als Jurist fühlt er sich jedoch Bodin geistesverwandt. Zum einen bewundert er Bodin als einen der wichtigsten Legisten des „zweiten Heldenzeitalters des französischen Juristen" und macht dessen Souveränitätskonzept zur Grundlage seines Staatsverständnisses. Zum anderen sieht er – sehr nüchtern – Bodin als einen Juristen, der gewissermaßen „auf den Schultern" seiner Vorgänger steht und dessen Souveränitätskonzept als Ausdruck einer Entwicklung zur staatlichen Souveränität des Königs, die er als bereits um 1400 abgeschlossen ansieht. Zudem ist sein eigentliches Vorbild der geniale englische Staatsphilosoph Thomas Hobbes, der den Weg für ein zeitgemäßes Staatsverständnis endgültig frei gemacht hat.[150] Wie Bodin hat auch Hobbes ein eher weltliches Verhältnis zum Christentum. Schmitts spanischer Kollege und Freund Álvaro d'Ors (1915-2004) beschwört ihn daher – folgerichtig – in einem Brief,[151] doch mit den „Häretikern" Grotius, Bodin, Hobbes etc. zu brechen, um endlich den Durchbruch zur wahren christlichen Erkenntnis zu gewinnen. „Eines Tages werden sie an Ihnen zerren und Sie knebeln – Brechen Sie mit Ihnen!" Tatsächlich „passte" Bodins vor allem im *Colloquium heptaplomeres* geäußertes tolerantes Staatsverständnis so gar nicht zu dem der Gegenrevolutionäre: Donoso Cortés,[152] de Bonald

---

146 *Meinecke* 1924.
147 Nur gewissermaßen am Rande erklärt Schmitt, dass das Motiv Bodins bei der Entwicklung der Lehre von der staatlichen Souveränität nicht machiavellistisch gewesen sei, vgl. *Schmitt* Legisten, S. 202; Bodin habe sich gegen Machiavelli als einen Atheisten und Ignoranten gewendet, *Schmitt* Bodin, S. 482.
148 *Quaritsch* 1975, S. 43-63.
149 Vorwort zu den *Six Livres de la République*.
150 Vgl. *Voigt* (Hrsg.) 2000.
151 *Herrera* (Hrsg.) 2004.
152 *Donoso Cortés* 1966.

und de Maistre, die Schmitt ebenfalls schätzt,[153] und auch nicht zu Schmitts stets frei-mütig erklärtem Katholizismus. Die Gegenposition nimmt Eric Voegelin (1901-1985) ein, als er am 3. Juli 1950 in einem Brief an Carl Schmitt schreibt:

> „Ich schätze Bodin so besonders hoch, weil er verstanden hat, daß eine Gesellschaft ohne den pouvoir spirituel nicht leben kann, das[s] die dogmatisierten Konfessionen jedoch nicht mehr diese Funktion erfüllen können – eine ähnliche Situation wie heute, da die dogmati-sierte[n] Ideologien zu einem Weltskandal geworden sind".[154]

Tatsächlich spielen heute – mehr als sechzig Jahre später – andere Ideologien in der po-litischen Auseinandersetzung eine tragende Rolle, die sämtlich durch einen gewissen Fundamentalismus geprägt sind. Da ist zum einen der Neoliberalismus, der den Kapita-lismus zu ungeahnten Höhen geführt hat, indem er Alles, was mit dem Staat zu tun hat, verdammt („Staatsversagen") und an dessen Stelle – ungeachtet der daraus resultieren-den sozialen Verwerfungen – einen ungehemmten Markt setzen will.[155] In den Vereinig-ten Staaten spielen die Evangelikalen eine zunehmend bedeutendere Rolle, die gewis-sermaßen zu den religiösen Ursprüngen der jüdisch-christlichen Religion zurückkehren wollen. Sie sind nicht nur gegen jede Form von Schwangerschaftsabbruch, sondern sie lehnen auch die Ergebnisse der Evolutionstheorie ab und beziehen sich stattdessen – auch im Schulunterricht – auf den direkten Wortlaut der Bibel (Kreationismus). Und schließlich bedrohen die Islamisten in ihrer militanten Form (Al-Qaida, Islamischer Staat) als Terroristen das auf generellen Menschenrechten und Toleranz begründete Staatsverständnis der westlichen Welt.

Bodin hat dagegen vor allem ein Rezept: Der Staat muss als höchste Einheit souverän sein und keine Macht über sich dulden. Dass dieses Rezept von einigen Staaten in der Welt nicht nur akzeptiert, sondern auch praktiziert wird, zeigen insbesondere die beiden großen Imperien, die Vereinigten Staaten von Amerika und die Volksrepublik China. Beide akzeptieren keine Macht, keine Vereinten Nationen, keinen Internationalen Straf-gerichtshof oder irgendein anderes Vertragswerk, sobald und soweit es ihren eigenen In-teressen zuwiderläuft, über sich. Ob sie letztlich auch die – für Bodin so wichtige – na-turrechtliche Gebundenheit der Souveränität in der politischen Praxis, z.B. in einem Krieg, akzeptieren würden, ist hingegen keineswegs sicher.

---

153 *Schmitt* Cortés.
154 *Mehring* 2014a, S. 119-200.
155 Zu den Folgen: *Streeck* 2013; *Piketty* 2014.

Teil VI:

Diskurse

Der Begriff des Politischen

Ein Klassiker der Sozialwissenschaften

„Der Staat als das Modell der politischen Einheit, der Staat als der Träger des erstaunlichsten aller Monopole, nämlich des Monopols der politischen Entscheidung, dieses Glanzstück europäischer Form und occidentalen Rationalismus, wird entthront".[1]

Diese Einschätzung Carl Schmitts, des wirkmächtigsten Staatsrechtslehrers des 20. Jahrhunderts, trifft den Kern der Sache. Schmitt schreibt diese Worte im Jahre 1963, lange vor der Kulturrevolution der 68er, die in Deutschland – im wahrsten Sinne des Wortes – alles umgekrempelt hat: den Staat, die Gesellschaft, die Arbeitswelt, das Bildungssystem, Ehe und Familie. Carl Schmitts Schrift der *Begriff des Politischen* – zur gleichen Zeit wie Heideggers *Sein und Zeit* erschienen[2] – „gehört zu seinen brillantesten und bedeutendsten Leistungen". Hasso Hofmann fährt dann allerdings fort: „obwohl sie eigentlich die sachlich-fachlich unzulänglichste ist".[3] Hofmann wirft Schmitt die „Dürftigkeit, d.h. die Undifferenziertheit und Einsinnigkeit der sachlichen Aussage über das Wesen des Politischen" vor. Gleichwohl findet gerade dieses Buch weit über den Bereich der Rechtswissenschaft hinaus starken Widerhall.

Seine Schrift *Der Begriff des Politischen* steht an zentraler Stelle seines Gesamtwerkes,[4] das unterschiedlichste Themenbereiche umfasst. Seine Schriften sind in zahlreiche Sprachen übersetzt und breit rezipiert worden. Schmitts Verstrickung in den Nationalsozialismus hat jedoch nach dessen Ende zu z.T. heftigen Kontroversen unter den Interpreten geführt. Seinen Schülern und Bewunderern stehen erbitterte Gegner gegenüber. Denn Schmitt ist nicht nur ein meisterhafter Stilist, sondern auch ein provozierender Denker, der sich nicht scheut, auch unbequeme Wahrheiten auszusprechen. Viele seiner Begriffsbildungen sind in den allgemeinen Sprachgebrauch übergegangen.

Der Begriff des Politischen ist ein erstaunlich knapper und zugleich komprimierter Text, der ohne die erst 1963 hinzugefügten Corollarien nur etwas über 100 Seiten umfasst. Schmitt hat diese Arbeit, die zwar untergliedert ist, aber kein Inhaltsverzeichnis enthält,[5] in weniger als einem Monat verfasst. Ähnlichkeiten ergeben sich dabei zu Niccolò Machiavellis Werk *Der Fürst*, das mehr als 400 Jahre zuvor ebenfalls als eine Art Essay entstanden ist. Wegen seiner Vielschichtigkeit bedarf Schmitts Schrift, die als

---

1 *Schmitt* BdP, Vorwort von 1963. S. 10.
2 *Heidegger* 2006.
3 *Hofmann* 2010, S. 95.
4 Vgl. *Detjen* 2014, S. 649f.
5 Zur Untergliederung siehe aber: *Mehring* (Hrsg.) 2003.

Schlüsseltext (Böckenförde) zum Verständnis seiner politischen Theorie gilt, der sorgfältigen Analyse. Ob Schmitt in dieser Schrift aber tatsächlich eine eigene politische Theorie entwickelt, ist umstritten. Die Beantwortung dieser Frage ist freilich davon abhängig, welche spezifischen Anforderungen an eine Theorie gestellt werden. Bleibt man bei der gängigen Definition, eine Theorie sei ein System von Aussagen, das dazu diene, die Realität zumindest ausschnittweise zu beschreiben und Prognosen über die Zukunft zu erstellen, dann handelt es sich hier zweifelsfrei um eine Theorie.

Kernthesen wie „Der Begriff des Staates setzt den Begriff des Politischen voraus" (20), „Die spezifisch politische Unterscheidung, auf welche sich die politischen Handlungen und Motive zurückführen lassen, ist die Unterscheidung von *Freund* und *Feind*" (26) oder „*Erstens* haben alle politischen Begriffe einen *polemischen* Sinn; sie haben eine konkrete Gegensätzlichkeit im Sinn, deren letzte Konsequenz eine [...] Freund-Feind-Gruppierung ist, und werden zu leeren und gespenstischen Abstraktionen, wenn diese Situation entfällt" (31), haben den Autor weit über Deutschland hinaus berühmt gemacht. Sie sind aus der sozialwissenschaftlichen Diskussion nicht wegzudenken. Gerade die Freund-Feind-Theorie hat eine nicht enden wollende Debatte im In- und Ausland ausgelöst.[6] Dabei wird – wider alle politische Erfahrung – gern behauptet, dass es in Wahrheit in der Politik gar keine Feinde, sondern allenfalls Gegner gebe. Bereits im Ost-West-Konflikt zeigt sich jedoch die Brüchigkeit dieser Argumentation. Noch deutlicher wird dies nach den terroristischen Anschlägen vom 11. September 2001. Denn nun war es (bis zu seinem Tod) Osama Bin Laden, der als Führer der Terrororganisation Al Qaida zum personifizierten Feind der zivilisierten Menschheit – zumindest der USA – erklärt wurde.

Eine erste Fassung des Werkes diktiert Schmitt bereits 1927, als sich die Weimarer Republik nach einer kurzen Phase der Erholung in einer wirtschaftlichen und politischen Krise befindet. Die Zahl der Arbeitslosen steigt an, und die Lebensdauer der Reichsregierungen wird immer kürzer. Bald finden sich im Reichstag keine Mehrheiten mehr für die dringend notwendigen politischen Entscheidungen, so dass präsidiale Notverordnungen an die Stelle von Gesetzen treten. Dieser Krise des Staates korrespondiert die Krise des Staatsrechts. Schmitts ursprünglicher Text erscheint zunächst in der damals einflussreichen Fachzeitschrift *Archiv für Sozialwissenschaft und Sozialpolitik*, dann in der Schriftenreihe der Hochschule für Politik – eingerahmt von Beiträgen anderer damals prominenter Wissenschaftler wie Hermann Heller, Friedrich Berber u.a. – beide Texte werden 1927 publiziert. 1931 (datiert auf 1932) publiziert Schmitt eine etwas erweiterte Ausgabe als Broschüre, welche die Grundlage für die heute vorliegende Publikation bildet. 1933 erscheint eine stärker nationalsozialistisch orientierte kürzere Fas-

---

6   Siehe Kapitel „Freund-Feind-Denken" in diesem Band; *Voigt* (Hrsg.) 2011.

sung. In den folgenden Jahren widmet sich Schmitt anderen Themenbereichen. Erst 1963 – 30 Jahre später – versucht Schmitt bei der Wiederveröffentlichung der Schrift mit den von ihm hinzugefügten Corollarien und einem Vorwort der Tatsache Rechnung zu tragen, dass sich nicht nur die Machtverhältnisse geändert haben, sondern sich auch das Beziehungsfeld des Politischen gewandelt hat.

Wer immer sich heute mit dem Begriff des Politischen beschäftigt, kommt an Schmitts Werk nicht vorbei. Es ist sicher eine der wichtigsten Aufgaben der Politikwissenschaft zu definieren, was das spezifisch „Politische" eigentlich ist. Zahlreiche Publikationen sind gerade hierzu in den letzten Jahren erschienen. Das gilt für die Wissenschaft des Auslands ebenso wie für die deutsche Wissenschaft. Die Kernthesen dieses Buches betreffen nicht nur das Staatsrecht, sondern auch die politikwissenschaftliche und die soziologische Theorie. Darüber hinaus haben sie – anders als viele andere theoretischen Werke – unmittelbare Auswirkungen auf die politische Praxis. Nicht zuletzt deshalb handelt es sich um einen echten Klassiker der Sozialwissenschaften.

Der Inhalt der Schrift *Der Begriff des Politischen* ist in den mehr als 80 Jahren seit seiner Entstehung immer wieder intensiv diskutiert worden, man kann geradezu von „Rezeptionswellen" sprechen. Die zugespitzten Aussagen Schmitts gehen dabei – fast unbeeinflusst von der Zeit – mitten ins Zentrum der politischen Diskussion. Sie sind zum großen Teil heute noch so aktuell wie zur Zeit ihrer Entstehung. Heftige Kontroversen sind damit vor allem in Krisen- und Umbruchzeiten gewissermaßen vorprogrammiert. Zunächst sind es vor allem die deutschen Staatsrechtslehrer, die sich mit dem Werk des Kollegen auseinander setzen. Dann folgen die Politikwissenschaftler und Philosophen und später die Theologen. In allen beteiligten Disziplinen stehen sich Befürworter und Widersacher seiner Thesen oft unversöhnlich gegenüber. Schmitt zielt mit seinem Werk zwar erklärtermaßen auf die rechtswissenschaftliche Diskussion, hat dabei aber auch die politischen Implikationen im Blick. Von seinen Gegnern wird Schmitt zum Vorwurf gemacht, er habe die nationalsozialistische Diktatur gewissermaßen „herbeigeschrieben", was durch seine Aktivitäten ab dem Jahre 1933 („Kronjurist"[7]) auch scheinbar bestätigt wird. Zwar fällt er spätestens 1936 bei den Machthabern in Ungnade, bricht aber nicht mit dem System, so dass seine Schrift *Der Begriff des Politischen* nach Kriegsende vor allem unter diesem Aspekt – zumeist äußerst negativ – bewertet wird. Auch Schmitts Schüler und Bewunderer, die sich zu regelmäßigen Treffen in Schmitts Haus in Plettenberg versammeln und z.T. einflussreiche Positionen im Nachkriegsdeutschland einnehmen, stehen dem „Meister" zumeist in kritischer Distanz gegenüber.

---

7   Vgl. *Ule* 1993, S. 77-82.

In den 1950er und 1960er Jahren entsteht zudem eine Fülle von Arbeiten, die sich ablehnend bis vernichtend mit seinem Werk auseinandersetzen. Dolf Sternberger veröffentlicht 1961 sogar ein Buch mit demselben Titel als strikte Absage an Schmitt.[8] Jürgen Habermas hat darauf hingewiesen, dass die Ablehnung Carl Schmitts durch die deutschen Staatrechtslehrer auch einen gewissen Alibicharakter hatte.

> „An Schmitt musste ein Exempel statuiert werden, wenn man nicht riskieren wollte, daß die diskreditierende Vergangenheit der Kollegen und Schüler, die längst wieder ‚drin' waren, aufgerührt wurde".[9]

Im Ausland beflügelt jedes Werk Carl Schmitts die Debatte, sobald es in Übersetzung vorliegt. Besonderheiten der einzelnen Länder resultieren dabei aus der je spezifischen Verfassungsgeschichte. Besonders in den Spanisch sprechenden Ländern wird Schmitt wegen seiner Nähe zu der romanischen Philosophie (u.a. Juan Donoso Cortés) hoch geschätzt. Ein neues Interesse für Schmitts Werk zeigt sich z.B. in den Arbeiten des italienischen Rechtsphilosophen Giorgio Agamben, der allerdings stärker auf Schmitts Begriff der Ausnahme rekurriert. Demgegenüber kämpft die belgische Politikwissenschaftlerin Chantal Mouffe unter Bezugnahme auf Schmitt gegen die „kosmopolitische Illusion" und für eine Anerkennung des „Politischen" in seiner „agonistischen" Dimension. Aber auch in Amerika ist das Schmittsche Denken wieder aktuell. So widmet z.B. die US-amerikanische Zeitschrift „Telos" immer wieder Sonderhefte dem Werk Carl Schmitts, bei denen *Der Begriff des Politischen* nach wie vor eine zentrale Rolle spielt.

---

8 *Sternberger* 1961, S. 21f., 32-37.
9 *Habermas* 1995, S. 112-121 [120].

Wider den Zeitgeist

Carl Schmitt in der Gegenwartsdiskussion

> „War er ein Zyniker, war er ein Hingerissener oder war er nur ein Ästhet, der sich in den Katholizismus verrannt hatte? [...] Manche Kommentatoren haben nicht ohne Bedauern seine Aufrichtigkeit in Zweifel gezogen, dabei hätten sie sich eher über das Unbehagen freuen sollen, das er bei ihnen auslöste: ohne seine Widersprüche, ohne die Missverständnisse über ihn selber, die er instinktiv oder berechnend verursacht hat, wäre sein Fall längst erledigt, und er hätte das Pech, verstanden zu werden – kein ärgeres Geschick kann einen Autor treffen". [10]

Ein Zyniker, ein Hingerissener, ein Ästhet, „der sich in den Katholizismus verrannt hat"? Trotz aller Ähnlichkeiten ist es nicht Carl Schmitt, von dem hier die Rede ist. Es handelt sich vielmehr um den französischen Staatsphilosophen und Ideologen der Konterrevolution Joseph Marie de Maistre, den Emile Cioran (1911-1995) so prägnant charakterisiert hat. Diese Charakteristik passt allerdings auf Carl Schmitt, der sich nicht zufällig intensiv mit diesem Autor beschäftigt hat. Wie de Maistre war er selbst ein Ästhet und ein Katholik, wie er selbst immer betont hat. Darüber hinaus war er aber auch ein bedeutender Machtanalytiker. Viele haben in ihm in erster Linie einen Dezisionisten gesehen, woran nicht zuletzt sein berühmter Satz Schuld ist: „Souverän ist, wer über den Ausnahmezustand entscheidet". [11] Er selbst hat freilich nach dem Kriege immer betont, dass er persönlich eher entscheidungsschwach sei. [12] Carl Schmitt hat sein langes Leben (1888-1985) dazu genutzt, eine große Zahl viel beachteter, z.T. leidenschaftlich diskutierter Publikationen vorzulegen. Solange er lebte, führte kein Weg an seinem Denken und seinen Äußerungen vorbei. Aber auch mit seinem Tod im Jahre 1985 war keineswegs das Ende seines Einflusses und seiner Wirkung in der und auf die Wissenschaft verbunden, im Gegenteil: Sein Tod hat geradezu zu einer Renaissance des Schmittschen Denkens geführt. [13] Diese Schmitt-Renaissance, die in ihren Bewertungen durchaus differenziert ist,

> „scheint damit zusammenzuhängen, dass man zunehmend erkennt, in ihm einen der wenigen herausragenden staatsrechtlichen *und* politischen Denker von historischer Größe besessen zu haben. Man beginnt zu ahnen, dass in einer intellektuellen Auseinandersetzung mit Schmitt, der auf allen relevanten Problemfeldern präsent ist, ein Schlüssel liegt, um die Zukunftsprobleme unserer modernen Staaten begreiflich zu machen". [14]

---

10 *Cioran* 1969.
11 *Schmitt* Drei Arten, S. 11.
12 *Noack* 1993, S. 168.
13 Vgl. *Brodocz* 2002, S. 228-315 [283].
14 *Becker* 2003, S. 6 (Hervorhebung im Original).

Sicher wird diese enthusiastische Einschätzung Carl Schmitts nicht von allen Beobachtern für gerechtfertigt gehalten oder gar geteilt. Eines kann man aber heute bereits festhalten: In jedem Fall hat dieser wirkungsvollste, aber auch umstrittenste deutsche Staatsdenker des 20. Jahrhunderts[15] die staats- und rechtswissenschaftliche Diskussion im In- und Ausland in einem Maße beeinflusst wie kaum ein Anderer. Seine *Verfassungslehre* von 1928 wird heute noch zitiert[16] und gehört wie die *Staatslehre* (1934) von Hermann Heller und Rudolf Smends *Verfassung und Verfassungsrecht* (1928) zu den Werken, die das deutsche Staatsrechtsverständnis der Zeit nach dem Zweiten Weltkrieg maßgeblich beeinflusst haben. Sie ist im Diskurs der deutschen Staatsrechtslehrer über ‚Staat‘, ‚Volk‘ und ‚Verfassung‘ stets wirkmächtig gewesen und sie ist es auch bis heute geblieben.[17]

Obgleich Carl Schmitt – anders als seine Schüler Ernst Forsthoff und Ernst-Rudolf Huber – nach dem Kriege keinen Lehrstuhl mehr bekommen hat und nicht in die 1949/50 wieder gegründete Vereinigung der deutschen Staatsrechtslehrer aufgenommen worden ist, hat er doch als „unsichtbarer Gesprächspartner" an den meisten Diskussionen der Staatsrechtslehrer teilgenommen. Zudem entfaltete er eine durchaus wirkungsvolle Aktivität in der von seinen Schülern gegründeten „Academia Moralis" (1948-1952).[18] Dabei war er nicht nur in Deutschland, sondern auch in vielen anderen Ländern geistig präsent, wann immer es um die Aufgabe des Staates und sein Verhältnis zu den gesellschaftlichen Kräften ging. Seine Schrift *Der Begriff des Politischen* mit seiner brisanten Formel, dass Feindschaft letztlich der Grundbegriff des Politischen sei,[19] hat dabei stets eine gewichtige Rolle gespielt.[20] Untrennbar ist mit Schmitt der Begriff „Dezisionismus" verbunden, der sich als theoretisches Leitmotiv in einem Großteil seiner Werke findet.[21] Im letzten Jahrzehnt sind zwei andere Aspekte seines vielschichtigen Werkes hinzugekommen, zum einen die völkerrechtliche Komponente, genauer gesagt das gegen das Imperium Amerika gerichtete „Interventionsverbot raumfremder Mächte",[22] zum anderen seine *Theorie des Partisanen*,[23] die in der heutigen Diskussion um „Neue Kriege" wiederentdeckt worden ist.[24]

---

15 Vgl. *Gross* 2000, S.7.
16 *Schmitt* VL.
17 *Van Ooyen* 2007, S. 39-59.
18 Zu den Einzelheiten: *van Laak* 1993, S. 52 ff.; *Noack* 1993, S. 254.
19 Vgl. *Hofmann* 1986, S. 212-241; *Voigt* (Hrsg.) 2011.
20 Siehe Kapitel „Der Begriff des Politischen" in diesem Band.
21 Vgl. *Voigt* (Hrsg.) 2007.
22 *Schmitt* VGO; vgl. *Masala* 2007, S. 115-125.
23 *Schmitt* Partisan.
24 *Münkler* (Hrsg.) 1990; *Münkler* 2002.

1. Phasen des politischen Denkens

Die Einschätzung Carl Schmitts, dass der Staat als Modell der politischen Einheit entthront werde,[25] klingt vielleicht altmodisch, sie trifft aber den Kern der Sache. Schmitt schreibt diese Worte im Jahre 1963, lange vor der Kulturrevolution der 68er, die in Deutschland fast alles umgekrempelt hat. Carl Schmitt hat im Laufe seines Lebens Publikationen zu unterschiedlichsten Themenbereichen vorgelegt.[26] Er schreibt nüchterne begriffliche Analysen, idealtypisch argumentierende Schriften, hermeneutische Texte, gelehrte Begriffsgeschichten, ausgreifende historische Spekulationen und glänzende Essays ebenso wie politische Pamphlete.[27] Alain de Benoist zählt in seiner Bibliographie mehr als 50 Bücher und nahezu 300 Aufsätze, Rezensionen und kleinere Texte.[28] Trotz aller Ausflüge in Nachbardisziplinen hat er sich dabei jedoch stets als Jurist verstanden und sich auf die Rechtswissenschaft zurückgezogen, wenn die politischen Implikationen seiner Werke auf allzu harsche Kritik stießen. Die meisten Bücher und Aufsatzsammlungen sind – zumeist im Verlag Duncker & Humblot – in mehreren Auflagen erschienen und bis auf den heutigen Tag verfügbar.[29] Viele seiner Arbeiten sind in die wichtigsten Sprachen übersetzt und in aller Welt rezipiert worden. Allerdings ist zwischen der Rezeption und dem eigentlichen Werk zu unterscheiden. Wenden wir uns zunächst dem letzteren Aspekt zu, bei dem das Schmittsche Denken im Vordergrund steht.

1.1 Drei Fragen

Mit Hilfe der von Henning Ottmann entwickelten Phaseneinteilung lassen sich die meisten seiner Publikationen in das Gesamtwerk, das freilich noch immer nicht in Form „Gesammelter Schriften" vorliegt, einordnen. Dessen ungeachtet bleiben aber drei Fragen unbeantwortet:

(1) *Reaktionen*: Sind die Schriften Carl Schmitts lediglich Reaktionen auf bestimmte Zeitphänomene,[30] oder steckt viel mehr dahinter; neutraler formuliert: Welcher Zusammenhang besteht zwischen den Brüchen in der deutschen Geschichte im zwanzigsten Jahrhundert und dem wissenschaftlichen Werk des Autors?

(2) *Kerngedanken*: Gibt es einen „Kern" Schmittschen Denkens, der zumindest in seinen Grundzügen schon in seinen frühen Schriften angelegt ist, der sich später dann

---

25 *Schmitt* BdP, Vorwort von 1963. S. 10.
26 U.a. Staatstheorie, Verfassungslehre, Völkerrecht, Geschichtsphilosophie.
27 *Mehring* 2003a, S. 188-204 [188].
28 *Benoist* 2003, S. IX.
29 Siehe hierzu: *Llanque/Münkler* 2003, S. 9-20 [9].
30 Zur Situationsbedingtheit der Schmittschen Theorie: *Löwith* 1960, S. 93ff.

lediglich entfaltet hat?[31] Das würde auch die Frage der „Verantwortung" des Denkers für die praktische Politik in einem anderen Licht erscheinen lassen.

(3) *Erkenntnisse*: Welche bahnbrechenden Erkenntnisse enthält das Werk? Hat Carl Schmitts Werk zumindest einmal im Mittelpunkt der politischen Ideen und Vorstellungen seiner Epoche gestanden? Und trägt es darüber hinaus „die Kraft geschichtlichen Weiterwirkens in sich"?[32]

Die Antwort auf diese Fragen ist entscheidend für die Bedeutung des Schmittschen Werkes. Sehen die Einen in ihm den (vorerst) letzten Klassiker des Staatsdenkens[33] (positive Antwort auf Frage 3), so halten die Anderen ihn womöglich für einen „substanzlosen Ästheten", der mit seiner Wortgewalt lediglich darüber hinwegtäuscht, dass er nichts wirklich Neues zu sagen hat, wieder Andere sehen in ihm den geistigen Verführer, „intellektuellen Kollaborateur"[34] und Wegbereiter des Nationalsozialismus. Bei allen Unterschieden in der Bewertung fällt allerdings unmittelbar ins Auge, dass ihn kaum ein Beobachter als durchschnittlich, mittelmäßig oder unbedeutend eingestuft hat. Überhaupt scheint sich durch das gesamte Spektrum der Kritik der (unausgesprochene) Vorwurf zu ziehen, dass seine geistige Mitarbeit am und im Nationalsozialismus gerade deshalb so verwerflich sei, weil er ein solches Ausnahmetalent war.

1.2 Zeitgemäße Beurteilung

Die Antwort auf die oben genannten Fragen fällt heute vor allem deshalb so schwer, weil die zwölfjährige Phase des Nationalsozialismus den nüchternen und leidenschaftslosen Blick auf Schmitts Werk verstellt. Wer den Ausgang der Geschichte kennt, tut sich schwer, die „offensichtlich falschen" Entscheidungen der damals Lebenden nachzuvollziehen. Zudem ist Carl Schmitt während dieser Zeit nicht – wie andere Wissenschaftler – „abgetaucht" oder lediglich „mitgelaufen", sondern er hat in den „kritischen Jahren" (1932/33-1936) gewissermaßen an vorderster Front als schreibender und redender Rechtswissenschaftler und Politikberater an der politischen Umgestaltung des Staates mitgewirkt. Ob man ihn tatsächlich als „Kronjuristen" der Nationalsozialisten bezeichnen kann,[35] erscheint mir hingegen als fraglich. Man kann eher davon ausgehen, dass sich die nationalsozialistischen Machthaber seiner als eines „nützlichen Idioten" (wie man später sagte) bedient haben. Jacob Taubes (1923-1987) schreibt 1987 über Schmitt, dem er im selben Text zuvor seine Ehrfurcht bezeugt hat:

---

31 So die Interpretation von *Noack* 1993.
32 *Willms* 1988, S. 577-597.
33 *Willms* 1988, S. 579.
34 *Van Laak* 1993, S. 8.
35 *Fijalkowski* 1958; *Ule* 1993, S. 77-82; *Koenen* 1995.

„Aber zwischen 1933 und 1938 macht sich Carl Schmitt zum Sprecher jener manichäischen Ideologie des Nationalsozialismus, die den Juden zum Vernichter der arischen Rasse mythisierte".[36]

1.3 Gegen den oder mit dem Zeitgeist?

Als die SS Carl Schmitt schließlich im Jahre 1936 – gegen den Widerstand Hermann Görings, der ihn zum „Staatsrat" ernannt hatte, – zu Fall gebracht hat, sitzt er buchstäblich „zwischen allen Stühlen". Denunzieren ihn seine Feinde von der einen Seite als „Judenfreund" und „unverbesserlichen Katholiken" („Zwangsjacke der Katholizität"[37]), so erscheint er den Feinden von der anderen Seite als militanter Antisemit und Verräter an der demokratischen Idee. Dass auch die negativen Klischees erfolgreich auf ihn angewandt werden können, weil sie zumindest partiell zutreffen, hat Carl Schmitt in erster Linie selbst zu verantworten, in zweiter Linie ist es den unruhigen Zeiten geschuldet. Seine Vorliebe für „markige Formulierungen" lädt überdies zu Konfrontationen geradezu ein.[38] Carl Schmitt war nie ein Freund der parlamentarischen Demokratie, freilich stand er damit auch unter seinen Kollegen keineswegs allein. Das „Unbehagen an Hedonismus und Geschacher" teilt er mit Gottfried Benn und vielen anderen rechten und linken Kritikern westlicher Zivilisation.[39] Zudem sieht er in Liberalismus und Demokratie unversöhnliche Gegensätze. Politische Parteien, die vor allem ihr eigenes Wohl im Auge haben, sind ihm ebenso suspekt, wie vielen seiner damaligen Fachkollegen in der Staatsrechtslehrervereinigung. Auch sein Antisemitismus, den er mit vielen Menschen innerhalb und außerhalb Deutschlands teilte, ist ambivalent. Und seine nationale (heute würde man sagen: nationalistische) Grundhaltung verbindet ihn nicht zuletzt mit dem großen Max Weber sowie mit weiten Teilen der damaligen Elite.[40]

Ob sich daraus die Schlussfolgerung ableiten lässt, Schmitt sei zu seiner Zeit ganz „normal" gewesen,[41] darf dennoch bezweifelt werden. Außergewöhnlich – und zwar in vielerlei Hinsicht – war er schon. Viel schlimmer wiegt jedoch: Von Carl Schmitt kommt auch nach dem Ende des Nationalsozialismus nie ein Wort der Einsicht, der Reue oder gar der Entschuldigung. Folgerichtig lässt er sich daher auch nicht – wie die Mehrheit der Deutschen – „entnazifizieren", sondern verzichtet als Konsequenz dieser

---

36 *Taubes* 1987, S. 7, zu dem Briefwechsel Taubes – Schmitt: *Palzhoff* et al. (Hrsg.) 2011.
37 So etwa Alfred Rosenbergs „Dienststelle für Schrifttumspflege".
38 *Ladwig* 2003, S. 45-60 [47].
39 *Ladwig* 2003, S. 48.
40 Jürgen Habermas hat Carl Schmitt auf dem Heidelberger Soziologentag von 1964 als „natürlichen Sohn" Max Webers bezeichnet, vgl. *Stammer* (Hrsg.) 1965, S. 80f.
41 *Noack* 1993, S. 63; vgl. *Mehring* 2009.

Haltung sogar auf die ihm zustehende Pension, die ihm später erst aufgrund der Fürsprache einflussreicher Freunde zugestanden wird.

2. Biografie, Bibliografie und zeitgeschichtliches Umfeld

Für das zeitgeschichtliche Umfeld Carl Schmitts ist charakteristisch, dass er in mindestens vier unterschiedlichen politischen Systemen gelebt und „gedient" hat. Am 11. Juli 1988 in Plettenberg geboren, studiert er im Kaiserreich von 1907 bis 1910 in Berlin, München und Straßburg Jura, promoviert 1910 in Straßburg bei Fritz von Calker mit einer Dissertation zu einem strafrechtlichen Thema,[42] wird 1915 Assessor und dient als Kriegsfreiwilliger in der Münchner Militärverwaltung. Die Münchner Räterepublik des Kurt Eisner erlebt er hautnah. Seine Habilitationsschrift *Der Wert des Staates und die Bedeutung des Einzelnen* (Straßburg 1916) gehört bereits zu den „großen" Büchern Schmitts und markiert den Ausgangspunkt seiner späteren Arbeiten.[43] Bis zur Schließung der deutschen Universität am 11. November 1918 bleibt Carl Schmitt Privatdozent in Straßburg.

2.1 Geburt der Republik

Den Zusammenbruch der Monarchie erlebt Carl Schmitt in München, wo die Räterepublik durch Freikorps niedergeschlagen wird. Aus dieser Erfahrung erwächst vermutlich seine Parteinahme für den Bestand des Staates gegen die Revolution,[44] hierin zeigt sich eine Parallele zu dem großen Thomas Hobbes,[45] mit dem er sich seelenverwandt fühlt. Die Zeit in München hat aber auch noch in anderer Hinsicht großen Einfluss auf sein Denken und Schreiben, da er sich dort mit Kunst und Literatur beschäftigt und zum Ästheten wird.[46] Nach einer kurzen Phase als Dozent an der Handelshochschule in München erhält er 1921 seine erste Professur in Greifswald, gefolgt von Bonn (1921 bis 1928), Berlin (Handelshochschule: 1928 bis 1933), Köln (1933) und wiederum Berlin (Universität: 1933-1945). Damit befindet er sich endlich im „Zentrum der Macht". Zuvor vertritt er jedoch im Prozess vom 20. Juli 1932 das Reich gegen Preußen – auf der anderen Seite steht übrigens Hermann Heller – und wird im Juli 1933 durch Göring in den Preußischen Staatsrat berufen.[47]

---

42 *Über Schuld und Schuldarten. Eine terminologische Untersuchung.*
43 *Schmitt* Wert, siehe hierzu: *Villas Bôas* 2013.
44 *Mehring* 1992, S. 35.
45 Vgl. *Voigt* 2000, S. 41-63.
46 Zu den Auswirkungen auf Carl Schmitts Begriffs des Politischen: *Kennedy* 1988, S. 233-251.
47 Dabei hatte Johannes Popitz maßgeblich seine Hand im Spiel.

In dieser Zeit der Weimarer Republik entstehen so bedeutende Werke wie *Politische Romantik* (1919), *Die Diktatur* (1921), *Die geistesgeschichtliche Lage des heutigen Parlamentarismus* (1923), *Der Begriff des Politischen* (zuerst 1927), *Verfassungslehre* (1928), *Der Hüter der Verfassung* (1931) und *Legalität und Legitimität* (1932). Nach einem kurzen Intermezzo in Köln kehrt Carl Schmitt 1933 nach Berlin zurück, wo er einen Lehrstuhl an der Kaiser-Wilhelm-Universität erhält, den er bis Kriegsende innehat. Auch in der Zeit vor der „Machtergreifung" zeigt sich die Ambivalenz des handelnden Individuums, aber auch der politischen Verhältnisse. Einerseits versucht Schmitt die Weimarer Verfassung gegen die Feinde von rechts und links – notfalls sogar mit einem Verbot von NSDAP und KPD – zu verteidigen, andererseits ist er in die „Notstandsspiele" der Reichswehr und Kurt von Schleichers involviert.[48] Noch am 19. Juli 1932, einen Tag vor dem „Preußenschlag", schreibt Schmitt in der *Täglichen Rundschau*, dem Sprachrohr Schleichers:

> „Wer den Nationalsozialisten am 31. Juli die Mehrheit verschafft, obwohl er nicht Nationalsozialist ist und in dieser Partei nur das kleinere Übel sieht, der handelt töricht. [...] Er liefert Deutschland dieser Gruppe völlig aus".[49]

2.2 Ende der Republik

Am 1. Mai 1933 tritt Carl Schmitt unter der Mitgliedsnummer 298 860 in die NSDAP ein. In einem hochsymbolischen Akt verbündet er sich damit direkt und unverblümt mit den Nationalsozialisten. Von da an arbeitet er an zahlreichen Gesetzesvorhaben der Regierung Hitler, u.a. am Reichstatthalter-Gesetz, mit. Es beginnt eine Phase der „Selbstgleichschaltung" an die neuen Gegebenheiten.[50] Paul Noack hat darauf hingewiesen, dass man Carl Schmitts Karriere und Leben in der Zeit des Nationalsozialismus nicht einfach in die beiden Phasen 1933 bis 1936 und 1937 bis 1945 einteilen könne. Vielmehr sei vor seiner NS-„Konversion" eine Vorschaltphase zu erkennen, in der nicht nur Politiker wie Franz von Papen glaubten, die Nationalsozialisten mit einer Regierungsbeteiligung „abnutzen" und später „abhalftern" zu können.[51] Diese Einschätzung deckt sich zwar mit den historischen Fakten, ist für die Beurteilung Schmitts als Staatsdenker aber letztlich nebensächlich. Im Jahre 1929 lernt Schmitt Johannes Popitz (1884-1945) kennen, den späteren Finanzminister, der die nationalsozialistische Revolution zunächst freudig begrüßt hat, schließlich jedoch am 2. Februar 1945 als Widerstandskämpfer hingerichtet wird. Schmitt hält zu Popitz auch nach dessen Verhaftung trotz eigener Ge-

---

48 *Berthold* 1999.
49 Vgl. *Noack* 1993, S. 143.
50 *Noack* 1993, S. 181.
51 *Noack* 1993, S. 166.

fährdung.[52] Eine für sein Werk besonders bedeutsame Freundschaft beginnt 1930 und dauert schließlich fast fünfzig Jahre, die Freundschaft mit Ernst Jünger. Beide damaligen „Stars der Berliner Szene"[53] haben im Unterschied zu vielen in Deutschland hoch gelobten Autoren das besondere Interesse – man könnte geradezu von Faszination sprechen – der französischen Intellektuellen gefunden.

Für Carl Schmitt ist die Zeit des Abwartens endgültig beendet, als die Abgeordneten fast aller Fraktionen im Reichstag, ausgenommen die SPD,[54] dem Ermächtigungsgesetz, oder besser: Selbstentmachtungsgesetz, vom 24. März 1933 zugestimmt haben. Nach dem Krieg hat Schmitt stets betont, nicht er habe schließlich die Nationalsozialisten ermächtigt, vielmehr seien dies die politischen Parteien der Weimarer Republik selbst gewesen. In Berlin wird Carl Schmitt Leiter der Fachgruppe Hochschullehrer im Bund Nationalsozialistischer Deutscher Juristen und als solcher Herausgeber der *Deutschen Juristen-Zeitung*, in der im August 1934 sein umstrittener Artikel *Der Führer schützt das Recht* erscheint, mit dem er die Ermordung von Ernst Röhm und anderen SA-Führern als „Staatsnotwehr" rechtfertigt.[55] Carl Schmitt verfasst in der Zeit von 1933 bis 1936 ca. 40 Aufsätze mit überwiegend nationalsozialistischem Inhalt.[56] Nach den Publikationen *Staat, Bewegung, Volk – Die Dreigliederung der politischen Einheit* (1933) und *Über die drei Arten des rechtswissenschaftlichen Denkens* (1934) sowie *Staatsgefüge und Zusammenbruch des zweiten Reiches* (1934) endet die erste vom Nationalsozialismus geprägte Phase.

Im Januar 1937 verliert er sämtliche Ämter, auch das des Herausgebers der *Deutschen Juristen-Zeitung*.[57] Man könnte es auf die Formel bringen: „Die nationale Revolution wandte sich gegen ihren juristischen Lehrmeister".[58] In seinem Buch *Der Leviathan in der Staatslehre des Thomas Hobbes* (1938) zieht Schmitt hieraus seine eigenen Konsequenzen und plädiert nachhaltig für die gesetzesstaatlichen Elemente bei Hobbes:

> „Wenn die Staatsmaschine nicht mehr die Sicherheit meines physischen Daseins garantiert, dann kann sie auch nicht mehr unbedingten Gehorsam gegen die Gesetze ihres Funktionierens verlangen".[59]

---

52 Schmitt hat Popitz mehrmals in der Haft besucht und ihn regelmäßig mit Lebensmitteln unterstützt, vgl. *Bentin* 1972, S. 128; siehe auch: *Tielke* 2013, S. 484-507.
53 *Noack* 1996, S. 107.
54 Die KPD war zu diesem Zeitpunkt bereits verboten.
55 *Schmitt* 1934a, Sp. 945ff.
56 *Quaritsch* 1989, S. 79.
57 Die DJZ wurde mit der *Zeitschrift der Akademie für deutsches Recht* zusammengelegt; vgl. zu Schmitts Bespitzelung durch den SD: *Bendersky* 1983, S. 234ff.
58 *Rüthers* 1988, S. 110.
59 *Schmitt* 1982.

Die neue Phase beginnt 1938 zwar mit dem Hobbes-Buch, anschließend wendet sich Schmitt aber stärker dem Völkerrecht zu. *Die Wendung zum diskriminierenden Kriegsbegriff* (1938), *Völkerrechtliche Großraumordnung mit Interventionsverbot für raumfremde Mächte* (1939) sowie die weltgeschichtliche Betrachtung *Land und Meer* (1942) gehören hierher, während die Aufsatzsammlung *Positionen und Begriffe im Kampf mit Weimar-Genf-Versailles 1923-1939* sich dieser Zuordnung weitgehend entzieht, weil sie ältere Aufsätze zusammenfasst.

Während des Zweiten Weltkriegs hält Carl Schmitt zahlreiche Vorträge in Deutschland und im von deutschen Truppen besetzten bzw. im befreundeten Ausland. Dabei trifft er – z.B. 1941 in Rambouillet – auch mit Ernst Jünger zusammen.[60] Nach dem Krieg wird Schmitt zwar als Zeuge im Nürnberger Kriegsverbrechertribunal kurzfristig interniert und von dem alliierten Chefankläger Robert Kempner verhört, er wird aber nicht angeklagt. Stattdessen kehrt er 1947 in die beengten Verhältnisse nach Plettenberg im Sauerland zurück. Ostern 1985 stirbt Carl Schmitt in Plettenberg, 35 Jahre nach dem Tode seiner Frau Duška, im Alter von 97 Jahren, von Verfolgungswahn gequält.

3. Rezeptionsgeschichte

„Muß nicht jedes Operieren mit überlieferten Texten der historischen Kritik aller näheren Umstände, der Produktions- wie der Rezeptionsbedingungen, unterzogen und unterworfen werden, wenn es nicht dem *Aberglauben* verfallen will?"[61]

In der Rezeptionsgeschichte Carl Schmitts lassen sich bestimmte Daten (1933, 1945, 1989, 2001) als wichtige Zäsuren erkennen, die – wenn auch mit einzelnen Abweichungen – grundsätzlich für die meisten Länder eine Bedeutung haben. Weitere Einschnitte ergeben sich unter Umständen aus der spezifischen Verfassungsgeschichte jedes einzelnen Landes. So liegt es – zumindest oberflächlich betrachtet – auf der Hand, dass sich z.B. Spanien, die lateinamerikanischen Länder, wie z.B. Argentinien und Brasilien, oder Japan und später Südkorea in den Zeiten der Diktatur einerseits stärker auf bestimmte Elemente des Schmittschen Denkens rekurriert haben. Andererseits hat das Ende der Diktatur dann oft zu einer eher ablehnenden Haltung gegenüber Carl Schmitt geführt. Darüber hinaus spielt natürlich auch der veränderte Zeitgeist in diesen Ländern eine wichtige Rolle.

---

60 Dazu existiert ein Foto, vgl. *Noack* 1993, S. 172h.
61 *Bourdieu* 1999, S. 485 (Hervorhebung im Original).

3.1 Historische Zäsuren

Über alle historischen Besonderheiten der betroffenen Länder hinweg geht es vor allem um die folgenden Phasen, die durch Zäsuren voneinander getrennt sind.

- Zum einen ist der Ausgang des Ersten Weltkrieges, insbesondere die damit verbundene Neuverteilung der Macht- und Einflusssphären in der Welt, ein wichtiger Ausgangspunkt. Deutschland und Russland scheiden als weltpolitische Akteure vorerst aus, sie werde zu „Outlaws". Neu auf der Bühne erscheint Japan, die USA entscheiden zwar den Krieg und initiieren den Völkerbund, ziehen sich dann aber weitgehend aus Europa zurück. Die aufoktroyierten Friedensverträge, das Unverständnis der Deutschen für die Niederlage und die wirtschaftliche Misere bilden fortan den Nährboden für radikale und militante Ideologien.

- Zum anderen ist das Jahr 1933 eine solche Zäsur, weil sich nunmehr herausstellt, dass der italienische Faschismus kein Einzelfall geblieben ist, sondern dass damit nicht nur Mussolini einen starken Verbündeten gewonnen hat, sondern dass sich jetzt auch das Zentrum Europas von dem gerade erst etablierten Modell der westlichen Demokratie verabschiedet hat. Die Dynamik dieser revolutionären Bewegung entfaltet alsbald eine große Anziehungskraft auf die intellektuellen Eliten Europas,[62] Lateinamerikas und Südostasiens. Carl Schmitt erscheint vielen Zeitgenossen im In- und Ausland als eine Art Vorreiter dieser Entwicklung.

- Im Mai 1945 endet der Zweite Weltkrieg mit der bedingungslosen Kapitulation Deutschlands und Japans. Vor allem aber findet das nationalsozialistische Regime sein unrühmliches Ende. Alle Wissenschaftler, die sich allzu eng mit dem NS-System eingelassen haben, werden auch dann „geächtet", wenn sie sich nichts Strafbares haben zuschulden kommen lassen. Das gilt in besonderem Maße für den „uneinsichtigen" Carl Schmitt, der sich durch seinen penetranten Antisemitismus auch von seinen Schülern Ernst Forsthoff und Ernst-Rudolf Huber unterscheidet. Weniger „belastete" Wissenschaftler werden alsbald wieder in den Universitätsbetrieb integriert.

- Die vierte Zäsur umfasst nicht ein einzelnes Jahr, sondern mehr als ein Jahrzehnt. Ausgangspunkt ist der Zusammenbruch des Sowjetimperiums Ende der 1980er Jahre, die Ablösung der bipolaren Weltordnung und das Streben der Vereinigten Staaten nach globaler Hegemonie. Der terroristische Anschlag auf das amerikanische Festland am 11. September 2001 liefert den Anlass für den Afghanistan-Feldzug und schließlich für den Krieg der USA (und Großbritanniens) gegen den Irak im Jahr 2003. Die Neokonservativen in den Vereinigten Staaten müssen sich in der Ära

---

62 Daneben gab es natürlich auch harsche Abwehrreaktionen.

Bush nicht mehr nur mit Planspielen begnügen, sondern können ihre Pläne von der Weltherrschaft Amerikas endlich in die Tat umsetzen.[63]

• Nach dem militärischen Sieg über Saddam Hussein („mission accomplished") und dem anschließenden „blutigen Frieden" wird vielen Beobachtern bewusst, dass Carl Schmitt bereits Anfang der 1940er Jahre viel von dem vorausgesagt hat, was dann auch tatsächlich eingetreten ist. Mit dem *Patriot Act* vom 26. Oktober 2001 und der *military order* des US-Präsidenten G.W. Bush vom 13. November 2001 wird der Weg frei gemacht, sog. illegale Kämpfer des Afghanistankrieges völkerrechtswidrig und zeitlich unbeschränkt im US-Militärstützpunkt Guantánamo Bay auf Kuba zu inhaftieren. Die Doktrin von den präemptiven Militärschlägen, zu denen sich die USA bei jeder künftigen Bedrohung für berechtigt halten, rundet das Bild ab.

3.2 Seismographisches Gespür

Die beiden letzten Phasen hat Schmitt nicht mehr miterlebt, sein ganzes Leben hindurch bewahrt er sich jedoch ein „seismographisches Gespür für wechselnde Lagen",[64] das über seinen Tod hinaus das Interesse an seinem Denken wach hält.

„Carl Schmitt war ein Denker des Übergangs, und er war ein Theoretiker der Grenzziehung. Er kehrt wieder in Zeiten sich verwischender Grenzen und brüchig gewordener Begriffe".[65]

Nicht nur in Deutschland wird die Einteilung der Welt in „Gut" und „Böse" durch US-Präsident George W. Bush mit Carl Schmitts Freund-Feind-Unterscheidung in Verbindung gebracht.[66] Auch der italienische Philosoph und Rechtswissenschaftler Giorgio Agamben hat in seinem Buch *Ausnahmezustand* Carl Schmitts *Politische Theologie* zur Erklärung der amerikanischen Reaktionen auf den Terroranschlag vom 11. September 2001 verwendet.[67] Während also die Einen Carl Schmitt als den „Ahnherren" der neokonservativen Ideologie der Bush-Administration ausgemacht haben, ist dies für die Anderen Leo Strauss (1890-1973). Dieser ist zwar ebenfalls in Deutschland geboren, aufgewachsen und akademisch ausgebildet, wird aber nach einem Auslandsaufenthalt an der Rückkehr nach Deutschland gehindert und in die Emigration getrieben. Pikanterweise ist es ausgerechnet Carl Schmitt, der das Stipendium durch ein Gutachten unterstützt hat, mit dem Leo Strauss ab 1932 in England Quellenstudien über Thomas

---

63   Vgl. *Voigt* 2005.
64   *Noack* 1993, S. 13, 50.
65   *Müller* 2007, S, 201-216.
66   *Schmidt* 2005, S. 16.
67   *Agamben* 2004, S. 7ff.

Hobbes betreiben kann.[68] Strauss wird 1949 Professor für Politische Philosophie in Chicago und stirbt 1973 in den USA. Bereits 1932 interpretiert er in einer Rezension im *Archiv für Sozialwissenschaft und Sozialpolitik* Schmitts *Begriff des Politischen* als eine Art Anti-Machiavell, aber auch als Gegenentwurf zu Hobbes und kritisiert ihn als „Liberalismus mit umgekehrten Vorzeichen".[69]

4. Rezeption von rechts und links

Ähnlich wie Martin Heidegger hat Carl Schmitt einen intellektuellen Einfluss auf die frühe Bundesrepublik Deutschland ausgeübt, „für den es keine vergleichbaren Beispiele gibt".[70] Er gehört zur „großen Schule der deutschen Gelehrten, die über ihr Fachgebiet hinaus alle Probleme der Gesellschaft samt der Politik umfassen und somit Philosophen genannt zu werden verdienen", wie Raymond Aron 1985 in seinen Lebenserinnerungen schreibt.[71] Zu Schmitts „Schülern" gehören – neben Ernst Forsthoff und Ernst-Rudolf Huber – Werner Weber (1904-1976) und Joseph H. Kaiser (1921-1998; Schmitts erster Nachlassverwalter), aber auch Ernst-Wolfgang Böckenförde, Roman Schnur, Reinhart Koselleck, Hanno Kesting, Bernard Willms und Hermann Lübbe.[72] Carl Schmitt wurde und wird nicht nur von Wissenschaftlern verschiedener Disziplinen und unterschiedlicher politischer Orientierung, sondern auch mit unterschiedlicher Intention rezipiert. Dabei fallen drei disziplinäre Zuordnungen ins Auge: Jurist, Politikwissenschaftler, Philosoph, die oft von Land zu Land differieren. So wird Carl Schmitt etwa in Italien vor allem als Politikwissenschaftler wahrgenommen, in Deutschland hingegen eher als Staatsrechtler. Eine besondere Bedeutung hat sein Werk (insbesondere die *Politische Theologie*) darüber hinaus aber auch für die Theologie[73] und für die Literaturwissenschaft (insbesondere die *Politische Romantik*). Schmitt hat als einziger Staatsrechtslehrer darauf hingewiesen, dass die eigentlichen Kämpfe um die Macht im geistigen Bereich der „Metaphysik" und ihrer großen „Bilder" geführt und gewonnen werden.[74] „Es ist gerade dieser Aspekt, der Carl Schmitt für einen großen Teil heutiger Theoriebildung interessant macht".[75] Und auch die Bedeutung Schmitts als Geschichtsphilosoph sollte

---

68 Schmitt schrieb im Januar 1932 ein Gutachten für die Rockefeller-Stiftung, vgl. *Mehring* 2008, S. 518-542 [521 FN 18].
69 *Strauß* 1932, S. 732ff.; Noack weist darauf hin, dass Strauss' Aufsatz mit Wissen und Förderung Schmitts im „Archiv" erschien, *Noack* 1996, S. 120; *Großheim* 2002, S. 334.
70 *Deppe* 2003, S. 157-206 [159 FN 4].
71 *Aron* 1985, S. 418.
72 *Mehring* 2003, S. 194.
73 *Kodalle* 1973.
74 Vgl. *Agamben* 2014.
75 *Hirsch* 2007, S. 83-111.

nicht vergessen werden. Die schier unüberschaubare Fülle der Literatur über Schmitt erfordert es allerdings, sich auf einige wichtige Bereiche seines Werkes zu konzentrieren, um nicht die Orientierung zu verlieren.

4.1 Interpretationsmethoden

Um die Interpretation des Schmittschen Gesamtwerkes haben sich viele bedeutende Forscher bemüht. Dabei ist freilich eine besondere Hürde zu überwinden:

> „Schmitt entwickelt nämlich die Grundlagen seiner Rechts- und Staatstheorie nicht explicite und einheitlich thematisch, sondern er verdeutlicht sie vielfach erst aus seinen ablehnenden Positionen gegenüber anderen Theorien, an denen er seine eigene Auffassung misst".[76]

Oft muss also erst indirekt erschlossen werden, welche Auffassung Schmitt selbst vertritt. Zudem sind auch die Methoden der Interpreten vielfältig. Zum einen zählen dazu werkimmanente, zum anderen zeitgeschichtlich-soziologische Verfahrensweisen, seit geraumer Zeit auch biographische Arbeiten und schließlich die Briefwechsel mit prominenten Persönlichkeiten.[77] Um dieser Situation Rechnung zu tragen, bietet sich die Differenzierung in Links- und Rechts-Schmittianer an.[78] Für Etienne Balibar steht fest:

> „Carl Schmitt ist der brillanteste und also der gefährlichste Denker der extremen Rechten".[79]

Während sich die Existenz von Rechts-Schmittianern wegen der Nähe Schmitts zum Konservatismus, wenn nicht gar zur Neuen Rechten also gewissermaßen von selbst erklärt,[80] stößt das Vorhandensein von Links-Schmittianern zunächst auf Erstaunen, scheinen doch die beiden Positionen zumindest auf den ersten Blick fast unvereinbar miteinander zu sein.[81]

4.2 Rechts-Schmittianer

So ist es nur folgerichtig, wenn Robert Chr. van Ooyen die Schmitt-Rezeption der liberal-konservativen Staatsrechtslehrer Roman Herzog, Hans Herbert von Arnim und Ernst-Wolfgang Böckenförde gerade unter diesem Aspekt analysiert.[82] Zwei der Ge-

---

76 *Pattloch* 1961, S. 8.
77 Vgl. *Maus* 1986, S. 111.
78 *Mohler* 1986, S. *265-267.*
79 *Balibar* 2003, S. 22.
80 *Benoist* 2003.
81 Vgl. *Mehring* 2007, S. 60-82.
82 *Van Ooyen* 2007, S. 39-59.

nannten – Böckenförde und Herzog – waren Richter am Bundesverfassungsgericht, einer von ihnen (Herzog) sogar als Präsident des Bundesverfassungsgerichts und späterer Bundespräsident. Wichtig ist dies vor allem deshalb, weil das Bundesverfassungsgericht mit seinen Entscheidungen nicht nur das (deutsche) Verfassungsrecht maßgeblich beeinflusst, sondern darüber hinaus auch über die „Deutungshoheit" bei der Interpretation des Grundgesetzes verfügt.[83] Mangels anderer von allen gleichermaßen anerkannter Institutionen – wie z.B. die Krone in den westlichen Monarchien – hat sich das Bundesverfassungsgericht in Deutschland zu der letzten Instanz nicht nur in Fragen der Grundrechtsinterpretation, sondern ganz generell in allen Fragen aufgeschwungen, die mit Inhalt und Geltung von Werten zusammenhängen.[84] Van Ooyen rechnet die drei untersuchten Autoren dem liberal-konservativen Etatismus zu, was er anhand ihrer Aussage zum Begriff „Volk" und zu den Funktionen des Bundespräsidenten belegt.

4.3 Links-Schmittianer

Vertragen sich Schmitts Lehren sogar mit einer marxistisch orientierten Staatstheorie? Eine Antwort auf diese Frage könnte Eckard Bolsingers Vergleich des politischen Realismus von Carl Schmitt und Wladimir I. Lenin geben.[85] Hier genügt es darauf hinzuweisen, dass bereits Walter Benjamin deutlich gemacht hatte,[86] dass Schmitt als der „große Anreger" auch von Linken empfunden wurde. Beide waren Gegner eines Denkens in Kompromissen, sie hatten einen gewissen Hang zum Absoluten und Theologischen, und beide waren der Auffassung, dass sich erst im Ausnahmezustand der Geist einer Epoche enthüllt.[87] Aber auch Schmitts Bonner Doktorand Otto Kirchheimer (1905-1985) gehörte zu den bedeutenden Vertretern der intellektuellen Linken, die sich in „geistiger Nähe" zu Schmitt befanden. Er begründete bereits vor 1933 so etwas wie einen marxistischen Links-Schmittianismus". Davon geht Reinhard Mehring sowohl in seiner Schmitt-Biografie als auch in seinem Beitrag zu Kirchheimer aus.[88] Er zählt Ulrich K. Preuß, Ingeborg Maus und Herfried Münkler, die man freilich kaum als „waschechte" Marxisten bezeichnen könnte, zu den Protagonisten des Links-Schmittianismus und qualifiziert diesen als „metaphysisch enthaupteten Schmittismus". Münkler hat sich dabei vor allem auf Schmitts Schrift *Theorie des Partisanen – Zwischenbemerkungen zum Begriff des Politischen in Deutschland* bezogen, die bereits 1963 erschienen ist und vor allem zwei Reden enthält, die Schmitt 1962 in Spanien gehalten hat. Da Preuß und

83   *Vorländer* (Hrsg.) 2006, vgl. auch *Massing* 2005; *van Ooyen/Möllers* (Hrsg.) 2006.
84   *Voigt* 2000.
85   *Bolsinger* 2001.
86   Vgl. *Rumpf* 1976, S. 37-50.
87   Vgl. *Noack* 1993, S. 113.
88   *Mehring* 2007, S. 60-82; *Mehring* 2009, S. 197.

Maus nach Mehrings Ansicht „linksliberal bekehrte Schmittisten" sind, hält er ihnen entgegen: „Vielleicht haben sie ihren Patron etwas voreilig verabschiedet".

4.4 Wahrnehmung im Ausland

Noch vor Mitte der 1950er Jahre beginnt Carl Schmitt, wieder erste Fäden mit dem Ausland zu knüpfen. Wichtig ist für ihn dabei vor allem ein Treffen mit Raymond Aron, das im Jahre 1954 stattfindet. Später korrespondiert Schmitt mit den Franzosen Julien Freund (1921-1993) und Alexandre Kojéve (1902-1968), einem einflussreichen Hegel-Interpreten.[89] Paul Noack macht darauf aufmerksam, dass sich Einflüsse Schmittschen Denkens auch in de Gaulles Verfassung der Fünften Republik wie auch in der von Hans Morgenthau (1904-1980) ausgehenden „Realistischen Schule" der Internationalen Politik nachweisen lassen. Henry Kissinger soll bereits 1953 versucht haben, Carl Schmitt als Autor für die von ihm herausgegebene Zeitschrift *Confluence* zu gewinnen.[90] Im Jahre 1959 erscheint die Festschrift zum 70. Geburtstag Schmitts,[91] die auch zahlreiche Beiträge von spanischen (ein Viertel), amerikanischen, japanischen, französischen, italienischen und jugoslawischen Autoren enthält.

Anfang der 1960er Jahre versuchen zwei junge Wissenschaftler, in ihren Dissertationen Schmitts politische Theorie aufzugreifen, der US-Amerikaner George Schwab und der Franzose Julien Freund. Otto Kirchheimer widersetzt sich 1962 Schwabs Promotion an der Columbia Universität in New York mit dem Erfolg, dass dieser eine andere Arbeit einreichen muss und seine Dissertation unter dem Titel *The Challenge of Exception* erst 1970 erscheinen kann[92]. Schwab übersetzt 1975 Schmitts zentrales Buch *Der Begriff des Politischen* und 1985 die *Politische Theologie* ins Englische. In Frankreich verweigert Jean Hyppolite die Betreuung der Dissertation von Freund, der sich daraufhin an Raymond Aron wendet. Trotz eines heftigen Wortwechsels zwischen Hyppolite und Freund über die Passage „Politik gibt es nur, wo es einen Feind gibt", wird Freund promoviert,[93] sein Buch *L'Essence du Politique* erscheint 1965 in Paris.[94]

Von 1921 bis zum Jahre 2002 sind ca. 300 Bücher, Monographien und selbständige Broschüren sowie zahlreiche Sondernummern von Zeitschriften erschienen, die sich mit Carl Schmitt direkt befassen.[95] Allein in den sechs Jahren von 1996 bis 2002 sind es 85

---

89 Vgl. *Séglard* 2007, S. 126-149.
90 *Noack* 1993, S. 286.
91 *Barion/Forsthoff/Weber* (Hrsg.) 1959.
92 *Schwab* 1970.
93 Vgl. *Tommissen* (Hrsg.) 1994, S. 89f.
94 *Freund* 1965.
95 *Benoist* 2003, S. IX.

Bücher. Die meisten dieser Veröffentlichungen werden in Italien und Spanien verfasst, mit Abstand folgen Japan und Korea. Auch in Frankreich sind fast alle wichtigen Werke Schmitts übersetzt worden, während die Übersetzung in den angelsächsischen Ländern erst seit den 1980er Jahren eingesetzt hat.

5. Wertungsfragen

Entscheidend für eine Gesamtbewertung seines Œvres ist die Beantwortung der Fragen, die Günter Maschke auf den Punkt gebracht hat:[96]

– *Aussage*: Wann spricht Carl Schmitt vorrangig als politischer Denker, als Jurist, als Kulturkritiker oder als Geschichtsphilosoph?

– *Interpretation*: Wie muss man seine verschiedenen Schriften lesen? Wo sind sie Apologetik, wo reine Konstatierung, wo bestehen sie aus Lippendiensten?

– *Absichten*: Wo und mit welchen Mitteln versuchen die Schriften zwischen 1933 und 1945, den Nationalsozialismus zu lenken oder gar zu zähmen?[97]

– *Anpassung*: Und schließlich: Wieweit bestehen die Texte dieser Zeit nur aus zynischem Opportunismus?

Letztlich geht es also um die Frage, ob bei der Analyse des Werkes eines Staatsdenkers von seinem politischen Tun (zumindest weitgehend) abstrahiert werden kann. Erst wenn man diese Frage bejaht, kann man zum Kern des Schmittschen Denkens vordringen und die weiterführende Frage stellen: „Was hat uns Carl Schmitt heute zu sagen?" Gibt es Erkenntnisse seines Denkens, die über die Zeit hinweg Gültigkeit beanspruchen können? Würde es sich bei seinen Arbeiten hingegen lediglich um Zeitdiagnosen handeln, wie manche Kritiker meinen, wäre ihr Wert für die Gegenwartsdiskussion eher als gering zu veranschlagen.

Hier kommt eine sozial-historische Variante ideengeschichtlicher Forschung ins Spiel, die politisch-theoretische Konzepte als „historische Konzepte" interpretiert, „deren Leistung nicht in der Thematisierung archetypischer Überzeitlichkeit liegt, sondern in der theoretischen Verarbeitung historisch zurechenbarer Entwicklungen und Konflikte".[98] Gerade dieser Forschungsansatz bietet sich für eine zeitgemäße Analyse des Schmittschen Werkes an, um in dem von Michael Stolleis geforderten Sinne „historisch" zu arbeiten, also zu analysieren ohne zu moralisieren.[99] Nur so erscheint es als

---

96 *Maschke* 1980, S. 204-241 [204f.]; *Maschke* 1988, S. 193-221 [194f.].
97 Gegen die These von der „Zähmung": *Ule* 1990, S. 1ff.
98 *Bermbach* 1984, S. 9-31 [21].
99 *Stolleis* 1994, S. 126-146 [127].

möglich, sich vor der Verwendung standardisierter Etiketten und der Einteilung in „Gute" und „Böse", in Nazis und Nichtnazis, zu hüten.

> „Das Werk Carl Schmitts ist viel zu interessant geschrieben und viel zu wichtig, als dass es in den Händen von Apologeten und Anti-Apologeten eingesäuert werden sollte".[100]

Jakob Taubes, der sich selbst als „Erzjude" bezeichnete, hat Carl Schmitt bereits 1952 in Plettenberg besucht und später über diesen geschrieben:

> „Carl Schmitt ist (neben Heidegger) die geistige Potenz, die alles Intellektuellengeschreibsel um Haupteslänge überragt. Darüber besteht kein Zweifel".

Und noch deutlicher beschreibt er die Situation:

> „Jeder Assistenzprofessor der Politischen Wissenschaft muss Carl Schmitt in den Hintern treten mit der Bemerkung, dass Freund-Feind nicht die richtige Kategorie wäre".[101]

Zu Beginn des 21. Jahrhunderts befinden wir uns gewissermaßen an einem Wendepunkt. Es erscheint nicht mehr als notwendig und schon gar nicht als hilfreich, den Blick nur in die Vergangenheit zu richten und die Gegenwart stets auf der Folie einer fest gezurrten Vergangenheitsvorstellung zu bewerten. Vielmehr sind die Auswüchse dieser Vorgehensweise in simplifizierenden Formeln wie „Bonn ist (nicht) Weimar" oder „Schröder ist (nicht) Brüning" sichtbar geworden. Dabei gerät allzu leicht die Erkenntnis in Vergessenheit, dass Geschichte sich nicht wiederholt. Ein zweiter wichtiger Aspekt der Beschäftigung mit Carl Schmitt muss also im „Herauspräparieren" solcher Erkenntnisse liegen, die uns helfen, den heutigen Staat zu verstehen.

6. Schlussbemerkung

> „Der Zeitgeist der Bundesrepublik Deutschland hat Schmitt hinter sich gelassen – und doch auch wieder nicht. Geblieben ist das konstitutionelle Bedürfnis der deutschen Bevölkerung nach einer dem Parteienstreit entrückten, neutral erscheinenden Autorität".[102]

Martin Meyer schreibt in seiner Studie über Ernst Jünger:[103] „Jünger ist, nicht zum Nachteil seiner Schriften, ein schillernder Autor geblieben". Kann dieses Wort auch für Jüngers langjährigen Freund Carl Schmitt gelten? Schmitt ist ebenfalls ein schillernder Autor, ein brillanter Analytiker und scharfer Polemiker. Seine Schriften lesen sich – abgesehen von seinen antisemitischen Tiraden – immer noch gut.

---

100 *Von Bredow* 1978, S. 432-444 [435].
101 *Taubes* 1993, S. 142.
102 *Groh* 2014, S. 111-132 [125].
103 *Meyer* 1990, S. 14.

„Wenn seine Rezeption uns nötigt, uns selbst zu hinterfragen, so deshalb, weil er uns durch sein Werk und sein Engagement die gefährlichsten und zugleich aktuellsten Fragen stellt".[104]

Carl Schmitt ist ein widersprüchlicher Denker, der mit der allgemeinen Verunsicherung kämpft, die auch viele andere Menschen beim Übergang von der Vor-Moderne zur Moderne und ggf. zur Postmoderne erfasst hat.[105] Einerseits wird ihm vorgeworfen, er habe schon in der Weimarer Zeit die nationalsozialistische Diktatur bewusst herbeigeschrieben, andererseits wird moniert, dass er im Laufe seines Lebens manche seiner Positionen verändert oder sogar verlassen habe. Angesichts des „Zerreißens" der Zeit durch geradezu weltbewegende Zäsuren während seines Lebens als Autor liegt der Gedanke allerdings nicht allzu fern, sein Werk durch ein „Denken in Widersprüchen" zu charakterisieren.

„Er ist politisch konservativ und soziologisch progressiv, er ist römisch katholisch und national sozialistisch, elitär und populistisch, autoritär im Fach und literarisch im Stil, dezidiert realistisch und exaltiert romantisch, er ist ein Existenzialist, der in der Institution die Rettung sucht, ein Anarchist, der zwischen sich und der mit Macht vertretenen politischen Ordnung nur das Minimum einer Dezision zu erkennen glaubt".[106]

6.1 Protagonist der Postmoderne

Man kann Carl Schmitt durchaus als einen frühen Protagonisten der Postmoderne bezeichnen.[107] Seinem „Leiden an der Zeit"[108] will Schmitt mit seiner Liberalismuskritik, seinem Freund-Feind-Denken, seiner Affinität zur Diktatur des Reichspräsidenten und nicht zuletzt mit seiner Politischen Theologie begegnen. Seine Widersprüchlichkeit wird gerade in seiner Bezugnahme auf europäische Staatsdenker außerhalb Deutschlands deutlich. Zum einen ist er Nationalist, wie das auch für viele Franzosen gilt. Zum anderen ist er aber auch – wie kein anderer deutscher Staatsrechtler – vertraut mit dem französischen (Joseph Marie de Maistre, Louis Bonald, Maurice Hauriou, George Sorel), spanischen (Juan Maria Donoso Cortés, Francisco de Vitoria), italienischen (Niccolò Machiavelli) und englischen (Thomas Hobbes, Harold Laski) Staatsdenkern. In seiner Charakteristik des großen Thomas Hobbes schreibt Carl Schmitt 1938 einen Satz, der auf ihn selbst und sein eigenes Werk gemünzt sein könnte:

104 *Séglard* 2007, S. 126-149.
105 *Voigt (Hrsg.)* 2007.
106 *Gerhardt* 2003, S. 205-218 [206].
107 *Voigt* 2007, S. 235.
108 *Noack* 1993, S. 27.

„Es gibt keinen zweiten Philosophen, dessen Begriffe so viel Wirkung, wenn auch zugleich so viel auf seinen eigenen Gedanken zurückschlagende Fehlwirkung gehabt haben".[109]

6.2 Gefährliche Geister

Ist Carl Schmitt deshalb ein „gefährlicher Geist" (im Original: A dangerous mind"), wie Jan-Werner Müller ihn einschätzt?[110] Schmitt hat im Laufe seines langen Lebens in unterschiedlichen politischen Systemen nicht nur Kluges und Vernünftiges gesagt und geschrieben. Ganz im Gegenteil: Er ist nicht nur ein widersprüchlicher, sondern auch ein streitbarer Geist, dessen zugespitzte Polemik manchen Zeitgenossen verärgert, wenn nicht getroffen oder gar verletzt hat. Es sind allerdings in aller Regel nicht seine Taten, die man ihm zur Last legen kann, sondern Worte, die auf seinen Gedanken beruhen. Ist das Denken womöglich immer dann gefährlich, wenn es sich nicht in den „richtigen" Bahnen bewegt, oder wenn es nicht zu den erwünschten Ergebnissen kommt? Mit dieser – u.U. existenziellen – Frage sind zu ihrer Zeit bereits so berühmte Geister wie Sokrates, Spinoza, Machiavelli, Galilei oder Hobbes konfrontiert. Hätte man ihr Denken erfolgreich dem zu ihrer Zeit geltenden Zeitgeist unterordnen und ihren „gefährlichen Geist" (und als solchen sah ihn damals nicht nur die Kirche an) damit domestizieren können, wären sie heute vergessen, und die Philosophie wäre heute um ein Vielfaches ärmer, als sie es tatsächlich ist. Es stünde der liberalen Demokratie heutiger Provenienz gut an, wenn sie Meinungsfreiheit und Meinungsvielfalt nicht nur im Munde führen würde, sondern auch den Mut aufbrächte, sie zu praktizieren und damit auch „falsches" Denken zu ertragen. Oder ist jene „lebende Maschine", von der Max Weber spricht, bereits so stark (und so schwer zu zerstören), dass ein solches Vorhaben von vornherein unmöglich ist?

„Geronnener Geist ist auch jene lebende Maschine, welche die bürokratische Organisation mit ihrer Spezialisierung der geschulten Facharbeit, ihrer Abgrenzung der Kompetenzen, ihren Reglements und hierarchisch abgestuften Gehorsamsverhältnissen darstellt. Im Verein mit der toten Maschine ist sie an der Arbeit, das Gehäuse jener Hörigkeit der Zukunft herzustellen, in welche vielleicht dereinst die Menschen sich, wie die Fellachen im altägyptischen Staat, ohnmächtig zu fügen gezwungen sein werden, wenn ihnen eine rein technisch gute und das heisst: eine rationale Beamten-Verwaltung und -Versorgung der letzte und einzige Wert ist, der über die Art der Leitung ihrer Angelegenheiten entscheiden soll".[111]

Wenn man die „lebende Maschine" Bürokratie durch jene unheilige Allianz aus Geheimdiensten und globalen Netz-Konzernen ersetzt, klingen Max Webers Worte in der Tat prophetisch. Ist Carl Schmitt also womöglich tatsächlich Webers bedeutender „legi-

---

109 *Schmitt* Leviathan, S. 131.
110 *Müller* 2011.
111 *Weber* 1976, S. 1060.

timer Sohn",[112] wie Jürgen Habermas 1964 auf dem Soziologentag zum 100. Geburtstag Max Webers meinte?[113]

112 *Dirsch* 2012, S. 52; in anderen Versionen ist aber auch von „natürlichem Sohn" oder „legitimen Schüler" die Rede.
113 *Habermas* 1965a, S. 80f.; *Ulmen* 1991; *Mommsen* 2004, S. 408f.

Literatur

1. Werke Carl Schmitts (Siglen)

„Aufsätze": Carl Schmitt, Verfassungsrechtliche Aufsätze aus den Jahren 1924–1954. Berlin 1958.

„BdP": Carl Schmitt, Der Begriff des Politischen – Text von 1932 mit einem Vorwort und drei Corollarien (8. Aufl. 2009). Berlin 1963.

„Begriff": Carl Schmitt, Der Begriff des Politischen. Vorwort von 1971 zur italienischen Ausgabe. In: Quaritsch (Hrsg.) 1988, S. 269-273.

„Bodin": Carl Schmitt, § 5 Die Ideen des Einheitsstaates. Jean Bodin, aus: Vorlesung 1919 Handelshochschule München, In: Hüsmert/Giesler (Hrsg.) 2005, S. 476-485.

„Cortés": Carl Schmitt, Donoso Cortés in gesamteuropäischer Interpretation. Köln 1950.

„Diktatur": Carl Schmitt, Die Diktatur. Von den Anfängen des modernen Souveränitätsgedankens bis zum proletarischen Klassenkampf (7. Aufl. Berlin 2006). München/Leipzig) 1921.

„Drei Arten": Carl Schmitt, Über die drei Arten des rechtswissenschaftlichen Denkens. Hamburg 1934.

„Dreigliederung": Carl Schmitt, Staat, Bewegung, Volk. Die Dreigliederung der politischen Einheit. Hamburg 1933.

„Dreihundert Jahre": Carl Schmitt, Dreihundert Jahre Leviathan (1951). In: Maschke (Hrsg.) 1995, S. 152-155.

„ECS": Carl Schmitt, Ex Captivitate Salus. Köln 1950.

„Ermächtigungen": Carl Schmitt, Vergleichender Überblick über die neueste Entwicklung des Problems der gesetzgeberischen Ermächtigungen (Legislative Delegationen). In: Zeitschrift für ausländisches öffentliches Recht und Völkerrecht 6 (1937), S. 252-268.

„Führer": Carl Schmitt, 1934a: Der Führer schützt das Recht. In: Deutsche Juristen-Zeitung, 39. Jg., Sp. 945 ff.

„Gespräch": Carl Schmitt, Gespräch über den Partisanen. Carl Schmitt und Joachim Schickel. In: Maschke (Hrsg.) 1995, S. 619-642.

„Globale Linie" Carl Schmitt, Die letzte globale Linie. In: Maschke (Hrsg.) 1995, S. 441-452.

„HdV": Carl Schmitt, Der Hüter der Verfassung (4. Aufl. 1996). Berlin 1931.

„Imperialismus": Carl Schmitt, 1932/33: USA und die völkerrechtlichen Formen des modernen Imperialismus [1932/33]. In: Maschke (Hrsg.) 2005, S. 349-377.

„Interventionsverbot": Carl Schmitt, Völkerrechtliche Großraumordnung mit Interventionsverbot für raumfremde Mächte. Ein Beitrag zum Reichsbegriff im Völkerrecht (1941). In: Maschke (Hrsg.) 1995, S. 269-371.

„Kampf": Carl Schmitt, 1936: Die deutsche Rechtswissenschaft im Kampf gegen den jüdischen Geist. In: Deutsche Juristen-Zeitung, 41. Jg., Sp. 1453-1456.

„Katholizismus": Carl Schmitt, Römischer Katholizismus und politische Form (5. Aufl. Berlin 2008). Stuttgart 1923.

„Lage": Carl Schmitt, Die geistesgeschichtliche Lage des heutigen Parlamentarismus (6. Aufl. 1985). Berlin 1923.

„Legisten":	Carl Schmitt, Die Formung des französischen Geistes durch den Legisten (1942). In: Maschke (Hrsg.) 1995, S. 184-217.
„Leviathan":	Carl Schmitt, Der Leviathan in der Staatslehre des Thomas Hobbes. Sinn und Fehlschlag eines politischen Symbols. Hamburg 1938.
„LuL":	Carl Schmitt, Legalität und Legitimität (6. Aufl. 1998). Berlin 1932.
„LuM":	Carl Schmitt, Land und Meer. Eine weltgeschichtliche Betrachtung (3. Aufl. Stuttgart 1993). Köln-Lövenich 1981.
„Mechanismus":	Carl Schmitt, Der Staat als Mechanismus bei Hobbes und Descartes. In: Archiv für Rechts- und Sozialphilosophie 30 (1936/37), S. 623-632.
„Nomos":	Carl Schmitt, Der Nomos der Erde im Völkerrecht des Jus Publicum Europaeum (4. Aufl. 1997). Berlin 1950.
„Not":	Carl Schmitt, Das Gesetz zur Behebung der Not von Volk und Reich. In: Deutsche Juristenzeitung, 38. Jg. (1933), Sp. 455ff.
„Ost und West":	Carl Schmitt, Die geschichtliche Struktur des heutigen Weltgegensatzes von Ost und West (1955). Bemerkungen zu Ernst Jüngers Schrift „Der gordische Knoten". In: Maschke (Hrsg.), S. 523-551.
„Partisan":	Carl Schmitt, Theorie des Partisanen: Zwischenbemerkung zum Begriff des Politischen. Berlin 1963.
„Positionen":	Carl Schmitt, Positionen und Begriffe im Kampf mit Weimar – Genf – Versailles 1923–1939. Hamburg 1940.
„PTh":	Carl Schmitt, Politische Theologie. Vier Kapitel zur Lehre von der Souveränität (9. Aufl. 2009). Berlin 1922.
„Rezension":	Carl Schmitt, Rezension von F.J. Conde, El pensiamiento político de Bodino, Madrid 1935, in: Deutsche Juristen-Zeitung 41, 1936, Sp. 181-182.
„Romantik":	Carl Schmitt, Politische Romantik 2. Aufl. Berlin 1925.
„RuG":	Carl Schmitt, Raum und Großraum im Völkerrecht (1940). In: Maschke (Hrsg.) 1995, S. 234-268.
„Urteil":	Carl Schmitt, Gesetz und Urteil. Eine Untersuchung zum Problem der Rechtspraxis. (2. Aufl. München 1969). Berlin 1912.
„Vereinigung":	Carl Schmitt, 1924: Die Diktatur des Reichspräsidenten, in: Veröffentlichungen der Vereinigung der Deutschen Staatsrechtslehrer, Heft 1, Berlin/Leipzig, S. 63ff. (Wiederabdruck in: Carl Schmitt, Die Diktatur, 1928).
„VGO":	Carl Schmitt, Völkerrechtliche Großraumordnung mit Interventionsverbot für raumfremde Mächte – ein Beitrag zum Reichsbegriff im Völkerrecht. Berlin/Wien/Leipzig 1939.
„VL":	Carl Schmitt, Verfassungslehre [Nachdruck der 1. Aufl. von 1928] (8. Auflage 1993). Berlin 1928.
„Volksentscheid"	Carl Schmitt, 1927: Volksentscheid und Volksbegehren. Ein Beitrag zur Auslegung der Weimarer Verfassung und zur Lehre von der unmittelbaren Demokratien (Neuausgabe 2014). Berlin/Boston.
„Wert":	Carl Schmitt, Der Wert des Staates und die Bedeutung des Einzelnen. Tübingen 1914.
„Werte":	Carl Schmitt, Die Tyrannei der Werte (3. Aufl. 2011). Berlin 1967.

2. Allgemeine Literatur

Adam, Armin, 1999: Despotie der Vernunft. Hobbes, Rousseau, Kant, Hegel. Freiburg.

Adloff, Frank, 2014: „Es gibt schon ein richtiges Leben im falschen." Konvivialismus – zum Hintergrund einer Debatte. In: Adloff/Leggewie (Hrsg.) 2014, S. 7-32.

Adloff, Frank /Leggewie, Claus (Hrsg.), Das konvivialistische Manifest. Für eine neue Kunst des Zusammenlebens. Bielefeld.

Agamben, Giorgio, 2002: Homo sacer. Die souveräne Macht und das nackte Leben: Frankfurt a.M.

Agamben, Giorgio, 2004: Ausnahmezustand: Homo sacer II.1. Frankfurt a.M.

Agamben, Giorgio et al., 2012: Demokratie? Eine Debatte: Frankfurt a.M.

Agamben, Giorgio, 2010: Was ist Zeitgenossenschaft. In: Nacktheiten, übers. v. A. Hiepko, Frankfurt a.M., S. 21-35.

Agamben, Giorgio, 2014: Leviathans Rätsel (hrsg. von Friedrich Hermanni). Tübingen.

Anschütz, Gerhard, 1919: Die Verfassung des Deutschen Reichs vom 11. August 1991 (14. Aufl. 1933; Nachdruck 1968). Berlin/Zürich.

Anter, Andreas (Hrsg.), 2004: Die normative Kraft des Faktischen. Das Staatsverständnis Georg Jellineks. Baden-Baden.

Anter, Andreas, 2007: Die Macht der Ordnung. Aspekte einer Grundkategorie des Politischen. 2. Aufl. Tübingen.

Anter, Andreas, 2008: Die Europäische Union als Großraum. Carl Schmitt und die Aktualität seiner Theorie. In: Voigt (Hrsg.) 2008, S. 57-70.

Anter, Andreas, 2009: Lehrmeister Thomas Hobbes. Carl Schmitt, Talcott Parosn und Hobbes' Argument der Ordnung. In: Voigt (Hrsg.) 2009a, S. 167-184.

Anter, Andreas/Breuer, Stefan (Hrsg.), 2011: Max Webers Staatssoziologie. Positionen und Perspektiven. Baden-Baden.

Anter, Andreas/Frick, Verena, 2013: Der verdrängte Carl Schmitt. Ernst-Wolfgang Böckenfördes Diagnostik des Ausnahmezustandes. In: Voigt (Hrsg.) 2013a, S. 128-143.

Archibugi, Daniele, 2003: Cosmopolitical Democracy. In: Ders. (Hrsg.), Debating Cosmopolitics, London, S. 1-15.

Ateş, Seyran, 2009: Der Multikulti-Irrtum. Wie wir in Deutschland besser zusammenleben können, 3. Aufl. Berlin.

Aron, Raymond, 1959: Immuable et changeante. De la IVe à la Ve République: Paris.

Aron, Raymond, 1985: Erkenntnis und Verantwortung – Lebenserinnerungen, München/Zürich.

Assmann, Jan, 1992: Politische Theologie zwischen Ägypten und Israel. München.

Bachratz, Peter/Morton S. Baratz, 1977: Macht und Armut. Eine theoretisch-empirische Untersuchung (Orig.: New York etc. 1970). Frankfurt a.M.

Badiou, Alain/Ranciére, Jacques, 2014: Politik der Wahrheit (hrsg. u. übers. von Rado Riha)(1. Aufl. 1996). 3. Aufl. Wien/Berlin.

Baldus, Manfred, 1987: Carl Schmitt im Hexagon. Zur Schmitt-Rezeption in Frankreich. In: Der Staat 26, S. 566-586.

Balibar, Etienne, 2003: Internationalisme ou barbarie (Interview), In: Solidarité, Nr. 30, S. 22-23.

Balke, Friedrich, 1995: Das Zeichen des Politischen. In: Göbel/van Laak/Villinger (Hrsg.) 1995, S. 249-266.

Ball, Hugo, 1983: Carl Schmitts politische Theologie (1924). In: Taubes (Hrsg.) 1983, S. 100-115.

Ballestrem, Karl Graf/Ottmann, Henning (Hrsg.), 1990: Politische Philosophie des 20. Jahrhunderts. München.

Baltrusch, Ernst/Wendt, Christian (Hsrg.), 2011: Ein Besitz für immer? Geschichte, Polis und Völkerrecht bei Thukydides. Baden-Baden.

Barion, Hans/Forsthoff, Ernst/Weber, Werner (Hrsg.), 1959: Festschrift für Carl Schmitt zum 70. Geburtstag. Berlin.

Barion, Hans/Böckenförde, Ernst-Wolfgang/Forsthoff, Ernst/Weber, Werner (Hrsg.), 1968: Epirrhosis. Festgabe für Carl Schmitt. Zwei Bände. Berlin.

Baudrillard, Jean, 1978: Agonie des Realen. Berlin.

Baumeister, Werner, 2007: Ehrenmorde. Blutrache und ähnliche Delinquenz in der Praxis bundesdeutscher Strafjustiz. Münster u.a.

Beck, Ulrich; 2002. Macht und Gegenmacht im globalen Zeitalter. Neue weltpolitische Ökonomie. Frankfurt a.M.

Beck, Ulrich/Grande, Edgar, 2004: Das kosmopolitische Europa. Gesellschaft und Politik in der Zweiten Moderne. Frankfurt a.M.

Becker, Hartmuth, 2003: Die Parlamentarismuskritik bei Carl Schmitt und Jürgen Habermas. 2. Aufl. Berlin.

Belina, Bernd (Hrsg.), 2013: Staat und Raum. Stuttgart.

Benjamin, Walter, 1942: Über den Begriff der Geschichte, Bd. I, 2. In: Ders., Gesammelte Schriften. Frankfurt a.M. 1972-1989.

Bendersky, Joseph W., 1983: Carl Schmitt. Theorist for the Third Reich. Princeton.

Benhabib, Seyla, 2008: Kosmopolitismus und Demokratie. Eine Debatte (engl. Orginal: Oxford 2006). Frankfurt a.M./New York.

Benoist, Alain de, 2003: Carl Schmitt. Bibliographie seiner Schriften und Korrespondenten. Berlin.

Benz, Arthur, 2001: Der moderne Staat. München/Wien.

Bergsdorf, Wolfgang (Hrsg.), 1979: Wörter als Waffen. Sprache als Mittel der Politik. Stuttgart.

Bermbach, Udo, 1984: Über die Vernachlässigung der Theoriegeschichte als Teil der Politischen Wissenschaft. In: Politische Vierteljahresschrift 25, Sonderheft 15, S. 9-31.

Berthold, Lutz, 1999: Carl Schmitt und der Notstandsplan am Ende der Weimarer Republik. Berlin.

Blasius, Dirk, 2012: Preußische Bindungen. Carl Schmitts „Ausnahmezustand" in verfassungsgeschichtlicher Perspektive. In: Voigt (Hrsg.) 2012, S. 115-127.

Blasius, Rainer, 2014: Geteilter Widerstand. In: FAZ 165/29 vom 19.7.2014, S. 1.

Blindow, Felix, 1999: Carl Schmitts Reichsordnung. Strategie für einen europäischen Großraum. Berlin.

Bobbio, Norberto, 1988: Die Zukunft der Demokratie (ital. Original Turin 1984). Berlin.

Bodin, Jean, 1841: Das Heptaplomeres. Zur Geschichte der Cultur und Literatur im Jahrhundert der Reformation (hrsg. und eingeleitet von G. E. Guhrauer), Berlin.

Bodin, Jean, 1976: Über den Staat (Les Six Livres de la République, Paris 1583). Stuttgart.

Bodin, Jean, 1981-1986: Sechs Bücher über den Staat (franz. Original: Paris 1583), übers. v. Bernd Wimmer, Hrsg. v. Peter-Cornelius Mayer-Tasch, 2 Bände. München.

Böckenförde, Ernst-Wolfgang, 1976: Staat, Gesellschaft, Freiheit. Studien zur Staatstheorie und zum Verfassungsrecht. Frankfurt a.M.

Böckenförde, Ernst-Wolfgang, 1976a: Der Begriff des Politischen als Schlüssel zum staatsrechtlichen Werk Carl Schmitts. In: Ders. 1976, S. 344-366.

Böckenförde, Ernst-Wolfgang, 1978: Der verdrängte Ausnahmezustand, in: Neue Juristische Wochenschrift 1978, S. 1881ff.

Böckenförde, Ernst-Wolfgang, 1991: Recht, Staat, Freiheit. Studien zu Rechtsphilosophie, Staatstheorie und Verfassungsgeschichte. Frankfurt a.M.

Böhlke, Effi, 1999: „Esprit de nation". Montesquieus politische Philosophie. Berlin.
Bogdandy, Armin von/Hinghofer-Szalkay, Stephan, 2013: Das etwas unheimliche Ius Publicum Europaeum. Begriffsgeschichtliche Analysen im Spannungsfeld von europäischem Rechtsraum, droit public de l'Europe und Carl Schmitt. In: Zeitschrift für ausländisches öffentliches Recht und Völkerrecht 73/2, S. 209-248.
Boldt, Hans, 1967: Rechtsstaat und Ausnahmezustand. Berlin.
Bolsinger, Eckard, 2001: The Autonomy of the Political. Carl Schmitt's and Lenin's Political Realism. Westport/London.
Bonavides, Paulo, 1996: Die Entpolitisierung der Legitimität. In: *Der Staat* 35, S. 581-598.
Bourdieu, Pierre, 1987: Die feinen Unterschiede. Kritik der gesellschaftlichen Urteilskraft (franz. Original: Paris 1979). Frankfurt a.M.
Bourdieu, Pierre, 1998: Praktische Vernunft. Zur Theorie des Handelns (franz. Original: Paris 2015). Frankfurt a.M.
Bourdieu, Pierre, 2014: Über den Staat. Vorlesungen am Collège des France 1989-1992 (franz. Original: Paris 1994). Berlin.
Braudel, Fernand, 1986: La Méditerranée et le monde méditerranéen à l'époque de Philippe II. 2 Bände. 5. Aufl. Paris.
Braudel, Fernand, 1992: Schriften zur Geschichte: Gesellschaft und Zeitstrukturen. Bd. 1. Stuttgart.
Braudel, Fernand, 2011: Die Dynamik des Kapitalismus (franz. Original: Paris 1985)
Bredekamp, Horst, 2003: Thomas Hobbes Der Leviathan. Das Urbild des modernen Staates und seine Gegenbilder. 1651−2001. 2. Aufl. Berlin.
Bredow, Wilfried von, 1978: Carl Schmitt lesen. In: Liberal, 6, S. 432-444.
Brie, Michael/Haug, Frigga (Hrsg.), 2011: Zwischen Klassenstaat und Selbstbefreiung. Zum Staatsverständnis von Rosa Luxemburg. Baden-Baden.
Brodocz, André, 2002: Die politische Theorie des Dezisionismus: Carl Schmitt. In: Brodocz/Schal (Hrsg.) 2002, S. 228-315.
Brodocz, André/Schaal, Gary S. (Hrsg.), 2002: Politische Theorien der Gegenwart I, Opladen.
Broszies, Christoph/Hahn, Henning (Hrsg.) 2010: Globale Gerechtigkeit. Schlüsseltexte zur Debatte zwischen Partikularismus und Kosmopolitismus. Berlin.
Brown, Wendy, 2012: Wir sind jetzt alle Demokraten ... In: Agamben et al. 2012, S. 55-71.
Brunhöber, Beatrice (Hrsg.), 2014: Strafrecht im Präventionsstaat. Stuttgart.
Brunkhorst, Hauke/Voigt, Rüdiger (Hrsg.), 2008: Rechts-Staat. Staat, internationale Gemeinschaft und Völkerrecht bei Hans Kelsen. Baden-Baden.
Brzezinski, Zbigniew, 1997: Die einzige Weltmacht. Berlin.
Buckel, Sonja/Fischer-Lescano, Andreas (Hrsg.), 2007: Hegemonie gepanzert mit Zwang. Zivilgesellschaft und Politik im Staatsverständnis Antonio Gramscis. Baden-Baden.
Burke, Edmund, 1987: Betrachtungen über die Französische Revolution. Gedanken über die französischen Angelegenheiten, hrsg. von Ulrich Frank-Planitz. Zürich.
Burkhardt, Johannes, 1992: Der Dreißigjährige Krieg. Frankfurt a.M.
Campagna, Norbert, 2013: Der absolute Staat und die Ausnahme bei Jean Bodin. In: Voigt (Hrsg.) 2013, S. 45-57.
Carl-Schmitt-Gesellschaft (Hrsg.), 2014: Schmittiana. Neue Folge. Beiträge zu Leben und Werk Carl Schmitts, Band II. Berlin.
Carstens, Uwe (Hrsg.), 2014: Ferdinand Tönnies. Der Sozialstaat zwischen Gemeinschaft und Gesellschaft. Baden-Baden.
Cassirer, Ernst, 1964: Der Mythus des Staates. Philosophische Grundlagen politischen Verhaltens (1949). 2. Aufl. Zürich/München.
Cassirer, Ernst, 1994: Philosophie der symbolischen Formen. 2. Teil: Das mythische Denken (Nachdruck der Ausgabe von 1924). 9. Aufl. Darmstadt.

Charlton, Bruce G., 2014: Thought Prison. The Fundamental Nature of Political Correctness. Buckingham.

Cicero, Marcus Tullius, 2001: De re publica. Vom Gemeinwesen. Hrsg. und übersetzt von Karl Büchner. Ditzingen.

Cioran, Emile M., 1969: Syllogismen der Bitterkeit (franz. Original Paris 1952). Frankfurt a.M.

Cioran, Emile M., 1980: Über das reaktionäre Denken. Frankfurt a.M.

Clapmarius, Arnold, 2013: De Arcanis Rerumpublicarum libri sex (1605). Stuttgart.

Clark, Christopher, 2013: Die Schlafwandler. Wie Europa in den Ersten Weltkrieg zog (engl. Original: London 2013). München.

Constantinesco, Léontin-Jean, 1977: Das Recht der Europäischen Gemeinschaften. Baden-Baden.

Corino, Karl (Hrsg.), 1980: Intellektuelle im Bann des Nationalsozialismus. Hamburg.

Crouch, Coplin, 2008: Postdemokratie (engl. Original Oxford 2004). Frankfurt a.M.

Crouch, Colin, 2011: Das befremdliche Überleben des Neoliberalismus. Postdemokratie II (engl. Original: Cambridge 2011). Berlin.

Deleuxe, Gilles/Guattari, Félix, 2005: Kapitalismus und Schizophrenie. Tausend Plateaus (franz. Original Paris 1980). 6. Aufl. Berlin.

Deller, Nicole/Makhijani, Arjun/Burroughs, John (Hg), 2004: US-Politik und Völkerrecht. Recht des Stärkeren oder Stärke des Rechts? Münster.

Deppe, Frank, 2013: Autoritärer Kapitalismus. Demokratie auf dem Prüfstand. Hamburg.

Derrida, Jacques, 1991: Gesetzeskraft. Der „mythische Grund der Autorität", übers. v. Alexander García Düttmann. Frankfurt a.M.

Dethloff, Manuel, 2005: Die Kritik von Leo Strauss an Carl Schmitts „Der Begriff des Politischen". Studienarbeit WS 2004/2005.

Detjen, Joachim, 2014: Carl Schmitt, Der Begriff des Politischen. In: Georg W. Oesterdickhoff (Hrsg.) Lexikon der soziologischen Werke, 2. Aufl. Wiesbaden 2014, S. 649f.

Diehl, Paula, 2015: Der politische Repäsentant und der „leere Ort der Macht". Für eine Theorie demokratischer Repäsentation. Baden-Baden.

Diekmann, Irene/Krüger, Peter/Schoeps, Julius H. (Hrsg.) 2000: Geopolitik. Grenzgänge im Zeitgeist, Bd. 1.2: 1890 bis 1945. Potsdam.

Diner, Dan, 1993: Weltordnungen. Über Geschichte und Wirkung von Recht und Macht. Frankfurt a.M.

Dirsch, Felix, 2012: Authentischer Konservatismus. Studien zu einer klassischen Strömung des politischen Denkens. Berlin.

Donoso Cortés, Juan Maria, 1966: Der Staat Gottes – Eine katholische Geschichtsphilosophie (span. Original 1851) (1933). Neudruck Karlsruhe.

Donoso Cortés, Juan Maria, 2007: Essay über den Katholizismus, den Liberalismus und den Sozialismus. Und andere Schriften aus den Jahren 1851 bis 1853, hrsg. von Günter Maschke. 3. Aufl. Wien.

Dreier, Volker, 2005: Die Architektur politischen Handelns. Machiavelli's *Il Principe* im Kontext der modernen Wissenschaftstheorie. Freiburg/München.

Dyzenhaus, David (Hrsg.), 1998: Law as Politics, Carl Schmitt's Critique of Liberalism. Durham.

Elias, Norbert, 1982: Thomas Morus' Staatskritik. In: Wilhelm Vosskamp. Band 2, S. 101-150.

Faber, Richard, 1999: Jean Bodin und de Bonald bei Werner Krauss und Carl Schmitt. Ein Vergleich, In: Ottmar Ette/Martin Fontius/Gerda Haßler/Peter Jehle (Hrsg.): Werner Krauss. Wege – Werke – Wirkungen, Berlin 1999, S. 70-90.

Ferguson, Niall, 2013: Der falsche Krieg. Der Erste Weltkrieg und das 20. Jahrhundert. München.

Ferrero, Guglielmo, 1944: Macht. Zürich.
Fetscher, Iring, 1992: Einleitung. In: Hobbes 1992, S. X.
Feuerbach, Jean-Louis, 1988: La théorie du Großraum chez Carl Schmitt. In: Quaritsch (Hrsg.) 1988, S. 401-418.
Fijalkowski, Jürgen, 1958: Die Wendung zum Führerstaat. Ideologische Komponenten in der politischen Philosophie Carl Schmitts. Köln.
Firsching, Horst, 1995: Am Ausgang der Epoche der Staatlichkeit? Ernst Forsthoffs Sicht der Bundesrepublik Deutschland als paradigmatischer Staat der Industriegesellschaft. In: Göbel/van Laak/Villinger (Hrsg.) 1995, S. 203-218.
Folz, Hans-Ernst, 1962: Staatsnotstand und Notstandsrecht. Köln/Berlin/Bonn/ München.
Forsthoff, Ernst, 1933: Der totale Staat. Hamburg.
Forsthoff, Ernst, 1971: Der Staat der Industriegesellschaft. München.
Foucault, Michel, 1999: Andere Räume. In: Ders., Botschaften der Macht. Stuttgart 1999, S. 145-157.
Fraenkel, Ernst, 1974: Der Doppelstaat (amerikan. Original 1940). Frankfurt a. M.
Frank, Thomas/Koschorke, Albrecht/Lüdemann, Susanne/Matala de Mazza, Ethel (unter Mitarbeit von Andreas Kraß), 2002: Des Kaisers neue Kleider. Über das Imaginäre politischer Herrschaft. Frankfurt a.M.
Frank-Planitz, Ulrich, 1987: Edmund Burkes Leben und Wirkung. In: Burke 1987, S. 9-32.
Frankenberg, Günter, 2010: Staatstechnik. Perspektiven auf Rechtsstaat und Ausnahmezustand. Frankfurt a.M.
Friedrich, Carl J., 1953: Der Verfassungsstaat der Neuzeit (engl. Original New York/London 1937/1951). Berlin u.a.
Friedrich der Große, 1987: Politisches Testament von 1752. München.
Fukuyama, Francis, 1992: Das Ende der Geschichte. Wo stehen wir? 4. Aufl. Reinbek.
Gablentz, Heinrich Otto von der, 1966: Der Staat als Mythos und Wirklichkeit. In: Politische Vierteljahresschrift, 1966, S. 138-163.
Gablentz, Heinrich Otto von der, 1976: Konservatismus, in: Fraenkel, Ernst/Bracher, Karl-Dietrich (Hrsg.), Staat und Politik, Frankfurt a.M. 1976, S. 170–171.
Gaitanides, Charlotte/Kadelbach, Stefan/Iglesias, Carlos Rodriguez (Hrsg.) 2005: Europa und seine Verfassungen. Festschrift für Manfred Zuleeg zum siebzigsten Geburtstag. Baden-Baden.
Gangl. Manfred (Hrsg.), 2011: Die Weimarer Staatsrechtsdebatte. Diskurs- und Rezeptionsstrategien. Baden-Baden.
Gebhardt, Peter/Grzimek, Martin/Harth, Dietrich/Rumpf, Michael/Schödlbauer, Ulrich/Witte, Bernd, 1976: Walter Benjamin – Zeitgenosse der Moderne. Kronberg Ts.
Geulen, Christian/Heiden, Anne von der/Liebsch, Burkhard (Hrsg.), 2002: Vom Sinn der Feindschaft. Berlin.
Geulen, Christian/Heiden, Anne von der/Liebsch, Burkhard, 2002a: Einleitung. Vom Sinn der Feindschaft, in: Geulen/Heiden/Liebsch (Hrsg.) 2002, S. 7–17.
Gerhardt, Volker, 2003: Politik als Ausnahme. Der Begriff des Politischen als dekontextualisierte Antitheorie. In: Mehring (Hrsg.) 2003, S. 205-218.
Göbel, Andreas/Dirk van Laak/Ingeborg Villinger (Hrsg.), 1995: Metamorphosen des Politischen. Grundfragen politischer Einheitsbildung seit den 20er Jahren, Berlin.
Goethe, Johann Wolfgang, 1964: Schriften zur Literatur. „Gedenkausgabe der Werke, Briefe und Gespräche", Band 14 (hrsg. von Ernst Beutler). 2. Aufl. Zürich.
Gramsci, Antonio, 1995ff.: Gefängnisbriefe. Kritische Ausgabe in vier Bänden (hrsg. von Ursula Apitzsch u.a. Hamburg/Frankfurt a.M.
Grau, Richard, 1922: Die Diktaturgewalt des Reichspräsidenten und der Landesregierungen auf Grund des Artikels 48 der Reichsverfassung. Berlin.

Grauhan, Rolf-Richard, 1977: Der „Staat" des Machiavelli und der moderne Begriff des „Politischen" – Hypothesen für eine erneute Überprüfung. In: Peter Haungs (Hrsg.): Res Publica, München 1977, S. 115-140.

Greiffenhagen, Martin, 1987: Konservatismus. In: Görlitz, Axel/Prätorius, Rainer (Hrsg.): Handbuch Politikwissenschaft. Grundlagen – Forschungsstand – Perspektiven, Reinbek 1987, S. 233-238.

Groh, Ruth, 1998: Arbeit an der Heillosigkeit der Welt. Zur politisch-theologischen Mythologie und Anthropologie Carl Schmitts. Frankfurt a.M.

Groh, Kathrin, 2014: Demokratische Staatsrechtslehrer in der Weimarer Republik. Von der konstitutionellen Staatslehre zur Theorie des modernen demokratischen Verfassungsstaats. Tübingen.

Groh, Kathrin, 2014: Legitimität im Jurisdiktionsstaat? Carl Schmitt und die Verfassungsgerichte. In: Rüdiger Voigt (Hrsg.): Legalität ohne Legitimität? Carl Schmitts Kategorie der Legitimität. Wiesbaden 2014, S. 111-132.

Gross, Raphael, 2000: Carl Schmitt und die Juden. Eine deutsche Rechtslehre. Frankfurt a.M.

Großheim, Michael, 2002: Politischer Existenzialismus. Subjektivität zwischen Entfremdung und Engagement. Tübingen.

Grote, Ewald (Hrsg.), 2014: Carl Schmitt – Ernst Rudolf Huber: Briefwechsel 1926-1981. Mit ergänzenden Materialien. Berlin.

Grotius, Hugo, 1950: De Jure Belli ac Pacis Libri tres, Paris. Drei Bücher vom Recht des Krieges und des Friedens nebst einer Vorrede von Christian Thomasius zur ersten deutschen Ausgabe des Grotius vom Jahre 1707, deutsch hrsg. v. Walter Schätzel. Tübingen.

Gruchmann, Lothar, 1962: Nationalsozialistische Großraumordnung. Die Konstruktion einer deutschen Monroe Doktrin. Stuttgart.

Günzel, Anne Sophie, 2007: Charles de Gaulle – Mythos und Legende: Die Führungspersönlichkeit und die mediale Inszenierung eines französischen Politikers. München.

Habermas, Jürgen, 1973: Legitimationsprobleme im Spätkapitalismus. Frankfurt a.M.

Habermas, Jürgen, 1995a: Beitrag zur Diskussion über „Wertfreiheit und Objektivität. In: Stammer (Hrsg.) 1995, S. 78ff.

Habermas, Jürgen, 1995b: Die Krise des Wohlfahrtsstaates und die Erschöpfung utopischer Energien. In: Ders.: Die Neue Unübersichtlichkeit. Frankfurt a.M. 1985, S. 141-163.

Habermas, Jürgen, 1998: Faktizität und Geltung. Beiträge zur Diskurstheorie des Rechts und des demokratischen Rechtsstaats. Frankfurt a.M.

Habermas, Jürgen, 1998a: Die postnationale Konstellation. Politische Essays. Frankfurt a.M.

Habermas, Jürgen, 2004: Der gespaltene Westen. Kleine Politische Schriften X. Frankfurt a.M.

Habermas, Jürgen, 2008: Europapolitik in der Sackgasse. Plädoyer für eine Politik der abgestuften Integration. In: Ders.: Ach, Europa. Frankfurt a.M. 2008, S. 96-127.

Habermas, Jürgen, 2011: Rettet die Würde der Demokratie, in: FAZ 2011, S. 31.

Habermas, Jürgen, 2013: Im Sog der Technokratie. Kleine Politische Schriften XII. Berlin.

Häberle, Peter (Hrsg.). 1982: Kulturstaat und Kulturverfassungsrecht. Darmstadt.

Han, Byung-Chul, 2013: Im Schwarm. Ansichten des Digitalen. Berlin: Matthes & Seitz.

Hardt, Michael/Negri, Antonio, 2003: Empire. Die neue Weltordnung. Frankfurt a.M./New York.

Hardt, Michael/Negri, Antonio, 2004: Multitude. Krieg und Demokratie im Empire. Frankfurt a.M./New York.

Hardt, Michael/Negri, Antonio, 2010: Common Wealth. Das Ende des Eigentums. Frankfurt a.M./New York.

Hartmann, Detlef/Geppert, Gerald, 2008: Cluster. Die neue Etappe des Kapitalismus. Berlin.

Hartmann, Nicolai, 1962: Ethik (1926). 4. Aufl. Berlin.

Haushofer, Karl, 1936: Weltpolitik heute. Berlin.

Hebeisen, Michael W., 1995: Souveränität in Frage gestellt. Die Souveränitätslehren von Hans Kelsen, Carl Schmitt und Hermann Heller im Vergleich. Baden-Baden.

Heckel, Johannes, 1932: Diktatur, Notverordnungsrecht, Verfassungsnotstand, in: Archiv des öffentlichen Rechts, Bd. 62, S. 257ff.

Heidegger, Martin, 2006: Sein und Zeit (1927). 19. Aufl. Berlin.

Heiden, Anne von der, 2002: Der unsichtbare Feind, in: Geulen/Heiden/Liebsch (Hrsg.) 2002, S. 183-205.

Heimes, Claus, 2004: Antipositivistische Staatslehre – Eric Voegelin und Carl Schmitt zwischen Wissenschaft und Ideologie (Occasional Papers Eric-Voegelein-Archiv, XLII). München.

Heinz, Marion/Gretić, Goran (Hrsg.) 2006: Philosophie und Zeitgeist im Nationalsozialismus. Würzburg.

Heller, Hermann, 1928: Politische Demokratie und soziale Homogenität. In: Ders.: Gesammelte Schriften (hrsg. von Christoph Müller). 2. Aufl. Tübingen 1992. Band II, S. 421ff.

Heller, Hermann, 1970: Staatslehre, hrsg. von Gerhart Niemeyer. 4. Aufl. Leiden.

Heller, Hermann, 1992: Die Souveränität – Ein Beitrag zur Theorie des Staats- und Völkerrechts (1927), In: Müller, Christoph (Hrsg.): Hermann Heller. Gesammelte Schriften, Bd. 2, 2. Aufl. Tübingen 1992, S. 31ff.

Hennis, Wilhelm, 1959: Zum Problem der deutschen Staatsanschauung. In: Vierteljahreshefte für Zeitgeschichte, 7, S. 1-23.

Hennis, Wilhelm, 1968: Politik als praktische Wissenschaft. München.

Hennis, Wilhelm, 1998: Auf dem Weg in den Parteienstaat. Aufsätze aus vier Jahrzehnten. Ditzingen.

Hennis, Wilhelm/Kielmansegg, Peter Graf/Matz, Ulrich, 1977: Regierbarkeit I. Studien zu ihrer Problematisierung. Stuttgart.

Hennis, Wilhelm/Kielmansegg, Peter Graf/Matz, Ulrich, 1979: Regierbarkeit II. Studien zu ihrer Problematisierung. Stuttgart.

Herder, Johann Gottfried, 2013: Briefe zur Beförderung der Humanität (Original: Tiga 1793-1797). 2. Aufl. Berlin.

Hernández-Arias, José R., 1998: Donoso Cortés und Carl Schmitt. Paderborn.

Hetzer, Wofgang, 2008*Hilger, Ewelina*, 2005: Präemption und humanitäre Intervention – gerechte Kriege? Frankfurt a.M.

Hirsch, Michael, 2007: Die zwei Seiten der Entpolitisierung. Zur politischen Theorie der Gegenwart. Stuttgart.

Hirsch, Michael, 2007a: Politische Theologie des Konflikts. Carl Schmitt im politischen Denken der Gegenwart. In: Voigt (Hrsg.) 2007, S. 83-111.

Hirsch, Michael/Voigt, Rüdiger (Hrsg.) 2009: Der Staat in der Postdemokratie. Staat, Politik, Demokratie und Recht im neueren französischen Denken. Stuttgart.

Hobbes, Thomas, 1976: Naturrecht und allgemeines Staatsrecht in den Anfangsgründen, mit einer Einführung von Ferdinand Tönnies, Darmstadt.

Hobbes, Thomas, 1992: Leviathan oder Stoff, Form und Gewalt eines bürgerlichen und kirchlichen Staates (Leviathan or the Matter, Forme and Power of Commonwealth, Ecclesiasticall and Civill, 1651), Hrsg. von Iring Fetscher. 5. Aufl. Frankfurt a.M.

Hobbes, Thomas, 1994: Vom Menschen – Vom Bürger (Elementorum Philosophiae secto tertia de Cice, 1647). 3. Aufl. Hamburg.

315

Hobson, Rolf, 2004: Maritimer Imperialismus. Seemachtsideologie, seestrategisches Denken und der Tirpitzplan 1875 bis 1914. München/Wien.

Hofmann, Hasso, 1974: Repräsentation. Studien zu Wort- und Begriffsgeschichte von der Antike bis ins 19. Jahrhundert. Berlin.

Hofmann, Hasso, 1986: Feindschaft – Grundbegriff des Politischen. In: Ders., Recht – Politik – Verfassung. Studie zur Geschichte der politischen Philosophie, Berlin, S. 212-241.

Hofmann, Hasso, 1988: Die deutsche Rechtswissenschaft im Kampf gegen den jüdischen Geist. In: Karlheinz Müller/Klaus Wittstadt (Hrsg.): Geschichte und Kuktur des Judentums, Würzburg 1988, S. 223-240.

Hofmann, Hasso, 2010: Legitimität gegen Legalität – Der Weg der politischen Philosophie Carl Schmitts (1. Aufl. 1964). 5. Aufl. Berlin.

Hornung, Klaus, 1983: Konservativismus. In: Mickel, Wolfgang W. (Hrsg.), Handlexikon zur Politikwissenschaft, München 1983, S. 259-265.

Huber, Ernst-Rudolf, 1941: „Positionen und Begriffe". Eine Auseinandersetzung mit Carl Schmitt. In: Zeitschrift für die gesamte Staatswissenschaft, Bd. 101, S. 1-44.

Huber, Ernst Rudolf, 1964: Dokumente zur Deutschen Verfassungsgeschichte, Band 4. Stuttgart.

Huber, Ernst-Rudolf, 1984: Deutsche Verfassungsgeschichte seit 1789, Bd. 7. Stuttgart.

Huber, Ernst Rudolf, 1988: Carl Schmitt in der Reichskrise der Weimarer Endzeit, in: Quaritsch (Hrsg.) 1988, S. 33-50.

Hüning, Dieter (Hrsg.), 2009: Naturrecht und Staatstheorie bei Samuel Pufendorf. Baden-Baden.

Hüsmert, Ernst/Giesler, Gerd (Hrsg.), 2005: Carl Schmitt – Die Militärzeit 1915 bis 1919. Tagebuch Februar bis Dezember 1815. Aufsätze und Materialien. Berlin.

Huhnholz, Sebastian, 2014: Vom Imperium zur Souveränität und zurück. Raumpolitische Geltungsgrenzen zwischen Jean Bodins Souveränitätsverständnis und Carl Schmitts postsouveräner Imperiumsfurcht. In: Anna Heinze/Sebastian Möckel/Werner Röcke (Hrsg.): Grenzen der Antika. Die Produktivität von Grenzen in Transformationsprozessen. Berlin/Boston 2014, S. 377-409.

Huntington, Samuel P., 1997: Kampf der Kulturen. The Clash of Civilzations. Die Neugestaltung der Weltpolitik im 21. Jahrhundert (amerikan. Original New York 1996). 6. Aufl. München/Wien.

Ikenberry, John, 2004: Illusions of Empire. Defining the New American Order. In. Foreign Affairs, 2004, S. 144-154.

Imboden, Max, 1963: Johannes Bodinus und die Souveränitätslehre. Basel.

Jaspers, Karl, 1955: Die geistige Situation der Zeit (1931). Berlin.

Jellinek, Georg, 1959: Allgemeine Staatslehre (1900) (3. Aufl. 1921). Darmstadt.

Joerges, Christian/Ghaleigh, Narraj Singh (Hrsg.), 2003: Darker Legacies of Law in Europe. The Shadow of National Socialism and Fascism over Europe and its Legal Traditions. Oxford/Portland.

Johnson. Andrew, 2010: Viral Politics. Jacques Derrida's reading of Auto-Immunity and the political philosophy of Carl Schmitt. Saarbrücken.

Jünger, Ernst, 1920: In Stahlgewittern. Aus dem Tagebuch eines Stoßtruppführers (46. Aufl. Stuttgart). Leipzig.

Kaiser, Joseph H., 1968: Europäisches Großraumdenken. Die Steigerung geschichtlicher Größen als Rechtsproblem. In: Barion/Böckenförde/Forsthoff/Weber (Hrsg.) 1968, S. 529-548.

Kalyvas, Andreas, 2008: Democracy and the Politics of the Extraordinary: Max Weber, Carl Schmitt, Hannah Arendt. Cambridge/New York.

Keen, Sam, 1993: Gesichter des Bösen. Über die Entstehung unserer Feindbilder (engl. Original San Francisco 1986), München.

Kelsen Hans, 1920: Das Problem der Souveränität und die Theorie des Völkerrechts. Tübingen.

Kelsen, Hans, 1929: Vom Wesen und Wert der Demokratie. Tübingen.

Kelsen, Hans, 1932: Verteidigung der Demokratie, in: Blätter der Staatspartei, Heft 3/4.

Kennedy, Ellen, 1988: Politischer Expressionismus: Die kulturkritischen und metaphysischen Ursprünge des Begriffs des Politischen bei Carl Schmitt. In: Quaritsch (Hrsg.) 1988, S. 233-251.

Kennedy, Ellen, 2004: Constitutional Failure. Carl Schmitt in Weimar. Durham.

Kersting, Wolfgang, 1998: Niccolò Machiavelli. München.

Kersting, Wolfgang, 1992: Thomas Hobbes zur Einführung. Hamburg.

Kersting, Wolfgang, 2009. Carl Schmitt und Thomas Hobbes. In: Voigt (Hrsg.) 2009a, S. 95-122.

Kiesel, Helmuth, 2012: Ernst Jünger. Briefwechsel Carl Schmitt. 2. Aufl. Stuttgart.

King, Ross, 2009: Machiavelli, Philosoph der Macht (engl. Original: New York 2007). München.

Kirchheimer, Otto, 1932: Legalität und Legitimität. In: Die Gesellschaft IX, S. 8-20.

Kirchheimer, Otto, 1933: Bemerkungen zu Carl Schmitts Legalität und Legitimität. In: Archiv für Sozialwissenschaft und Sozialpolitik, Bd. 86, S. 457-487.

Klein, Eckart, 1992: Der innere Notstand, in: Josef Isensee/Paul Kirchhof (Hrsg.), Handbuch des Staatsrechts der Bundesrepublik Deutschland, Band VII, Heidelberg 1992, S. 387-414.

Kleinschmidt, Harald, 2004: Carl Schmitt als Theoretiker der internationalen Beziehungen. Hamburg.

Kleinschmidt, Jochen, 2012: Zur politischen Geografie der *targeted killings*. In: Voigt (Hrsg.) 2012, S. 107-119.

Kleinschmidt, Jochen/Schmid, Falko/Schreyer, Bernhard/Walkenhaus, Ralf (Hrsg.), 2012: Der terrorisierte Staat. Entgrenzungsphänomene politischer Gewalt. Stuttgart.

Knobloch, Clemens, 2002: ‚Moralische‘ Eskalation von Feindschaft, in: Geulen/Heiden/Liebsch (Hrsg.) 2002, S. 233-247.

Knoll, Manuel/Saracino, Stefano (Hrsg.), 2010: Niccolò Machiavelli. Die Geburt des Staates. Stuttgart.

Kodalle, Klaus-Michael, 1973: Politik als Macht und Mythos – Carl Schmitts „Politische Theologie“. Stuttgart.

Koenen, Andreas, 1995: Der Fall Carl Schmitt. Sein Aufstieg zum „Kronjuristen des Dritten Reiches“. Darmstadt.

Köster, Werner, 2002: Die Rede über den „Raum“. Zur semantischen Karriere eines deutschen Konzepts. Heidelberg.

Kondylis, Panajotis, 2007: Machiavelli. Berlin.

Konegen, Norbert (Hrsg.), 1992: Politische Philosophie und Erkenntnistheorie. Münster/Hamburg.

Konegen, Norbert/Nitscke, Peter (Hrsg.), 2005: Staat bei Hugo Grotius. Baden-Baden.

Koschorke, Albrecht/Lüdemann, Susanne/Frank, Thomas/Matala de Mazza, Ethel, 2007: Der fiktive Staat. Konstruktionen des politischen Körpers in der Geschichte Europas. Frankfurt a.M.

Koselleck, Reinhart, 1973: Kritik und Krise. Eine Studie zur Pathogenese der bürgerlichen Welt. Frankfurt a.M.

Koselleck, Reinhart, 1979: Zur historisch-politischen Semantik asymmetrischer Gegenbegriffe. In: Ders., Vergangene Zukunft. Zur Semantik geschichtlicher Zeiten, Frankfurt a.M., S. 211-259.

Koslowski, Stefan (Hrsg.), 2014: Lorenz von Stein und der Nationalstaat. Baden-Baden.

Krabbe, Hugo, 1906: Die Lehre der Rechtssouveränität – Beitrag zur Staatslehre. Groningen.

Kraushaar, Wolfgang (Hrsg.), 2006: Die RAF und der linke Terrorismus. 2 Bände, Hamburg.

Krockow, Christian Graf von, 1958: Die Entscheidung. Eine Untersuchung über Ernst Jünger, Carl Schmitt, Martin Heidegger. Stuttgart.

Krockow, Christian Graf von, 1977: Herrschaft und Freiheit. Stuttgart.

Kundera, Milan, 1984: Die unerträgliche Leichtigkeit des Seins (tschechisches Original Paris 1984). München.

Laak, Dirk van, 1993: Gespräche in der Sicherheit des Schweigens. Carl Schmitt in der politischen Geistesgeschichte der frühen Bundesrepublik. Berlin.

Laclau, Ernesto/Mouffe, Chantal, 2000: Hegemonie und radikale Demokratie. Zur Dekonstruktion des Marxismus (1985). 2. Aufl. Wien.

Lacoste, Yves, 1990: Geographie und politisches Handeln. Perspektiven einer neuen Geopolitik. Berlin.

Ladeur, Karl-Heinz, 1996: Carl Schmitt und die Nichthintergehbarkeit der Politischen Theologie – Die Versuchung des Totalitarismus in der liberalen Gesellschaft. In: Politische Vierteljahresschrift 37, S. 665-686.

Ladwig, Bernd, 2003: Die Unterscheidung von Freund und Feind als Kriterium des Politischen. In: Mehring (Hrsg.) 2003, S. 26-28.

Langner, Ronald/Luks, Timo/Schlimm, Anette/Straube, Gregor/Thomaschke, Dirk (Hrsg.), 2007: Ordnungen des Denkens. Debatten um Wissenschaftstheorie jund Erkenntniskritik. Berlin.

Lansing, Robert, 1921: Notes on Sovereignty from the Standpoint of the State and of the World. Washington D.C.

Lausberg, Michael, 2008: Die politische Theorie Jean Bodins, in: Tabvla Rasa. Jenenser Zeitschrift für kritisches Denken, Ausgabe 34, www.tabvlarasa.de/34/.

Lefort, Claude, 1990: Menschenrechte und Politik, in: Ulrich Rödel (Hrsg.), Autonome Gesellschaft und libertäre Demokratie, Frankfurt a.M., S. 281ff.

Lemke, Matthias, 2013: Am Rande der Republik. Ausnahmezustände und Dekolonisierungskonflikte in der V. Französischen Republik. In: Voigt (Hrsg.) 2013, S. 185-208.

Liebsch, Burkhard, o.J.: Wider eine gewisse europäische Selbstgerechtigkeit: Europa im Zeichen der Feindschaft, in: http://www.velbrueck-wissenschaft.de/pdfs/liebsch.pdf.

Llanque, Marcus, 2008: Politische Ideengeschichte. Ein Gewebe politischer Diskurse. München/Wien.

Llanque, Marcus (Hrsg.), 2010: Souveräne Demokratie und soziale Homogenität. Das politische Denken Hermann Hellers. Baden-Baden.

Llanque, Marcus/Münkler, Herfried, 2003: „Vorwort" von 1963. In: Mehring (Hrsg.) 2003, S. 9-20.

Locke, John, 1977: Zwei Abhandlungen über die Regierung (hrsg. v. Walter Euchner). Frankfurt a.M.

Löwith, Karl, 1960: Der okkasionelle Dezisionismus von Carl Schmitt (1937). In: Ders., Gesammelte Abhandlungen – Zur Kritik der geschichtlichen Existenz, Stuttgart, S. 93 ff.

Lotter, Konrad, 2014: Arcana Imperii – Geheimbereiche der Macht. Geschichtliche Ausformungen eines umstrittenen Begriffs der politischen Theorie. In: Widerspruch 59, S. 13-26.

Lübbe, Hermann, 1987: Politischer Moralismus. Berlin.

Lübbe, Hermann, 1988: Carl Schmitt liberal rezipiert. In: Quaritsch (Hrsg.) 1988, S. 427-440.

Lübbe, Weyma, 1991: Legitimität kraft Legalität. Sinnverstehen und Institutionenanalyse bei Max Weber und seinen Krtitikern. Tübingen.

Luhmann, Niklas, 1975: Die Weltgesellschaft. In: Ders., Soziologische Aufklärung, Bd. 2. Wiesbaden 1975, S. 71ff.

Luhmann, Niklas, 1983: Legitimation durch Verfahren (5. Aufl. 2001). Frankfurt a.m.

Lundgreen, Christoph, 2014: Staatsdiskurse in Rom? Staatlichkeit als analytische Kategorie für die römische Republik. In: Ders. (Hrsg.): Staatlichkeit im Rom? Diskurse und Praxis (in) der römischen Republik. Stuttgart 2014, S. 15-61.

Lyotard, Jean-François, 1987: Der Widerstreit (franz. Original: Paris 1983). München.

Machiavelli, Niccoló, 1990: Politische Schriften, hrsg. von Herfried Münkler. Frankfurt a.M.

Machiavelli, Niccolò, 1999: Il Principe/Der Fürst, italienisch-deutsch, übers. u. hrsg. v. P. Rippel. Stuttgart.

Machiavelli, Niccolò, 2006: Gesammelte Werke in einem Band, nach den Übersetzungen v. Johann Ziegler u. Franz Nicolaus Baur, hrsg. v. Alexander Ulfig. Frankfurt a.M.

Mackinder, Halford J., 1962: Democratic Ideals and Reality. New York.

Mackinder, Halford J., 1977: Der geographische Drehpunkt der Geschichte. In: Matznetter (Hrsg.) 1977, S. 54-77.

Mäder, Werner, 2007: Vom Wesen der Souveränität. Ein deutsches und ein europäisches Problem. Berlin.

Mahan, Alfred Thayer, 1967: Der Einflus der Seemacht auf die Geschichte. Herford.

Maier, Hans, 1972: Hobbes, in: Maier, Hans/Rausch, Heinz/Denzer, Horst (Hrsg.): Klassiker des politischen Denkens. Erster Band: Von Plato bis Hobbes, München 1972, S. 350-375.

Maistre, Joseph Marie de, 1991: Betrachtungen über Frankreich (zuerst Lausanne 1796), Wien/Leipzig.

Mann, Michael, 2003: Die ohnmächtige Supermacht. Warum die USA die Welt nicht regieren können (amerik. Original 2003). Frankfurt a.M.

Mannheim, Karl, 1984: Konservatismus, Frankfurt a.M.

Maresch, Rudolf/Werber, Niels (Hrsg.), 2002: Raum – Wissen – Macht. Frankfurt a.M.

Maresch, Rudolf/Werber, Niels, 2002a: Permanenzen des Raums. In: Maresch/Werber (Hrsg.) 2002, S. 7-30.

Maschke, Günter, 1980: Im Irrgarten Carl Schmitts. In: Corino (Hrsg.) 1980, S. 204-241.

Maschke, Günter, 1982: Zum „Leviathan" von Carl Schmitt. In: Schmitt 1986, S. 179-244.

Maschke, Günter, 1987: Der Tod des Carl Schmitt. Apologie und Polemik. Wien.

Maschke, Günter, 1988: Die Zweideutigkeit der „Entscheidung" – Thomas Hobbes und Juan Donoso Cortés im Werk Schmitts. In: Quaritsch (Hrsg.) 1988, S. 193-221.

Maschke, Günter (Hrsg.), 1995: Carl Schmitt: Staat, Großraum, Nomos. Arbeiten aus den Jahren 1916-1969. Berlin.

Maschke, Günter (Hrsg.), 2005: Carl Schmitt: Frieden oder Pazifismus? Arbeiten zum Völkerrecht und zur internationalen Politik 1924-1978. Berlin.

Maschke, Günter, 2009: Der dezisionistische Freund und der dezidierte Schutzengel. Carl Schmitt zwischen Thomas Hobbes und Juan Donoso Cortés. In: Voigt 2009a, S. 185-202.

Massing, Otwin, 2005: Recht als Politik – Politik als Recht, Baden–Baden.

Maus, Ingeborg, 1980: Bürgerliche Rechtstheorie und Faschismus – Zur sozialen Funktion und aktuellen Wirkung der Theorie Carl Schmitts, München.

Maus, Ingeborg, 1986: Rechtstheorie und Politische Theorie im Industriekapitalismus, München.

McCormick, John P., 2003: Carl Schmitt's Europe: Cultural, Imperial and Spatial Proposals for European Integration, 1923-1955. In: Joerges/Ghaleigh (Hrsg.) 2003, S. 133-141.

Maschke, Günter (Hrsg.), 1995: Staat, Großraum, Nomos. Arbeiten aus den Jahren 1916-1969. Berlin.

Maschke, Günter, 2009: Der dezisionistische Freund und der dezidierte Schutzengel. Carl Schmitt zwischen Thomas Hobbes und Juan Donoso Cortès. In: Voigt (Hrsg.) 2009a, S. 185-202.

Matznetter, Josef (Hrsg.) 1977: Politische Geographie. Darmstadt.

Mehring, Reinhard, 1989: Pathetisches Denken. Carl Schmitts Denkweg am Leitfaden Hegels: Katholische Grundstellung und antimarxistische Hegelstrategie. Berlin.

Mehring, Reinhard, 1992: Carl Schmitt. Zur Einführung. Hamburg.

Mehring, Reinhard (Hrsg.), 2003: Carl Schmitt Der Begriff des Politischen. Ein kooperativer Kommentar. Berlin.

Mehring, Reinhard, 2003a: Esoterische „Hinweise (116-124). Marginalien zum Feindbegriff und „anthropologischen Glaubensbekenntnis". In: Mehring (Hrsg.) 2003, S. 108-204.

Mehring, Reinhard, 2007: Otto Kirchheuimer und der Links-Schmittismus. In: Voigt (Hrsg.) 2007, S. 60-82.

Mehring, Reinhard, 2008: Thomas Hobbes im konfessionellen Bürgerkrieg. Carl Schmitts Hobbes-Bild und seine Wirkung im Kreis der alten Bundesrepublik. In: Leviathan 4/2008, S. 518-542.

Mehring, Reinhard, 2009: Carl Schmitt. Aufstieg und Fall. Eine Biographie. München.

Mehring, Reinhard, 2014: Kriegstechniker des Begriffs. Biographische Studien zu Carl Schmitt. Tübingen.

Mehring, Reinhard, 2014a: Carl Schmitt im Gespräch mit Philosophen. in: Schmittiana. Neue Folge, Bd. II, S. 119-200.

Meier, Frank, 2007: Aufstand des Denkens. Denkordnung, Wahrheits-Ereignis und logische Revolte bei Alain Badiou. In: Langner/Luks/Schlimm/Straube/Thomaschke (Hrsg.) 2007, S. 259-266.

Meier, Heinrich, 1988: Carl Schmitt, Leo Strauss und „Der Begriff des Politischen". Zu einem Dialog unter Abwesenden. Stuttgart.

Meinecke, Friedrich, 1957: Die Idee der Staatsräson in der neueren Geschichte (erstmals 1924). München.

Meinel, Florian, 2011: Der Jurist in der industriellen Gesellschaft. Ernst Forsthoff und seine Zeit. München.

Meinel, Florian, 2013: Dikattur der Besiegten? Ein Fragment Carl Schmits zur Notstandsverfassung der Bundesrepublik. In: Der Staat 52/3, S. 455-472.

Meuter, Günter, 1994: Der Katechon. Zu Carl Schmitts fundamentalistischer Kritik der Zeit. Berlin.

Meuter, Günter, 1995: Die zwei Gesichter des Leviathan. Zu Carl Schmitts abgründiger Wissenschaft vom „Leviathan". In: Göbel/van Laak/Villinger (Hrsg.) 1995, S. 95-116.

Meyer, Thomas, 1994: Fundamentalismus. Aufstand gegen die Moderne. Reinbek bei Hamburg.

Meyers, Reinhard, 1992: Die Signatur der Neuzeit: Machiavelli, Hobbes und die legitimatorische Begründung des modernen Staates als Ordnungsmacht. In: Norbert Konegen (Hrsg.): Politische Philosophie uns Erkenntnistheorie. Münster/Hamburg 1992, S. 77-118.

Michelsen, Danny/Walter, Franz, 2013: Unpolitische Demokratie. Zur Krise der Repräsentation. Berlin.

Möllers, Christoph, 2011: Staat als Argument. 2. Aufl. Tübingen.

Mohler, Armin, 1986: Links-Schmittisten, Rechts-Schmittisten und Etablishment-Schmittisten. In: Criticón, 16, S. 265-267.

Mohler, Armin, 1988: Carl Schmitt und die „Konservative Revolution". Unsystematische Betrachtungen. In: Quaritsch (Hrsg.) 1988, S. 129-151.

Mohler, Armin [in Zusammenarbeit mit Irmgard Huhn und Piet Tommissen](Hrsg.), 1995: Carl Schmitt – Briefwechsel mit einem seiner Schüler. Berlin.

Mohr, Arno, 1997a: Politische Ideengeschichte. In: Ders. (Hrsg.): Grundzüge der Politikwissenschaft. 2. Aufl. München/Wien 1997, S. 143-235.

Mommsen, Wolfgang J., 2004: Max Weber und die deutsche Politik 1890-1920. 3. Aufl. Tübingen.

Montesquieu, Charles-Louis de Secondat, 1992: Vom Geist der Gesetze. 2 Bände (hrsg. v. Ernst Forsthoff, Tübingen 1951). Nachdruck Tübingen.

Moore, Michael, 2003: Stupid White Men. Eine Abrechnung mit dem Amerika unter George W. Bush. München.

Motschenbacher, Alfons, 2000: Katechon oder Großinquisitor? Eine Studie zu Inhalt und Struktur der Politischen Theologie Carl Schmitts. Marburg.

Mouffe, Chantal (Hrsg.), 1999: The Challenge of Carl Schmitt. London/New York.

Mouffe, Chantal, 2007: Über das Politische. Wider die kosmopolitische Illusion. Frankfurt a.M.

Mouffe, Chantal, 2014: Agonistik. Die Welt politisch denken (engl. Original London/New York 2013). Berlin.

Müller, Christoph/Staff, Ilse (Hrsg.), 1984: Der soziale Rechtsstaat. Gedächtnisschrift für Hermann Heller 1891–1933. Baden-Baden.

Müller, Jan-Werner, 2007: Mit Schmitt gegegn Schmitt und gegen die liberale Weltordnung. Zur transatlantischen Diskussion um Globalisierung, Empire und Pax Americana. In: Voigt (Hrsg.) 2007, S. 201-216.

Müller, Jan-Werner, 2011: Ein gefährlicher Geist. Carl Schmitts Wirkung in Europa. 2. Aufl. Darmstadt.

Münch, Ingo von (Hrsg.), 1981: Staatsrecht – Völkerrecht – Europarecht: Festschrift für Hans-Jürgen Schlochauer zum 75. Geburtstag. Berlin/New York.

Münkler, Herfried, 1987: Im Namen des Staates. Die Begründung der Staatsräson in der Frühen Neuzeit. Frankfurt a.M.

Münkler, Herfried, 1987a: Machiavelli. Die Begründung des politischen Denkens der Neuzeit aus der Krise der Republik Florenz. Frankfurt a.M.

Münkler, Herfried, 1996: Reich, Nation, Europa. Modelle politischer Ordnung. Weinheim.

Münkler, Herfried (Hrsg.), 1990: Der Partisan. Theorie, Strategie, Gestalt. Opladen.

Münkler, Herfried, 2002: Die neuen Kriege. Frankfurt a.M.

Münkler, Herfried, 2005: Imperien. Die Logik der Weltherrschaft – Vom Alten Rom bis zu den Vereinigten Staaten. 3. Aufl. Berlin.

Münkler, Herfried, 2005a: Erkenntnis wächst an den Rändern – Der Denker Carl Schmitt beschäftigt auch 20 Jahre nach seinem Tod Rechte wie Linke. In: Die Welt vom 7. April 2005.

Münkler, Herfried, 2013: Der große Krieg. Die Welt 1914 – 1918. Berlin.

Münkler, Herfried/Voigt, Rüdiger/Walkenhaus, Ralf (Hrsg.), 2004: Demaskierung der Macht. Niccolò Machiavellis Staats- und Politikverständnis. Baden-Baden.

Mullis, Daniel/Schipper, Sebastian, 2013: Die postdemokratische Stadt zwischen Politisierung und Kontinuität. In: sub/urban. Zeitschrift für kritische Stadtforschung 2, S. 79-100.

Mulsow, Martin/Mahler, Andreas (Hrsg.), 2010: Die Cambridge School der politischen Ideengeschichte. Berlin.

Mußgnug, Reinhard, 1988: Carl Schmitts verfassungsrechtliches Werk und sein Fortwirken im Staatsrecht der Bundesrepublik Deutschland. In: Quaritsch (Hrsg.) 1988, S. 517-528.

Muth, Heinrich, 1971: Carl Schmitt in der deutschen Innenpolitik des Sommers 1932. In: Historische Zeitschrift, Beiheft 1, S. 75-147.

Nawiasky, Hans, 1925: Die Auslegung des Art. 48 der Reichsverfassung, in: Archiv des öffentlichen Rechts, Bd. 9, S. 1ff.

Neumann, Franz, 1977. Behemoth. Struktur und Praxis des Nationalsozialismus 1933 – 1944, hrsg. von Gert Schäfer (engl. Original 1963). Köln/Frankfurt a.M.

Neumann, Volker, 1980: Der Staat im Bürgerkrieg. Kontinuität und Wandlung des Staatsbegriffs in der politischen Theorie Carl Schmitts. Frankfurt a.M./New York.

Neumann, Volker, 1984: Schatten und Irrlichter. Zur Neuauflage der Schrift von Carl Schmitt: der Leviathan in der Staatslehre des Thomas Hobbes (1938). In: Leviathan 12, S. 28-38.

Neumann, Volker, 2008: Theologie als staatsrechtswissenschaftliches Argument: Hans Kelsen und Carl Schmitt. In: Der Staat 47, S. 163-186.

Neumann, Volker, 2010: Theoretiker staatlicher Dezision: Carl Schmitt. In: Stefan Grundmann u.a. (Hrsg.), Festschrift 200 Jahre Juristische Fakultät der Humboldt-Universität zu Berlin. Geschichte, Gegenwart und Zukunft, Berlin 2010, S. 733-754.

Neumann, Volker, 2014: Eine deutsch-französische Rezeptionslegende: René Capitant und Carl Schmitt. In: Tilman Rezzenberger/Joachim Gruber/Stephanie Rohlfing-Dijoux (Hrsg.): Die deutsch-französischen Rechtsbeziehungen, Europa und die Welt. Les relations juridiques franco-allemandes, l'Europe et le monde. Baden-Baden 2014, S. 356-369.

Niehaus, Michael, 2002: Wie man mit inneren Feinden verfährt. In: Geulen/Heiden/Liebsch (Hrsg.) 2002, S. 153-166.

Nietzsche, Friedrich, 1955: Unzeitgemäße Betrachtungen. Stuttgart.

Nippel, Wilfried, 2003: „Krieg als Erscheinungsform der Feindschaft" (S. 28-37). In: Mehring (Hrsg.) 2003, S. 60-70.

Nitschke, Peter, 2004: Selbstblendung der Staatsmacht. Der Antimachiavell als kontrafaktischer Paradigmenwechsel. In: Münkler/Voigt/Walkenhaus (Hrsg.), 2004, S. 61-82.

Nitschke, Peter, 2006: Die Reterritorialisierung Europas auf subnationaler Identitätsebene. Überlegungen zu einer Rekonstruktion des „politischen Raumes". In: Walkenhaus/Machura/Nahamowitz/Treutner (Hrsg.) 2006, S. 301-318.

Nitschke, Peter, 2009: Der Maschinenstaat des Carl Schmitt. Die Hobbes-Interpretation als Ideologiekritik. In: Voigt (Hrsg.) 2009, S. 123-141.

Noack, Paul, 1993: Carl Schmitt. Eine Biographie. Berlin.

Nohlen, Dieter/Schultze, Rainer-Olaf (Hrsg.), 1995: Lexikon der Politik, Bd. 1: Politische Theorien. München.

Nullmeier, Frank/Biegoń/Gronau, Jennifer/Nonhoff, Martin/Schmidtke, Henning/Schneider, Steffen, 2010: Prekäre Legitimitäten. Rechtfertigung von Herrschaft in der postnationalen Konstellation. Frankfurt a.M.

Nullmeier, Frank/Nonhoff, Martin, 2010: Der Wandel des Legitimitätsdenkens. In: Nullmeier et al. 2010, S. 16-44.

Nye, Joseph S. Jr., 2003: Das Paradox der amerikanischen Macht. Warum die einzige Supermacht der Welt Verbündete braucht (amerikan. Orginal New York 2002). Hamburg.

Nye, Joseph S. Jr., 2004. Soft Power. The Means to Success in World Politics. New York.

Offe, Claus, 1972: Strukurprobleme des kapitalistischen Staates. Frankfurt a.M.

Ooyen, Robert Chr. van/Möllers, Martin H.W. (Hrsg.), 2009: Pluralismus – Parlamentarismus – Schmitt-Kritik bei Ernst Fraenkel. Baden-Baden.

Ooyen, Robert Chr. van/Möllers, Martin H.W. (Hrsg.), 2014: Das Bundesverfassungsgericht im politischen System. 2. Aufl. Wiesbaden.

Orozco, Theresa, 2006: Kulturkritik jenseits des Politischen? Probleme der Carl Schmitt-Interpretation. In: Heinz/Gretić (Hrsg.) 2006. S. 101-123.

Orwell, George, 2001: 1984. Roman (1949, übers. v. Kurt Wagenseil). 35. Aufl. München.

Orwell, George, 2002: Farm der Tiere. Ein Märchen. 36. Aufl. Zürich.

Osterhammel, Jürgen, 2000: Die Wiederkehr des Raumes: Geopolitik, Geohistorie und historische Geographie. In: Loth, Wilfried/Osterhammel, Jürgen (Hrsg.): Internationale Geschichte. Themen – Ergebnisse – Aussichten. München 2000, S. 374-397.

Ottmann, Henning, 1990: Carl Schmitt. In: Ballestrem/Ottmann (Hrsg.) 1990, S. 61-87.

Paine, Thomas, 1982: Common Sense (ins Deutsche übers. v. Lothar Mainzer). Stuttgart.

Paech, Normann/Stuby, Gerhard, 2013: Völkerrecht und Machtpolitik in den internationalen Beziehungen. Aktualisierte Ausgabe. Hamburg.

Palzhoff, Thorsten/Treml, Martin/Kopp-Oberstebrink, Herbert (Hrsg.), 2011: Jacob Taubes – Carl Schmitt. Briefwechsel. München.

Pasquino, Pasquale, 1984: Politische Einheit, Demokratie und Pluralismus. Bemerkungen zu Carl Schmitt, Hermann Heller und Ernst Fraenkel. In: Müller/Staff (Hrsg.) 1984, S. 367-380.

Pattloch, Peter Paul, 1961: Recht als Einheit von Ordnung und Ortung. Ein Beitrag zum Rechtsbegriff in Carl Schmitts „Nomos der Erde". Aschaffenburg.

Pauly, Walter (Hrsg.), 2009: Der Staat – eine Hieroglyphe der Vernunft. Staat und Gesellschaft bei Georg Wilhelm Friedrich Hegel. Baden-Baden.

Piketty, Thomas, 2014: Das Kapital im 21. Jahrhundert (franz. Original: Paris 2013). München.

Pircher, Wolfgang (Hrsg.), 1999: Gegen den Ausnahmezustand. Zur Kritik an Carl Schmitt. Wien/New York.

Pitkin, Hanna F., 1972: The Concept of Representation. Oakland, CA.

Portinaro, Pier Paolo, 1982: La crisi dello jus publicum europaeum. Saggio su Carl Schmitt. Mailand.

Preuß, Hugo, 1908: Festschrift für Paul Laband von der rechts- und staatswissenschaftlichen Fakultät der Kaiser-Wilhelm-Universität Straßburg, Bd. II (Reprint 1987). Tübingen.

Preuß, Ulrich K., 1973: Legalität und Pluralismus. Beiträge zum Verfassungsrecht der Bundesrepublik Deutschland. Frankfurt a.M.

Preuß, Ulrich K., 2015: Carl Schmitt – Die Bändigung oder die Entfesselung des Politischen. In: Voigt (Hrsg.) 2015, S. 141-168.

Prütting, Hanns/Wieczorek, Bernhard/Schütze, Rolf A., 2008: Zivilprozessordnung und Nebengesetze: Großkommentar. 6 Bände. 3. Aufl. Berlin/New York.

Pyta, Wolfram, 2003: Schmitts Begriffsbestimmung im politischen Kontext. In: Mehring (Hrsg.) 2003, S. 219-235.

Quaritsch, Helmut, 1975: Staatslehre in Bodins „Republique". In: Roman Schnur (Hrsg.), Staatsräson – Studien zur Geschichte eines politischen Begriffes, Berlin 1975, S. 43-63.

Quaritsch, Helmut (Hrsg.), 1988: Complexio Oppositorum. Über Carl Schmitt. Berlin.

Quaritsch, Helmut, 1989: Positionen und Begriffe Carl Schmitts. Berlin.

Rancière, Jacques, 1997: Demokratie und Postdemokratie. In: Alain Badiou/Jacques Rancière: Politik der Wahrheit. Wien, S. 94-122.

Rancière, Jacques, 2002: Das Unvernehmen. Politik und Philosophie (franz. Original Paris 1995). Frankfurt a.M.

Rancière, Jacques, 2008: Zehn Thesen zur Politik (franz, Original: Paris 2000). Zürich/Berlin.

Ratzel, Friedrich, 1903: Politische Geographie. 2. Auflage München.

Ratzel, Friedrich, 1966: Der Lebensraum. Darmstadt (unveränderter Nachdruck von 1901).

323

Raufer, Thilo, 2005: Die legitime Demokratie. Zur Begründung politischer Ordnung in der Bundesrepublik. Frankfurt a. M./New York.

Reinhard, Wolfgang, 1999: Geschichte der Staatsgewalt. Eine vergleichende Verfassungsgeschichte Europas von den Anfängen bis zur Gegenwart. München.

Reinhardt. Volker, 2012: Machiavelli. Oder Die Kunst der Macht. München.

Reinhardt. Volker/Saracino, Stefano/Voigt, Rüdiger (Hrsg.), 2015: Der Machtstaat. Niccolò Machiavelli als Theoretiker der Macht im Spiegel der Zeit. Baden-Baden.

Richter, Emanuel, 2001: Der falsche Prophet: Carl Schmitt in den USA. In: Voigt (Hrsg.) 2001, S. 215-266.

Richter, Emanuel/Voigt, Rüdiger/König, Helmut (Hrsg.), 2007: Res publica und die Demokratie – Die Bedeutung von Cicero für das heutige Staatsverständnis. Baden-Baden.

Rieger, Frank, 2014: Unser Jahr mit Edgar Snowdon. In: *FAZ* Nr. 131 vom 7.6.2014, S. 9.

Ritzi, Claudia/Schaal, Gary S., 2010: Politische Führung in der "Postdemokratie". In: Aus Politik und Zeitgeschichte 2-3, S. 10ff.

Ross, James, 1999: Die verlorene Illusion, in: *Die Zeit* vom 6.10.1999, S. 43.

Rotenstreich, Nathan, 1973: Zeitgeist. In: Philip P. Wiener (Hrsg.): Dictionary of the History of Ideas. Studies of Selected Pivotal Ideas. Volume IV. New York 1973, S. 535-537.

Rottleuthner, Hubert, 1983: Leviathan oder Behemoth? Zur Hobbes-Rezeption im Nationalsozialismus – und ihre Neuauflage. In: Archiv für Rechts- und Sozialphilosophie, LXIX, S. 247-265.

Rousseau, Jean-Jacques, 1977: Der Gesellschaftsvertrag. In: Ders., Politische Schriften 1, Paderborn 1977, II.7, S. 99ff.

Rüthers, Bernd, 1988: Entartetes Recht. Rechtslehren und Kronjuristen im Dritten Reich. München.

Rüthers, Bernd, 1989: Carl Schmitt im Dritten Reich. Wissenschaft als Zeitgeist-Verstärkung? München.

Rüthers, Bernd, 1989a: Entartetes Recht – Rechtslehren und Kronjuristen im Dritten Reich. 2. verb. Aufl. München.

Rumpf, 1972: Carl Schmitt und Thomas Hobbes. Ideelle Beziehungen und aktuelle Bedeutung mit einer Abhandlung über: Die Frühschriften Carl Schmitts. Berlin.

Rumpf, Michael, 1976: Radikale Theologie. Benjamins Beziehung zu Carl Schmitt. In: Gebhardt et al. 1976, S. 37-50.

Saage, Richard, 1983: Rückkehr zum starken Staat? Studien über Konservatismus, Faschismus und Demokratie. Frankfurt a.M.

Salewski, Michael, 2000: Geopolitik und Ideologie. In: Diekmann/Krüger/Schoeps (Hrsg.) 2000, S. 357-380.

Salter, Michael, 2012: Carl Schmitt. Law as Politics, Ideology and Strategic Myth. Oxford.

Salzborn, Samuel, 2009: Leviathan und Behemoth. Staat und Mythus bei Thomas Hobbes und Carl Schmitt. In: Voigt (Hrsg.) 2009a, S. 143-164.

Salzborn, Samuel (Hrsg.), 2011: Staat und Nation. Die Theorien der Nationalismusforschung in der Diskussion. Stuttgart.

Saracino, Stefano, 2012: Tyrannis und Tyrannemord bei Machiavelli. Zur Genese einer antitraditionellen Auffassung politischer Gewalt, politischer Ordnung und Herrschaftsmoral. Paderborn.

Saracino, Stefano, 2012a, „Ragionare dello stato" – „mantenere la libertà": Die Staatsräson und die republikanische Theorie des Notstandes bei Machiavelli. In: Voigt (Hrsg.) 2012, S. 69-88.

Sarkozy, Nicolas, 2008: Der Staat und die Religionen. Hannover.

Scheit, Gerhard, 2009: Der Wahn vom Weltsouverän. Zur Kritik des Völkerrechts. Freiburg i.Br.

Schelsky, Helmut, 1938: Thomas Hobbes. Eine politische Lehre. Berlin.

Schiller, Friedrich, 1996: Was heißt und zu welchem Ende studiert man Universalgeschichte? Die akademische Antrittsrede von 1789. Jena.

Schiller, Friedrich, 1997: Sämtliche Werke V: Philosophische Schriften. Berlin.

Schischkoff, Georgi (Hrsg.), 1991: Philosophisches Wörterbuch. 22. Aufl. Stuttgart.

Schliesky. Utz, 2004: Souveränität und Legalität von Herrschaftsgewalt. Tübingen.

Schmidt, Rainer (Hrsg.), 2014: Rechtspositivismus: Ursprung und Kritik. Zur Geltungsbegründung von Recht und Verfassung. Baden-Baden.

Schmidt, Rainer, 2014a: Der Staatsrechtspositivismus Gerbers und Labands. In: Schmidt (Hrsg.) 2014, S. 63-82.

Schmidt, Steffen, 2009: Weltgeschichte als Weltgericht in Hegels Geschichtskonzeption. In: Pauly (Hrsg.) 2009, S. 199-218.

Schmidt, Walter, 2005: Politische Theologie III – Anmerkungen zu Carl Schmitt und Leo Strauss. In: Kadelbach/Rodriguez Iglesias/Gaitanides (Hrsg:) 2005, S. 15-34.

Schmitt, Karl (Hrsg.), 2002: Politik und Raum. Baden-Baden.

Schmitz, Wilhelm, 1994: Zur Geschichte der Academia Moralis. In: Schmittiana 4, S. 119-156.

Schneider, Peter, 1957: Ausnahmezustand und Norm. Eine Studie zur Rechtslehre von Carl Schmitt. Stuttgart.

Schneider-Deters, Winfried/Schulze, Peter W./Timmermann, Heinz (Hrsg.), 2008: Die Europäische Union, Russland und Eurasien. Die Rückkehr der Geopolitik. Berlin.

Schnur, Roman, 1962: Die französischen Juristen im konfessionellen Bürgerkrieg des 16. Jahrhunderts. Berlin.

Schnur, Roman (Hrsg.), 1975: Staatsräson. Studien zur Geschichte eines politischen Begriffs. Berlin.

Schönberger, Christoph, 2003: „Staatlich und Politisch" (20-26). Er Begriff des Staates im *Begriff des Politischen.* In: Mehring (Hrsg.) 2003, S. 21-44.

Schönberger, Christoph, 2011_ Werte als Gefahr für das Recht? Carl Schmitt und die Karlsruher Republik.. In: Schmitt 1967/2011, S. 57-91.

Schoeps, Hans Joachim, 1968: Zeitgeist im Wandel. Zeitgeist der Weimarer Republik. Stuttgart.

Schröder, Peter, 2012: „Quanto sia laudabile in uno principe matenere la fede e vivere con integrità". Überlegungen zum Problem der Staatsräson im Anschluss an Machiavelli. In: Voigt (Hrsg.) 2012, S. 89-103.

Schulz, Daniel, 2014: Kritiker des Rechtspositivismus: Carl Schmitt, Rudolf Smend und Hermann Heller. In: Schmidt (Hrsg.) 2014, S. 137-155.

Schulze, Hagen, 1982: Weimar. Deutschland 1917–1933, Berlin.

Schwab, George, 1970: The Challenge of the Exception – an Introduction to the Political Ideas of Carl Schmitt Between 1921 and 1936. Berlin.

Schwab, George, 1975: Carl Schmitt: Political Opportunist? In: Intellect, 103, S. 334-337.

Séglard, Dominique, 2007: Die Rezeption von Carl Schmitt in Frankreich. In: Voigt (Hrsg.) 2007, S. 126-149.

Sieyès, Emmanuel Joseph, 1981: Politische Schriften 1766-1790; hrsg. von Eberhardt Schmitt und Rolf Reichardt. 2. Aufl. München/Wien.

Skinner, Quentin, 2008: Freiheit und Pflicht. Thomas Hobbes' politische Theorie. Frankfurt a.M.

Skinner, Quentin, 2010: Bedeutung und Verstehen in der Ideengeschichte. In: Mulsow/Mahler (Hrsg.) 2010, S. 21-126.

Skinner, Quentin, 2012: Die drei Körper des Staates. Göttingen.

Smend, Rudolf, 1928: Verfassung und Verfassungsrecht [unveränderter Nachdruck, Berlin 2014]. München.

Smith, Anthony D., 1991: National Identity. London/New York etc.

Smith, Jonathan M./Light, Andrew/Roberts, David (Hrsg.), 1998: Introduction – Philosophies and Geographies of Place. In: Light/Smith (Hrsg.) 2006, S. 1-19.

Sombart, Nicolaus, 1991: Die deutschen Männer und ihre Feinde. Carl Schmitt – ein deutsches Schicksal zwischen Männerbund und Matriarchatsmythos. München/Wien.

Sprengel, Rainer, 1996: Kritik der Geopolitik. Ein deutscher Diskurs 1914 bis 1944. Berlin.

Staack, Michael/Voigt, Rüdiger (Hrsg.), 2004: Europa nach dem Irak-Krieg. Ende der transatlantischen Epoche? Baden-Baden.

Staff, Ilse, 2005: Der Nomos Europas. Anmerkungen zu Carl Schmitts Konzept einer Weltpolitik. In: Gaitanides/Kadelbach/Iglesias (Hrsg.) 2005, S. 33-45.

Stahl, Friedrich Julius, 1863. Die gegenwärtigen Parteien in Staat und Kirche. Berlin.

Stammen, Theo/Riescher, Gisela/Hofmann, Wilhelm (Hrsg.), 1997: Hauptwerke der Politischen Theorie. Stuttgart.

Stammer, Otto (Hrsg.), 1965: Max Weber und die Soziologie heute. Tübingen.

Sternberger, Dolf, 1961: Der Begriff des Politischen. Der Friede als der Grund und das Merkmal und die Norm des Politischen. Frankfurt a.M.

Sternberger, Dolf, 1978: Drei Wurzeln der Politik, Band 2. Frankfurt a.M.

Stolleis, Michael. 1980: Arcana imperii und Ratio status: Bemerkungen zur politischen Theorie des frühen 17. Jahrhunderts. Göttingen.

Stolleis, Michael. 1988: Geschichte des öffentlichen Rechts in Deutschland. Erster Band 1600-1800. München.

Stolleis, Michael. 1990: Staat und Staatsräson in der frühen Neuzeit: Studien zur Geschichte des öffentlichen Rechts. Frankfurt a.M.

Stolleis, Michael, 1990a: Löwe und Fuchs. In: Ders. 1990, S. 21-36 [21].

Stolleis, Michael, 1994: Im Bauch des Leviathan – Staatsrechtslehre im Nationalsozialismus. In: Ders.: Recht im Unrecht. Studien zur Rechtsgeschichte des Nationalsozialismus, Frankfurt a.M., S. 126-146.

Stolleis, Michael, 2011: Vorwort. In: Müller 2011, S. 7-9.

Strauss, Leo, 1932: Anmerkungen zu Carl Schmitt „Der Begriff des Politischen". In: Archiv für Sozialwissenschaft und Sozialpolitik, Bd. 67, S. 732ff.

Streeck, Wolfgang, 2013: Gekaufte Zeit. Die vertagte Krise des demokratischen Kapitalismus. 4. Aufl. Berlin.

Stumpf, Reinhard, 1969: Hobbes im deutschen Sprachraum. Eine Bibliographie. In: Reinhart Kosellek/Roman Schnur (Hrsg.): Hobbes-Forschungen. Berlin, S. 287-300.

Suárez, Gregoria Palomo, 2002: Kindersoldaten und Völkerstrafrecht. Die Strafbarkeit der Rekrutierung und Verwendung von Kindersoldaten nach Völkerrecht. Berlin.

Szurawitzki, Michael, 2005: Contra den „rex iustus/rex iniquus"? Der Einfluss von Machiavellis *Il Principe* auf Marlowes „Tamburlaine", Shakespeares „Heinrich V." und Gryphius' „Leo Armenius". Würzburg.

Taubes, Jacob (Hrsg.), 1983: Der Fürst dieser Welt. Carl Schmitt und die Folgen. München.

Taubes, Jakob, 1987: Ad Carl Schmitt. Gegenstrebige Fügung. Berlin.

Taubes, Jakob, 1993: Politische Theologie des Paulus. Vorträge gehalten an der Forschungsstätte der evangelischen Studiengemeinschaft in Heidelberg, 23.-27. Februar 1987. Hrsg. von Jan Assmann in Verbindung mit Horst Folkers, Wolf-Daniel Hartwich und Christoph Schulte. München.

Tenbergen, Rasmus, 2002: Krieg zur Durchsetzung einer neuen Völkerrechtsordnung. Das Beispiel Kosovo. In: Voigt (Hrsg.) 2002, S. 193-220.

Thiele, Ulrich, 2003: Advokative Volkssouveränität. Carl Schmitts Konstruktion einer „demokratischen" Diktaturtheorie im Kontext der Interpretation politischer Theorien der Aufklärung. Berlin.

Thiele, Ulrich (Hrsg.), 2009: Volkssouveränität und Freiheitsrechte. Emmanuel Joseph Sieyès' Staatsverständnis. Baden-Baden.

Tibi, Bassam, 2002: Die fundamentalistische Herausforderung. Der Islam und die Weltpolitik. 3. Aufl. München.

Tielke, Martin, 2007: Der stille Bürgerkrieg. Ernst Jünger und Carl Schmitt im Dritten Reich. Berlin.

Tielke, Martin, 2013: Dunkelmann und Lichtgestalt. Carl Schmitt, Johannes Poppitz und der Widerstand. In: Sinn und Form 65/4, S. 484-507.

Tietz, Udo, 2003: „Anthropologischer Ansatz politischer Theorien" (59-68, Die Freund-Feind-Distinktion von Carl Schmitt und das *animal rationale*. In: Mehring (Hrsg.) 2003, S. 123-138.

Tönnies, Ferdinand, 1971: Thomas Hobbes. Leben und Lehre, Hrsg. und eingeleitet von Karl-Heinz Ilting, Nachdruck der 3. Aufl. von 1925. Stuttgart-Bad Cannstadt.

Tommissen, Piet (Hrsg.) 1994: Schmittiana Band 4. Berlin.

Tralau, Johan (Hrsg.), 2011: Thomas Hobbes and Carl Schmitt. The Politics of Order and Myth. Oxon/New York.

Triepel, Heinrich, 1961: Die Hegemonie. Ein Buch von führenden Staaten. 2. Aufl. Aalen.

Ule, Carl Hermann, 1993: Zum Begriff des Kronjuristen. In: Deutsches Verwaltungsblatt, Jg. 105, S. 77-82.

Ulmen, Gary L., 1991: Politischer Mehrwert. Eine Studie über Max Weber und Carl Schmitt. Weinheim.

Van Laak, Dirk, 1993: Gespräche in der Sicherheit des Schweigens. Carl Schmitt in der politischen Geistesgeschichte der frühen Bundesrepublik. Berlin.

Vesting, Thomas, 1990: Politische Einheitsbildung und technische Realisation. Über die Expansion der Technik und die Grenzen der Demokratie. Baden-Baden.

Vesting, Thomas, 1995: Die permanente Revolution. Carl Schmitt und das Ende der Epoche der Staatlichkeit. In: Göbel/van Laak/Villinger (Hrsg.) 1995, S. 191-202.

Villas Bôas, Pedro Castelo Branco, 2012: Aspekte des Völkerstrafrechts. In: Voigt (Hrsg.) 2012, S. 183-204.

Villas Bôas, Pedro Castelo Branco, 2013a: Die Humanisierung des internationalen Rechts aus der Perspektive des Ausnahmezustands. In: Voigt (Hrsg.) 2013a, S. 233-262.

Villas Bôas, Pedro Castelo Branco, 2013: Die unvollendete Säkularisierung. Politik und Recht im Denken Carl Schmitts. Stuttgart.

Vobruba, Georg, 2012: Der postnationale Raum. Transformation von Souveränität und Grenzen in Europa. Weinheim/Basel.

Voegelin, Eric, 1931: Die Verfassungslehre von Carl Schmitt. Versuch einer konstruktiven Analyse ihrer staatlichen Prinzipien. In: Zeitschrift für Öffentliches Recht 11, S. 89-109.

Vogl, Joseph/Matala de Mazza, Ethel, 2002: Bürger und Wölfe: Versuch über politische Zoologie. In: Geulen/Heiden/Liebsch (Hrsg.) 2002, S. 207-217.

Voigt, Rüdiger, 1996: Des Staates neue Kleider. Entwicklungslinien moderner Staatlichkeit. Baden-Baden.

Voigt, Rüdiger (Hrsg.), 1998: Der neue Nationalstaat. Baden-Baden.

Voigt, Rüdiger, 2000: Recht und Politik. Rechtspolitologie im Zeichen der Globalisierung. Baden-Baden.

Voigt, Rüdiger (Hrsg.), 2000b: Der Leviathan, Baden-Baden.

Voigt, Rüdiger, 2000c: Zwischen Despotismus und Friedensstaatlichkeit. Zur Staatskonzeption von Thomas Hobbes. In: Voigt (Hrsg.) 2000, S. 41-63.

Voigt, Rüdiger (Hrsg.), 2001: Mythos Staat. Carl Schmitts Staatsverständnis. Baden-Baden.

Voigt, Rüdiger (Hrsg.), 2002: Krieg – Instrument der Politik. Bewaffnete Konflikte im Übergang vom 20. Zum 21. Jahrhundert. Baden-Baden.

Voigt, Rüdiger, 2004: Europa der Vaterländer. Ist de Gaulles Vision noch zeitgemäß. In: Staack/Voigt (Hrsg.) 2004, S. 19-40.

Voigt, Rüdiger, 2005: Weltordnungspolitik. Wiesbaden.

Voigt, Rüdiger (Hrsg.), 2007: Der Staat des Dezisionismus. Carl Schmitt in der internationalen Debatte. Baden-Baden.

Voigt, Rüdiger, 2008: Krieg ohne Raum. Asymmetrische Konflikte in einer entgrenzten Welt. Stuttgart.

Voigt, Rüdiger (Hrsg.), 2008a: Großraum-Denken. Carl Schmitts Kategorie der Großraumordnung. Stuttgart.

Voigt, Rüdiger, 2009: Der Januskopf des Staates. Warum wir auf den Staat nicht verzichten können. Stuttgart.

Voigt, Rüdiger (Hrsg.), 2009a: Der Hobbes-Kristall. Carl Schmitts Hobbes-Interpretation in der Diskussion. Stuttgart.

Voigt, Rüdiger, 2010: Staatskrise. Muss sich die Regierung ein anderes Volk wählen? Stuttgart.

Voigt, Rüdiger (Hrsg.), 2011: Freund-Feind-Denken. Carl Schmitts Kategorie des Politischen. Stuttgart.

Voigt, Rüdiger (Hrsg.), 2012: Staatsräson. Steht die Macht über dem Recht? Baden-Baden.

Voigt, Rüdiger (Hrsg.), 2012a: Sicherheit versus Freiheit. Verteidigung der staatlichen Ordnung um jeden Preis? Wiesbaden.

Voigt, Rüdiger, 2013: Alternativlose Politik? Zukunft des Staates – Zukunft der Demokratie. Stuttgart.

Voigt, Rüdiger (Hrsg.), 2013a: Ausnahmezustand. Carl Schmitts Lehre von der kommissarischen Diktatur. Baden-Baden.

Voigt, Rüdiger, 2014: Den Staat denken. Der Leviathan im Zeichen der Krise. 3. Aufl. Baden-Baden.

Voigt, Rüdiger, 2014a: Phönix aus der Asche. Die Geburt des Staates aus dem Geist der Politik. 2. Aufl. Baden-Baden.

Voigt, Rüdiger, 2014b: Staat und Zivilisation: Zum „geistigen Umfeld" von Samuel Huntingtons „Clash of Civilizations". In: Peter Nitschke (Hrsg.): Der Prozess der Zivilisationen: 20 Jahre nach Huntington. Analysen für das 21. Jahrhundert. Berlin 2014, S. 45-63.

Voigt, Rüdiger (Hrsg.), 2015: Legalität ohne Legitimität? Carl Schmitts Kategorie der Legitimität. Wiesbaden.

Voigt, Rüdiger/Luthardt, Wolfgang, 1986: Von Dissidenten und Klassikern. Eine Zitationsanalyse der Veröffentlichungen der Vereinigung deutscher Staatsrechtslehrer. In: Erk Volkmar Heyen (Hrsg.): Historische Soziologie der Rechtswissenschaft, Frankfurt a.M. 1986, S. 135-155.

Vollrath, Ernst, 1987: Grundlegung einer philosophischen Theorie des Politischen. Würzburg.

Vorländer, Hans (Hrsg.), 2006: Die Deutungsmacht der Verfassungsgerichtsbarkeit. Wiesbaden.

Wahdat-Hagh, Wahied, 2003: Die Islamische Republik Iran. Die Herrschaft des politischen Islam als eine Spielart des Totalitarismus. Münster u.a.

Waldstein, Thor von, 1989: Die Pluralismuskritik in der Staatslehre von Carl Schmitt, Diss. rer. soc. Bochum.

Walkenhaus, Ralf/Machura, Stefan/Nahamowitz, Peter/Treutner, Erhard (Hrsg.) 2006: Staat im Wandel. Festschrift für Rüdiger Voigt zum 65. Geburtstag. Stuttgart.

Walther, Franz, 2010: Vom Milieu zum Parteienstaat. Lebenswelten, Leitfiguren und Politik im historischen Wandel. Wiesbaden.

Walzer, Michael, 1982: Gibt es den gerechten Krieg? (amerik. Original: New York 1977). Stuttgart.

Waschkuhn, Arno, 1998: Demokratietheorie. Politiktheoretische und ideengeschichtliche Grundzüge. München.

Weber, Max, 1919: Geistige Arbeit als Beruf. Vier Vorträge vor dem Freistudentischen Bund. Zweiter Vortrag: Politik als Beruf. München/Leipzig: Duncker & Humblot.

Weber, Max, 1921: Gesammelte politische Schriften. München: Duncker & Humblot.

Weber, Max, 1976: Wirtschaft und Gesellschaft. Grundriss der verstehenden Soziologie (1. Aufl. 1922). 5. Aufl. Tübingen: Mohr.

Weiß, Ulrich, 1980: Das philosophische System von Thomas Hobbes. Stuttgart-Bad Cannstadt.

Weiß, Ulrich, 1995: Macht. In: Nohlen/Schultze (Hrsg.) 1995, S. 305-315.

Weizsäcker, Viktor von, 1996: Gesammelte Schriften, 10 Bände, hrsg. von Peter Achilles, Dieter Janz und Martin Schenk. Band 4: Der Gestaltkreis. Frankfurt a.M.

Westle, Bettina, 1989: Politische Legitimität – Theorie, Konzepte, empirische Befunde. Baden-Baden.

Wilde, Reinhard C., 2014: „Die letzte globale Linie". Carl Schmitt und der Kampf um das Völkerrecht. Berlin.

Willms, Bernard, 1970: Die Antwort des Leviathan. Thomas Hobbes' politische Theorie. Neuwied.

Willms, Bernard, 1988: Carl Schmitt – jüngster Klassiker des politischen Denkens? In: Quaritsch (Hrsg.) 1988, S. 577-597.

Wimmel, Walter, 1981: Die Kultur holt uns ein. Würzburg.

Winkler, Heinrich August, 1993: Weimar 1919 – 1933. Die Geschichte der ersten deutschen Demokratie. München.

Winkler, Heinrich August (Hrsg.), 1992: Die deutsche Staatskrise 1930 – 1933. München.

Wolf, Klaus Dieter, 2000: Die Neue Staatsräson. Zwischenstaatliche Kooperation als Demokratieproblem in der Weltgesellschaft. Baden-Baden.

Würtenberger, Thomas, 1987: Zeitgeist und Recht. Tübingen.

Zehnpfennig, Barbara (Hrsg.), 2014: Die „Politik" des Aristoteles. 2. Aufl. Baden-Baden.

Zimmer, Robert, 1997: Edmund Burke. In: Stammen/Riescher/Hofmann (Hrsg.) 1997, S. 82-88.

Zippelius, Reinhold, 1971: Geschichte der Staatsideen. München.

Žižek, Slavoj, 2010: Die Tücke des Subjekts (engl. Original 1999). Frankfurt a.M.

Zolo, Danilo, 1997: Die demokratische Fürstenherrschaft. Für eine realistische Theorie der Politik (engl. Original: Oxford 1992). Göttingen.

Zürn, Michael, 2005: Regieren jenseits des Nationalstaates. Globalisierung und Denationalisierung als Chance. 2. Aufl. Frankfurt a.M.

Zwetajewa, Marina, 1989: Ein gefangener Geist, übers. v. R. D. Keil. Frankfurt a.M.

Nachweise

Mythos Staat. Zum Staatsdenken von Carl Schmitt, in einer ersten Fassung erschienen in: Rüdiger Voigt (Hrsg.): Mythos Staat. Carl Schmitts Staatsverständnis. Baden-Baden 2001, S. 35-57.

Freund-Feind-Denken. Das Politische im 21. Jahrhundert, in einer ersten Fassung erschienen unter dem Titel „Freund-Feind-Denken im 21. Jahrhundert" in: Rüdiger Voigt (Hrsg.): Freund-Feind-Denken. Carl Schmitts Kategorie des Politischen. Stuttgart 2011, S. 13-32.

Carl Schmitts Verfassungslehre. Das Volk als Souverän, in einer ersten Fassung erschienen unter dem Titel „Staat und Verfassung. Carl Schmitt in der Verfassungsdiskussion der Gegenwart" in: Rüdiger Voigt: Staatskrise. Muss sich die Regierung ein anderes Volk wählen? Stuttgart 2010, S. 121-140.

Legalität ohne Legitimität? Carl Schmitts Kategorie der Legitimität, zuerst erschienen in: Rüdiger Voigt (Hrsg.): Legalität ohne Legitimität. Carl Schmitts Kategorie der Legitimität. Wiesbaden 2015, S. 9-32. Wiederabdruck mit freundlicher Genehmigung des Verlags Springer VS.

Legalität in der Weltrevolution. Siegt die Legalität über die Legitimität?, in einer ersten Fassung erschienen unter dem Titel „Die legale Weltrevolution. Siegt der Legalität über die Legitimität?" in: Rüdiger Voigt: Alternativlose Politik? Zukunft des Staates – Zukunft der Demokratie. Stuttgart 2013, S. 60-75.

Staatsräson. Steht die Macht über dem Recht?, in einer ersten Fassung erschienen in: Rüdiger Voigt (Hrsg.): Staatsräson. Steht die Macht über dem Recht? Baden-Baden 2012, S. 11-27.

Ausnahmezustand. Carl Schmitts Lehre von der kommissarischen Diktatur, in einer ersten Fassung erschienen in: Rüdiger Voigt (Hrsg.): Ausnahmezustand. Carl Schmitts Lehre von der kommissarischen Diktatur. Baden-Baden 2013, S. 85-114.

Ein neuer Nomos? Carl Schmitts Weltordnungsdenken, in einer ersten Fassung erschienen unter dem Titel „Ein neuer Nomos der Erde? Carl Schmitts Weltordnungs-Denken", in: Rüdiger Voigt: Alternativlose Politik? Zukunft des Staates – Zukunft der Demokratie. Stuttgart 2013, S.193-216.

Großraum-Denken. Imperien, Großräume und Kernstaaten in der Weltordnung des 21. Jahrhunderts, in einer ersten Fassung erschienen unter dem Titel „Denken in Großräumen. Imperien, Großräume und Kernstaaten in der Weltordnung des 21. Jahrhunderts" in: Rüdiger Voigt (Hrsg.): Großraum-Denken. Carl Schmitts Kategorie der Großraumordnung. Stuttgart 2008, S. 27–45.

Der Hobbes-Kristall. Thomas Hobbes und Carl Schmitt, in einer ersten Fassung erschienen unter dem Titel „Thomas Hobbes und Carl Schmitt. Ausgangspositionen konservativen Denkens". In: Rüdiger Voigt (Hrsg.): Der Hobbes-Kristall. Carl Schmitts Hobbes-Interpretation in der Diskussion. Stuttgart 2009, S. 13-34.

Carl Schmitt: Der Begriff des Politischen. Ein Klassiker der Sozialwissenschaften, zuerst erschienen In: Samuel Salzborn (Hrsg.): Klassiker der Sozialwissenschaften. 100 Schlüsselwerke im Porträt. Wiesbaden 2014, S. 101-104.

Wider der Zeitgeist. Carl Schmitt in der Gegenwartsdiskussion, in einer ersten Fassung erschienen unter dem Titel „Carl Schmitt in der Gegenwartsdiskussion". In: Rüdiger Voigt (Hrsg.): Der Staat des Dezisionismus. Carl Schmitt in der internationalen Debatte. Baden-Baden 2007, S. 13-36.